Diederich/Cadel/Dettmar/Haag
Die diskreten Kontrolleure

Schriften des Zentralinstituts für sozialwissenschaftliche
Forschung der Freien Universität Berlin

ehemals Schriften des Instituts für politische Wissenschaft

Band 59

Nils Diederich / Georg Cadel /
Heidrun Dettmar / Ingeborg Haag

Die diskreten Kontrolleure

Eine Wirkungsanalyse des Bundesrechnungshofs

Westdeutscher Verlag

Der Westdeutsche Verlag ist ein Unternehmen der Verlagsgruppe Bertelsmann International.

Umschlaggestaltung: Horst Dieter Bürkle, Darmstadt

ISBN 978-3-531-12168-0   ISBN 978-3-322-99759-3 (eBook)
DOI 10.1007/978-3-322-99759-3

Inhaltsverzeichnis

6

Abkürzungsverzeichnis

Vorwort

Der Bundesrechnungshof (BRH) gehört zu den öffentlichen Einrichtungen, die in den Massenmedien nur selten erwähnt werden und noch seltener Schlagzeilen machen, deren Namen dennoch den meisten Bürgern geläufig sind. Sie verbinden mit dem Rechnungshof mehrheitlich die höchst ehrenwerte - wenn auch etwas altertümliche - Vorstellung eines "Hüters von Sauberkeit und Sparsamkeit" der öffentlichen Hände, ohne jedoch genau zu wissen, was er im einzelnen tut. Auch die Massenmedien veröffentlichen nur einige wenige Ergebnisse seiner Tätigkeit. Typisch hierfür sind Meldungen, wie sie anläßlich der Pressekonferenz zur Vorstellung des Berichts "über die Haushalts- und Wirtschaftsführung des Bundes", den der Rechnungshof dem Bundestag und der Bundesregierung erstattet, mit ähnlichem Tenor und ähnlichen Überschriften alle Jahre wieder erscheinen: "Scharfe Rügen des Bundesrechnungshofs", "Öffentlicher Schlendrian", "Wirrwarr bei der Bundeswehr", "Eine Dienstvilla für den Pensionär", "Rechnungshof: Schlamperei kostet Millionen".

Konkrete Informationen darüber, wann, wie und wo der Bundesrechnungshof seine Prüfungen durchführt sowie über den weiteren Gang und die Auswirkungen seiner Rügen - kurz, über das empirische Wirken des Kontrolleurs Rechnungshof sowie über die Art und Reichweite seiner gesetzlichen Kontrollbefugnisse wie seiner realen Kontrollmacht - bleiben in den Veröffentlichungen fast völlig ausgeblendet. Auch Kommentare zu seiner Wirkung bleiben meist allgemein, sind losgelöst vom berichteten Einzelfall und fast durchgängig zwiespältig. Einerseits wird der Rechnungshof als eine Einrichtung gezeichnet, die unermüdlich dabei ist, Mißstände in den Behörden aufzudecken. So prangere er insbesondere die Verschwendung von Steuergeldern an, wirke hierdurch erzieherisch auf die öffentliche Verwaltung und leuchte - wirksamer gar als die parlamentarische Opposition - das Handeln von Regierung und Verwaltung aus, kurz: Der Rechnungshof stelle eine segensreiche Einrichtung dar. Auf der anderen Seite wiederum werden demselben Organ - in der Bevölkerung wie in den Medien - nur geringe Durchsetzungsmöglichkeiten und noch viel weniger dauerhafte Verbesserungschancen zugeschrieben: Es sei nicht möglich, der wuchernden Staatsbürokratie beizukommen, auch könne niemand vom Rechnungshof erwarten, daß er den Schlendrian in den Behörden beseitige, denn er sei ein "Ritter ohne Schwert" - eine Einschätzung, die auch schon im Plenum des Bundestages zu hören war. Die Medien fügen in zum Teil kritischem Ton hinzu, daß die geringe Wirkung des unabhängigen Kontrollorgans Rechnungshof ihre Ursache auch in seiner "vornehmen Zurückhaltung" habe, darin, daß er sich der Unterstützung der Medien nicht mehr versichere. Ein weiterer Grund sei der, daß er bei der Feststellung von Mängeln nicht "Roß und Reiter" nenne, obwohl er doch fundiert prüfe, also ein kompetenter Experte sei und es sich also erlauben könne, seine Ermittlungsergebnisse vollständig zu veröffentlichen.

Angesichts dieser gespaltenen, ja sich zum Teil stark widersprechenden Einschätzungen stellen sich die Fragen: Was gilt tatsächlich? Welche Kontroll-Leistungen vollbringt der Bundesrechnungshof? Welche Wirkungen erzielt er damit bei welchen Stellen? Wie werden diese Wirkungen erreicht? Würde es seine Wirkungsmöglichkeit verbessern, wenn er die Stellung eines Amtsanklägers innehätte, wie es in früheren Jahren mehrfach der Bund der Steuerzahler forderte? Und wie vor allem kommt im öffentlichen Bewußtsein ein so gespaltenes Bild von der Tätigkeit des Rechnungshofs zustande?

Die Nachfrage bei verschiedenen relevanten wissenschaftlichen Disziplinen ergibt nur sehr bruchstückhafte Antworten. In den Sozialwissenschaften ist der Bereich der öffentlichen Finanzkontrolle bislang weitgehend ausgeklammert geblieben. Zwar beschäftigen sich viele Forscher mit der öffentlichen Verwaltung und ihrer Kontrolle, aber kaum einer hat den Rechnungshof als relevanten empirischen Forschungsgegenstand einbezogen. Und die - vornehmlich juristischen - Autoren, die sich mit dem Rechnungshof beschäftigen, verbleiben im Normativen, beschreiben also lediglich, was der Rechnungshof ihres Erachtens tun soll und tun darf.

Im Mittelpunkt eines Forschungsprojekts, das die oben formulierten Fragestellungen beantworten will, müssen dagegen die tatsächlichen Funktions- und Wirkungsstrukturen des Bundesrechnungshofs, der grundgesetzlich vorgegebenen Institution der externen öffentlichen Finanzkontrolle, stehen. Eine solche Untersuchung muß die faktischen Verfahrensabläufe bei der Kontrolle sowie die Sanktionsmöglichkeiten und Handlungsrestriktionen in die Betrachtung einschließen. Ausgangspunkt ist die Frage, ob, gegebenenfalls inwieweit und wie es dem Bundesrechnungshof gelingt, seiner Kontrollfunktion gegenüber dem staatlichen Verwaltungshandeln gerecht zu werden, ohne über formal zugewiesene Sanktionsgewalt zu verfügen.

Die Analyse dieser Problemkomplexe machte es notwendig, über eine Erfassung der Prüfungstätigkeit und -ergebnisse des Bundesrechnungshofs hinaus das Zusammenwirken von Rechnungshof, Parlament, Exekutive und Medienöffentlichkeit empirisch zu rekonstruieren und speziell die jeweiligen Entscheidungs- und Kontrollanteile sowie Einflußströme herauszuarbeiten. Ferner war zu klären, warum die Kontrollaktivitäten und -wirkungen primär 'im dunkeln' vonstatten gehen. Einen sehr gewichtigen Aspekt der Funktions- und Wirkungsstrukturen bildete schließlich die Frage, ob und wie "Sparsamkeit" und insbesondere "Wirtschaftlichkeit" als gesetzlich vorgegebene Prüfungsmaßstäbe für das staatliche Ausgabenverhalten überhaupt greifen können.

Die in diesen wenigen Sätzen angedeutete Fragestellung der vorliegenden Untersuchung zeigt schon die große Komplexität der Thematik "Kontrolle durch den Bundesrechnungshof". Sie machte von Anfang an ein interdisziplinäres Herangehen an den Gegenstand mit einem differenzierten methodischen Forschungsvorgehen notwendig. Die folgende Studie baut demgemäß auf einer Verflechtung soziologischer, wirtschaftswissenschaftlicher und zeitgeschichtlicher Analyse auf. Die Einbindung der Forschergruppe in den Forschungsprojektschwerpunkt "Planung und Kontrolle" am Zentralinstitut für sozialwissenschaftliche Forschung der Freien Universität Berlin hat diesen interdisziplinären Ansatz in einer sehr fruchtbaren Zusammenarbeit von Vertretern verschiedener Disziplinen möglich gemacht. Die Durchführung des Projekts wäre aber auch nicht denkbar gewesen ohne die Kooperationsbereitschaft von Praktikern aus Rechnungshof, Exekutive und Legislative, die in jedem Stadium der Untersuchung für die Forscher nicht nur "Objekte" im Sinne empirischer Sozialforschung waren und sein konnten, da sie zugleich Experten in eigener Sache waren, sondern ihre Auskünfte machten überhaupt erst den Zugang zum Forschungsfeld und dessen systemimmanentes Verständnis möglich.

Entscheidender Impuls für die Entstehung der vorliegenden Studie - wie des Forschungsschwerpunkts insgesamt - aber war die Entdeckung der erstaunlichen Forschungslücke, die anläßlich einer früheren umfangreichen Untersuchung in mehreren Bonner Ministerien offenbar wurde. Es stellte sich nämlich heraus, daß der Bundesrechnungshof als Initiator und Vertreter von Rationalisierungsmaßnahmen in der Exekutive eine wichtige Rolle spielt - nur war sie bis dahin nicht untersucht worden. Analoges gilt für den Beitrag des Rechnungshofs zur parlamentarischen (Finanz-)Kontrolle sowie für die Kontrolle öffentlicher Unternehmen.

Im Forschungsschwerpunkt "Planung und Kontrolle" wurden daher in der Zwischenzeit mehrere Vorhaben zum Themenkomplex öffentlicher Finanzkontrolle realisiert[*]. Ziel dieser Forschungsaktivitäten war und ist es, sowohl die Entwicklungsgeschichte der Institutionen der Rechnungsprüfung und der Finanzkontrolle auf den verschiedenen institutionellen und verfassungspolitischen Ebenen in Deutschland bzw. in der Bundesrepublik in historisch-empirischen Analysen zu rekonstruieren als auch deren Wirkungsstrukturen in den verschiedenen Zeitabschnitten soziologisch zu analysieren. Inhaltlich knüpften diese Aktivitäten an die eher fragmentarischen finanzsoziologischen Ansätze aus der Zeit der Weimarer Republik (Goldschmidt, Sultan, Colms, Neumark u.a.) an. Damit wurde versucht, zumindest ansatzweise eine Tradition wiederzubeleben, die schon in ihren Anfängen durch das Dritte Reich jäh unterbrochen und nach 1945 eigentlich nur sporadisch aufgegriffen wurde.

Gleichzeitig wurde speziell aus wirtschaftswissenschaftlicher Sicht der weitgehend von der liberalen Ökonomie besetzte "Wirtschaftlichkeits"-Begriff einer eingehenden theoretischen wie methodischen Kritik unterzogen. Die gängige Übertragung der "Wirtschaftlichkeit" aus der mikroökonomischen Sphäre "privaten" Handelns auf das "staatliche Wirtschaften" führt zu einem Dezisionismus, bei dem der Staat voluntaristisch Zielvorgaben setzt (bzw. setzen können soll), deren Erreichung vom Rechnungshof anhand objektiver Effizienzkriterien geprüft wird bzw. geprüft werden soll. Über diesen teleologischen Nexus wird auch der wirtschaftswissenschaftliche "Wirtschaftlichkeits"-Begriff final. Seine faktischen politischen Implikationen aber bleiben ausgeblendet. Dieser Hintergrund muß bei der Analyse der "Wirtschaftlichkeit" als Prüfungsmaßstab des Bundesrechnungshofs einbezogen werden.

---

[*] Unter der Leitung von Theo Pirker die "Geschichte und Bedeutung der Finanzkontrolle im Nachkriegsdeutschland (Westzonen)" und unter der Leitung von Hajo Riese "Wirtschaftswissenschaftliche Aspekte der Finanzkontrolle. Wirtschaftlichkeit in der Staatsadministration - Scientifische Norm oder politische Legitimation?" Eine Zusammenfassung der Literatur zum Thema Rechnungshof bieten: Nils Diederich / Franz-Otto Gilles / Gerhard Otto / Gundolf Otto / Rainer Weinert, "Die Institution Rechnungshof. Stiefkind der Sozialwissenschaften" in: *Zeitschrift für Parlamentsfragen* (ZParl), 4/1984, S. 479-494 sowie dies., "Der Bundesrechnungshof - Institutionelle, funktionelle und organisatorische Probleme der Kontrolle. Eine Wirkungsanalyse der BRH-Tätigkeit im legislativen und exekutiven Bereich", Manuskript, Berlin 1983.

Der Versuch, theoretische Bausteine für eine politische Soziologie der öffentlichen Finanzkontrolle zu entwickeln, wurde im Rahmen des Projektschwerpunkts inzwischen zu einem Analysekonzept intermediärer regulativer Institutionen erweitert. Die Betrachtung der Organe der öffentlichen Finanzkontrolle wurde um die Analyse anderer eigenständiger staatlicher wie nichtstaatlicher großer Prüfungs- und Steuerungsorgane ergänzt. Hierzu gehören gleichermaßen die (ehemals) öffentlichen Wirtschaftsprüfungsgesellschaften wie die Treuarbeit, vormals Revisions- und Treuhand AG (deren Aufsichtsratvorsitz vom Präsidenten des Bundesrechnungshofs in Personalunion wahrgenommen wird), und die öffentlich vereidigten privaten Wirtschaftsprüfer mit ihrer Funktion, "öffentliches Vertrauen in die Privatwirtschaft zu stiften", wie es 1931 im Gefolge der großen Wirtschaftskrise gesetzlich bestimmt worden war. Darüber hinaus umfaßt dieser Untersuchungskomplex auch das Zusammenspiel von staatlichen und halböffentlichen Kontrollinstitutionen in genossenschaftlichen bzw. in gemeinnützigen Wirtschaftsunternehmungen, die schon seit 1889 einer gesetzlich verordneten Prüfung unterstehen.

Für das gegenwärtige Funktionieren der öffentlichen Kontrollinstitutionen hat die Regierungs- und Verwaltungs-Reformdiskussion der sechziger und siebziger Jahre Schlüsselcharakter. Als maßgebende Beispiele sei hier auf die Überlegungen zur Finanzreform, wie sie in der "Tröger-Kommission" entwickelt wurden, sowie auf die Versuche, das in den USA als Instrument der Aufgabenplanung und Kontrolle entwickelte "Planning - Programming - Budgeting-System" auf die Struktur der Bundesregierung und Bundesverwaltung zu übertragen, verwiesen. Eine historisch-analytische Rekonstruktion der Reformdiskussion - gelegentlich als "Planungseuphorie" qualifiziert - und der sich hieraus zeitweilig etablierenden "quasi-Institution" wäre ein weiterer wichtiger Baustein für eine empirisch fundierte politische Soziologie regulativer Institutionen in modernen Wirtschaftsgesellschaften. Diese Annotation gilt auch - oder ganz besonders - unter den Vorzeichen der "Neokonservativen Wende" mit ihren vieldiskutierten Bestrebungen der "Deregulierung" und "Entstaatlichung".

Im Untersuchungsansatz der vorliegenden Studie wird versucht, die Verschränkung der objektiven Funktionen der vorgegebenen und verfassungsmäßig gesicherten Institution - mit ihren rechtlichen, organisatorischen und funktionalen Strukturelementen - mit dem subjektiven Faktor offenzulegen, die durch die Interaktion der einzelnen Handelnden konstituiert wird. Denn derartige Institutionen können durch eben diese Verknüpfung unter bestimmten politischen Großkonstellationen sehr schnell degenerieren, wie die Entwicklung des NS-Regimes zeigt. Sie können im vorgegebenen konstitutionellen Rahmen aber auch Entwicklungen zeitigen, die durch das aktive Handeln von Gruppen zu neuen Inhalten der Institution führen. Dies ist im Hinblick auf die gegenwärtige Situation des Bundesrechnungshofs zu überprüfen.

Der Bundesrechnungshof hat sich in den letzten Jahren in einem umfassenden Funktionswandel befunden. Das ist zunächst Folge der Auseinandersetzung des Parlaments mit einer rapide wachsenden und sich institutionell mehr und mehr verfestigenden Ministerialbürokratie, die die Abgeordneten mit massiv geballtem Sachverstand und einer immer weiter ansteigenden Informationsflut konfrontiert. In diesem Prozeß diagnostizierten Analytiker aus der politischen Wissenschaft und der Publizistik für das Parlament einen tendenziellen Machtverlust bei der Budgetgestaltung.

In diesem ungleichen Kampf wurde dem Bundesrechnungshof zunehmend die Rolle angetragen, als Hoffnungsträger für das Parlament, das sich gleichsam Kompensation für den drohenden Bedeutungsverlust erhoffte, zu fungieren. Die Folge war der Versuch, den Rechnungshof möglichst weitgehend an das Parlament heranzuführen. Er selbst mußte daran partiell insoweit interessiert sein, als ihm damit die Möglichkeit geboten wurde, sich vorsichtig aus der traditionellen Vereinnahmung durch den Bundesminister der Finanzen zu lösen. Ihm konnte aber nicht daran gelegen sein, in Abhängigkeit vom Parlament zu geraten, vielmehr mußte sein Streben auf "Äquidistanz" zu Parlament und Finanzminister gerichtet sein.

Seit Kriegsende vollzieht sich zudem ein Wandel innerhalb der Kontrolltätigkeit des Bundesrechnungshofs, der seit der Planungsdiskussion und den Verwaltungsreformversuchen der sechziger und siebziger Jahre noch an Tempo zugenommen hat. Insbesondere die ökonomisch-funktionalen Aspekte haben erheblich an Bedeutung gewonnen, was sich vornehmlich in der Veränderung der Prüfungsmaßstäbe - speziell der Wirtschaftlichkeit - niederschlägt. Zwar wird die Rolle des Bundesrechnungshofs als umfassender Wirtschaftlichkeitsprüfer von manchen Autoren (noch) bestritten, aber nach Einschätzung anderer Beobachter hat eine Entwicklung eingesetzt, die ihm zunehmend auch vom Parlament abverlangt wird. Alle diese Entwicklungen haben ihren Niederschlag in der Haushaltsreform von 1970 und in der Novellierung des BRH-Gesetzes von 1985 gefunden. Letzteres stellt lediglich eine weitere Etappe, nicht jedoch den Abschluß der skizzierten Entwicklung dar.

Die empirische Analyse setzt im vorliegenden Projekt an der Institution und zugleich am Handeln der Individuen an. Sie berührt sich sowohl mit den vielfachen Versuchen der politikwissenschaftlichen Wirkungsforschung als auch mit der ökonomischen Wirtschaftlichkeitsanalyse, weist aber gleichzeitig darüber hinaus. So lassen sich die zum Teil scheinbar widersprüchlichen Wirkungsmechanismen, derer sich der Bundesrechnungshof bei seiner Kontrollarbeit bedient, überhaupt nur verstehen aus der Entschlüsselung des Selbstverständnisses und des Rollenverhaltens der handelnden Personen in den ihnen übertragenen Funktionen. Umgekehrt läßt sich die Autonomie des Rechnungshofs und die Möglichkeit ihrer Sicherung nicht nur aus der richterlichen Unabhängigkeit seiner Mitglieder erklären; vielmehr treten spezifische funktional-strukturelle Momente hinzu. Die Analyse muß sich somit immer wieder auf neue Ebenen begeben bzw. mehrere Ebenen gleichzeitig betrachten.

Werden diese vielfältigen Funktions- und Wirkungszusammenhänge bei der Ermittlung und Interpretation der empirischen Sachverhalte beachtet, so führt dies zu größerer Realitätsgerechtigkeit, macht aber zugleich die Darstellung zwangsläufig komplex: Zum einen spielen bestimmte Faktoren in unterschiedlichen Zusammenhängen eine wichtige Rolle und müssen daher unter verschiedenen Analyseperspektiven aufgegriffen werden. Zum anderen macht es die Diskussion differierender Strukturierungsaspekte - wie der Handlungsprozeß der Kontrolle, das Zusammenwirken der Kontrollorgane u.a. - unmöglich, die einzelnen empirischen Sachverhalte bzw. Einheiten jeweils in ihrer Totalität darzustellen. Vielmehr kann nur der je relevante Aspekt herausgegriffen werden, soll die Darstellung nicht überfrachtet werden. Dies führt zwangsläufig zu mehrfachem Ebenen- und Perspektivwechsel. Die Darstellung wird notwendigerweise verschachtelt. Daher seien im folgenden Aufbau und Struktur des Berichts - in Abhängigkeit von den verschiedenen thematischen Schwerpunkten - kurz erläutert.

Schon im Bezugsrahmen der Untersuchung sind zwei zeitliche Perspektiven miteinander verschränkt: zum einen die diachrone Betrachtung des Bundesrechnungshofs, die fragt, inwieweit und in welcher Richtung dieser externe öffentliche Finanzkontrolleur seit der Gründung der Bundesrepublik einem Funktionswandel unterliegt; zum zweiten die synchrone Betrachtung, die nach dem Planungs- und Kontrollgefüge fragt, in das der Rechnungshof mit seinen interagierenden Partnern aus Exekutive und Legislative eingebunden ist.

Beide Zeitperspektiven bilden die "Folie", vor der das gesamte Untersuchungskonzept zu sehen ist, das im ersten Kapitel skizziert wird. Dieser komprimierte Abriß (in erster Linie für den wissenschaftlich interessierten Leser bestimmt) informiert über den theoretischen Einstieg - d.h. darüber, welche theoretischen Ansätze im einzelnen zugrunde gelegt wurden - sowie über den konzeptionellen Zugriff - d.h. darüber, wie die Problemkomplexe abgegrenzt und die forschungsleitenden Fragestellungen formuliert wurden, mittels derer die vielschichtige Realität angegangen wurde. Den Kern bildet die bereits angedeutete Differenzierung zweier Analyseebenen: die Institutionenanalyse und die funktional-strukturelle Handlungs(system)analyse. Hieraus wird ein Netzwerk von analytischen Kategorien abgeleitet. Im weiteren Verlauf des Abrisses werden das Grundmuster der empirischen Erhebung, die ausgewählten Erhebungseinheiten und der Untersuchungsablauf kurz dargelegt.

In den Kapiteln zwei bis elf wird das erhobene empirische Material auf unterschiedlichen Konkretionsstufen - bei tendenziell zunehmender Komplexität - unter den verschiedenen Blickpunkten bzw. Fragestellungen dargestellt und interpretiert. Einleitend sind in Kapitel 2.1. die wichtigsten normativen Vorgaben der Rechnungshof-Tätigkeit - inklusive der gängigen Kontrollbegrifflichkeit - sowie die das Kontrollgefüge konstituierenden Kerntatbestände zusammengestellt. In den Abschnitten zwei bis vier des Kapitels zwei wird dem Leser sodann ein Bild der "Sache" vermittelt, um die es direkt und unmittelbar geht, indem die Merkmale der Prüfungs- und Beratungstätigkeit herausgearbeitet werden. Sie sind zugleich prägend für das Kontrollverfahren selbst und für das Verhältnis der hierdurch miteinander verbundenen Institutionen.

Mit dem dritten Kapitel tritt der Bundesrechnungshof als institutioneller Träger dieser Kontrolle ins Blickfeld. Im Mittelpunkt stehen die interne organisatorische Arbeitsteilung - die wiederum die Aufteilung und Zuordnung des Prüfungsstoffes bestimmt - sowie die Kompetenz- und Entscheidungsstruktur - wobei die Autonomie der Akteure nach innen und außen eine zentrale Rolle spielt. Beide Strukturaspekte sind gemeinsam konstitutiv für die Kommunikations- und Kooperationsstrukturen innerhalb des Rechnungshofs einschließlich der Informationsflüsse und -systeme. Im vierten Kapitel wird diese institutionelle Betrachtung ergänzt durch eine Analyse der Kontrollprozesse und der dahinter stehenden funktionalen und subjektiven Faktoren. Planung und Durchführung von Prüfungs- und Beratungsverfahren einschließlich der dabei eingesetzten Strategien und Methoden sind in zweierlei Hinsichten wichtig: Zum einen werden durch sie die Kontrollergebnisse - in Form von Mängelrügen oder Beratungsempfehlungen - hervorgebracht, kurz die Qualitäten der Kontrolle ausgeformt. Zum zweiten werden durch sie die Wirkungen der Kontrolle angestoßen, i.S. von actio (der Kontrolleure) und reactio (der Geprüften oder Beratenen). In sie fließen sowohl die grundsätzliche Orientierung (Prüfungsphilosophie) und die konkreten Ziele der Kontrolleure ein als auch die Mittel, derer sie sich bedienen (Wirkungsmittel oder -mechanismen).

Das fünfte Kapitel hat die Wirkungen des Bundesrechnungshofs als Ganzes zum Gegenstand, wie sie im Kontrollhandlungsprozeß, aber auch schon durch die bloße Existenz des Rechnungshofes erzeugt werden. Diese Betrachtung bekommt ihre spezifische Bedeutung aus der Tatsache, daß der Bundesrechnungshof über keine formelle Sanktionsgewalt verfügt und damit - will er wirksam werden - auf andere Wirkungsmittel zurückgreifen muß. Es zeigt sich, daß den Kontrolleuren durchaus effektvolle indirekte Mittel zur Verfügung stehen, die unterschiedlich eingesetzt werden - je nach Situation bzw. Gegenüber und Wirkungskonzept. Zugleich kann ein Grundmuster offengelegt werden, das eine Folge mehr oder weniger strikt aufeinander aufbauender Wirkungsstufen als Kerngrößen enthält.

Erst vor dem Hintergrund dieser Betrachtung der wichtigsten Komponenten der Funktions- und Wirkungsstruktur des Bundesrechnungshofs wird in den Kapiteln sechs bis elf das Kontrollgefüge im Rahmen der Finanzplanung und -steuerung genauer untersucht. Dabei steht in Kapitel sechs der Haushaltszyklus als Scharnier und übergreifender Handlungsrahmen im Mittelpunkt. Er verbindet den Rechnungshof gleichermaßen mit der Regierung und der Verwaltung wie mit dem Parlament, wenn auch das Schwergewicht der Beziehung sich von Phase zu Phase ändert. Hinzu kommt als zweiter übergreifender Handlungsrahmen der "Datenkranz" der Merkmale der kontrollierten Stellen bzw. Einheiten - also die Programme, Organisationsstrukturen u.s.f., die als externe Determinanten ebenfalls die Strukturen und Wirkungen der Kontrolltätigkeit des Bundesrechnungshofs erheblich beeinflussen (Kapitel 7).

Da die Prüfung zumindest prinzipiell zeitlich und informationell - im Sinne eines Informations- und Erfahrungsfundus - die Basis der Beratung bildet, schließt an den Abriß des Haushaltszyklus zunächst die ausführliche Darstellung des Kontroll-"Objekts" Exekutive an. Hierbei werden sowohl die in der Verwaltung und Regierung selbst angesiedelten Kontrollorgane vorgestellt als auch das Kooperationsgefüge zwischen Exekutive und Rechnungshof nachgezeichnet einschließlich möglicher Konfliktherde und Gefahren für die Funktionsfähigkeit der Exekutive.

Im Hinblick auf das Parlament als dem zweiten Mitakteur im Kontrollgefüge erschien es uns umgänglich, einen völligen Perspektivwechsel vorzunehmen und die Finanzkontrolle insgesamt sowie den speziellen Beitrag des Bundesrechnungshofs aus der Funktionsweise des Parlaments - genauer: des Haushalts- und Rechnungsprüfungsausschusses - zu betrachten (Kapitel 10). Denn die parlamentarischen Finanzkontrolleure haben zugleich eine zentrale Rolle als Gegenspieler von Regierung und Verwaltung inne. Die bereits zitierte Behauptung eines Funktionsverlusts des Parlaments und einer

damit verbundenen Funktionserweiterung des Bundesrechnungshofs konnte nur durch
die veränderte Perspektive überprüft werden.

Bei den in Kapitel acht vorgestellten "Vorprüfungsstellen" handelt es sich um eine
äußerst spezifische Kontrolleinrichtung, die am Schnittpunkt von Exekutive und Rechnungshof angesiedelt ist und die in dieser Form nur in Deutschland existiert. Da sie
sowohl dem Rechnungshof als auch der Verwaltung "dienen" - dienstrechtlich und organisatorisch sind sie der Verwaltung zugeordnet, fachlich unterliegen sie dem Weisungsrecht des Rechnungshofs - kann an ihnen die Problematik der "Äquidistanz" und
der doppelten Loyalität besonders gut beobachtet werden. Kernfragen sind, ob für ein
gutes und reibungsloses Funktionieren eine gleich große Distanz zu beiden (Be-
zugs-)Einrichtungen notwendig ist und ob eine Kontrolleinrichtung gleichzeitig effektiv
zwei "Herren dienen" kann.

Das abschließende Kapitel zwölf enthält schließlich in konzentrierter Form unsere
Schlußfolgerungen. Schlaglichthaft werden die Entwicklungslinien der externen
Finanzkontrolle in den letzten 20 Jahren sowie die gegenwärtigen Funktions- und Wir-
kungsstrukturen und -probleme des Bundesrechnungshofs gekennzeichnet.

Die gesamte Darstellung dieser Untersuchungsergebnisse war mit einer besonderen
Problematik konfrontiert. Jede Möglichkeit einer plastischen, objektnahen Schilderung
sollte genutzt werden, auch um dem Leser den Zugang zu erleichtern. Andererseits
mußte die für jede empirische Untersuchung gebotene Wahrung der Anonymität der
Befragten gesichert werden, was wegen der eng begrenzten Kreise der Akteure in
Rechnungshof, Ressorts und Parlament schwer realisierbar war. Wir haben daher zum
Mittel des anonymen Kurzzitats gegriffen, das ein Stück Authentizität ohne Preisgabe
der Person erlaubt und somit mehr als bloß ein literarisches Stilmittel sein soll.

Angesichts der Stoffülle wird dem Leser sicherlich deutlich werden, was unsere ein-
leitende Bemerkung vom teilnehmenden Interesse der Praktiker der Finanzkontrolle
bedeutet: Es war eine conditio sine qua non für das Gelingen unserer Untersuchung.
Entgegen den pessimistischen Einschätzungen mancher Kollegen aus dem aka-
demischen Umfeld, die die Möglichkeit eines Zugangs zum Forschungsfeld bezweifel-
ten, hat sich bei den Vorgesprächen ebenso wie in der Feldphase der Untersuchung herausgestellt, daß ein großes Interesse bei den in und an der Finanzkontrolle Beteiligten
bestand, was schließlich eine über bloße Höflichkeit hinausgehende hohe Bereitschaft
zur Mitwirkung zur Folge hatte. Es kommt hier sicherlich auch zum Ausdruck, daß die
Institution der Finanzkontrolle nicht nur in objektiver Diagnose, sondern auch nach
dem Empfinden und Erkennen der Beteiligten einem tiefgreifenden Wandel unterliegt,
den die Beteiligten zu durchschauen und zu steuern suchen.

Wir möchten allen unseren Gesprächspartnern aus dem Bundesrechnungshof selbst,
aus den verschiedenen Bundesministerien sowie aus dem Haushaltsausschuß des Deutschen Bundestages an dieser Stelle herzlich danken. Sie haben uns in z.T. außerordentlich ausführlichen und anstrengenden Expertengesprächen Auskunft gegeben und den
Zugang zu wichtigen Erkenntnisquellen ermöglicht. Stellvertretend für alle nennen wir
hier: den Präsidenten des Bundesrechnungshofs, Herrn Dr. Zavelberg, der mit gleich-
bleibender Freundlichkeit und hoher Auskunftsfreudigkeit die Wißbegier der

Forschungsgruppe zu stillen suchte; ferner den Vorsitzenden des Haushaltsausschusses des Bundestags, Rudi Walther, und den Vorsitzenden des Rechnungsprüfungsausschusses des Bundestags, Bernhard Friedmann, denen wir dafür danken, daß sie bereit waren, wertvolle Zeit den Forschern zu widmen. Ein besonderer Dank gilt schließlich dem früheren Präsidenten des Bundesrechnungshofs, Herrn Dr. Karl Wittrock, der nicht nur bereit war, mit seinen reichen Erfahrungen zur Auskunft zur Verfügung zu stehen, sondern der auch das Projekt von Anfang an kritisch beobachtend begleitet hat.

Die Deutsche Forschungsgemeinschaft hat das Projekt in den Jahren 1986 und 1987 mit einer Sachbeihilfe gefördert, ohne die die aufwendige Feldforschung nicht möglich gewesen wäre.

Theo Pirkers Initiative ist es zu verdanken, daß das Thema Finanzkontrolle in den Bereich der politisch-soziologischen Institutionenanalyse eingeführt wurde. Er hat den Grundstein für den Projektschwerpunkt "Planung und Kontrolle" gelegt, aus dem diese Arbeit hervorgegangen ist. Die Exploration im Vorfeld des Projekts ist der intensiven Zusammenarbeit mit F.O. Gilles, Gerhard und Gundolf Otto und Rainer Weinert zu danken.

Schließlich danken wir Gabriele Bartz für ihren großen und geduldigen Einsatz bei der Textverarbeitung, deren oft detektivische Leistung erst die Entschlüsselung unserer Manuskripte und deren Umsetzung in einen lesbaren Text möglich gemacht hat.

Bernhard Friedmann, langjähriger Vorsitzender des Rechnungsprüfungsausschusses und seit Oktober 1989 Deutsches Mitglied des Europäischen Rechnungshofes, konstatierte in der Debatte über die Bemerkungen des Bundesrechnungshofs 1988 vor dem Plenum des Deutschen Bundestages am 21.6.1989: "In letzter Zeit ist auch hier im Hohen Hause so manches Buch verteilt worden, das sich mit Staatsrecht befaßt. Ich stoße mich immer wieder daran, daß zwar von der Kontrolle der Exekutive durch das Parlament die Rede ist, aber die Finanzkontrolle als Beispiel dafür fast nirgendwo aufgeführt wird. Es ist dringend notwendig, daß die politischen Wissenschaften und die Staatswissenschaften dieses Thema aufarbeiten. Es gibt kaum eine Universität, auf der dieses Stoffgebiet abgehandelt wird. Das gehört mehr in die Lehrbücher, das gehört auch an die Universitäten."

Die Verfasser dieser Arbeit legen ihr Buch in der Hoffnung vor, einen Beitrag geleistet zu haben, der den Forderungen, die Bernhard Friedmann im Namen des Parlaments gestellt hat, entspricht.

Berlin, im Oktober 1989   *Nils Diederich*

1. Forschungsproblem, Untersuchungskonzept und Untersuchungsablauf

1.1. Forschungsgegenstand und Forschungsziel

Im Bereich öffentlicher gesellschaftlicher Planung und Kontrolle spielen neben den repräsentativ-demokratischen Institutionen Parlament und Regierung unabhängige Organe eine Rolle, die - gemessen an den in der Öffentlichkeit vorhandenen Informationen über ihr faktisches Funktionieren - eher "im dunkeln" wirken. Dies gilt in besonderem Maße für den Bundesrechnungshof (BRH) als dem verfassungsmäßigen externen Finanzkontrolleur der öffentlichen Verwaltung des Bundes sowie des Haushalts- und Wirtschaftsgebarens der Bundesregierung.

Staatliches Handeln wächst seit Jahrzehnten dem Umfang nach immer mehr an, und seine Aufgaben werden immer komplexer. Parallel dazu dehnt sich der Kontrollbereich des BRH aus; zusätzlich fallen ihm neue Aufgaben zu. So wird dem BRH vor allem eine vermehrte Bedeutung als Vor- und Zuarbeiter des Parlaments zugeschrieben. Gerade dem Parlament, als demokratisch legitimiertem Kontrolleur von Budget und Regierung und damit als Instanz der politischen Finanzkontrolle, wird bescheinigt, daß seine real oder vermeintlich immer größer werdende Ohnmacht dringend einer Kompensation bedürfe.

Die bisherige wissenschaftliche Beschäftigung mit dem BRH scheint auf den ersten Blick keineswegs völlig "unterbelichtet" zu sein. Die nähere Betrachtung zeigt jedoch, daß es sich größtenteils um normative Erörterungen handelt, die das Handlungs-Soll des BRH vorwiegend unter juristischen oder finanz- bzw. wirtschaftswissenschaftlichen Gesichtspunkten zu bestimmen suchen, während gleichzeitig ein großes empirisches und theoretisches Erkenntnisdefizit besteht. Die rechtswissenschaftlichen Ansätze mit ihrem Schwergewicht auf der staatsrechtlichen Stellung des BRH im heutigen Gewaltenteilungssystem bleiben ausschließlich der Ebene formalrechtlicher Funktionszuweisungen verhaftet. Die finanzwissenschaftlichen Publikationen beschäftigen sich kaum mehr als rudimentär mit der Kontrollfunktion des BRH; primär versuchen sie, eine allgemeine Konzeptualisierung der "Wirtschaftlichkeit" und "Sparsamkeit" als Maßstäbe des Handelns von Regierung und Verwaltung - und nur vermittelt hierüber als Prüfungsgrundsätze der Finanzkontrolle - zu leisten.

Realanalysen sind daher dringlich. Die zentralen Funktions- und Wirkungsweisen gesellschaftlicher, "öffentlicher" (sic!) Planung und Kontrolle offenzulegen, ist längst überfällig. Insbesondere Stellenwert und Wandel, Möglichkeiten und Grenzen (verwaltungs-)externer Finanzkontrolle durch den BRH sowie seine Stellung zwischen Exekutive und Legislative müssen abgeklärt und der angedeutete Handlungs- und Unterstützungsbedarf für die parlamentarische Finanzkontrolle genauer bestimmt werden.

1.2. Aufgabenstellung

Fünf Thesen bilden die Ausgangsposition für die in dieser Studie unternommene soziologische Analyse eines wichtigen Sektors des politisch-administrativen Systems auf empirischer Basis[1]:

1. Funktionswandel[2]: Der BRH - und die Rechnungskontrolle allgemein - war in den letzten zwanzig Jahren einem tiefgehenden Wandel unterworfen. Die Rechnungsprüfung im eigentlichen Sinne befindet sich in der noch andauernden Weiterentwicklung zur wesentlich umfassenderen Finanzkontrolle. Als allgemeine Kennzeichen dieses Prozesses können der "Bedeutungszuwachs" durch Erweiterung der Prüfungsprinzipien und die "Kompetenzausweitung" oder "Kompensation" für tendenziellen parlamentarischen Machtverlust bei der Budgetkontrolle[3] (parlamentarische Finanzkontrolle) gelten. Diese Kernthese überwölbt die folgenden Thesen und wird zugleich durch sie unterschiedlich spezifiziert.

2. Umfassender Wirtschaftlichkeitsprüfer: Als Hauptaspekt des Funktionswandels oder Funktionszuwachses wird zumeist die Wirtschaftlichkeitsprüfung genannt. Während jedoch einige Autoren den BRH schon mehr oder weniger in einer "Betriebsberaterfunktion" für die Exekutive sehen (so z.B. Klippstein[4]), konstatieren andere, daß er als umfassender Wirtschaftlichkeitsprüfer noch weitgehend ausfalle (so vor allem Greifeld[5]).

3. Politischer Rechnungshof[6]: In der Literatur umstritten ist die Frage, ob der BRH selbst politisch gestaltend wirke oder gar eine politische Funktion habe, oder ob er zur Objektivität und ausschließlichen Sachbezogenheit verpflichtet sei und dieses Gebot auch einhalten könne, wenn er sich nur "political self-restraint" verhalte. Konsens besteht lediglich dahingehend, daß seine Prüfungstätigkeit fast zwangsläufig politische Auswirkungen habe.

4. Janusköpfigkeit[7]: Die Beratungsfunktion gegenüber Parlament und Exekutive, die dem BRH formell seit 1970 als neue Aufgabe zugeordnet ist, bildet ein zentrales

---

1   Diese Thesen wurden erstmals auf der Grundlage einer systematischen Analyse und Kritik der Literatur zur Finanzkontrolle formuliert in: Nils Diederich/Franz O. Gilles/Gerhard Otto/Gundolf Otto/Rainer Weinert: Die Institution Rechnungshof: Stiefkind der Sozialwissenschaften, in: *ZParl* 4/1984, S. 479-494.

2   Vgl. u.a. Susanne Tiemann, *Die staatsrechtliche Stellung der Finanzkontrolle des Bundes*, Berlin 1974; Stefan Pelny, *Die legislative Finanzkontrolle in der Bundesrepublik Deutschland und in den Vereinigten Staaten von Amerika*, Berlin 1972; Hans C. Korff, Wege zur Verbesserung der Finanzkontrolle, in: *ZParl* 3/1981, S. 399-413.

3   Ein Teil der Literatur behauptet bei der Budgetgestaltung sogar einen weitergehenden Machtverlust des Parlaments.

4   Gerhard Klippstein, *Ausgewählte Probleme der Finanzkontrolle*, Mannheim 1972.

5   Andreas Greifeld, *Der Rechnungshof als Wirtschaftlichkeitsprüfer*, München 1981.

6   Vgl. u.a.: Klaus Grupp, Die Stellung der Rechnungshöfe in der Bundesrepublik Deutschland, Berlin 1972; Wolfgang Sigg, *Die Stellung der Rechnungshöfe im politischen System der Bundesrepublik Deutschland*, Berlin 1983; Tiemann, *Staatsrechtliche Stellung* (Anm. 2); Ulrich Battis, Rechnungshof und Politik, in: *DÖV*, 21/1976, S. 721-727; Kurt Reding, *Die Effizienz staatlicher Aktivitäten*, Baden-Baden 1981.

7   Vgl. u.a. Tiemann, *Staatsrechtliche Stellung* (Anm. 2), S. 145 f, 150 ff; Klippstein, *Probleme* (Anm. 4), S. 78 f.

Moment des Funktionswandels. Während ein Teil der Autoren hierdurch die unabhängige Finanzkontrolle gefährdet sieht und vor allem eine Vorabbindung des BRH oder eine unzulässige Einengung der Entscheidungsspielräume der Verwaltung und letztlich eine "Verantwortungsdiffusität" - also das Auseinanderfallen von faktischer und formaler Verantwortung - befürchtet, postulieren andere gerade die prinzipielle Verschränkung der Prüfungs- und Beratungsaktivitäten als funktionale Bedingung für eine wirksame Finanzkontrolle.

5. Arkanpolitik oder demokratische Öffentlichkeit[8] als Wirkungsmittel: Während die eine Seite in der Nichtöffentlichkeit des größten Teils der BRH-Tätigkeit die Gefahr einer "Wiederkehr der Arkanpolitik", gekoppelt mit einer neuen "Expertokratie", sieht, vermutet die andere Seite gerade in dieser "Geheimhaltung" den zentralen Grund für eine geringe Wirksamkeit des BRH und will ihr eine demokratische (Medien)-Öffentlichkeit zur Stärkung einer wahrhaft unabhängigen und wirksamen Finanzkontrolle entgegensetzen.

Aufbauend auf diese Thesen, wurden folgende Forschungsaspekte und Aufgaben für die Realanalyse entwickelt:

1. Die faktischen Kontrollstrukturen müssen offengelegt werden, und zwar sowohl die Charakteristika der Prüfungs- und Beratungsakte bzw. -ergebnisse als auch die Merkmale und Verläufe des Beratungshandelns selbst. Durch die Verknüpfung beider Aspekte wird dann auch die Frage nach der Einheit von Prüfung und Beratung fundierter klärbar.

2. Bei dieser Erfassung und Analyse der Prüfungsstrukturen sowie der Prüfungsverfahren muß im Hinblick auf die Frage nach dem Funktionswandel - genauer: dem Funktionszuwachs - untersucht werden, inwieweit und gegebenenfalls welche Entlastungsstrategien der BRH einsetzt, um trotz seiner nur geringfügig erhöhten Kapazität seine Kontrollfunktion weiterhin zu erfüllen oder gar noch zu effektivieren. Von besonderem Interesse sind hier sowohl BRH-interne Umstrukturierungen der Aufgabenverteilung als auch Versuche, Prüfungssysteme oder Konditionalprogramme für die Verwaltungsabläufe zu etablieren - also Tendenzen zu einer "normativen Präokkupation" durch vorhergehende Prüfung oder Beratung[9]. Hiermit ist zugleich der Wirkungsaspekt angesprochen.

3. Die empirisch vorfindlichen Wirkungen selbst müssen in ihrer vollen Breite und Unterschiedlichkeit erfaßt werden. Hierzu ist es notwendig, zu untersuchen,

---

8   Vgl. u.a. Franz O. Gilles/Gerhard Otto/Gundolf Otto/Rainer Weinert, Die Funktion des Bundesrechnungshofes zwischen Finanzrevision und Politikgestaltung, in: *Recht im Amt*, 11/1983, S. 207-212; Tiemann, *Staatsrechtliche Stellung* (Anm. 2); Jürgen Jekewitz, Bundesverfassungsgericht und Gesetzgeber, in: *Der Staat*, 4/1980, S. 535-556; Christian Tomuschat, Die parlamentarische Haushalts- und Finanzkontrolle in der Bundesrepublik Deutschland, in: *Der Staat*, 1/1980, S. 1-28; Klippstein, *Probleme* (Anm. 4); Joachim Welz, *Parlamentarische Finanzkontrolle in den Bundesländern, dargestellt am Beispiel Baden-Württembergs*, Berlin 1982; Gunter Kisker, Sicherung von "Wirtschaftlichkeit und Sparsamkeit" durch den Rechnungshof, in: *NJW*, Nr. 39, S. 2167-2172.

9   Vgl. u.a. Niklas Luhmann, *Zweckbegriff und Systemrationalität*, Frankfurt a.M. 1973; Gilles u.a., *Funktion* (Anm. 8); Jekewitz, *Bundesverfassungsgericht* (Anm. 8).

- welche Wirkungsrichtungen unterscheidbar sind,
- inwieweit sie überhaupt auf der gleichen Ebene oder auf unterschiedlichen Ebenen liegen,
- durch welche Handlungsprozesse sie konstituiert werden,
- in welchen Handlungsfeldern (Exekutive, Legislative) sie stattfinden.

Die so bestimmten Wirkungen sind mit den Sollfunktionen zu konfrontieren. Desgleichen ist der jeweilige Handlungsrahmen zu bestimmen, den der BRH in den unterschiedlichen Handlungsfeldern vorfindet und der die je möglichen Wirkungen begrenzt bzw. modifiziert. Hierfür sind insbesondere die spezifischen strukturellen Merkmale der geprüften und/oder beratenen Institutionen herauszuarbeiten (externe Determinanten).

4. Da der BRH über keine eigene formelle Sanktionsmacht verfügt, um die von ihm vertretenen Maßstäbe und Soll-Vorstellungen durchzusetzen, ist es des weiteren von entscheidender Bedeutung zu untersuchen, durch welche Mechanismen die von ihm ausgehenden Wirkungen erzeugt bzw. vermittelt werden (Wirkungsmechanismen), oder, anders formuliert, über welche "funktionalen Äquivalente" (anstelle direkter Sanktionen) er verfügt. Hierbei nimmt die in der fünften These angesprochene Frage nach der Bedeutung, die das Arkanum sowie die Öffentlichkeit im Prüfungs- und Beratungshandeln gegenwärtig haben, eine zentrale Stellung ein. Insbesondere ist von Interesse, ob und inwieweit - im Kontext der politischen Handlungsbezüge des BRH - die Medienöffentlichkeit einen potentiellen Adressaten bzw. Interessenten politischen "Skandalschlagens" darstellt, der für eine wirkungsvolle Finanzkontrolle einsetzbar ist.

5. Zentral für diese Funktions- und Wirkungsanalyse sind die Handlungsbedingungen (interne Determinanten), die durch den BRH selbst konstituiert werden. Hierbei sind die institutionellen, organisatorischen und funktionellen Elemente gleichermaßen von Bedeutung.

6. Erst vor dem Hintergrund der handlungsleitenden Normen werden die Funktionen in ihrer Struktur und Wirkung schlüssig interpretierbar. Den Kern dieser Normen bilden die Prüfungsmaßstäbe der Ordnungsmäßigkeit, Wirtschaftlichkeit und Sparsamkeit, die daher in ihrem grundsätzlichen Charakter wie in ihrer faktischen Praktikabilität untersucht werden müssen[10]. Schon eingangs wurde die Problematik des Wirtschaftlichkeitsbegriffs herausgestellt. Wir wollen daher insbesondere folgende Fragen klären:
   - Wie kann die Kategorie der "Wirtschaftlichkeit" konzeptualisiert oder sonst inhaltlich ausgefüllt werden?

---

10 Vgl. hierzu u.a. Martin P. Büch, *Zur Bestimmung der Grundsätze der Wirtschaftlichkeit und Sparsamkeit im öffentlichen Haushalt der Bundesrepublik Deutschland*, Köln 1975; Klaus Grupp, Steuerung des Verwaltungshandelns durch Wirtschaftlichkeitskontrolle?, in: *DÖV*, 16/1983, S. 661-667; Heinz Haller, Einige Überlegungen zur aktuellen und künftigen Bedeutung der Wirtschaftlichkeitsprüfung, in: Eckart Schiffer/Helmut Karehnke (Hrsg.), *Verfassung, Verwaltung, Finanzkontrolle. Festschrift für Hans Schäfer*, Köln 1975; Adolf Hüttl, Das Wirtschaftlichkeitsprinzip in der öffentlichen Verwaltung, in: Bundesrechnungshof (Hrsg.), *250 Jahre Rechnungsprüfung*, Frankfurt a.M. 1964, S. 205-221.

- Welche Möglichkeiten der Festlegung wirtschaftlichen Handelns stehen speziell für die öffentliche Finanzkontrolle zur Verfügung?
- Wie ist die "Wirtschaftlichkeit" als Bewertungkriterium für den BRH praktizierbar?

Durch die Antworten auf diese Fragen werden zugleich das Wirkungssoll und die Wirkungsmöglichkeiten des BRH in ihrem Kern eingegrenzt.

7. Einen übergreifenden Deutungsrahmen für die herauszuarbeitenden Funktions- und Wirkungsdimensionen erhält man schließlich durch die Einordnung der Prüfungs- und Beratungstätigkeit des BRH in den Gesamtzusammenhang der Finanzkontrolle, wie er im Zusammenwirken mit der parlamentarischen Finanzkontrolle sowie den Planungs- und Kontrollaktivitäten von Regierung und Verwaltung durch den sogenannten Haushaltskreislauf gebildet wird. Hierdurch wird zugleich der Handlungsspielraum des BRH aufgrund seiner Stellung zwischen Exekutive und Legislative einschließlich der ihm gesetzten Grenzen deutlich.

1.3. Theoretischer Bezugsrahmen

Schon mit der Formulierung der zentralen Forschungsaspekte und der Aufgabenstellung haben wir deutlich gemacht, daß unser analytischer Ansatz das "Handeln" als zentrale Kategorie der Funktionserfüllung (Handlungsprozeß) erfordert. Es stellt zugleich ein konstitutives Element des Instituts "Bundesrechnungshof" (Handlungssystem) dar. In Anlehnung an Max Weber und Talcott Parsons verwenden wir folgende Analysekategorien, die das Kontrollhandeln im Handlungssystem BRH erfassen[11]: Die Prüfungstätigkeit der BRH-Prüfer ("Akteure") ist soziales Handeln, das auf das finanzwirksame Verwaltungs- und Regierungshandeln (Tätigkeit der Mitglieder entsprechender Organe) gerichtet ist. Es weist wiederkehrende bzw. typische Abläufe (Tätigkeitsstrukturen) auf und ist in unterschiedliche Handlungsfelder segmentierbar. Das Beratungshandeln gegenüber dem Parlament sowie der Exekutive ergänzt das Prüfungshandeln. Jedes Handeln weist eine Handlungsorientierung auf, das ist der subjektiv gemeinte Sinn oder - anders ausgedrückt - Ziel, Zweck oder ein anderer antizipierter Stand der Dinge, auf dessen Erreichen die Kontrolltätigkeit gerichtet ist, und es hat eine normative Regulierung ("Grundsätze" oder "handlungsleitende Norm" der Finanzkontrolle). Des weiteren findet das Kontrollhandeln in einer Situation statt, die Handlungsobjekte (Prüfungsstoff oder die Gegenstände der Finanzkontrolle), Handlungsstrategien (Prüfungsverfahren usw.) und einen doppelten Zeitbezug, nämlich den Prüfungszeitpunkt und den geprüften Zeitraum, umfaßt.

---

11 Vgl. Talcott Parsons, *The Social System*, London 1964; Talcott Parsons/E. Shils, *Toward a General Theory of Action*, Cambridge/Mass. 1951; Max Weber, *Wirtschaft und Gesellschaft*, Köln/Berlin 1971. Für die weitere Rezeption des Handlungsansatzes vgl. u.a. Hans Haferkamp, *Soziologie als Handlungstheorie*, Opladen 1972; Niklas Luhmann, *Soziale Systeme*, Frankfurt a.M. 1984; Karl-Dieter Opp, *Soziales Handeln. Rollen und soziale Systeme*, Stuttgart 1970.

Für die Betrachtung der BRH-internen Funktions- und Wirkungsbedingungen (Handlungsdeterminanten) muß dieser handlungsanalytische Ansatz um Aspekte einer Institutionenanalyse[12] ergänzt werden, die es erlaubt, sowohl die formalen Organisationsprinzipien und die Kompetenzverteilung in ihrem Stellenwert für die faktischen Abläufe als auch die ausdifferenzierten institutionellen Strukturen (Informations-, Kommunikations-, Kooperations- und Entscheidungssysteme) zu erfassen. Auch die anderen Organe der Finanzkontrolle müssen zumindest insoweit einer Institutionenanalyse unterworfen werden, daß die von ihnen ausgehenden Modifikationen und Limitierungen der BRH-Kontrolle erkennbar und bewertbar werden.

Von zentraler Bedeutung sind bei dieser institutionellen Betrachtung die Konsequenzen sowie die Handlungspotentiale, die sich aus der formal-rechtlichen Unabhängigkeit der BRH-Mitglieder, dem Organisations- und Entscheidungsprinzip der "Kollegialität" sowie der Stellung des BRH insgesamt zwischen den politischen Gewalten an Handlungsspielräumen, aber auch an Handlungszwängen ergeben. Kaum eine Rolle spielen dagegen im Rahmen der Realanalyse die vieldiskutierte staatsrechtliche Stellung des BRH und seine Einordnung in das formale Schema der Gewaltenteilung sowie insbesondere die Frage, ob er die "vierte Gewalt" darstellt oder ob ihm tendenziell eher richterliche Qualitäten zukommen.

Besondere Probleme wirft die Analyse der handlungsleitenden Normen bzw. der Kontrollmaßstäbe auf, und zwar aus wirtschaftswissenschaftlicher wie aus sozialwissenschaftlicher Sicht. Der Charakter der "Wirtschaftlichkeit" und "Sparsamkeit" ist nur schwer in den Griff zu bekommen. Insbesondere geht es um die Frage, ob es sich bei diesen Maßstäben um Handlungs- bzw. Verfahrensnormen handelt oder um soziale Werte. Dies wird von den verschiedenen bisherigen Erklärungsansätzen sehr divergent diskutiert.

So zielt die effizienztheoretisch orientierte wirtschaftswissenschaftliche Argumentation[13] im wesentlichen auf die Bestimmung der "Wirtschaftlichkeit" und "Sparsamkeit" als "Grundsätze", die nicht den Charakter operationaler sozialer Handlungsanweisungen haben, sowie auf die Untersuchung der Angemessenheit oder Unangemessenheit der Verfahren zur Wirtschaftlichkeitsanalyse (Kosten-Nutzen-Analyse, Nutzwertanalyse, Kosten-Wirksamkeits-Analyse). Zudem wird bei diesen Betrachtungen das Haushaltsgebaren im allgemeinen diskutiert und nicht speziell der Aspekt der externen Finanzkontrolle durch den BRH. Das zentrale Problem für eine Anwendung dieser Ansätze auf die Analyse der BRH-Funktionen und -wirkungen resultiert jedoch daraus, daß mit ihnen implizit Modelle eines am Markt orientierten individuellen Wirtschaftshandelns auf öffentliche Institutionen übertragen werden. Damit wird verwischt, daß staatliche Entscheidungen an andere Bedingungen geknüpft sind als individuelle Entscheidungen. Die Schwierigkeit, wenn nicht gar Beliebigkeit der Nutzen-Kosten-Analyse und verwandter Entscheidungsinstrumente resultiert aus dieser Transponierung des individualistischen Konzepts auf staatliches Handeln. Die vorbehaltlose Übertragung der

---

12 Vgl. u.a. Helmut Schelsky (Hrsg.): *Zur Theorie der Institution*, Düsseldorf 1970.
13 Vgl. Heinrich Reinermann, Wirtschaftlichkeitsanalysen, in: *Handbuch der Verwaltung*, H. 4.6, S. 31 ff; und die dort angegebene umfangreiche Literatur.

ökonomischen Rationalität auf den politisch-administrativen Bereich kann nicht funktionieren, weil der Preismechanismus als Allokationsinstrument dort nicht greift. Als Substitut des Preismechanismus wird zwar die "öffentliche Planung" (als Koordinationsinstrument) herangezogen, mit deren Hilfe die öffentlichen Entscheidungsträger versuchen, Umfang und Struktur der staatlichen Aktivitäten festzulegen. Damit ist aber die "Rechenhaftigkeit" (Max Weber)[14] aufgegeben. Selbst die Setzung eines generellen Begriffs von "Rationalität" als primäres Planungskriterium würde die reale Stärke gesellschaftlicher Macht- und Einflußprozesse häufig unberücksichtigt lassen.

Für die Untersuchung der "Wirtschaftlichkeit" und "Sparsamkeit" als "Grundsätze" oder "handlungsleitende Normen" des BRH gilt es somit erst einmal, den prinzipiellen politischen Gehalt dieser Begrifflichkeit bewußt zu machen und aufbauend hierauf festzustellen, in welchem Kontext (gesellschaftlich-volkswirtschaftlich oder individuell-einzelwirtschaftlich) der BRH den Wirtschaftlichkeitsbegriff tatsächlich gebraucht (Wirkungsrichtung) sowie realistischerweise gebrauchen könnte (Wirkungspotential).

Aus sozialwissenschaftlicher Sicht ist zu fragen, inwieweit Ordnungsmäßigkeit, Wirtschaftlichkeit und Sparsamkeit soziale Normen - im Sinne von Verhaltensregeln mit einem bestimmten sozialen Geltungsbereich - oder soziale Werte sind. Hiervon hängt nämlich ab, inwieweit und in welcher Form aus ihnen überhaupt differenzierte, allgemeingültige soziale Handlungsanweisungen abgeleitet werden können.

Diese Problematik bestärkt auch die Entscheidung, für die Analyse der Wirkungsstrukturen sowie der benutzten Wirkungsmechanismen direkt an der Struktur der Kontrolltätigkeit selbst anzuknüpfen und nicht an Zielen, Programmen oder ähnlichen Bezugsgrößen herkömmlicher Wirkungsanalysen. Um den äußerst umfangreichen Handlungskomplex der Finanzkontrolle hierfür aufgliedern und damit transparenter machen zu können, muß überprüft werden, ob und inwieweit er in klar voneinander abgrenzbare Tätigkeitssegmente mit voneinander abweichenden Handlungskonstellationen und Wirkungsarten zergliedert werden kann. Ein besonders starker Einfluß auf die Ausdifferenzierung solcher Segmente wird vom Gegensatzpaar "Arkanum" und "Öffentlichkeit" erwartet, genauer: erstens vom Grad der Öffentlichkeit, d.h. vom Umfang, in dem Dritte zu den Prüfungsergebnissen des BRH Zugang haben, und vom jeweiligen Kreis der Mitakteure oder Adressaten (Verwaltung, Regierung, Parlament, Massenmedien); zweitens vom Druckpotential, d.h. von der Bedeutung der potentiellen oder realen Adressaten als Vermittler von Wirkung bzw. von der Möglichkeit, allein mit der Androhung einer Veröffentlichung Wirkung zu erzielen; drittens von der Tranparenz der Kontrolle, d.h. vom Ausmaß, in dem der BRH selbst seine Verfahren sowie die Bewertungskriterien offenlegt, die hinter seinen Prüfungsergebnissen, Beratungen und Empfehlungen stehen. Ergänzend werden die durch die Prüfungs- und Beratungstätigkeit in den verschiedenen gesellschaftlichen Feldern bzw. Institutionen induzierten Reaktionen daraufhin untersucht, welche Wirkungsdimensionen sie aufweisen.

Für die Erfassung dieser interaktiven Handlungssprozesse sind analytisch als Ebenen unterscheidbar die faktischen Handlungsabläufe (Prüfungs- und Beratungsakte), die

---

14   Weber, *Wirtschaft und Gesellschaft* (Anm. 11), S. 44 f.

Handlungsorientierungen und Erwartungen der Prüfer bzw. Berater und der Geprüften bzw. Beratenen und schließlich die Ebenen der Normsetzung (Ordnungsmäßigkeit, Sparsamkeit und Wirtschaftlichkeit als Teil der Haushaltsordnung usw.). Aus ihnen konstituieren sich die letztlich interessierenden tatsächlich ablaufenden Einflußprozesse zwischen den beteiligten Institutionen sowie die eingesetzten Verfahren, mittels derer die Einhaltung der gesetzten Normen geprüft bzw. ihre Beachtung gewährleistet wird. Die jeweiligen Institutionsmerkmale werden hierbei zu "intervenierenden Variablen" für den Erfolg oder das Versagen der Finanzkontrolle in den verschiedenen gesellschafts-politischen Feldern.

Das besondere Interesse, das den Mechanismen, die auf die Einhaltung der in den Normen (bzw. Werten) fixierten Ordnung hinwirken, angesichts der Tatsache zukommt, daß dem BRH eigene Sanktionsmittel zur Durchsetzung seiner Monita fehlen, führt wei-ter zur umfassenderen Frage nach Art und Umfang der Geltung dieser Ordnung. An "äußeren Garanten" stehen hier prinzipiell nur indirekte Sanktionsmittel - also über Dritte vermittelte positive oder negative Handlungsfolgen bzw. Wirkungen - zur Verfü-gung. Als ein wichtiges Mitttel oder funktionales Äquivalent wurde angesichts des politi-schen Charakters der Handlungsfelder des BRH bereits die Möglichkeit angesprochen, die Massenmedien als Wächter bzw. Repräsentanten der "demokratischen Öffentlich-keit" zu informieren und durch Skandalschlagen die Einhaltung der "Ordnung" zu er-zwingen. Allerdings ist die soziologische Theorie des politischen Skandals, auf die sich eine Überprüfung dieser These stützen könnte, bisher kaum mehr als eine rudimen-täre.[15] Als recht komplex stellt sich auch die "innere Anerkennung"[16] der Normen durch die der Finanzkontrolle Unterworfenen dar. Um diesen Fragenkomplex zu klären, müssen sowohl die verschiedenen Ansätze zur Bürokratieforschung als auch die funk-tions- oder systemtheoretisch orientierten allgemeinen Erklärungsansätze zur Durchset-zung oder zum Wandel sozialer Normen und Werte[17] herangezogen werden. Allerdings beschränkt sich unsere Untersuchung auf die Frage, inwieweit die Institution BRH selbst dazu beiträgt, die "Ordnung" durchzusetzen und ihr Geltung zu verschaffen - und zwar zum einen unmittelbar durch seine Existenz, zum zweiten durch sein Prüfungshan-deln sowie zum dritten durch seine Beratungstätigkeit und deren Verknüpfung mit der Prüfungsaufgabe.

Der doppelte Ansatz der Untersuchung am "Handeln" und an der "Institution" er-scheint uns für eine Wirkungsanalyse besonders tragfähig. Er ermöglicht es, sowohl die formalen Strukturen - als Rahmenbedingungen des Wirkens öffentlicher Organe - sowie die Ist-Strukturen - als geronnene, von den handelnden Individuen abhebbare Lei-stungs- und Beziehungsgefüge - zu erfassen, als auch die Handlungsprozesse der Indivi-

15 Vgl. Christian Schütze, *Die Kunst des Skandals*, München 1967; H.-J. Winkler, Über die Be-deutung von Skandalen für die politische Bildung, in: *Hamburger Jahrbuch für Wirtschafts- und Gesellschaftspolitik 1968*, S. 225-243; Sighard Neckel, Das Stellhölzchen der Macht. Zur Soziologie des politischen Skandals, in: *Leviathan*, 4/1986, S. 581 ff; Rolf Ebbighau-sen/Sighard Neckel (Hrsg.), *Anatomie des politischen Skandals*, Frankfurt a.M. 1989.
16 Weber, *Wirtschaft und Gesellschaft* (Anm. 11).
17 Vgl. u.a. Heinrich Popitz, *Über die Präventivwirkung des Nichtwissens*, Tübingen 1968; Parsons, *The Social System* (Anm. 11); Niklas Luhmann, *Legitimation durch Verfahren*, Neuwied 1975.

duen selbst, durch die diese Organstrukturen erzeugt werden, und gestattet es, beide Komplexe miteinander in Beziehung zu setzen. Die gängige Wirkungsforschung greift demgegenüber auf der Seite der zu Kontrollierenden (Verwaltung und Regierung) zu kurz, indem sie eine deduktive Entstehungs- und Wirkungskette vom politischen Ziel über die Programmformulierung zu den (Einzel-) Maßnahmen zugrundelegt. Damit beachtet sie die hiervon abweichenden faktischen Entstehungs- und Entscheidungszusammenhänge - und damit das reale interdependente Aktionsgeflecht - nicht hinreichend, sondern macht ausschließlich das "Programm" zum Maßstab: "Evaluierungen sollten die Leistungskraft von Programmen wissenschaftlich bezeugen"[18]. Mit dieser Fixierung auf politische Zielprogramme bleibt aber auch der Gesichtspunkt einer kontinuierlichen Evaluierung staatlicher Administration weitgehend ausgegrenzt; letzterer würde jedoch das System der Finanzkontrolle noch eher beschreiben als ersteres.

Unser Untersuchungsansatz, der die Bedeutung des Aktionsgeflechts für eine differenzierte Wirkungsanalyse sowie die Annahme komplexer wechselseitiger Einflußverläufe herausstellt, führt schließlich zu unserer zentralen Forschungshypothese. Im Bereich der (externen) Finanzkontrolle herrschen keine einfachen monokausalen Wirkungsbedingungen und -abläufe, die es erlauben, säuberlich zwischen Funktion und Dysfunktion zu unterscheiden. Vielmehr bestehen widersprüchliche Handlungs- und Wirkungsbedingungen. Auf sie ist zumindest ein Teil der Widersprüche zurückführbar, die wir in der wissenschaftlichen Literatur zum BRH und zur Finanzkontrolle finden. In der Analyse wollen wir daher nach Erklärungen suchen, die darüber hinausführen.

1.4. *Untersuchungsdesign und Auswahlstrategie*

Die Kontrolltätigkeit des BRH erstreckt sich auf ein sehr weites und heterogenes Feld von Exekutivorganen. Dies bestimmte in starkem Maße die Strategie für die Auswahl der Untersuchungs- und Erhebungseinheiten.

Der Kontrolle des BRH sind alle Obersten Bundesbehörden einschließlich ihrer nachgeordneten Bereiche, alle bundesunmittelbaren juristischen Personen öffentlichen Rechts u.a. sowie die Sondervermögen (insbesondere Bundesbahn und Bundespost) und Bundesunternehmen bzw. die Beteiligungen des Bundes an Unternehmen unterworfen, ferner Handlungen von Länderverwaltungen und kommunalen Organen, soweit sie Bundesmittel verausgaben oder Mittel für den Bund einnehmen. Bei der Legislative kommen prinzipiell alle Ausschüsse des Bundestags, die sich mit finanzwirksamen Sachverhalten bzw. Entscheidungen befassen, sowie der Bundesrat als potentiell zu Beratende oder Informationsberechtigte in Frage. In der Exekutive sind alle Leiter der oben genannten Behörden Adressaten der BRH-Prüfungsberichte sowie seiner Gutachten und Stellungnahmen. Allerdings nehmen die Bundesministerien (als oberste Verantwortliche) und der Haushaltsausschuß des Bundestages eine dominante Stellung ein.

---

18   Gerd-Michael Hellstern/Hellmut Wollmann (Hrsg.), *Handbuch zur Evaluierungsforschung*, Bd. 1, Opladen 1984, S. 22.

Dieses weite Feld potentieller Aktivitäten und Wirkungen des BRH ist naturgemäß in einem zeitlich und personell stark limitierten Forschungsprojekt in seiner Gänze überhaupt nicht zu erfassen. Dies erzwang die Konzentration auf den Kernbereich externer Finanzkontrolle. Zudem konnten Fragen der Felderschließung teilweise erst im Verlauf des Forschungsprojekts endgültig geklärt werden. Auch mußte sich die Tragfähigkeit des Analyseansatzes erst noch erweisen.

Die Auswahl der Untersuchungsobjekte und Erhebungseinheiten wurde unter den genannten Randbedingungen in einem mehrstufigen Prozeß anhand folgender Kriterien vollzogen: Die erste Frage galt einer möglichen Differenzierung des Kontrollhandelns selbst nach klar abgrenzbaren unterschiedlichen "Grundqualitäten" sowie nach Adressatenkreisen. Aufgrund der als zentral bewerteten These von der "Arkanpolitik vs. Öffentlichkeit" und den unterschiedlichen Wirkungsrichtungen bzw. -ebenen bot sich die im Untersuchungsansatz angedeutete Segmentierung der Prüfungs- und Beratungstätigkeit in mehrere Tätigkeitsfelder (Tätigkeitssegmente) an. Anhand des Grades von Öffentlichkeit haben wir unterschieden:

- das öffentliche Tätigkeitssegment mit der jährlichen Berichterstattung in Form der "Bemerkungen" sowie den Sonderberichten (gem. § 99 BHO), deren Adressaten das Parlament und die Massenmedien sind, über die zugleich auch die allgemeine Öffentlichkeit hergestellt werden soll (die Adressaten Bundesrat und Bundesregierung sind hier nicht zugerechnet);
- das parlamentsöffentliche Tätigkeitssegment mit den die "Bemerkungen" ergänzenden Zusatzinformationen sowie mit Gutachten und sonstiger Beratungstätigkeit insbesondere für den Haushaltsausschuß;
- das regierungsöffentliche Tätigkeitssegment mit den Berichten des BRH über Prüfungsergebnisse "von grundsätzlicher oder erheblicher finanzieller Bedeutung" (BHO § 96) an den Bundesminister der Finanzen (BMF) sowie den Gutachten und der sonstigen Beratungstätigkeit für die Regierung;
- das nichtöffentliche Tätigkeitssegment der Prüfungen selbst in den einzelnen Verwaltungen.

Alle vier Tätigkeitssegmente wurden bei der Auswahl der Untersuchungseinheiten berücksichtigt.

Eine genauere Bestimmung der zu kontrollierenden Wirkungsdimensionen wurde anhand folgender Fragen geleistet:
1. Welches Spektrum möglicher Wirkungsdimensionen ist insgesamt zu erwarten? Inwieweit sind Abhängigkeiten der einzelnen Wirkungen von den jeweiligen Charakteristika der geprüften Einheiten oder der beratenen Organe zu vermuten? Welche Verteilung der Wirkungsdimensionen auf die vier Tätigkeitssegmente ist von daher zu erwarten?
2. Welche Verknüpfungen und gegenseitigen Dependenzen der verschiedenen Dimensionen können bestehen?

3. Wie ist die externe Finanzkontrolle als Ganzes in den Funktionszusammenhang des
    übergreifenden Haushaltszyklus und Finanzhandelns eingebettet?

Um die verschiedenen Wirkungsrichtungen und -ebenen sowie das hieraus entstehende
Wirkungsgefüge herauszuarbeiten, wurden Schlüsselinformanten ausgewählt, da sich
eine Untersuchung der geprüften und/oder beratenen Organe insgesamt wegen der erwähnten forschungsökonomischen Restriktionen von selbst verbot. Es wurden die Einheiten bzw. "Akteure" bestimmt, die von ihrer Stellung im Informations- und Entschei-
dungssystem des Exekutivbereichs her hochrangige "Entscheidungsträger" bzw.
Informationsknotenpunkte für das finanzwirksame Handeln darstellen und damit die
möglichen wie faktischen Wirkungen der BRH-Kontrolle in ihrer Richtung steuern, ein-
grenzen oder vervielfältigen können. Dies erlaubte eine Eingrenzung des Untersuchungsfeldes "Exekutive" auf die Ressorts, da alle Monita und Empfehlungen des BRH
an sie als dem obersten "Verantwortungsträger" (mit) gerichtet sind, auch wenn sie
Handlungen nachgeordneter Behörden betreffen.
   Um den Kreis der Schlüsselinformanten noch präziser festlegen und ihre "Vernetzung" genau erfassen zu können, haben wir auf der Handlungsebene "Haushaltszyklus"
aus den korrespondierenden Einheiten ausgewählter Ressorts, des BRH sowie dem
BMF und dem Haushaltsausschuß/Rechnungsprüfungsausschuß Kontrollkreise kon-
struiert, die es ermöglichen, die jeweiligen Planungs- und Kontrollprozesse in ihrem Zusammenhang und ihrer Interaktion zu erfassen und zu analysieren. Um mögliche Einflüsse unterschiedlicher Aufgaben- bzw. Programm- und Organisationsstrukturen der
Ressorts kontrollieren zu können, wurden zudem Ressorttypen gebildet. Der Betäti-
gungs- und Verantwortungsbereich "öffentliche Unternehmen" mußte ausgeschlossen
bleiben, um die Anzahl der zu beachtenden Variablen überschaubar zu halten.
   Die Auswahl der zu untersuchenden Dimensionen des Prüfungs- und Beratungshandelns des BRH selbst erfolgte anhand folgender Fragen:
-   Welche Determinanten sind strukturbildend? Wie wirken insbesondere die Organi-
    sationsprinzipien auf die Entscheidungsstruktur sowie auf die Verteilung der Prü-
    fungs- und Beratungsleistungen im BRH (als Kern der Aufgabenstruktur)?
-   Welche durchgängigen Handlungsdimensionen existieren? Welche BRH-weit ver-
    bindlichen Kontroll(-handlungs-)regeln sind vorgegeben? Welche Informationssy-
    steme, Kooperationsbeziehungen und Kommunikationsnetzwerke sind vorhanden?
-   Welche Handlungspartner hat der BRH in den Ressorts? Wer sind die jeweiligen
    BRH-Mitakteure in den "Kontrollkreisen"?
-   Welche Prüfungs- und Beratungsstrukturen sind, bezogen auf die verschiedenen Tä-
    tigkeitssegmente, festzustellen? Welche Unterschiede bestehen zwischen diesen
    (Teil-) Strukturen? Welche Adressatenkreise gehören zu den jeweiligen Segmenten?
In den so entstandenen Untersuchungseinheiten wurden sowohl Schlüsselinformanten
als auch relevante Dokumente (Prüfungsberichte, Gutachten, Verwaltungsvorschriften
u.a.) ausgewählt. Die aus diesen Quellen gewonnenen Informationen sollten einander
entweder ergänzen, sich miteinander vergleichen oder sich gegenseitig bewerten lassen.

Damit sollte die Subjektivität oder die zwangsweise einseitige Wahrnehmung der verschiedenen Beteiligten offengelegt werden.

Durch gezielte exemplarische Auswahl der zu Befragenden und von Dokumenten anhand der eben skizzierten Merkmale wurde versucht, die volle Variationsbreite der Wirkungen zu erfassen und ihre Bedingungen und Interdepedenzen zumindest indirekt zu erschließen. Dadurch wurde im zweiten Schritt die Bildung von Handlungstypen möglich. Daß repräsentative Aussagen im statistischen Sinne aus den oben genannten Gründen von vornherein nicht angestrebt werden konnten, ergibt sich aus der Natur der Sache.

1.5. Untersuchungs- und Erhebungseinheiten

Das öffentliche Tätigkeitssegment

Anhand eines Analyseschemas wurden die "Bemerkungen" zu den Haushaltsjahren 1970, 1975, 1980 und 1984 quantitativ erfaßt und systematisch ausgewertet. Von der Analyse ausgenommen wurden - wie bereits erwähnt - die Beiträge über die Sondervermögen sowie über (Bundes-)Unternehmen. Als Erhebungseinheit galt bei der Erfassung jeder eindeutig abgrenzbare, einigermaßen vollständig dargelegte Fall ("Monitum"), auch wenn mehrere Monita in einer "Bemerkung" zusammengefaßt waren. Auf dieser Basis wurden 211 Monita in den folgenden Haushaltsjahren erfaßt:

1970:	69 Fälle
1975:	44 Fälle
1980:	48 Fälle
1984:	50 Fälle

Für die vier Haushaltsjahre wurde ferner die Präsentation der "Bemerkungen" (Erklärung des Präsidenten und Presse-Materialien) auf den Pressekonferenzen des Präsidenten in den Jahren 1972, 1977, 1982 und 1986 ausgewertet. Zusätzlich wurde die Pressekonferenz 1986 durch teilnehmende Beobachtung in die Untersuchung einbezogen.

Einen dritten Analysekomplex des öffentlichen Segments bildete die Reaktion der Medien auf die "Bemerkungen". Es wurden alle Berichte und Kommentare erfaßt und ausgewertet, die in sechs ausgewählten Tageszeitungen (vgl. Kapitel 11) im Zeitraum von drei Wochen um die Pressekonferenz des BRH in den Jahren 1972, 1977, 1982, 1984 und 1986 erschienen.

Die Parlamentsöffentlichkeit

Der Haushaltsausschuß (HHA) des Deutschen Bundestages und sein Unterausschuß, der Rechnungsprüfungsausschuß (RPA), repräsentieren die parlamentarische Finanzkontrolle. Als Hauptbeteiligte an der Beratung und Feststellung des Haushalts sowie an der Entlastung der Regierung durch das Plenum des Bundestages sind sie zentrale Beratungs- und Berichtsadressaten.

Als Untersuchungseinheit für die Dokumentenanalyse sowie als Quelle "harter" Informationen diente das Archiv des HHA. Aus seinen Beständen wurde zunächst eine Übersicht über alle Gutachten und andere schriftliche Äußerungen des BRH angefertigt, die es erlaubte, die Entwicklung und Veränderung der Themen und die "Auftraggeber" seit den fünfziger Jahren festzustellen. Ursprünglich war geplant, einige Gutachten als Fallbeispiele intensiv zu untersuchen; im Projektverlauf stellte sich aber heraus, daß eine wissenschaftlich begründbare Trennung zwischen Gutachten, Berichten und Stellungnahmen oder sonstigen schriftlichen Äußerungen des BRH (und des Bundesbeauftragten für Wirtschaftlichkeit in der Verwaltung) ohne übergreifende Vorab-Analysen des gesamten Materials - getrennt nach den Adressaten Parlament und Regierung/Ressorts nicht möglich war. Diese Arbeit konnte aber im Rahmen des Projekts nicht geleistet werden. Dagegen wurden alle im Archiv des Haushaltssausschusses zugänglichen Fälle schriftlicher Beratung durch den BRH für die letzte Legislaturperiode auf typische Merkmale oder Auffälligkeiten der Verläufe durchgesehen (BRH-Schreiben und Protokolle des Haushaltsausschusses). Diese qualitative Auswertung bildete zusammen mit der o.g. Auflistung eine wichtige Informationsbasis für die Interviews mit den Parlamentariern. Für die Expertengespräche wurden aus der Gesamtzahl der Mitglieder des Haushaltsausschusses nach mehreren Gesichtspunkten Interviewpartner ausgewählt; darunter waren Mitglieder, die nur im Haushaltsausschuß tätig waren, und solche, die zugleich dem Rechnungsprüfungsausschuß angehörten, ferner die Vorsitzenden beider Ausschüsse. Die Befragten "repräsentierten" alle im Bundestag vertretenen Parteien und hatten dem Haushaltsausschuß unterschiedlich lange als Mitglieder angehört.

Die Regierungsöffentlichkeit

Die Felduntersuchung konzentrierte sich auf Interviews in der Abteilung Bundeshaushalt des Bundesministers der Finanzen als dem Finanzverantwortlichen innerhalb der Regierung. Gegenstand der Untersuchung waren das Handlungsgefüge zwischen BMF und BRH sowie seine Beziehungen zu den ausgewählten Ressorts und zu den Mitgliedern des Haushaltsausschusses.

Das nichtöffentliche Tätigkeitssegment

Dieser Bereich umfaßt den "Löwenanteil" der BRH-Aktivitäten, da ihm die gesamten Kontrollabläufe zuzuordnen sind. Denn öffentlich gemacht werden nur Prüfungs- und Beratungsergebnisse, nicht die Verfahren. Demgemäß sind auch keine zitierbaren schriftlichen Dokumente verfügbar, die eine direkte Erfassung der Strukturen der Kontrolltätigkeit ermöglichen. Die BRH-Aktivitäten wurden daher mit Hilfe von Interviews in ihrem jeweiligen Kontext rekonstruiert. Hierfür wurden vor allem die bereits erwähnten "Kontrollkreise" benutzt, mit ihren Möglichkeiten zum Informationsvergleich und zur gezielten Nachfrage.

Die Ressorts als Fokus der Kontrollkreise wurden - mit dem Ziel, eine Ressorttypologie zu bilden - anhand der Merkmale "Programmtypus/Aufgabenstruktur", "Größe", "Existenz nachgeordneter Bereiche" und "Vorhandensein spezieller interner Kontrolleinheiten" ausgewählt. Erhebungseinheiten waren das Bundesministerium für Raumordnung, Bauwesen und Städtebau (BMBau), das Bundesministerium für Forschung und Technologie (BMFT), das Bundesministerium für Verkehr (BMV), das Bundesministerium für Wirtschaft (BMWi)und das Bundesministerium für wirtschaftliche Zusammenarbeit (BMZ). In diesen Ressorts wurden mit den Leitern bzw. von diesen benannten Vertretern folgender Referate bzw. Funktionseinheiten Intensivinterviews geführt:

- dem Haushaltsreferat und dem Beauftragten für den Haushalt;
- der speziellen Einheit zur Wirtschaftlichkeitskontrolle und/oder Erfolgskontrolle (ein Grundsatz- oder Spezialreferat);
- ausgewählten Fachreferaten bzw. -abteilungen.

Hierzu ergänzend bzw. spiegelbildlich wurde der Leiter des entsprechenden BRH-Fachprüfungsgebiets interviewt.

Neben den bisher genannten Organen der Finanzkontrolle existieren in den Obersten Bundesbehörden als weitere zum Kontrollkreis gehörige Organe die Vorprüfungsstellen. Sie sind an der Schnittstelle zwischen Verwaltung, der sie dienstrechtlich, und BRH, dem sie fachlich zugeordnet sind, angesiedelt. Eine derartige "doppelte Verortung" eines Kontrollorgans ist im internationalen Vergleich einmalig und wurde bisher noch keiner eingehenden wissenschaftlichen Analyse unterworfen. Daher wurden in dieser Studie neben den Vorprüfungsstellen der genannten Ressorts noch weitere Vorprüfungsstellen aus dem Ressortbereich ausgewählt und ihre Leiter intensiv befragt. Hierdurch konnte die Vorprüfung auch unabhängig von den "Kontrollkreisen" auf einer breiteren Materialbasis betrachtet werden.

Zusätzlich zu den quantitativen Analysen der Berichterstattung zu den Haushaltsjahren 1970, 1975, 1980 und 1984 wurde eine qualitative Dokumentenanalyse der die obigen Ressorts betreffenden "Bemerkungen" zu den Haushaltsjahren 1981-1983 angefertigt, die auch als exemplarisches Beispiel für die vorgenannten Interviews genutzt wurde.

Die Prüfungs- und Beratungseinheiten des Bundesrechnungshofs

Für die Dokumentenanalyse - zur Gewinnung "harter" Daten und übergreifender Informationen - standen neben den einschlägigen Regelwerken (Art. 114 GG, BHO, HGrG, BRH-Gesetz, Richtlinien für den Bundesbeauftragten für Wirtschaftlichkeit in der Verwaltung (BWV), jeweils mit Ausführungsvorschriften) vor allem BRH-eigene Regelwerke, Beschlüsse und ähnliche Dokumente zur Verfügung. Sie erlaubten eine differenzierte qualitative Analyse seiner Determinanten und formalen Strukturelemente. Demgegenüber konnte der Kontrollprozeß selbst - wie bereits ausgeführt - nur mittels Interviews rekonstruiert werden. Die Auswahl der relevanten Erhebungseinheiten wurde unter Berücksichtigung folgender Merkmale getroffen:

- Funktionstyp: Fach-, Querschnitts- und Grundsatzprüfung;
- Einnahmen- vs. Ausgabenkontrolle;
- Position in der Kompetenz- und Entscheidungsstruktur.

Hier wie im folgenden werden die Termini "Fachprüfungsgebiet" (für die sektoral abgegrenzten Prüfungsgebiete) und "Querschnittsprüfungsgebiet" (für die funktional abgegrenzten Prüfungsgebiete) benutzt. Sie sind im BRH wie in den Ressorts und im Haushaltsausschuß gängige Praxis, wenngleich sie im BRH selbst nicht unumstritten sind und in seiner Geschäftsordnung vermieden werden. Ferner sei angemerkt, daß im BRH an der Stelle der üblichen gestuften Entscheidungshierarchie kollegiale Entscheidungsorgane mit unterschiedlicher "Reichweite" stehen, die für ihren Gegenstandsbereich jeweils allein zuständig sind. Es existiert also formell kein mehrstufiger Entscheidungsprozeß. Die kollegialen Entscheidungsorgane sind: die Prüfungsgebiete mit ihren "Kollegien" als Basiseinheiten; die Abteilungen mit den Direktoren und ihren Abteilungssenaten als mittlere Ebene; der Große Senat und der Präsident/Vizepräsident anstelle der üblichen Leitungsebene. Soweit Prüfungsgebiete als zu untersuchende Einheit bestimmt wurden, galt der jeweilige Prüfungsgebietsleiter als ihr Repräsentant.

1.6. Erhebungsmethoden

Wie aus der Aufstellung der Untersuchungs- und Erhebungseinheiten hervorgeht, bildeten qualitative Intensivinterviews den Hauptteil der Erhebungsmethoden. Gesprächsgrundlage waren stark elaborierte Interviewleitfäden für die verschiedenen Einheiten (Institutionen bzw. Funktionen). Allen Gesprächspartnern eines "Typs" wurden also dieselben Fragen gestellt. Für komplementäre Einheiten waren komplementäre Fragestellungen vorgegeben. So wurden sowohl ein direkter Vergleich der Kerninformationen als auch ihre Verknüpfung über verschiedene Einheiten/Institutionen hinweg möglich. Der Gesprächsverlauf blieb, wie es strukturierten qualitativen Interviews eigen ist, stark durch den befragten Partner bestimmt. Demgemäß variierten die Gespräche im BRH und in der Exekutive zwischen knapp zwei und acht Stunden. Dieses methodische Vorgehen sollte mögliche eigene (Vor-)Urteile in ihrer Wirkung als Selektionsmechanismen minimieren. Zugleich sollte der Gefahr begegnet werden, die leicht auftritt bei derartigen "herausragenden" Institutionen mit einem verhältnismäßig kleinen Bestand an Akteuren, wie es das Parlament, die Ministerialorgane und der BRH sind, nämlich sehr vieles nur dem "subjektiven Faktor" geschuldet zu sehen. Dieses Erklärungsmuster ist gerade bei den dort Tätigen sehr beliebt.

Auch die quantitative Analyse der vier Bemerkungsjahrgänge sowie die vergleichende qualitative Analyse aller erreichbaren Dokumente - auch unsystematisch gesammelter - aus den einzelnen Untersuchungseinheiten wurden mit herangezogen, um mögliche Verzerrungen aufgrund subjektiver Wahrnehmung zu kontrollieren; sie wurden den Interviews als Informationsbasis zugrunde gelegt. Zudem dienten die Dokumentenanalysen der - ansonsten direkt kaum möglichen - Kontrolle der historischen Dimension der Funktionsentwicklung.

1.7. Untersuchungsablauf

Die Dokumentenanalysen gingen soweit wie möglich den Intensivinterviews voran. Die Reihenfolge der Gespräche wurde nach Möglichkeit so gelegt, daß die Reichweite der untersuchten Einheiten bzw. die Komplexität der dort zu ermittelnden Handlungen und Wirkungen sukzessive zunahm. An den Beginn der Feldforschung wurden demgemäß die Vorprüfungsstellen - als die mutmaßlichen "Mini-Rechnungshöfe" - gesetzt, am Ende stand die Rückkopplung der in den verschiedenen gesellschaftspolitischen Feldern ermittelten Wirkungen an die BRH-Akteure. Das Untersuchungsziel, Handlungs- und Wirkungsketten aufzuspüren, wurde also soweit wie möglich im Design des Untersuchungsplans berücksichtigt. Die Bundestagswahl im Dezember 1986 - und vor allem der ihr vorausgegangene Wahlkampf - bildete allerdings eine nicht zu unterschätzende Restriktion.

Der Zeitraum der Felduntersuchung erstreckte sich von Anfang Juni 1986 bis Ende Februar 1987. Dabei wechselte immer wieder eine Phase intensiver Feldarbeit mit einer Phase der Aufbereitung ihrer Ergebnisse und der Vorbereitung der nächsten Interviewkampagne ab.

2. IST-Struktur der Finanzkontrolle

2.1. Bezugsrahmen der Finanzkontrolle

Die Kontrollaufgaben und Kontrollrechte des BRH sind in Art. 114 des Grundgesetzes (GG), den §§ 88-104 der Bundeshaushaltsordnung (BHO) und in den §§ 42-46 des Haushaltsgrundsätzegesetzes (HGrG) festgelegt. Er ist zuständig für die Kontrolle der "gesamten Haushalts- und Wirtschaftsführung des Bundes" (§ 88 BHO). Der Bundesrechnungshof prüft:
"1. die Einnahmen, Ausgaben, Verpflichtungen zur Leistung von Ausgaben und die Schulden,
2. Maßnahmen, die sich finanziell auswirken können,
3. Verwahrungen und Vorschüsse,
4. die Verwendung der Mittel, die zur Selbstbewirtschaftung zugewiesen sind." (§ 89 BHO)

Gegenstand der durch den BRH ausgeübten Finanzkontrolle sind somit nicht nur die einzelnen finanzwirksamen Verwaltungsakte, sondern auch deren Verknüpfung und Umfeld. Damit erhält die Einordnung der Finanzkontrolle bzw. der kontrollierten finanzwirksamen Handlungen und Handlungsergebnisse in einen übergeordneten Zusammenhang staatlicher Aktivitäten zentrale Bedeutung für die genauere Bestimmung der Aufgaben des BRH und für die Bewertung seiner Leistungen.

Betrachtet man die verschiedenen Versuche, "Finanzkontrolle" zu definieren und gegen andere Kontrollformen abzugrenzen, so ist eine große begriffliche Vielfalt festzustellen: "Finanzkontrolle, Haushalts- oder Budgetkontrolle, Staatskontrolle, Verfassungs- und Verwaltungskontrolle, legislative Kontrolle, Rechnungsprüfung - das sind nur einige Bezeichnungen, die mehr oder minder synonym für Aufgaben verwendet werden, über deren Art und Umfang man anhand eines 'Grundmodells' erst einmal Klarheit gewinnen sollte."[19] Daher erscheint es notwendig, zunächst herauszuarbeiten, anhand welcher Dimensionen üblicherweise versucht wird, die Kontrolle staatlichen Handelns und damit auch die "Finanzkontrolle" zu beschreiben.

Am bedeutsamsten für jegliche Bestimmung der "Kontrolle" ist ganz offensichtlich das Verhältnis des Kontrolleurs zur kontrollierten Einrichtung bzw. zum Kontrollobjekt. Als Merkmalsdimension wird hier entweder die "externe" und "interne" Kontrolle oder "Fremd- und Selbstkontrolle" zugrunde gelegt. In die gleiche Richtung weist die Unterscheidung zwischen "prüfen" und "kontrollieren". Schäfer[20] sowie der Landesrechnungshof Hamburg trennen zum Beispiel weitgehend übereinstimmend:

---

19 Hans Schäfer, Kontrolle der öffentlichen Finanzwirtschaft, in: *Handbuch der Finanzwissenschaft*, 3. Aufl., 7.-9. Lieferung, Bd. 1, Tübingen 1976, S. 520.
20 Vgl. ebd., S. 522 ff.

1. Prüfen heißt, die Handlungen anderer bzw. einen "vorgefundenen Sachverhalt aufnehmen, untersuchen und analysieren"[21]; "Prüfen und Handeln schließen sich also in
   bezug auf dieselbe Angelegenheit aus"[22]. Derartige Prüfungen finden "von Fall zu
   Fall oder aus gegebenem Anlaß [statt]... Der Rechnungshof beispielsweise prüft,
   weil er Art, Zeit, Umfang und Anlaß ... selbst bestimmt",[23] und vor allem deshalb,
   weil er ein unabhängiges Organ darstellt.
2. Kontrolle bezeichnet im ursprünglichen Sinne eine gleichzeitige bzw. "kurz vorhergehende oder nachfolgende prüferische Tätigkeit"[24] innerhalb eines einheitlichen
   Gesamtvorganges. Diese der Realisationsphase zuzurechnende "laufende" Kontrolle
   wird häufig als Sicht- oder Visakontrolle bezeichnet[25]. Derartige Kontrollen "lösen
   unmittelbar die erforderlichen Korrekturentscheidungen aus"[26]. Kontrolle ist demnach eine originäre Aufgabe der handelnden öffentlichen Verwaltung.
3. Revision beinhaltet die nachherige Kontrolle, und zwar in Form einer "periodisch
   wiederkehrenden, meist durch Gesetze oder Satzung bestimmte[n] Kontrolle"[27]. Sie
   ist ebenfalls originäre Verwaltungsaufgabe.
4. Vorherige Prüfung bedeutet in dieser Begriffssystematik eine "Mitwirkung oder Untersuchung durch die Verwaltung. Erfolgt sie durch externe Stellen ohne Durch-
   setzungsbefugnis, so handelt es sich um Beratung"[28]. Hierunter kann somit das Recht
   des BRH subsumiert werden, "auf Grund von Prüfungserfahrungen den Bundestag,
   ... die Bundesregierung und einzelne Bundesminister (zu) beraten" (§ 88 BHO). Um
   Prüfung im engeren Sinne handelt es sich nur, wenn externe Stellen
   Durchsetzungsbefugnisse haben[29], wie zum Beispiel das Parlament bezüglich der
   Haushaltspläne der Regierung.

Die skizzierten Kontroll- und Prüfungsformen lassen die Schwierigkeiten eindeutiger
und durchgängiger Abgrenzung erkennen. Daher werden im folgenden beide Begriffe
weitgehend synonym verwendet, soweit nicht die spezielle Bedeutung von "Finanzkontrolle" zum tragen kommt.

Darüber hinaus enthalten die Definitionen zwei weitere durchgängige Kontrolldimensio-
nen, und zwar:
- den Zeitpunkt der Kontrolle: vorher - gleichzeitig - nachher;
- die Ausrichtung und Intensität der Kontrolle, die wiederum eng mit der jeweiligen
  Kontrollinstitution bzw. der Stellung des Kontrolleurs gegenüber der zu kontrollierenden Einheit verknüpft ist.

---

21 Ebd., S. 522.
22 Ebd., S. 523.
23 Rechnungshof der Freien und Hansestadt Hamburg, *Vorprüfungsstellen und anderen Kon-
    trolleinrichtungen*, Hamburg 1985, S. 8.
24 Schäfer, *Kontrolle* (Anm. 19), S. 523.
25 Vgl. Rechnungshof Hamburg, *Vorprüfungsstellen* (Anm. 23), S. 8.
26 Ebd., S. 8.
27 Ebd., S. 8.
28 Schäfer, *Kontrolle* (Anm. 19), S. 524.
29 Vgl. ebd.

Für den Teilbereich der Finanzkontrolle werden differenziert: die förmliche und rechnerische Prüfung, die eine Verfahrenskontrolle darstellt, sowie die sachliche Prüfung, die die Übereinstimmung der Verwaltungsakte/Handlungsergebnisse mit allgemein gültigen inhaltlichen Kriterien (materielle Prüfungsmaßstäbe) und/oder mit den Handlungszielen (politische Programme, Maßnahmenziele usw.) umfaßt.

Eher institutionenbezogen unterscheidet Schwab in Anlehnung an die Staatsrechtslehre die "finanzielle Kontrolle" im weiteren Sinne "als Tätigkeit aller anderer als der unmittelbaren Vollzugsorgane im Bereich der Haushaltsführung ... Sie umfaßt damit als parlamentarische Verwaltungsakte im Sinne der Budgetrechtstheorie von Paul Laband die gesetzesförmliche Bewilligung des von der Regierung aufgestellten und vorgelegten Haushaltsplanes, die Ermächtigung zu den von ihr beantragten Kreditoperationen oder zu Verfügungen über das Staatsvermögen. Finanzielle Kontrolle im engeren Sinne klammert hingegen diese Genehmigungsakte der parlamentarischen Aufsichtsorgane staatlicher Verwaltung aus und beschränkt sich auf die finanziell bedeutsamen Vollzugsakte der Verwaltungsorgane ..."[30]. Schwab differenziert damit stärker als die meisten Autoren, die den Begriff "Haushaltskontrolle" synonym zur "Finanzkontrolle" verwenden, faßt aber den Begriff nicht so eng wie zum Beispiel v. Arnim, der die Finanzkontrolle auf "die von den Rechnungsprüfungsbehörden ... ausgeübte Kontrolle der öffentlichen Finanzen"[31] beschränkt. Wenn man die vom Parlament ausgeübte Kontrolle über die Haushaltsplanung und -gesetzgebung sowie die Beratungsaktivitäten des BRH dem System der Finanzkontrolle zurechnet, könnte man schließlich auch von einer "vorherigen" Finanzkontrolle sprechen. Karehnke wendet gegen diese Subsumierung der "vorherigen Prüfung" allerdings ein, daß sie "der herkömmlichen deutschen Form der Finanzkontrolle fremd"[32] sei. In dieser Studie wird der Begriff "Finanzkontrolle" im weiteren Sinn verwendet, schließt also die Beratungsfunktion des BRH ein. Soll lediglich die Rechnungsprüfung im herkömmlichen Sinn angesprochen werden, so wird "Finanzkontrolle im engeren Sinn" verwendet.

Die Inhalte dieser Kontrolle sind für den BRH nach § 90 BHO folgendermaßen aufgeschlüsselt: "Die Prüfung erstreckt sich auf die Einhaltung der für die Haushalts- und Wirtschaftsführung geltenden Vorschriften und Grundsätze, insbesondere darauf, ob

1. das Haushaltsgesetz und der Haushaltsplan eingehalten worden sind,
2. die Einnahmen und Ausgaben begründet und belegt sind und die Haushaltsrechnung und die Vermögensrechnung ordnungsgemäß aufgestellt sind,
3. wirtschaftlich und sparsam verfahren wird,
4. die Aufgabe mit geringerem Personal- oder Sachaufwand oder auf andere Weise wirksamer erfüllt werden kann."

Die Prüfung der Wirtschaftlichkeit des öffentlichen Finanzgebarens durch den BRH hat ihre gesetzliche Legitimation in den Nummern 3 und 4 des § 90 BHO sowie in den übereinstimmenden Vorschriften des § 6 Abs. 1 HGrG und dem § 7 Abs 1. BHO ("Bei

30   Walter Schwab, Öffentlicher Haushalt: III Kontrolle, in: *HdWW* 5/1980, S. 584.
31   Hans Herbert von Arnim, Grundprobleme der Finanzkontrolle, in: *DVBl.*, 1. Juli 1983, S. 664.
32   Helmut Karehnke, Zur Prüfung der staatlichen Haushalts- und Wirtschaftsführung nach der Haushaltsrechtsreform, in: *DöH*, 1974, S. 33.

Aufstellung und Ausführung des Haushaltsplans sind die Grundsätze der Wirtschaftlichkeit und Sparsamkeit zu beachten").

Neben der externen Finanzkontrolle durch den BRH bestehen komplementäre oder
konkurrierende Kontrollformen staatlichen Handelns, die zusammen ein Kontrollgefüge
(vgl. Abb. 1) bilden:
- die regierungsinterne Finanzkontrolle durch den Bundesminister der Finanzen;
- die ressortinterne Finanzkontrolle durch die Intendanzeinheiten "Haushaltsreferat"
  und "Beauftragter für den Haushalt", denen vor allem die vorherige und mitschreitende Kontrolle obliegt (Haushaltsplanung und -durchführung); die eigenständige nachgängige Kontrolle durch die Vorprüfungsstellen (Haushaltskontrolle), die
  Selbstkontrolle durch die Fachreferate sowie die mitschreitende oder nachgängige
  verwaltungsseitige Kontrolle durch andere Verwaltungseinheiten; letztere ist aber in
  den obersten Bundesbehörden wenig ausgeprägt, vor allem fehlt eine Innenrevision;
- die externe Haushalts- und Finanzkontrolle durch das Parlament umfaßt alle
  Zeitstufen, ist aber eindeutig auf die Planung orientiert (vgl. "vorherige Prüfung");
  Hauptakteur ist der Haushaltsausschuß (Haushaltsfeststellung als Teil der Haushaltsplanung) mit seinem Unterausschuß Rechnungsprüfung (Haushaltskontrolle als
  Teil der Entlastung der Regierung).

Für die Analyse des Zusammenwirkens der verschiedenen Organe der Finanzkontrolle
und speziell des Stellenwerts des BRH als externem Finanzkontrolleur ist das Verhältnis
von Selbstkontrolle zur Fremdkontrolle von zentraler Bedeutung. Nur daraus kann
überhaupt der notwendige Kontrollbedarf in seinem Umfang und seinen Formen ermittelt werden. Basis des Kontrollgefüges muß immer die Selbstkontrolle bzw. interne Kontrolle der Verwaltung/des Ressorts sein. Denn Fremdkontrolle durch den BRH ist nur
beschränkt und gezielt möglich, soll sie nicht ihrerseits ineffektiv und ineffizient werden:
"Eine totale und ständige Kontrolle ist unwirtschaftlich und kaum durchführbar. Eine
sinnvolle Beschränkung läßt sich dadurch erzielen, daß die Fremdkontrolle, wo immer
möglich, durch Selbstkontrolle ersetzt wird."[33] Dies gilt analog auf Regierungsebene für
die Kontrolle durch den Finanzminister.

Art und Ausmaß der Wirkungen der externen Finanzkontrolle im Zusammenspiel mit
der internen Finanzkontrolle durch die genannten komplementären Organe müssen im
Rahmen der institutionalisierten Strukturen des finanzbezogenen Handelns des politisch-administrativen Systems interpretiert werden. Dies sind:
- der Haushaltszyklus, da die vom BRH auszuübende Finanzkontrolle die gesamte
  Haushaltsführung des Bundes umfaßt;
- die Aufgaben- und Handlungsstrukturen der zu kontrollierenden Organe, da deren
  "Wirtschaftsführung" erst hierdurch in ihren Formen festgelegt und konkretisiert
  wird;

---

33 Rechnungshof Hamburg, *Vorprüfungsstellen* (Anm. 23), S. 7 f.

Abb. 1: Das Kontrollgefüge

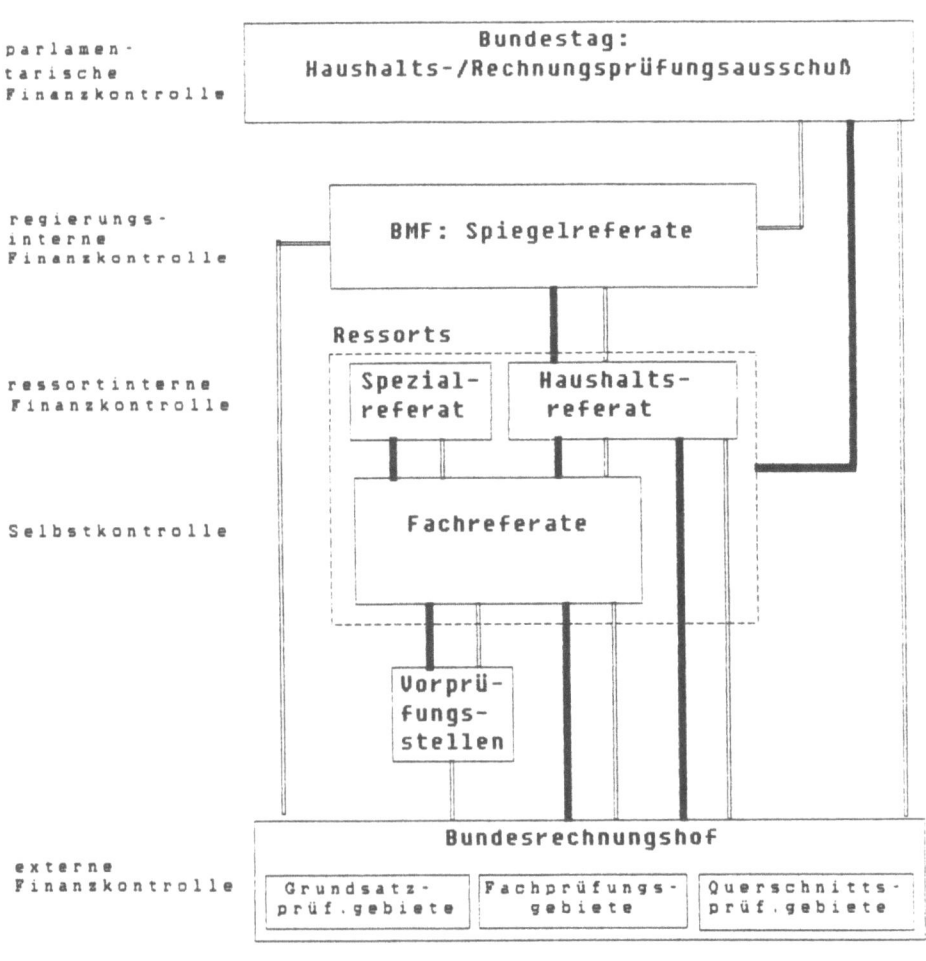

- das Geflecht der verschiedenen Entscheidungsebenen und der Kompetenzzuweisungen, da erst hierdurch eine Abgrenzung und Gewichtung der Funktionsanteile der beteiligten Stellen möglich wird.

Der Ansatz am Haushaltszyklus stellt die Finanzkontrolle als Handlungsprozeß in den Mittelpunkt der Analyse und bildet die verschiedenen Kontrollformen in ihrer zeitlichen Abfolge ab. Durch ihn wird insbesondere das Ineinandergreifen der Aktivitäten der verschiedenen Organe der öffentlichen Finanzkontrolle transparent - und zwar aller formell oder informell an ihr Beteiligten und von ihr Betroffenen. Daher müssen analysiert werden:
- die differierenden Aktivitätsverläufe der Beteiligten und ihre Aktivitätsniveaus in den verschiedenen Haushaltsphasen;
- die ihnen jeweils zugeordneten formalen (Kontroll-) Funktionen sowie ihre realen Kontrollformen und Einflüsse;
- die unterschiedlichen Informationsniveaus, Informationsbedürfnisse und Informationsmöglichkeiten der verschiedenen Beteiligten, speziell Art und Ausmaß der Nutzung von Prüfungsinformationen des BRH einschließlich der "Umnutzung" von Informationen über vergangene Haushaltsvollzüge für künftige Haushaltsplanungen.

Der Ansatz an der Aufgabenstruktur der Verwaltung und dem Verwaltungshandeln als Planung und Durchführung dieser Aufgaben ist notwendig, um herauszuarbeiten:
- den Zusammenhang zwischen den Prüfungsobjekten und der Prüfungstätigkeit bzw. den Prüfungsergebnissen, d.h. den Einfluß des Prüfungsstoffs auf die praktizierten Prüfungsformen;
- die Wirkungsdimensionen der externen Finanzkontrolle, d.h. in welche Aufgaben bzw. Bereiche des Verwaltungshandelns die Kontrolle in welcher Weise eingreift;
- die Reichweite der externen Finanzkontrolle, d.h. auf welches Stadium der Aufgabenerfüllung die Kontrolle gerichtet ist und in welchem zeitlichen Abstand zum Verwaltungshandeln die Aktivität des BRH erfolgt.

Einen wichtigen Indikator für die Art des kontrollierten Verwaltungshandelns und damit zugleich für zentrale Qualitäten der zu erfüllenden Aufgaben liefert bei diesem Ansatz schon die Differenzierung nach "Sachprogramm" und "administrativem Bereich" (d.h. auf Organisation, Personal und sachliche Mittel bezogenes Handeln). Sie ermöglicht es insbesondere zwischen dem eigentlichen "output" des Regierungs- und Verwaltungshandelns - als dem Ergebnis der Regierungspolitik - und den internen Handlungsvollzügen zu trennen. Der politische Gehalt und die politische Wirkung der BRH-Kontrolle selbst sind bei diesem Ansatz anhand der Zuordnung des kontrollierten Handelns zur Planungs- oder Durchführungsphase erfaßbar.

Der Ansatz am Geflecht der Entscheidungsebenen und der Kompetenzverteilung innerhalb der Exekutive sowie im BRH selbst erlaubt es, die hauptsächlichen Akteure und Handlungspartner im Kontrollprozeß näher zu charakterisieren und darüber die Einflußmöglichkeiten und -richtungen zu erfassen; ferner kann die Reichweite der externen

Finanzkontrolle und speziell ihr politischer Gehalt genauer bestimmt werden. Ausgeübt wird die externe Finanzkontrolle von den 48[*] Prüfungsgebieten des BRH, deren Leitungskollegien mit richterlicher Unabhängigkeit ausgestattet sind.

Als Reflex auf die Spannweite der Kontrollfunktion und vor allem auf die unterschiedlichen Interpretationsmöglichkeiten hinsichtlich der aus ihr folgenden (Teil-)Aufgaben hat sich im BRH ein stark differierendes Verständnis von "Finanzkontrolle" herausgebildet. Seine Grundzüge werden im internen Sprachgebrauch unter den Begriff "Prüfungsphilosophie" gefaßt, an den wir uns in dieser Studie anlehnen. Diese Prüfungsphilosophie ist dichotomisierbar in eine "traditionelle" und eine "moderne" Auffassung. Ihren Kern bildet das Ausmaß des Eingreifens der Finanzkontrolle in den Entscheidungs- und Gestaltungsspielraum und damit in den Verantwortungsbereich der Verwaltung (einschließlich der Ministerialbereiche). Prüfungsgebiete mit einem eher "traditionellen" Verständnis von Finanzkontrolle wollen der Exekutive einen möglichst weiten Handlungsspielraum belassen, indem sie erst nach vollzogenem Handeln kontrollieren und sich darauf beschränken, Fehler festzustellen. Die Befürworter der "modernen" Auffassung wollen dagegen durch frühzeitiges Eingreifen Fehler vermeiden und an der besseren Gestaltung bemängelter Sachverhalte mitwirken. Der gleichen Grundkonstellation entsprechen zwei Varianten der Prüfungsphilosophie zur Berichterstattung. Die eine will sich auf die Darstellung negativer Sachverhalte im Verwaltungshandeln beschränken, die andere will das gesamte Gefüge der Verwaltungstätigkeit reflektieren und gegebenenfalls vorbildliche bzw. positiv bewertete Handlungsweisen herausstellen. Beide Auffassungen von Finanzkontrolle kann man schlagwortartig als "Erziehungsfunktion" und "Gestaltungsfunktion" charakterisieren. Sie entsprechen damit weitgehend den Konzepten von einer Finanzkontrolle im engeren und im weiteren Sinne.

2.2. Prüfungsstruktur

In der folgenden Darstellung der Prüfungstätigkeit des BRH wird deren Struktur empirisch herausgearbeitet. Das Kontrollhandeln wird segmentweise nach dem Grad seiner Öffentlichkeit und nach seinen Adressatenkreisen untersucht. Lediglich für das öffentliche Tätigkeitssegment können quantitative Anteile der einzelnen Ausprägungen der Strukturdimensionen angegeben werden[34]. Basis sind die vier detailliert untersuchten Jahrgänge der "Bemerkungen", die in Kapitel 1.5. beschrieben sind[35]. Für die anderen Tätigkeitssegmente sind lediglich qualitative bzw. Tendenzaussagen möglich.

---

[*]   Stand 1986/87; seit 1988 50 Prüfungsgebiete.

[34] Zu den Tätigkeitssegmenten und den Eigenarten des Untersuchungsfeldes vgl. oben Kapitel 1.5.

[35] Für alle in diesem Kapitel genannten Anteilswerte bzw. Prozentangaben gelten als Grundgesamtheit N = 211 Fälle sowie als Teilgesamtheiten N 1970 = 69, N 1975 = 44, N 1980 = 48, N 1984 = 50.

2.2.1. Gegenstandsbereiche und Objekte der Finanzkontrolle

In den untersuchten vier Jahrgängen der "Bemerkungen" liegt ein absolutes Übergewicht der Kontrolle beim globalen Handlungsbereich "Sachprogramme", dem im Durchschnitt drei Viertel aller Fälle angehören (allerdings mit Schwankungen zwischen den
Jahrgängen) gegenüber dem administrativen Bereich mit dem restlichen ein Viertel aller
Fälle. Aber auch bei der Betrachtung der gesamten Prüfungstätigkeit (also inklusive des
teilöffentlichen und nichtöffentlichen Segments) ist bei den Fachprüfungsgebieten
gegenwärtig tendenziell eine hohe Priorität für die Kontrolle von Sachprogrammen bzw.
der aus ihnen abgeleiteten (Einzel-)Maßnahmen zu konstatieren. Im Mittelpunkt der
Prüfung steht also nicht die Verwaltung als Organ, sondern ihr output in Form von
"Maßnahmen". Die Verwaltungsstrukturen und -abläufe interessieren nur insofern, als
Defizite bei der Gesetzeserfüllung oder sonstiger Programmarbeit erkennbar werden.

Ob die Sachprogramme als Ganzes oder ob eher einzelne Maßnahmen im Vordergrund stehen, hängt von der Aufgabenstruktur des kontrollierten Ressorts bzw. der kontrollierten Verwaltung ab, ob beispielsweise die ordnungsgemäße und wirtschaftliche
Durchführung eines Gesetzes erfaßt werden muß oder ob auf Bundesebene überhaupt
"Maßnahmen" initiiert werden. Es wirkt aber auch die "Prüfungsphilosophie" der
verschiedenen Prüfer bzw. Prüfungsgebiete stark hinein. Dementsprechend schwankt im
öffentlichen Segment der Anteil der Monita, die die Planungsphase zum Gegenstand
haben, zwischen einem Drittel und gut der Hälfte aller Fälle, während die "Durchführung" in ca. 70 Prozent - 95 Prozent untersucht wird[36]. Dabei ist keine Entwicklungstendenz im Sinne einer durchgängig zunehmenden Einbeziehung der Planungsphase in die
Finanzkontrolle erkennbar. Von den Befragten wird allerdings ziemlich übereinstimmend betont, daß für die Prüfungstätigkeit insgesamt die Planungsphase immer stärker
in den Vordergrund der Betrachtung rücke.

Eine weitere Differenzierung ergibt sich aus der geprüften Handlungsebene: Während für die Ressortebene stärker "die Dinge, die den Gesetzgeber interessieren, die
Haushaltsführung" und "das Ministerverhalten" betont werden, steht im nachgeordneten
Bereich zum Teil das verwaltungsbezogene Handeln im Vordergrund. Das ist der Fall
bei Großforschungseinrichtungen oder bei wissenschaftlichen (Bundes-)Anstalten, da in
beiden Fällen das Sachprogramm "Forschung" nur schwer der Kontrolle zugänglich ist.
Allerdings gibt es durchaus nachgeordnete Bereiche, bei denen primär die Sachprogramme geprüft werden, so die Wasser- und Schiffahrtsdirektionen. Konträr hierzu kann
bei Zuwendungsempfängern häufig nur die Mittelvergabe und ihre Verwendung überprüft werden, nicht aber der administrative Bereich, da letzterer nicht der öffentlichen
Kontrolle unterliegt.

Für die Verteilung der Monita auf die verschiedenen Handlungsebenen ergibt sich in
den "Bemerkungen" folgendes Bild: In etwas über einem Drittel der Fälle (Durch-
schnittswert für alle vier untersuchten Jahrgänge) betreffen die Monita unmittelbar das

---

36 In einem Teil der Fälle wurden Planung wie Durchführung kontrolliert. Daher ergeben die
    prozentualen Anteilswerte zusammen über 100 Prozent.

Ministerialverhalten (über die grundsätzliche Verantwortung des Ressorts hinaus), bei einem weiteren knappen Drittel werden das Ressort und andere Handlungsträger angesprochen (nachgeordnete Behörden, Zuwendungsempfänger, Länderverwaltungen). Das restliche Drittel der Beanstandungen zielt direkt auf die anderen Handlungsträger (in der Mehrheit nachgeordnete Behörden). Untersucht man die vier Jahrgänge getrennt, so ist sowohl die Kategorie "Ressort und andere" als auch die Kategorie "ausschließlich andere Handlungsträger" als Adressaten von Monita über die Jahre hinweg starken Schwankungen unterworfen. Auch innerhalb der Gruppe "andere Handlungsträger" verändern sich die Anteile zwischen nachgeordneten Behörden und Zuwendungsempfängern stark. Ein durchgängiger Trend ist lediglich bei den ausschließlich direkt an das Ressort gerichteten Monita zu erkennen. Deren Anteil nimmt im Laufe der Zeit eindeutig zu. Während im Durchschnitt der vier Jahrgänge nur etwas über ein Drittel der Monita direkt an das Ressort gerichtet ist, steigt der Anteil kontinuierlich von nur 20 Prozent 1970 auf über 50 Prozent 1984. Durchgängig sehr gering ist der Anteil der geprüften Länder-Institutionen (maximal 10 Prozent). Dies stellt auf den ersten Blick einen Widerspruch zu der Tatsache dar, daß sich der BRH zur Bewirtschaftung von Bundesmitteln durch die Länder sehr häufig in allgemeiner Form kritisch äußert. Teilweise kann der geringe Monitaanteil allerdings dadurch erklärt werden, daß Prüfungskompetenzen an die Landesrechnungshöfe abgegeben wurden[37].

Bezogen auf die gesamte Prüfungstätigkeit des BRH (d.h. inklusive teilöffentlichem und nichtöffentlichem Segment), hängt der Anteil der verschiedenen Handlungsebenen (Ressort und/oder andere Handlungsträger) stark von der Aufgabenstruktur des jeweiligen Ressorts sowie von der im jeweiligen Prüfungsgebiet vorherrschenden "Prüfungsphilosophie" ab.

Die Feststellung, daß die Prüfung der Sachprogramme hohe Priorität genießt, ist allerdings von drei Seiten her zu relativieren: Zum einen sind neben den Fachprüfungsgebieten spezielle Querschnittsprüfungsgebiete für umfassende Kontrollen im "administrativen Bereich" (Organisation, Personal u.a.) zuständig. Zum zweiten besteht eine starke, historisch bedingte Limitierung einer sinnvollen (selbst dem Kriterium der Wirtschaftlichkeit gehorchenden) Finanzkontrolle der obersten Bundesbehörden: Die "klassischen" und "neoklassischen" Ressorts wurden durchweg schon in den fünfziger oder spätestens den sechziger Jahren umfassenden Organisationsprüfungen unterzogen. Kontrollbedarf entstand in den folgenden Jahren nur noch bei neu hinzukommenden Verwaltungseinheiten oder bei sich ändernden strukturellen Größen (z.B. Personalausstattung, Stellenschlüssel). Hier existieren entsprechende, umfassende Untersuchungen über jeweils historisch aktuelle Themen wie "Gleitzeit", Kostenverteilung zwischen Beamten und Angestellten/Arbeitern u.a.[38]. Oder es wurden immer weitere nachgeordnete Institutionen der Kontrolle unterworfen, zum Beispiel im Bereich der öffentlichen Bibliotheken. Und schließlich werden in jüngster Zeit von einigen Querschnittsprüfungsgebieten

37 Vgl. hierzu unten Kapitel 9 über die Kooperation zwischen dem BRH und den Landesrechnungshöfen.
38 In beiden Bereichen wurden die Untersuchungen zudem meist unter dem Signum des Bundesbeauftragten für Wirtschaftlichkeit in der Verwaltung durchgeführt.

neue Formen der Finanzkontrolle im "administrativen Bereich" entwickelt. Exemplarisch sei hier auf die Untersuchung der Organisationsreferate der Ressorts als "Multiplikatoren" von Organisationskonzepten und -strategien hingewiesen.

Betrachtet man die Prüfungsstruktur unter dem übergeordneten Kriterium Haushaltsführung, so wird schon bei oberflächlicher Betrachtung der kontrollierten Sachverhalte deutlich, daß die Ausgabenkontrolle durchweg absolute Priorität genießt, obwohl der Haushalt gleichermaßen Einnahmen und Ausgaben umfaßt. Diese einseitige Fixierung ist paradoxerweise lange Zeit sowohl bei Prüfern und Geprüften als auch bei den meisten Wissenschaftlern, die sich mit diesem Thema beschäftigen, als so selbstverständlich hingenommen worden, daß eine Kritik daran weitgehend ausblieb. Kennzeichnend hierfür ist, daß im BRH für die Kontrolle der Steuern - als dem hauptsächlichen Einnahmenblock - zeitweise nur ein Prüfungsgebiet zuständig war[39]. Erst seit neuestem hat sich diese Einstellung geändert. Die Prüfungskapazität wurde verdoppelt. Derzeit gibt es im BRH Bestrebungen, die Einnahmenkontrolle noch weiter zu verstärken. Es wird sogar diskutiert, eine eigene Abteilung Steuern einzurichten.

Mit mehreren Monita aus dem Einnahmenbereich hat der BRH zur Zeit unserer Untersuchung außerordentlich heftige politische Reaktionen ausgelöst. Dies ist ein deutlicher Hinweis darauf, daß eine Kontrolle der Einnahmen keineswegs auf weniger problematische und der Kontrolle weniger bedürftige Handlungsfelder trifft als die Ausgabenkontrolle und damit keinesfalls weniger dringlich ist. Das hohe öffentliche Interesse ist sicherlich auch daraus zu erklären, daß mehrere differenzierte Klientel betroffen sind. Die Kontrolle der Einnahmen gewinnt an Gewicht wegen der zunehmend angespannten Einnahmenlage. Die wachsende Beschäftigung mit den Einnahmen spiegelt sich bisher allerdings nicht in den untersuchten Jahrgängen des "öffentlichen Tätigkeitssegments" wider (im Durchschnitt nicht einmal fünf Prozent aller Fälle, keine Entwicklungstendenz erkennbar).

Unterzieht man die Gegenstandsbereiche der Ausgabenkontrolle einer detaillierten Analyse, so wird ein enger Zusammenhang zwischen Beurteilungsmaßstab und Objektfeld deutlich. Öffentliche Monita wegen mangelnder Kostenminimierung ("Sparsamkeit") betreffen überwiegend:

- Beschaffungsmaßnahmen (im Durchschnitt 35 Prozent aller Fälle) und zwar steigend von ca. einem Viertel (1970 und 1975) auf fast die Hälfte der erfaßten Fälle (1984);
- die Mittelvergabe (im Durchschnitt gut 20 Prozent aller Fälle), wobei die Schwankungen zwischen den analysierten Jahrgängen auf den stark politischen Charakter dieser Ausgabenart verweisen (vgl. z.B. Subventionen);
- Personalausgaben, wobei der Monitaanteil ebenfalls schwankt (im Durchschnitt 15 Prozent).

Öffentliche Monita wegen fehlender Nutzenmaximierung dagegen betreffen in erster Linie Organisationsmängel (14 von 211 untersuchten Fällen), den Sachaufwand (10) und das Personal (4 Fälle). Schließlich kommt die Orientierung auf Sachprogramme auch

---

39 Vgl. zur Einnahmenkontrolle ausführlich unten Kapitel 9 über die Kooperation zwischen dem BRH und den Landesrechnungshöfen.

darin zum Ausdruck, daß sich ca. ein Viertel aller "Bemerkungen" mit der Erreichung oder Praktikabilität von Programm- oder Maßnahmezielen beschäftigen.

Angesichts dieser hohen Priorität für den "output" des Regierungs- und Verwaltungshandelns im öffentlichen Tätigkeitssegment des BRH überrascht es, daß nur in einem geringen Teil dieser primär an das Parlament gerichteten Berichterstattung ein ausdrücklicher Verweis des betroffenen Ressorts auf den politischen Gehalt des monierten Sachverhalts verzeichnet ist (im Durchschnitt gut ein Zwanzigstel aller Fälle), obwohl den Ressorts vor der Fertigstellung der "Bemerkungen" grundsätzlich die Möglichkeit zur Stellungnahme eingeräumt und diese Gegenrede in der Berichterstattung berücksichtigt wird.

2.2.2. Prüfungsorientierung und Prüfungsstrategien

Die festgestellten Prüfungsorientierungen werden in verdichteter Form von den im BRH herrschenden unterschiedlichen "Prüfungsphilosophien" widergespiegelt. Ihre zentralen Dimensionen sind:

- der Geltungsanspruch der Monita, nämlich eine Beschränkung auf den "Einzelfall" oder das Bestreben, "Typisches" oder "Exemplarisches" zu präsentieren, kurz: eine "Problemorientierung" zu praktizieren;
- die Intention der Prüfung, nämlich
  a) Fehler aufzudecken, damit diese künftig vermieden werden, weitere Schlußfolgerungen dagegen der Verwaltung zu überlassen, oder
  b) Fehler aufzudecken und eigene Verbesserungsvorschläge (Gestaltungsempfehlungen) zu machen mit dem Fernziel, das Verwaltungshandelns optimal zu gestalten. Dies bedeutet zugleich den Übergang von der Zulässigkeitskontrolle zur Zweckmäßigkeitsprüfung.
- die Reichweite der Prüfung, genauer: der Eingriffszeitpunkt und der Eingriffsbereich, nämlich erst nach vollzogenem Exekutivhandeln zu prüfen oder schon vor der Umsetzung von Entscheidungen einzugreifen, um Fehlhandlungen zu verhindern; hiermit verbunden ist die Beschränkung der Kontrolle auf die Durchführung (von Programmen, Maßnahmen o.ä.) oder die Einbeziehung der Planungsphase, insbesondere der informationellen Grundlagen von Entscheidungen.

Anhand der sich ändernden Ausprägung dieser Merkmale kann zugleich - nach weitgehend übereinstimmender Aussage der Befragten im BRH - der Wandel der "Prüfungsphilosophien" wie der Kontrollpraxis seit der Neuformulierung der Bundeshaushaltsordnung beschrieben werden. Allerdings gehen die Wahrnehmungen über den Zeitpunkt der Initiierung und die Durchgängigkeit des Wandels erheblich auseinander; während ein Teil der Beteiligten betont, die Umorientierung habe schon vor der Installierung der Bundeshaushaltsordnung begonnen, bezweifeln andere, daß die Mehrheit der Prüfer sich bis heute wirklich vom Einzelfalldenken gelöst hat.

Für den Wandel der Prüfungsstrukturen werden zwei Ursachen - oder hauptsächliche Anstöße - genannt. Einen Anstoß geben der rapide anwachsende Umfang des Prüfungsstoffs und die Ausweitung der Inhalte, bedingt durch die Ausdehnung der Staatstätigkeit, denen kein auch nur näherungsweise angemessener Zuwachs an Prüfungskapazität gegenüberstand und -steht. Der zweite Anstoß ist auf die geänderten systematischen Qualitäten des Prüfungsstoffs bzw. der handlungsleitenden Verwaltungsregeln zurückzuführen, d.h. auf die Häufigkeit der gleichartigen Fälle, die Komplexität der Fallstruktur, die Eindeutigkeit der Handlungsvorgaben, die Bestimmtheit der Lösungen usw.[40] Diese Expansion und qualitative Veränderung des Prüfungsstoffs erzwingt ihrerseits einen Wandel der Prüfungsstrategien, der sich am unmittelbarsten am Prüfungsumfang und an den Prüfungsformen erkennen läßt[41]. Seine wichtigsten Entwicklungslinien verlaufen

- von der - zumindest als "Ideal" postulierten - vollständigen Prüfung hin zum Prinzip der Stichprobe bzw. - realiter weit häufiger - zur bewußten, gezielten Auswahl;
- von der Belegprüfung zur inhaltlich-sachlichen Prüfung der Maßnahmen oder der gesamten Vorgänge/Programme[42];
- in Richtung auf die Formulierung eines umfangreichen Sets sehr unterschiedlicher, gleichwertiger oder aufeinander bezogener Prüfungsarten, um die Ökonomie der Prüfungsaktivitäten zu erhöhen;
- hin zur Etablierung der funktionsorientierten Querschnittsprüfung als normaler BRH-Kontrollform neben der traditionellen institutionsorientierten Fachprüfung mit dem Ziel einer einheitlichen (Re-)Strukturierung gleichartiger Verwaltungsaufgaben/-einheiten (vgl. Kapitel 3.2);
- tendenziell zu einer Herausbildung elaborierter, komplexer Prüfungsverfahren und -instrumente.

Der sich in diesen Dimensionen vollziehende Wandel der Prüfungsorientierung wird zwar von allen Beteiligten konstatiert, er verläuft aber keinesfalls linear oder in den einzelnen Teilaspekten gleichmäßig. Zudem besteht ein erheblicher Unterschied zwischen den Ausprägungen der einzelnen Dimensionen im nichtöffentlichen und im teilöffentlichen Prüfungssegment gegenüber dem öffentlichen Segment der Berichterstattung. In letzterem ist die Problemorientierung gegenüber der Einzelfallorientierung schon recht früh äußerst stark repräsentiert (1970 drei Viertel aller erfaßten Fälle), fällt dann zeitweise ab (1975 und 1980 jeweils die Hälfte) und steigt erneut an (1984 ca. vier Fünftel der Fälle). Dementsprechend ist die Einzelfallorientierung anfangs und heute sehr

---

40 Vgl. die verwaltungs- und finanzwissenschaftliche Diskussion zu den Themen: "Von der Eingriffsverwaltung zur Leistungsverwaltung" sowie von "Konditionalgesetzen" zu "Finalgesetzen".

41 Vgl. das folgende Kapitel 2.2.3.

42 Die Minderungen der Belegprüfung (und ihre Delegation an die Vorprüfungsstellen) wurden durch die BHO legalisiert, waren aber schon vor 1970 längere Zeit praktiziert worden; hier zeigt sich exemplarisch die BHO als Ausdruck der schon vorher eingetretenen Änderung. Nach Wittrock ist die Beleg- oder Einzelprüfung zwar in den Hintergrund getreten, aber nicht grundsätzlich bedeutungslos geworden. "Um Mißverständnisse zu vermeiden: Selbstverständlich wird es auch in der Zukunft Belegprüfungen geben, denn ordnungsgemäße Belegprüfung muß durch Kontrollen stets gewährleistet sein." (Karl Wittrock, Anforderungen moderner Finanzkontrolle, in: *Verwaltung und Fortbildung*, 3/1984, S. 102.)

gering (1970 und 1984 jeweils 20 Prozent bzw. weniger), in den Jahren dazwischen stieg sie an (1975 und 1980 ca. 45 Prozent der Fälle). Eine Erklärung für diese Schwankungen könnte zum einen die Suche nach neuen Prüfungsformen und -strategien bieten. Zum zweiten dürfte eine starke Abhängigkeit von den spezifischen Gegenstandsbereichen - also den jeweiligen Aufgaben- und Programmstrukturen der verschiedenen Ressorts - sowie von den zu kontrollierenden Ebenen (Ministerialbürokratie, nachgeordnete Bereiche, Zuwendungsempfänger u.a.) bestehen. Dies kann anhand der "Kontrollkreise" in Kapitel 6. überprüft werden.

Schließlich sei angemerkt, daß neben den eben skizzierten Änderungen als weitere, durch andere Faktoren hervorgerufene Entwicklungsmomente eine Verschiebung der Zeitperspektive im Sinne einer "Aktualisierung"[43] sowie eine Veränderung der inhaltlichen Ausfüllung der Prüfungsgrundsätze und Prüfungsmaßstäbe[44] hinzutreten.

2.2.3. Prüfungsformen und Prüfungsumfang

Wie bereits angedeutet, erzwingt die beschränkte Prüfungskapazität des BRH durchgängig eine sehr eng begrenzte Auswahl der Prüfungsgegenstände. Um trotzdem dem Grundsatz der Ausschließlichkeit und Lückenlosigkeit der Prüfung gerecht zu werden oder zumindest bei der Verwaltung "den Eindruck von prüfungsfreien Räumen zu vermeiden"[45], wird eine Palette unterschiedlicher Auswahlverfahren eingesetzt, um insbesondere fehlerträchtige oder sonstige problematische Fälle herauszufiltern. Diese Verfahren bilden einen integralen Bestandteil der verschiedenen Prüfungsformen und bringen stark differenzierte Prüfungsumfänge und -tiefen hervor. Exemplarisch hierfür kann das Set der Prüfungsformen herangezogen werden, das als offizielle Leitlinie des Prüfungshandelns in den "Vorläufigen Richtlinien" des Großen Senats zur jährlichen Arbeitsplanung im BRH präsentiert ist. Dort werden genannt[46]:
-   die allgemeine Prüfung, die auf einen "bereichsdeckenden repräsentativen Überblick über die Haushalts- und Wirtschaftsführung" zielt;
-   die Orientierungsprüfung, die "bei neuen grundsätzlichen Verfahrensweisen der Verwaltung, bei der Einrichtung neuer Behörden" oder zur Vorbereitung tiefergehender bzw. breiterer Kontrollen eingesetzt werden soll;
-   die Projektprüfung für abgrenzbare (Einzel-)Vorhaben;
-   die Schwerpunktprüfung, die zur vertieften Kontrolle "einer bestimmten Fragestellung ... (oder nur eines Teils) des gesamten in Betracht kommenden Gegenstandes" dienen soll;
-   die Querschnittsprüfung, mittels derer bestimmte Themen bei einer Vielzahl von Verwaltungseinheiten überprüft werden können;

---

43   Vgl. unten Kapitel 2.2.4.
44   Vgl. unten Kapitel 2.3.
45   Ernst Heuer/Herrmann Dommach (Hrsg.), *Handbuch der Finanzkontrolle*, Frankfurt a.M., Teil VIII-5, S. 2.
46   Vgl. ebd., S. 1 f.

- die System- und Programmprüfung, bei der es um den Prüfungsmaßstab der Zweckmäßigkeit "eines zusammenhängenden Regelwerkes, Verfahrenssystems oder der Konzeption mehrerer ... Vorhaben" geht; sowie
- die Kontrollprüfung, durch die festgestellt werden soll, ob frühere Monita behoben sind.

In der Kontrollpraxis werden diese Prüfungsformen in den verschiedenen Prüfungsgebieten äußerst unterschiedlich interpretiert, teilweise sogar nur als Etikett benutzt, ohne daß die in den vorläufigen Richtlinien zur Arbeitsplanung angedeutete Prüfungskonzeption übernommen wird. Somit stehen hinter einer gleichen Firmierung zum Teil sehr unterschiedliche Verständnisse, Konzepte und Verfahren. Die Aussagen der verschiedenen Befragten über denselben Prüfungstyp sind damit nur bedingt vergleichbar - ein Problem, das den meisten Beteiligten durchaus bewußt ist. Ein schwerwiegender Grund hierfür liegt in der Art der Vorgabe des Sets von Prüfungsformen, nämlich als Konsensliste, nur umschrieben durch formale Definitionen, ohne ausreichende Einbettung in eine Methodendiskussion, beispielsweise zur Konzeptualisierung von Prüfungsvorhaben, zum Procedere und zu Instrumenten der Datenerhebung. In den Interviews wurde dementsprechend immer wieder auf massive Definitions- und Abgrenzungsschwierigkeiten hingewiesen und zwar gleichermaßen für System- und Programmprüfungen ("es weiß doch keiner so genau, was eine System- oder Programmprüfung ist"), für Allgemeinprüfungen wie für Schwerpunkts- und Querschnittsuntersuchungen. Letztere bilden geradezu das Paradebeispiel für diese Begriffsverwirrung: Zwar ist dieser Terminus ausdrücklich für fachprüfungsgebietsübergreifende Prüfungen reserviert, denen eine Integrations- und/oder Vereinheitlichungsfunktion zukommt, trotzdem wird er des öfteren auch für rein fachprüfungsgebietsinterne Kontrollen bei mehreren Verwaltungseinheiten benutzt - so zum Beispiel bezogen auf alle Großforschungseinrichtungen beim Bundesministerium für Forschung und Technologie.

Allerdings ist auch bei einer Übernahme der in den vorläufigen Richtlinien angedeuteten Prüfungskonzeption zu konzedieren:

- daß die realisierten Prüfungsformen aufgrund der unterschiedlichen Anforderungen des jeweiligen Prüfungsstoffs nicht identisch sein können, sondern gegenüber den definitorisch festgeschriebenen Formen zum Teil erheblich modifiziert werden müssen,
- daß kaum "reine" Typen verwirklichbar sind, sondern häufig Mischformen entstehen ("Prüfungsformen sind nicht genau festzulegen, z.B. hat meistens eine Querschnittsprüfung auch Schwerpunktcharakter");
- daß praktizierte Prüfungsverfahren sogar überhaupt keiner der vorgesehenen Formen zuzuordnen sind - jedenfalls dann nicht, wenn Adäquanz zum Prüfungsstoff und Flexibilität der Kontrollverfahren zentrale Handlungskriterien sind.

Ihre endgültige Ausformung und konkrete Bedeutung bekommen die einzelnen Prüfungsformen somit - gerade bei einer angemessenen Nutzung - erst durch ihre jeweilige Kombination in der notwendigen mehrjährigen Planung der Prüfungsaktivitäten, be-

zogen auf die einzelnen Prüfungsgebiete. Hinzu tritt als weiteres Element eine kontinuierliche Beobachtung des Objektbereichs, wobei sowohl die Intensität als auch die Informationsquellen je nach Aufgabentyp/-struktur der Verwaltungseinheiten differieren[47]. Nur wenn der Prüfungsstoff als strukturierter einheitlicher Komplex gehandhabt wird, können - zumindest prinzipiell - prüfungsfreie Räume vermieden werden. In der Praxis hat sich allerdings erwiesen, daß bestimmte Bereiche zeitweise prüfungsfrei bleiben, beispielsweise neue Arbeitstechniken (EDV). Als wichtigste Kriterien, die die Auswahl der Prüfungsvorhaben sowie die anzuwendende Prüfungsform, den Umfang und die Tiefe bestimmen, gelten übereinstimmend:
- die (bekannte) Fehlerträchtigkeit bzw. -häufigkeit;
- die Neuheit des Prüfungsstoffs oder die Länge der Zeit seit der letzten Prüfung, also letztlich die mangelnde Kenntnis über die Fehlerträchtigkeit;
- die Ausgewogenheit und Gleichmäßigkeit des Prüfungshandelns (nach dem Motto: "wir müssen überall einmal Flagge zeigen");
- das finanzielle oder sonstige Gewicht des Prüfungsstoffs;
- die Eignung für generelle Schlußfolgerungen;
- die Möglichkeit, anhand der Prüfung die Haushalts- und Wirtschaftsführung insgesamt zu beurteilen (Indikatorfunktion);
- die Aktualität;
- ad-hoc-Vorschläge oder sonstige Wünsche des Parlaments sowie Petitionen, die an den BRH herangetragen werden;
- die Möglichkeit, Präsenz zu demonstrieren, oder der Überraschungseffekt;
- die Einflußmöglichkeit und der Gestaltungsspielraum im Objektbereich.

Die anhand dieses Kriterienkataloges ausgewählten Prüfungsobjekte werden - soweit möglich - in eine Handlungsperspektive eingefügt, für die als Grundmaxime gilt: "erst in die Breite, dann in die Tiefe". Dabei können (repräsentative) Allgemeinprüfungen[48] von den meisten Prüfungsgebieten nur ausnahmsweise eingesetzt werden, da entweder die Prüfungskapazität fehlt oder der Prüfungsstoff eine Anwendung von Zufallauswahlen nicht erlaubt. So äußern mehrere Befragte, die Prüfungskapazität sei nicht so groß, daß mit mathematischen Stichproben ein verläßlicher Überblick über den Prüfungsstoff möglich wäre. Statt dessen werden entweder beim ersten Prüfungsdurchgang Vollprüfungen gemacht (die die ganze Institution/das ganze Programm umfassen), sodann bestimmte Indikatoren (z.B. einzelne Projekte) kontrolliert; oder es wird weniger systematisch versucht, den Prüfungsstoff mit einem gleichwertigen Verhältnis von Schwerpunkts-/Querschnitts-/Programm-Systemprüfungen vs. Orientierungs-/Überblicksprüfungen in den Griff zu bekommen. Überwiegend wird großen Wert auf Auswahlstrategien gelegt, die viele Prüfungsvorhaben aufeinander beziehen. Das öffentliche Tätigkeitssegment weist in den analysierten Jahrgängen folgendes Zusammenhangsmuster auf: Am häufigsten sind Monita ("Bemerkungen"), die mehrere Fälle umschließen (im

---

47 Eine ausführliche Darstellung dieser Aspekte erfolgt in den Kapiteln 4.1.-4.3. unten.
48 Vgl. Heuer/Dommach, *Finanzkontrolle* (Anm. 45), Teil VIII/5, S. 1 f.

Durchschnitt aller Jahrgänge knapp 40 Prozent, allerdings mit Schwankungen von 25 Prozent bis 50 Prozent); den zweiten Rang nehmen fast gleichwertig Verweise/Rückbezüge auf frühere Prüfungen (im Durchschnitt 20 Prozent) sowie Querschnitts- oder Schwerpunktsuntersuchungen (im Durchschnitt weniger als 20 Prozent) ein; an letzter Stelle stehen Verweise auf andere gleichzeitig laufende Fälle (weniger als 10 Prozent). Seit 1981 wird zudem in der aktuellen Berichterstattung auf frühere "Bemerkungen" verwiesen, wenn die vom BRH gewünschten Konsequenzen von der Verwaltung nicht gezogen werden. Für die Prüfungstätigkeit insgesamt - also unter Hinzuziehung des teilöffentlichen und nichtöffentlichen Tätigkeitssegments - ergibt sich folgendes Bild: Zwar wird grundsätzlich eine mehrjährige umfassende Planung der Prüfungsvorhaben betrieben, aber es bestehen erhebliche Unterschiede in der Art der eingesetzten Prüfungsformen, Auswahlverfahren und -umfänge; diese hängen stark von den Aufgabenstrukturen der zu prüfenden Institutionen ab. Demgegenüber ist das Ausmaß, in dem elaborierte Auswahlstrategien eingesetzt und systematische Feldbeobachtung betrieben werden oder in dem ein primär auf Erfahrung und Intuition aufbauendes rollierendes Verfahren angewendet wird, eher von der "Prüfungsphilosophie" abhängig[49].

Eine besondere Position hinsichtlich der eingesetzten Prüfungsformen haben die Querschnittsprüfungsgebiete inne, da aufgrund ihrer Aufgabenstruktur "allgemeine" oder Orientierungsprüfungen weitgehend entfallen und sie von ihrer Entstehungsgeschichte her nie der Einzelfallprüfung oder gar der klassischen Rechnungsprüfung und Belegprüfung verhaftet waren.

Eine besonders ausgeprägte Form der Zukunftsorientierung bzw. der konstruktiven Tendenz zur (Mit-)Gestaltung, aber auch ein wirksames Moment für eine möglichst rationelle Prüfung bilden Verbesserungsvorschläge, die auf einheitliche Gestaltungsprinzipien im Sachprogramm oder im administrativen Bereich abzielen. Derartige Konzepte sind im öffentlichen Tätigkeitssegment im Durchschnitt immerhin in mehr als einem Fünftel der untersuchten Fälle - zumindest andeutungsweise - enthalten. Zugleich legen aber die erheblichen Schwankungen zwischen den Jahrgängen die durch entsprechende Äußerungen in Interviews bestätigte Vermutung nahe, daß über das "wie" derartiger Konzepte große Unsicherheit herrscht.

Im Vergleich zu dieser Struktur der Ausgabenkontrolle unterliegt die Einnahmenkontrolle im Steuerbereich wesentlichen Modifikationen - sowohl der Prüfungsformen als auch der Auswahlstrategien. Dies ist schon dadurch bedingt, daß der BRH bei der Auswahl und Durchführung der Prüfungsvorhaben auf die jeweiligen Landesrechnungshöfe angewiesen ist und sich seine Kontrollberechtigung auf das "Sachprogramm" Bundessteuern beschränkt[50]. Bei der Prüfungsorientierung ist demgegenüber ähnlich wie bei der Ausgabenkontrolle eine Tendenz weg vom Einzelfall und vom reinen Fehlermonitum hin zum Aufzeigen des Typischen, des "Systemfehlers", sowie zur Frage nach der Zweckmäßigkeit von Vorschriften zu beobachten. Dagegen sind die Prüfungs-

---

49 Vgl. unten die Kapitel 4.1. und 4.3.
50 Zum Verfahren der Einnahmenkontrolle vgl. unten Kapitel 9.2.

maßstäbe nur sehr bedingt mit denen der Ausgabenkontrolle vergleichbar. Zwar gilt hier ebenfalls das Kriterium der Ordnungsmäßigkeit; wichtiger aber ist die Gleichmäßigkeit der Besteuerung oder Steuergerechtigkeit. Die Wirtschaftlichkeit, die als Ganzes hier eine weit geringere Rolle spielt, ist noch am ehesten unter dem Teilaspekt der "Verfahrensvereinfachung" vertreten.

2.2.4. Aktualität und Zeitperspektive der Prüfung

Wie bereits erwähnt, spielt Aktualität in der gesamten Diskussion über den Wandel der Prüfungsstruktur eine große Rolle. Darüber hinaus hat sich die Zeitperspektive als wichtigstes und schwieriges Problem für die Modernisierung der Finanzkontrolle insgesamt sowie speziell für die (Um-)Nutzung von Prüfungsinformationen für Beratungszwecke erwiesen.

Hinter der im BRH häufig geäußerten Aussage, die externe Finanzkontrolle bzw. die Rechnungsprüfung sei prinzipiell eine nachgängige Kontrolle, verbergen sich unterschiedliche inhaltliche Vorstellungen. Obwohl theoretisch scheinbar eindeutig, erweist sich diese Vorgabe in der Prüfungspraxis als äußerst interpretationsfähig, zumal dann, wenn man die (insbesondere vom Parlament) immer wieder geforderte Gegenwartsnähe hinzunimmt. Dies wird besonders deutlich an der Frage nach dem Bezugspunkt für die Bestimmung der Posteriorität: ist dies der Abschluß der Planung oder der Durchführung finanzwirksamer Programme bzw. Maßnahmen? In der Praxis bestreitet jedenfalls kaum einer der Beteiligten dem Rechnungshof ernsthaft das Recht, schon nach der Planungsphase zu prüfen. Bei längerfristigen und/oder komplexeren (Einzel-)Maßnahmen ist sogar die Prüfung während des Vollzugs der angestrebte Regelfall in den meisten Prüfungsgebieten. Wie stark das Streben nach größerer Gegenwartsnähe im BRH ist, wird deutlich im Urteil des früheren BRH-Präsidenten Wittrock über die Haushaltsreform: "Es gehört mit zu den positiven Ergebnissen der Haushalts-Reform, ... die begleitende Prüfung durchzuführen und bereits in einem sehr frühen Stadium, nämlich dann, wenn erste Maßnahmen vorhanden sind ... mit den Prüfungsaktivitäten zu beginnen"[51].

Den BRH auf eine rein nachgängige Kontrolle zu beschränken, ist vor allem wegen seiner gesetzlichen Beratungsfunktion gegenüber dem Parlament unmöglich, denn sie erfordert ausschließlich zukunftsrelevante Informationen. Sie erlaubt es sogar, Aussagen über gegenwärtig noch laufende Planungsverfahren zu machen - und sei es in Form von Extrapolationen aus früheren Prüfungserfahrungen. Gegen Prüfungen während der Planung - unter Umständen auch gegen nachträgliche Kontrollen der Planungsphase - erwächst allerdings tendenziell in Teilen der Ministerialbürokratie ein Widerstand, der

---

51 Karl Wittrock, in: *Bericht über die Veranstaltung der Vereinigung ehemaliger Mitglieder des deutschen Bundestages vom 12.4.1983*, Anhang, S. 2. Der BRH darf nach § 89 Abs. 1 Nr. 2 BHO bereits durchgeführte Maßnahmen prüfen, bevor diese sich finanziell auswirken. Bei derartigen Prüfungen von Maßnahmen, die sich noch nicht auf der Kassenebene ausgewirkt haben - Prüfung nach Entscheidung, aber vor Kassenwirksamkeit -, handelt es sich korrekterweise in Anlehnung an die herrschende Meinung um gegenwartsnahe (mitschreitende, begleitende) Prüfungen und nicht um nachgängige Prüfungen.

eines Tages zu Informationsverweigerungen und damit für den BRH zu Informationslücken führen könnte[52].

In der gegenwärtigen Kontrollpraxis erwachsen Hemmnisse für wirklich aktuelle Prüfungsaussagen allerdings eher aus den knappen Personalkapazitäten des BRH, der längerfristig angelegten Arbeitsplanung und den gegenwärtig eingesetzten Datenerhebungsverfahren, dem Ethos der Prüfer, möglichst gut abgesicherte Monita zu präsentieren, der "Prüfungsphilosophie" und den genutzten Wirkungsmechanismen in den einzelnen Prüfungsgebieten. Die gegenwartsnahe "begleitende" Prüfung schätzt beispielsweise ein Teil der BRH-Angehörigen als schwierig und vor allem als risikoreich - d.h. Monita sind nicht hinreichend abzusichern - ein. Wie viel oder wie wenig die geforderte enge Bindung an die Gegenwart in der Prüfungspraxis gilt, zeigt sich daran, daß die Vorgabe, in den "Bemerkungen" zeitlich nicht über den noch offenen Entlastungszeitraum zurückzugehen (außer in Ausnahmefällen), in den Prüfungsgebieten sehr unterschiedlich gehandhabt wird. Seit der Installierung der BHO sind nach weitgehend übereinstimmender Aussage der Beteiligten die Bemühungen erheblich verstärkt worden, die Prüfungen über das gerade schwerpunktmäßig zu prüfende Haushaltsjahr hinaus näher an die Gegenwart heranzuführen. Die Analyse des "öffentlichen Segments" zeigt, daß dieser Versuch teilweise gelungen ist: So ist im Durchschnitt aller untersuchten Fälle knapp die Hälfte der "Bemerkungen" aktueller als das Haushaltsjahr, dem der Bericht als Ganzes gilt. Dennoch ist beim Vergleich der untersuchten Haushaltsjahre kein eindeutiger Entwicklungstrend im Sinne einer stetigen Zunahme erkennbar.

Betrachtet man die Ausprägungen der Zeitdimension in der Prüfungstätigkeit insgesamt, so fällt als erstes auf, daß mit zunehmender Öffentlichkeit die zeitliche Distanz zum untersuchten Verwaltungshandeln immer größer wird. Zugleich aber ist die Aktualität ein wichtiges Kriterium für eine interessierte Öffentlichkeit; damit ergibt sich die paradoxe Situation, daß mit wachsender "Öffentlichkeit" des Tätigkeitssegments die Aktualität als Vehikel für die Erzeugung von Interesse immer schwächer wird. Die Aktualität ist in unmittelbarer Nähe der geprüften Einheit (Verwaltung) bzw. der Verantwortlichen am höchsten, hier können also möglichst schnell handlungskorrigierende Informationen gegeben werden. Mit dieser Beobachtung deutet sich denn auch eine Priorität im Handeln eines Gutteils der Prüfungsgebiete an.

Ein weiteres relevantes Merkmal der Zeitperspektive ist die bewußte Kontinuität des Prüfungshandelns, wie sie sich im öffentlichen Segment im Rückbezug auf frühere Fälle (im Durchschnitt 20 Prozent aller Fälle) sowie in der Ankündigung einer weiteren Beobachtung des monierten Handelns (im Durchschnitt ebenfalls 20 Prozent) ausdrückt. Vergleicht man diese Werte der Berichterstattung mit den entsprechenden Aussagen über das Prüfungshandeln insgesamt, so ist festzustellen, daß die hervorgehobene Prüfungskontinuität, bezogen auf einzelne Sachverhalte, lediglich einen Teilaspekt

---

52 Gegen Prüfungen während der Planungsphase wird u.a. ein Kostenargument vorgebracht: Etwa notwendig werdende Umplanungen führten unter diesen Bedingungen zu wesentlichen Zeitverzögerungen, diese wiederum im Falle vom Preissteigerungen zu finanziellen Mehrkosten.

darstellt; sie ist eingebettet in die wesentlich breitere Kontinuität der Feldbeobachtung[53].

2.3. Prüfungsmaßstäbe

Die vom BRH durchzuführende Prüfung der gesamten Haushalts- und Wirtschaftsführung des Bundes ist analytisch unterteilt in eine formelle Prüfung mit dem Maßstab "Ordnungsmäßigkeit" (Verfahrenskontrolle, Rechtmäßigkeit, Verfassungskontrolle) und in eine materielle Prüfung mit den Maßstäben "Sparsamkeit" und "Wirtschaftlichkeit" (ökonomisch-kritische Kontrolle, Wirksamkeit, Erfolgskontrolle)[54].

Während es sich bei der Prüfung auf Ordnungsmäßigkeit nach dem Urteil der meisten Beteiligten um einen relativ eindeutigen und praktikablen Prüfungsmaßstab handelt - wenngleich auch hier Unterschiede in der Anwendung bzw. Auslegung bestehen, die primär auf die Unterschiede zwischen konditional und final orientierten Gesetzen zurückzuführen sind, aber keine grundsätzlichen Probleme aufwerfen -, ist die Wirtschaftlichkeitsprüfung weitgehend eine Ermessensprüfung - was von den Akteuren teils klar gesehen, teils eher erahnt wird. Dieser im Vergleich zur Ordnungsmäßigkeit weit größere Spielraum, den der BRH hat, um die Wirtschaftlichkeit eines Sachverhalts zu beurteilen, führt aber auch zu einer Unsicherheit in der Anwendung dieses Prüfungsmaßstabs, vor allem bei der vorherrschenden juristischen Denkweise. Letztlich werden daher Wirtschaftlichkeit und Sparsamkeit höchst unterschiedlich interpretiert.

2.3.1. Ordnungsmäßigkeit als formeller und sachlicher Prüfungsmaßstab

Der begriffliche Inhalt

Während in der rechtswissenschaftlichen Diskussion[55] keine einhellige Meinung darüber existiert, ob die Ordnungsmäßigkeitsprüfung nur ein Unterfall der Rechtmäßigkeitsprüfung oder mit ihr identisch ist, wird im BRH von einer weitgehenden Identität von Ordnungsmäßigkeitsprüfung und Rechtmäßigkeitsprüfung ausgegangen. Unter Ordnungsmäßigkeit wird also nicht nur buchhalterische Korrektheit, d.h. rechnungstechnische Richtigkeit der Maßnahmen sowie vorschriftsmäßige Begründung und Belegung der einzelnen Rechnungsbeträge, sondern die umfassende Beachtung der Gesetze, des Haushaltsplans, der Verwaltungsvorschriften und Richtlinien verstanden. Darüber hin-

---

53   Vgl. unten die Kapitel 4.1.-4.3.
54   Zur Begrifflichkeit vgl. Bert Rürup/Karl-Heinrich Hansmeyer, *Staatswirtschaftliche Planungsinstrumente*, Düsseldorf 1984, S. 28; zu den Prüfungsmaßstäben vgl. u.a. Büch, *Bestimmung der Grundsätze* (Anm. 10); Greifeld, *Rechnungshof* (Anm. 5), Kap. 2; Susanne Glaser-Gallion, *Der Bundesrechnungshof als unabhängiges Kontrollorgan in der Bundesrepublik Deutschland*, Stuttgart 1980, Teil II, 5; Tiemann, *Die staatsrechtliche Stellung* (Anm. 2), Abschnitt B, I, 5.
55   Siehe dazu Tiemann, *Zur staatsrechtlichen Stellung* (Anm. 2), und die dort angegebene umfangreiche Literatur.

aus kontrolliert der BRH auch, ob bei der Haushaltsfestlegung und beim Haushaltsvollzug die Verfassung beachtet wurde, denn eine finanzwirtschaftliche Transaktion kann im Falle eines Verstoßes gegen Verfassungsnormen trotz Einhaltung aller haushaltsrechtlichen Vorschriften nicht ordnungsgemäß sein.

Anwendung des Prüfungsmaßstabs der Ordnungsmäßigkeit

Solange sich die Ordnungsmäßigkeitsprüfung auf die formelle und rechnerische Richtigkeit des Haushaltsvollzugs beschränkt, treten keine nennenswerten Schwierigkeiten in der Anwendung dieses Prüfungsgrundsatzes auf. Das klassische Beispiel hierfür ist die Belegprüfung, die aber - wie bereits angedeutet - innerhalb der Kontrollaktivitäten des BRH stark an Bedeutung verloren hat. Zwar wird sie auch heute zumindest noch stichprobenweise praktiziert, aber häufig an die Vorprüfungsstellen delegiert[56]. Bei dieser Form der Rechnungsprüfung werden förmliche und rechnerische Fehler durch Hinweise an die Verwaltung, diesen oder jenen Fehler abzustellen, "sanktioniert", seltener durch Auflagen seitens des BRH.

Dagegen hat die Prüfung der sachlichen Ordnungsmäßigkeit der Rechnung, bei der es um die Frage geht, ob bei der Erhebung von Einnahmen und bei der Verwendung von Haushaltsmitteln nach den Gesetzen, den sonstigen Vorgaben und den maßgeblichen Verwaltungsvorschriften verfahren wurde, schon eher Elemente einer Ermessensprüfung. Dies gilt um so mehr, wenn sich die Prüfung nicht in Detailbewertungen erschöpft, sondern dahin tendiert, komplexe Sachverhalte zu beurteilen. Das Schwergewicht der Prüfungstätigkeit des BRH liegt gerade - sowohl nach Einschätzung der meisten Akteure als auch in den analysierten "Bemerkungen" - bei Verstößen, die entweder politisch motiviert sind oder von ihrer Wirkung her ökonomische und gesellschaftliche Sektoren tangieren (z.B. regionale Wirtschaftsförderung). Dies muß den BRH zwangsläufig in Konflikte mit den Betroffenen bzw. den politisch Verantwortlichen bringen, eben weil konkrete eindeutige Leitlinien fehlen und jeder Verfahrensbeteiligte eine andere Präferenzordnung hat, nach der er den Sachverhalt einschätzt. Bei einem solchen Widerstreit der Meinungen zwischen geprüfter Stelle und BRH führt der Versuch, eine finanzwirksame Maßnahme als eher ordnungsgemäß gegenüber einer anderen zu bewerten, zu einem kaum mehr lösbaren Dilemma[57]. In der Praxis wird häufig als Hilfsmaßstab herangezogen, wie stringent eine Argumentationskette aufgebaut ist und wie einleuchtend die Argumente sind.

Bei Verstößen gegen die sachliche Ordnungsmäßigkeit beschränkt sich die Prüfungstätigkeit des BRH seltener als bei Nichtbeachtung von Wirtschaftlichkeitsaspekten auf Monita. Er spricht eher Anregungen und Empfehlungen aus, die es den Betroffenen erleichtern sollen, zukünftig ordnungsgemäß zu handeln. Darüber hinaus werden dem

---

56 Vgl. unten Kapitel 8.
57 Analoges gilt in Kapitel 2.3.2. oben, in dem es um Aspekte der Wirtschaftlichkeitsprüfung geht.

Parlament in den letzten Jahren speziell zur sachlichen Ordnungsmäßigkeit zunehmend Vorschläge zur Novellierung von Gesetzen unterbreitet - ein Aktionsfeld, das insgesamt aber noch wenig ausgeprägt ist. Zudem ist das Volumen derartiger Vorschläge zur Gesetzesänderung von Prüfungsgebiet zu Prüfungsgebiet sehr unterschiedlich. In jedem Fall wird die Auffassung, die Finanzkontrolle sei auf den Gesetzesvollzug zu beschränken, heute in weiten Teilen des BRH als nicht mehr sinnvoll erachtet. Vielmehr wird die Überprüfung von Gesetzen auf Praktikabilität und Zielerreichung als Erfordernis angesehen, denn zahlreiche Probleme seien auf die unzureichende Gestaltung der Gesetze zurückzuführen und lägen nicht in ihrem Vollzug. Damit wird aus der Ordnungsmäßigkeitsprüfung eine Zweckmäßigkeits- oder Systemprüfung. Diese Tendenz in der Kontrolltätigkeit spiegelt sich auch in den "Bemerkungen" wider. In gut 10 Prozent der Fälle findet eine Überprüfung der Regeln selbst auf Adäquanz statt, während sehr selten moniert wird, daß Gesetze oder Ausführungsvorschriften fehlen.

Insgesamt zeigt das öffentliche Tätigkeitssegment folgende Anwendungen der Ordnungsmäßigkeit: Eine Prüfung auf Übereinstimmung des Sachverhalts mit den geltenden Regeln (Gesetze, Vorschriften, Richtlinien) wurde in 50 Prozent aller untersuchten Fälle[58] durchgeführt. Dabei handelte es sich in ca. 30 Prozent aller Fälle um Fehlinterpretationen. In knapp 20 Prozent der Fälle wurde "die Regel überhaupt nicht beachtet" und in weniger als 10 Prozent eine "falsche Regel" zur Beurteilung des Sachverhalts herangezogen. Zur Schwere des Verstoßes ist zu bemerken, daß in gut 30 Prozent der Fälle eine singuläre Rechtsnorm, in gut einem Viertel der Fälle eine Richtlinie/Vorschrift/Verfahrensregeln/ Verordnung und in einem Zwanzigstel ein Grundsatz betroffen war. Wurde im Zusammenhang mit der Ordnungsmäßigkeit nach der Wirtschaftlichkeit gefragt, so wurde häufig die Sparsamkeit angesprochen (gut 50 Prozent der Fälle), während sich ein solch enger Zusammenhang mit der Wirtschaftlichkeit im Sinne der Nutzenmaximierung, die neben der Ordnungsmäßigkeit nur in einem Drittel der Fälle in die Prüfung einbezogen wurde, nicht erkennen ließ.

Vergleicht man den eben konstatierten Entscheidungsspielraum bei Ordnungsmäßigkeitsprüfungen mit demjenigen bei Wirtschaftlichkeitsprüfungen, so ist ersterer wesentlich geringer. Das sehen nicht nur die meisten Befragten so, auch die Analyse der "Bemerkungen" bestätigt diesen Befund. Die sich auf den finanziellen Input (die Ausgaben) beziehende Ordnungsmäßigkeit, d.h. die Feststellung, ob und inwieweit der Haushaltsvollzug formell, sachlich und rechnerisch richtig war, wirft in der Regel weniger gravierende Probleme auf als die Feststellung mangelnder Wirtschaftlichkeit. Das belegen die unterschiedlich große Detailliertheit und Vollständigkeit der jeweiligen Urteilsbegründungen.

---

58 Gesamtzahl N = 211 Fälle.

2.3.2. Wirtschaftlichkeit und Sparsamkeit als materielle Prüfungsmaßstäbe

Die Prüfungsmaßstäbe "Sparsamkeit" und mehr noch "Wirtschaftlichkeit" bieten, wie bereits mehrfach erwähnt, bei ihrer Ausfüllung und Anwendung einen wesentlich größeren Ermessensspielraum und damit weit mehr Gestaltungsfreiheit, aber auch mehr Interpretationsnotwendigkeit als der Maßstab der "Ordnungsmäßigkeit". Hiermit ist ein zunächst banal erscheinendes Faktum verbunden. Für das Verständnis und den Nachvollzug eines "Wirtschaftlichkeits"-Urteils sind nämlich im weit stärkeren Ausmaß Informationen über das je spezifische inhaltliche Konzept des Urteilenden erforderlich. Derartige Kenntnisse können nicht durch einen bloßen Bezug (auf einen Gesetzeskommentar, eine Verwaltungsvorschrift, wie sie z.B. die Vorläufigen Verwaltungsrichtlinien zu § 7 BHO darstellen, oder analoge wirtschaftswissenschaftliche Bestimmungen) - quasi im Sinne einer Makro-Information - ersetzt werden.

Vor diesem Hintergrund wird es äußerst wichtig, die Tatsache festzuhalten, daß der BRH in seinen "Bemerkungen", Stellungnahmen und Gutachten zwar des öfteren explizit Bezug auf die Prüfungsmaßstäbe Sparsamkeit und Wirtschaftlichkeit nimmt - allerdings ohne seine inhaltlichen Vorstellungen von diesen Begriffen zusammenhängend bzw. systematisch offenzulegen und damit letztlich ohne eine Begründung des Urteils zu geben. So ist in den "Bemerkungen" als dem öffentlichen Segment äußerst selten, vor allem wenn es sich um komplexere Untersuchungsgegenstände handelt, eine umfassende Erklärung für eine bestimmte Feststellung zu finden. Um es noch einmal ganz klar auszudrücken, es geht hier nicht um Äußerungen wie: "Diese oder jene Maßnahme verstößt gegen die Grundsätze der Wirtschaftlichkeit und Sparsamkeit", sondern um die Transparenz des Weges, der zu dieser Aussage geführt hat. Die mangelnde Offenlegung des Entscheidungsprozesses kann als Unsicherheit im Umgang mit dem Prüfungsmaßstab der Wirtschaftlichkeit interpretiert werden oder als gezielte Handlungsstrategie.

Um die Gründe und Folgen dieser Handhabung des Wirtschaftlichkeitsmaßstabes genauer bestimmen zu können, wurden die "Bemerkungen" daraufhin analysiert, welchen Beitrag sie dennoch zu einer begrifflichen Präzisierung von Wirtschaftlichkeit leisten sowie ob und inwieweit der BRH wissenschaftliche Verfahren zur Wirtschaftlichkeitskontrolle einsetzt. Darauf aufbauend, wurde in den Interviews der Versuch unternommen, einerseits die Prüfungsgrundsätze der Wirtschaftlichkeit und Sparsamkeit näher zu bestimmen, andererseits Probleme in der Anwendung dieser Maßstäbe aufzudecken. In beiden Bereichen stehen insofern Fragen der Konzeptualisierung und Operationalisierung im Mittelpunkt der Betrachtung.

2.3.2.1. Zwei Varianten der Wirtschaftlichkeit

Eine Klärung des im BRH herrschenden Verständnisses von "Wirtschaftlichkeit" erscheint um so dringlicher, als sich in Wirtschaft und Praxis eine Art babylonischer Sprachverwirrung beim Wirtschaftlichkeitsbegriff eingestellt hat. Um den Begriff "Wirtschaftlichkeit" von anderen synonymen oder verwandten Begriffen (Effektivität, Effizienz, Wirksamkeit, Erfolgskontrolle) abzugrenzen[59], kann auf eine inhaltliche Bestimmung nicht verzichtet werden.

Wenngleich der Grad an inhaltlicher Präzisierung von Wirtschaftlichkeit zwischen den Prüfungsgebieten stark variiert - die Querschnittsprüfungsgebiete liefern einen weitaus höheren Beitrag dazu als die Fachprüfungsgebiete -, so besteht im BRH Einigkeit darüber, daß Wirtschaftlichkeit im Sinne des ökonomischen Prinzips aufzufassen ist. Mit dem ökonomischen Prinzip ist indes lediglich ein allgemeines oder formales Prinzip (Rationalprinzip) gegeben, das nichts über Zielsetzungen und Motive des Handelns aussagt. Es stellt eine wertneutrale Handlungsanweisung dar, nach der so zu verfahren ist, daß entweder ein gegebenes Ziel (ein bestimmter Nutzen) mit dem geringsten Aufwand erreicht wird (Minimalprinzip) oder mit den gegebenen Mitteln der höchste Ertrag (der größtmögliche Nutzen) erzielt wird (Maximalprinzip). Hinter diesem Prinzip steht als Grundüberlegung, daß der Zwang zum Wirtschaften immer dann gegeben ist, wenn die Knappheit der Ressourcen und die Unbegrenztheit menschlicher Bedürfnisse zu einem Spannungsverhältnis führen, das nur durch eine wirtschaftliche Verwendung der Mittel aufgelöst werden kann. Die Wirtschaftlichkeit wird dabei aufgespalten in die Variante der Kostenminimierung (Sparsamkeit) und in die Variante der Nutzenmaximierung (Wirtschaftlichkeit im engeren Sinne), je nachdem , welcher Parameter als konstant gesetzt wird[60]. Der Prüfungsgrundsatz der Sparsamkeit wird als Unterfall der Wirtschaftlichkeit - auch im BRH - definiert.

In diesem Zusammenhang ist allerdings festzuhalten, daß die inhaltlichen Vorstellungen von "Wirtschaftlichkeit" und "Sparsamkeit" auf der unteren BRH-Ebene zum Teil so wenig präzise sind, daß zahlreiche Prüfungsbeamte Wirtschaftlichkeit mit Sparsamkeit gleichsetzen. Obwohl sich die Prüfer mit dem Wirtschaftlichkeitsbegriff theoretisch nicht auseinandersetzen, hat dies keineswegs zur Folge, daß die Qualität der Prüfung - im dem Sinne, unwirtschaftliche Maßnahmen aufzudecken - sinkt. Viele Prüfungsbeamte haben nach Einschätzung ihrer Prüfungsgebietsleiter einfach ein Gespür dafür (die "Prüfernase"), "wo eine Maßnahme schief gelaufen ist, wo etwas faul ist". Ihre Tätigkeit "liegt absolut synchron mit dem, was in der Theorie verlangt wird", obwohl sich ihre Arbeit nicht in einem theoretischen Bezug vollzieht.

Der in den "Bemerkungen" häufig vorkommende Satz "Verstoß gegen die Grundsätze der Sparsamkeit und Wirtschaftlichkeit" beinhaltet daher häufig keine spezifische inhaltliche Bestimmung des ökonomischen Prinzips, sondern bringt lediglich eine konkrete Beanstandung gegenüber der Verwaltung formelhaft zum Ausdruck. Umfassende Überlegungen, ob hier nun das Minimal- oder Maximalprinzip vorliegt, stehen nach der Einschätzung verschiedener Befragter kaum dahinter. Welche Bedeutung die BRH-Akteure diesen Prüfungsgrundsätzen prinzipiell oder aus taktischen Gründen zumessen, ist dagegen daran zu ersehen, wie häufig sie in der öffentlichen Berichterstattung des BRH expressis verbis genannt werden: In ca. einem Drittel der untersuchten "Bemerkungen" wird unmittelbar auf die Wirtschaftlichkeit hingewiesen, in ca. 15 Prozent der Fälle auf

---

59   Siehe dazu Büch, *Bestimmung der Grundsätze* (Anm. 10), und die dort angegebene umfangreiche Literatur.
60   Siehe dazu auch unten Kapitel 12.2.

die Sparsamkeit (hier ist über die Jahre eine leicht abnehmende Tendenz zu konstatieren). Zwischen der konkreten Nennung der Prüfungsmaßstäbe und einem inhaltlichen Rekurs auf sie sind allerdings erhebliche Unterschiede festzustellen[61].

2.3.2.2. Strategische Ansatzpunkte der Finanzkontrolle

Analog zu der in Kapitel 2.2.1. vorgenommenen Unterscheidung zweier globaler Gegenstandsbereiche der Finanzkontrolle - dem Sachprogramm und dem administrativen Bereich - unterscheidet ein Teil der wirtschaftswissenschaftlichen Autoren[62] zwischen "administrativer Effizienz" und "Programmeffizienz". Während im administrativen Bereich eher von einer Inputorientierung ausgegangen wird, die sich in erster Linie auf die Aufbau- und Ablauforganisation der Verwaltungseinheiten bezieht, ist das Sachprogramm eher durch eine Outputorientierung (Ergebnisse der öffentlichen Aktivität) charakterisiert. Diese Zweiteilung der Wirtschaftlichkeit hat allerdings für den BRH kaum praktische Relevanz. Vielmehr dominiert eine hierzu zum Teil querliegende Inputorientierung die gesamte BRH-Prüfung, d.h. es findet eine Konzentration auf den personellen und finanziellen Ressourceneinsatz sowohl im administrativen als auch im Programmbereich statt[63].

2.3.2.3. Die Konzentration auf die einzelwirtschaftliche Ebene

Da das ökonomische Prinzip als Handlungsanweisung sehr abstrakt und allgemein gefaßt ist, liefert es nur wenige Anhaltspunkte bzw. Leitlinien für wirtschaftliches Handeln in der Praxis; es muß von den Prüfern jeweils konkretisiert und ausgefüllt werden. Die Anwendung gestaltet sich nun um so einfacher, je kleiner der Aktionsradius gewählt wird, d.h. je eher die Wirtschaftlichkeit in eingegrenzten Bereichen untersucht wird. Für die weitere Untersuchung der Verwendung des Wirtschaftlichkeitsbegriffs im BRH bietet sich daher eine Unterteilung in einzelwirtschaftliche Orientierung im Sinne von Teilwirtschaftlichkeit und in gesamtwirtschaftliche Orientierung im Sinne von allokativer Wirtschaftlichkeit an. Diese dichotomisierende Unterscheidung kann äußerst wichtige Informationen liefern. Denn für den BRH als dem Kontrolleur der gesamten Haushalts- und Wirtschaftsführung des Bundes stellt sich zumindest bei komplexeren Prüfungen in jedem Fall die Frage, wie weit der Bezugsrahmen auszudehnen ist und welche Wirtschaftlichkeitsmomente zu berücksichtigen sind. Es hängt maßgeblich von der Wahl dieses Bezugsrahmens ab, zu welchem Ergebnis der BRH nach Prüfung einer Maßnahme, eines Projekts oder eines Programms kommt, konkret davon, ob bei den Wirtschaftlichkeitsüberlegungen nur einzelwirtschaftliche Aspekte (einzelne Nebenwirkun-

---

61 Vgl. unten Kapitel 2.3.2.4.
62 Stellvertretend dafür steht Klaus-Dirk Henke: Bestimmung und Steigerung der Effizienz im öffentlichen Sektor. Ein Überblick, in: *WISU*, 12/1978, S. 601-605.
63 Vgl. unten Kapitel 2.3.2.4.

gen) berücksichtigt werden, oder ob darüber hinaus auch gesamtwirtschaftliche Aspekte (alle Nebenwirkungen) einbezogen werden. Das Untersuchungsergebnis hängt also davon ab, welche Nebenwirkungen ins Kalkül einbezogen werden und welche Wirkungen quasi als externe Effekte eingestuft werden: "Eine politische Maßnahme, die unter Außerachtlassung der Nebenwirkungen durchaus motiviert erscheint, erweist sich oft vom Standpunkt derselben politischen Wertsetzung als absurd, sobald man alle ökonomischen Wirkungen nachweist"[64].

Betrachtet man die insgesamt vom BRH durchgeführte Wirtschaftlichkeitskontrolle, so ist festzustellen, daß sie sich auf das Beschaffungswesen, auf den Personalbereich und auf die Organisation konzentriert. Mit Hilfe von Kosten- und Kostenvergleichsrechnungen sowie Investitionsrechnungen wird überprüft, ob die finanzwirksame Betätigung der öffentlichen Hand den "Grundsätzen der Wirtschaftlichkeit und der Sparsamkeit" entsprochen hat. Die Untersuchung der Wirtschaftlichkeit einschließlich der Organisationseffizienz der öffentlichen Verwaltung erfolgt somit anhand eines rein einzelwirtschaftlichen Rationalitätskriteriums, d.h. in Anlehnung an privatwirtschaftliche Kalkulations- und Investitionsrechnungen. Im Programmbereich werden analog Wirtschaftlichkeitsgesichtspunkte zumeist nur für bestimmte Teiloperationen berücksichtigt, d.h. sie sind selten auf die (komplexe) Gesamtmaßnahme bezogen.

2.3.2.4. Das Primat der Kostenminimierung

In der Prüfungspraxis des BRH hat die Sparsamkeit eindeutig Vorrang vor der Wirtschaftlichkeit im Sinne von Nutzenmaximierung, d.h. in den meisten Prüfungsfällen findet ein Rekurs auf die Kostenminimierung statt. Anhand der Analyse der "Bemerkungen" ist für das öffentliche Segment festzustellen, daß sich in gut zwei Drittel aller Fälle die Kontrolle am Minimalprinzip orientiert, während nur in ca. zehn Prozent der Fälle die Wirtschaftlichkeitskontrolle auf die Einhaltung des Nutzenmaximierungsgrundsatzes gerichtet ist. Dieses Ergebnis bestätigt ein Teil der BRH-Mitarbeiter für das Kontrollhandeln insgesamt, während ein anderer Teil der Mitarbeiter das Minimal- und das Maximalprinzip gleichgewichtig sieht. Die stärkere Betonung des Kostenminimierungsprinzips in der BRH-Prüfungspraxis beruht sicherlich zum Teil darauf, daß Meßprobleme bei diesem Ansatz (im Vergleich zur Meßbarkeit des Nutzens) weit weniger gravierend sind: Untersuchungen über Möglichkeiten der Kostenminimierungen im Beschaffungs-, Personal- und Organisationssektor gestalten sich deshalb relativ einfach, weil als Bewertungsmaßstab in der Regel die Marktpreise (Faktorpreise und Güterpreise) für die Kostenvergleichsrechnungen herangezogen werden können.

---

64   Gunnar Myrdal, *Das politische Element in der nationalökonomischen Doktrinbildung*, Stockholm 1932, 2. Aufl., Bonn-Bad Godesberg 1976, S. 2. Der politische Gehalt einer jeden Wirtschaftlichkeitsoperation ist offenbar; vgl. dazu unten Kapitel 12.2. und 12.3.

2.3.2.5. Verfahren der Wirtschaftlichkeitsanalyse

Für die Ressorts und sonstigen Träger finanzwirksamer Entscheidungen schreiben die §§ 6 Abs. 2 HGrG und 7 Abs. 2 BHO vor, daß schon im Prozeß der Entscheidungsfindung bzw. zur Selbstkontrolle für "geeignete Maßnahmen von erheblicher finanzieller Bedeutung" Nutzen-Kosten-Untersuchungen anzustellen sind. Konkretisiert werden beide Vorschriften durch die "Erläuterungen zur Durchführung von Nutzen-Kosten-Untersuchungen", die 1973 vom Bundesminister der Finanzen herausgegeben wurden. Faktisch wird § 7 BHO zwar in der öffentlichen Selbstdarstellung hervorgehoben, im Planungshandeln wie in der Prüfungspraxis spielt er dagegen kaum eine Rolle. Verschiedene Mitglieder des BRH, aber auch einige Ministeriale meinen sogar, daß diese Vorschrift gar nicht mit Leben zu erfüllen sei.

Kurzer Überblick über die Verfahren

In der wissenschaftlichen Diskussion und in der Praxis werden drei Instrumente zur Operationalisierung der Wirtschaftlichkeit unterschieden[65]. Zu den Nutzen-Kosten-Untersuchungen zählen demnach die Kosten-Nutzen-Analyse (K-N-A), die Kostenwirksamkeitsanalyse und die Nutzwertanalyse.

Die *Kosten-Nutzen-Analyse* ist ein makroökonomisches Entscheidungsverfahren, das durch den Rekurs auf ein inhaltliches Maßsystem (gesamtwirtschaftlicher Maßstab) zu einem intersubjektiv nachprüfbaren Kalkül wird und dessen normative Zielsetzung in der Maximierung des volkswirtschaftlichen Nettoertrags der öffentlichen Finanzmittel liegt. Die Kosten-Nutzen-Analyse kann zu einer optimalen Allokation staatlicher Ressourcen innerhalb eines staatlichen Aufgabenbereichs beitragen, sie kann aber aufgrund ihres eindimensionalen Präferenzsystems keine Mittelverteilung zwischen verschiedenen Bereichen vornehmen. Sie ist somit kein Instrument zur gesamtwirtschaftlichen Steuerung der vorhandenen Mittel, da sie keine Nutzenabwägung alternativer Verwendung erlaubt.

Die *Kostenwirksamkeitsanalyse* verbindet Elemente der Kosten-Nutzen-Analyse mit denen der Nutzwertanalyse. Die Kostenberechnung erfolgt in Geldgrößen, allerdings werden nur die direkten Kosten berücksichtigt. Eine Bewertung des Nutzens entfällt, da nicht-monetäre Indikatoren der Zielerreichung verwendet werden, d.h. es werden vorgegebene Ziele zugrundegelegt und die Effekte alternativer Maßnahmen auf diese Ziele untersucht. Zielerreichungsgrad und Kosten verschiedener Maßnahmen werden verglichen, und der kostengünstigste Weg (bei gleichem Zielerreichungsgrad) wird gewählt.

Die *Nutzwertanalyse* ist ein subjektives, an den individuellen Präferenzen des Entscheidungsträgers ausgerichtetes Instrument, das alle individuellen Ziele zu berücksichtigen versucht. Die jeweiligen Grade der Zielverwirklichung einer jeden Alternative werden entsprechend der den Einzelzielen beigemessenen Bedeutung gewichtet und in

---

65 Vgl. zu den Entscheidungstechniken Rürup/Hansmeyer, *Staatswirtschaftliche Planungsinstrumente* (Anm. 54), S. 107 ff.; Reinermann, *Wirtschaftlichkeitsanalysen* (Anm. 13), S. 31 ff.

dem sogenannten Nutzwert zusammengefaßt. Die Nutzwertanalyse versucht, die multi-dimensionalen Konsequenzen eines Projekts zu erfassen (mehrdimensionale Präferenz-ordnung).

Da die Kosten-Nutzen-Analyse das am häufigsten in der Praxis eingesetzte Instru-ment zur Beurteilung der Wirtschaftlichkeit ist, werden die nachfolgenden Ausführun-gen auf sie beschränkt. Für ihre Anwendung gilt, daß ihr Ergebnis desto eher befriedi-gend ausfällt, je technischer der untersuchte staatliche Aufgabenbereich ausgerichtet ist. Und ihre Leistungsfähigkeit sinkt, je "weicher" das analysierte Programm ist. Die Aussa-gefähigkeit von Kosten-Nutzen-Analysen muß somit aufgrund der Bewertungs- und Se-lektionsproblematik stark relativiert werden. Darüber hinaus wird eine Kosten-Nutzen-Analyse kaum durchgeführt werden können, wenn die vorgegebenen Ziele nebulös formuliert sind. Mit diesen Problemkomplexen haben auch die externen Finanzkon-trolleure zu kämpfen.

Möglichkeiten und Grenzen der Anwendbarkeit von Kosten-Nutzen-Analysen

Am Anfang jeder Kosten-Nutzen-Analyse stehen zwei Fragen: Welche Kosten und Nut-zen werden der Analyse zugrunde gelegt? Und: Wie werden diese Kosten und Nutzen bewertet? Es ist zu überlegen, ob nur die direkten Nutzen (beabsichtigte Auswirkungen eines Projekts, die den unmittelbaren Nutznießern zugute kommen) und direkten Ko-sten (reine Investitionskosten) oder auch die indirekten Nutzen (nicht beabsichtigte, aber positiv beurteilte Nebeneffekte) und indirekten Kosten (negative externe Effekte für Dritte) in die Analyse einbezogen werden. Noch schwieriger gestaltet sich die Durch-führung von Kosten-Nutzen-Analysen, wenn intangible Nutzen (Auswirkungen von Projekten, die die subjektive Wertschätzung dieser Maßnahme steigern) und intangible Kosten (subjektive Wertschätzung eines Projekts wird beeinträchtigt) einbezogen werden, weil beide Komponenten nicht in Geld bewertbar sind und insofern nur qualita-tiv beschrieben werden können. Die Berücksichtigung der intangiblen Nutzen und Ko-sten wird im wissenschaftlichen Bereich kontrovers diskutiert,[66] wenngleich die Mehr-zahl der Experten eine auch nur qualitative Beschreibung dieser beiden Elemente für so wichtig erachtet, daß darauf auf keinen Fall verzichtet werden sollte. Nicht nur das, "was sich rechnen läßt", soll Eingang in die Kosten-Nutzen-Analyse finden, sondern auch die nicht in monetären Einheiten bewertbaren Größen.

Der BRH dagegen nimmt in der Regel nur das in eigene Kosten-Nutzen-Analysen hinein, was einigermaßen gerechnet oder abgeschätzt werden kann. Die mit den intangi-blen Effekten auftretenden Probleme werden zwar gesehen, aber nicht dem Zuständig-keitsbereich des BRH zugeordnet. Demgegenüber lehnt er es nicht ab, wenn die intan-giblen Effekte von der Verwaltung plausibel dargestellt werden. Er könne dann nicht sagen, "diese oder jene Maßnahme sei falsch". Die Beurteilung dieser Komponenten sei so brisant, daß hier der Politiker gefordert sei, hier habe er zu entscheiden. Bei von der Exekutive durchgeführten Kosten-Nutzen-Analysen prüft der BRH allerdings, ob (a) sie

---

66   Vgl. u.a. Rürup/Hansmeyer, *Staatswirtschaftliche Planungsinstrumente* (Anm. 54); Reinermann, *Wirtschaftlichkeitsanalysen* (Anm. 13).

methodisch sinnvoll aufgebaut sind, (b) die Berechnungen "einigermaßen" ordnungsgemäß und plausibel sind, (c) der Nutzen "einigermaßen" dargestellt ist. Wenn diese Fragen positiv beantwortet werden können, so akzeptiert der BRH die Kosten-Nutzen-Analyse selbst sowie die aus ihr gezogenen Schlußfolgerungen ohne weitere eigene Werturteile. Im nachhinein prüft er unter Umständen zusätzlich, ob der von der Verwaltung beschriebene Nutzen auch eingetreten ist.

In diesem Zusammenhang ist festzuhalten, daß der BRH selbst bisher kaum umfangreiche Kosten-Nutzen-Analysen angefertigt hat. Zur Durchführung großer Kosten-Nutzen-Analysen, zum Beispiel von Infrastrukturmaßnahmen (Bundesverkehrswegeplanung), ist der BRH personell, zeitlich und kapazitätsmäßig gar nicht in der Lage. Unabhängig von derartigen Kapazitätsfragen steht er zudem auf dem Standpunkt, daß es primär nicht seine Aufgabe sei, vollständige Wirtschaftlichkeitsuntersuchungen ex ante oder ex post durchzuführen, sondern die von den Ressorts präsentierten Kosten-Nutzen-Analysen zu kontrollieren[67]. In weniger komplexen Fällen dagegen führt der BRH Wirtschaftlichkeitsuntersuchungen des öfteren selbst durch, vor allem dann, wenn sie auf den betriebswirtschaftlichen Bereich beschränkt sind. Zum Teil handelt es sich hier streng genommen aber nicht um Kosten-Nutzen-Analysen, sondern um Investitionsrechnungen, Kostenvergleichsrechnungen u.a.

Die Durchführung, aber auch der Nachvollzug von Wirtschaftlichkeitsuntersuchungen wird dem BRH nicht zuletzt durch vage Zielformulierungen erschwert. Eine Finanzkontrolle, die nicht auf vorgegebene klare Zielvorgaben rekurriert, muß zwangsläufig unbefriedigend und defizitär bleiben oder selbst die Ziele im nachhinein hinreichend genau definieren. In der Praxis dominiert der Fall, daß die Kontrollmöglichkeiten des BRH erheblich dadurch eingeschränkt werden, daß die Ziele in den Gesetzen und/oder in den einzelnen Haushaltstiteln allzuoft verschwommen formuliert sind. Die Möglichkeit, die notwendige Zielkonkretisierung selbst vorzunehmen, praktiziert er - zumindest auf Gesetzesebene - in den wenigsten Fällen. Eher nimmt er Beschränkungen der Wirtschaftlichkeitskontrolle in Kauf, die ihm gleichsam von den politisch Verantwortlichen oktroyiert werden. Denn unklare Zielformulierungen sind nicht einfach auf die "Unfähigkeit" des Gesetzgebers zurückzuführen, sondern müssen häufig als politische Strategie bewertet werden. Durch vage Zielsetzungen wird kein Rechtfertigungszwang ausgelöst. Daneben besteht die Möglichkeit, im nachhinein Ziele umzudeuten - sie mit anderen inhaltlichen Vorstellungen auszufüllen (Immunisierungsstrategie). Der Versuch des BRH, hier präzisere Zielbestimmungen zu schaffen, führt ihn direkt in eine Konfrontation mit dieser Politik.

Angesichts dieser auch von Mitgliedern des BRH in den Interviews öfters monierten Praxis, durch mangelnde Zielvorgaben die externe Finanzkontrolle des Exekutivhandelns zu erschweren, soll die bereits angesprochene Frage differenzierter untersucht werden, inwieweit die vom BRH selbst gefällten "Urteile" durch eine entsprechende Darstellung ihrer Grundlagen für den Außenstehenden nachvollziehbar sind. Hierfür wurde untersucht, inwieweit die im öffentlichen Tätigkeitssegment der Parlaments- und

---

67 Vgl. "Die Kontrolle der Erfolgskontrolle", unten Kapitel 2.3.3.4.

Medienöffentlichkeit präsentierten Ergebnisse auf angemessenen (elaborierten wirt-schaftswissenschaftlichen) Untersuchungsverfahren beruhen bzw. inwieweit diese Ver-fahren in den "Bemerkungen" noch erkennbar sind. Hierbei zeigte sich, daß der BRH offensichtlich wenig Wert auf Methoden- bzw. Verfahrenshinweise legt. Aber auch die Datenbasis selbst wird nur zum Teil offengelegt. Sofern der BRH einen Verstoß gegen den Grundsatz der Sparsamkeit artikuliert, stützt er sich in weit über der Hälfte der untersuchten Fälle auf Evidenzargumente, während in weniger als einem Viertel der Fälle mit Teilanalysen gearbeitet wird, d.h. der BRH liefert hier höchstens rudimentäre Wirtschaftlichkeitsuntersuchungen. Auch dort, wo der BRH den Nutzenmaximierungs-grundsatz anwendet, dienen in gut zwei Drittel dieser wenigen Fälle Plau-sibilitätsargumente als Grundlage, in ca. einem Sechstel der Fälle zieht der BRH Teil-analysen zur Begründung seines Urteils heran. In ganz seltenen Fällen wird auf externe Gutachter verwiesen.

Die Frage, ob für die Prüfung der Wirtschaftlichkeit insgesamt die zur Verfügung stehenden Prüfungstechniken und Prüfungsinstrumente ausreichen, um Fehler und Mängel im Sachprogramm und im Verwaltungshandeln aufzuzeigen, wird von den BRH-Mitgliedern unterschiedlich beantwortet. Während einige die Entwicklung ge-eigneter, d.h. auf die BRH-Prüfungspraxis zugeschnittener Prüfungsverfahren als zwin-gend geboten einstufen, halten andere BRH-spezifische Prüfungsinstrumente für nicht erforderlich.

2.3.3. Erweiterung der Finanzkontrolle durch die Erfolgskontrolle

Erfolgskontrollen haben in den letzten 10 bis 15 Jahren sowohl im wissenschaftlichen als auch im politischen Bereich einen zunehmenden Stellenwert erhalten. Vermittelt über die Versuche einer Verwaltungsreform in den siebziger Jahren sind sie sogar zum Kon-trollgegenstand des BRH geworden und haben dort inzwischen zu einem eigenen Be-richt bzw. Gutachten geführt, in dem die Erfolgskontrollpraxis der Bundesministerien ermittelt und bewertet wird.

2.3.3.1. Erfolgskontrolle als Teil der Wirtschaftlichkeitskontrolle oder als selbständiges Element der Finanzkontrolle

Das Recht wie auch die Notwendigkeit, in die externe Finanzkontrolle Erfolgskontrollen einzubeziehen, ist im BRH weitgehend unbestritten, wobei für die Durchführung kom-plexer, eigener Erfolgskontrollen ähnliche Vorbehalte geltend gemacht werden, wie für komplexe Wirtschaftlichkeitskontrollen. Dagegen besteht keine einheitliche Einschät-zung darüber, wie die Erfolgskontrollen in die Kontrollsystematik insgesamt einzuord-nen sind. Vorherrschend ist die Auffassung, daß der Prüfungsmaßstab der Wirtschaft-lichkeit die Kontrolle des Erfolges mit umfaßt. Erfolgskontrollen sollten nach dieser Po-sition drei Teile umfassen:

1. die Zielerreichungskontrolle; sie beinhaltet die Elemente Zielerreichung und Zielüberprüfung;
2. die Wirkungs- oder Wirksamkeitskontrolle;
3. die Wirtschaftlichkeitskontrolle; hierbei dürfte es sich primär um eine Schlußberechnung, den rein rechnerischen Vorgang, die ex-post-Rechnung, handeln und damit um den Nachvollzug des in den Stufen 5 - 11 der Vorläufigen Verwaltungsvorschriften zur Kosten-Nutzen-Analyse stehenden Inhalts[68].

Gegen diese Subsumierung der Erfolgskontrolle unter die "Wirtschaftlichkeit" gibt es sowohl im BRH selbst Gegenstimmen als vor allem in den Ressorts - also den Kontroll-"objekten". Stellvertretend hierfür sei H.C. Korff zitiert, ehemals Leiter der Haushaltsabteilung des Bundesfinanzministeriums, der die Durchführung von Erfolgskontrollen für unbedingt erforderlich hält, diese jedoch nicht der Wirtschaftlichkeitsprüfung zugerechnet sehen will: "Damit könnte endlich eine empfindliche Lücke geschlossen werden, die im öffentlichen Finanzwesen besteht. Es gibt gegenwärtig keine Prüfung, ob mit dem veranschlagten Mittelaufwand das angestrebte Ziel erreicht worden ist. Die Rechnungsprüfung begnügt sich mit der Feststellung, ob die Mittel für den vorgesehenen Zweck verwendet und dabei die Grundsätze der Sparsamkeit und Wirtschaftlichkeit beachtet worden sind."[69]

2.3.3.2. Voraussetzungen für die Durchführung von Erfolgskontrollen

Eine Erfolgskontrolle bzw. eine Kontrolle der Erfolgskontrolle kann - ebenso wie eine Wirtschaftlichkeitskontrolle (vgl. Kapitel 2.3.2.5.) - nur dann durchgeführt werden, wenn das Ziel präzise formuliert ist. Eine präzise Vorgabe ist erforderlich, damit das mit dem Projekt oder Programm angestrebte Ziel selbst in einem zweiten Schritt operationalisiert und generalisiert werden kann. Erst eine solche Operationalisierung läßt das Ziel handhabbar und seine Erreichung "meßbar" machen. Letzteres geschieht durch die Hinzuziehung von Zielindikatoren, die angeben, ob und inwieweit ein bestimmtes Projekt oder Programm näher an das angestrebte Ziel heranführt. Des weiteren bedarf es der Generalisierung[70] von Zielen, damit die Wirkungen alternativer Projekte bzw. Pro-

---

68 Vgl. BMF, Vorläufige Verwaltungsvorschriften zu § 7 BHO vom 3.1.1983, *MinBl.Fin.* 1982,2. Die hier vorgeschriebenen Wirtschaftlichkeitsanalysen enthalten auch Erfolgskontrollen: "Im Wege der Erfolgskontrolle (Ergebnisprüfung) soll insbesondere untersucht werden, während der Durchführung von mehrjährigen Maßnahmen mindestens jährlich, ob die Zwischenergebnisse im Rahmen der Planung liegen, die Planung anzupassen ist und die Maßnahmen weiterzuführen oder einzustellen sind, nach der Durchführung von Maßnahmen, ob das erreichte Ergebnis der ursprünglichen oder angepaßten Planung entspricht, die Maßnahmen zu revidieren sind und Erfahrungswerte gesichert werden können".

69 Hans C. Korff, *Haushaltspolitik*, Stuttgart 1979, S. 174; vgl. auch Bert Rürup, Perspektiven der Haushaltskontrolle, in: *Wirtschaftsdienst*, 60. Jg., (1980), S. 299-306.

70 "Die Generalisierung bedeutet das Ermöglichen einer Bewertung der operationalisierten Projektwirkungen anhand eines allen Wirkungen gemeinsamen Maßstabes, z.B. dem Volkseinkommen". Rürup/Hansmeyer, *Staatswirtschaftliche Planungsinstrumente* (Anm. 54), S. 113.

gramme anhand eines gemeinsamen Maßstabs bewertet werden können. Es bedarf sicherlich keiner ausdrücklichen Erläuterung der Schwierigkeiten, die mit einer Operationalisierung von Zielen und weit mehr noch mit ihrer Erfassung in monetären Einheiten verbunden sind. Demgemäß liegen hier auch gewichtige Gründe für das Scheitern von Erfolgskontrollen.

Das Fehlen eindeutiger Programm-, Projekt- oder Maßnahmenziele wird von zahlreichen BRH-Mitarbeitern als empfindlicher Mangel für ihre Kontrollarbeit beklagt und als Ursache für die Nichtdurchführung von Erfolgskontrollen (in den Ressorts wie im BRH) genannt. Auch in den "Bemerkungen" wird des öfteren auf uneindeutige Zielbestimmungen hingewiesen. In den von uns analysierten Jahrgängen wurde in knapp einem Fünftel der Fälle eine mangelnde Zielkonkretisierung, in weniger als zehn Prozent der Fälle eine mangelnde Programmfortschreibung moniert.

2.3.3.3. Stellenwert der Erfolgskontrolle

Die dem BRH zunächst über den Prüfungsmaßstab der Wirtschaftlichkeit zugefallene Erfolgskontrolle, genauer: ihre Elemente der Zielerreichung und der Wirksamkeit haben nach Einschätzung verschiedener Mitglieder in den letzten Jahren für seine Kontrolltätigkeit eine immer größere Bedeutung gewonnen. Dieses ist nicht zuletzt auf die Wandlung des Staates vom Hoheits- zum Leistungsstaat bzw. Versorgungsstaat zurückzuführen. Mit dem Anwachsen der Staatstätigkeit übernahm der Staat Aufgaben, die entweder früher nicht existent waren oder vom privaten Sektor geleistet wurden. Das durch diese Staatsauffassung geprägte Handeln des Staates, d.h. die Ablösung der "Nachtwächterfunktion" durch die "Wohlfahrtsfunktion", hat eine Verschiebung staatlicher Aktivitäten von den Konditionalprogrammen hin zu den Finalprogrammen zur Folge. Die starke Zunahme der Finalprogramme ließ zugleich die Entscheidungsfreiräume der Exekutive in einem nicht zu unterschätzenden Ausmaß größer werden. Während bei den Konditionalprogrammen das Verhältnis zwischen Verwaltungsakt und Leistung bzw. Erfolg durch den Gesetzgeber eindeutig bestimmt ist, sind die Finalprogramme dadurch gekennzeichnet, daß die öffentliche Verwaltung beim Haushaltsvollzug über den Einsatz der zur Erreichung eines vorgegebenen Ziels erforderlichen finanziellen Mittel entscheidet. Die öffentliche Verwaltung kann also gemäß ihren eigenen Vorstellungen unter Berücksichtigung der Nebenbedingungen (personelle Ausstattung, Haushaltsplafonds usw.) zweckrational - da immer in bezug auf ein gesetzlich fixiertes Ziel - verfahren[71].

Die externe Finanzkontrolle muß diese mit der Etablierung von Finalprogrammen verknüpften Entscheidungsfreiräume überprüfen, will sie ihre Funktion nicht teilweise verfehlen. Zumindest muß sie Aufschluß darüber erhalten, ob die Verwaltungsaktivitäten mit den (in den Gesetzen beschriebenen) Aufgaben übereinstimmen. Damit ist zumindest der erste Schritt jeder Erfolgskontrolle - nämlich die Zielerreichungskontrolle -

---

71   Vgl. Rürup, *Perspektiven* (Anm. 69), S. 303.

vom BRH gefordert. Die Zunahme derartiger Erfolgs(teil)kontrollen spiegelt sich allerdings im öffentlichen Tätigkeitssegment nicht voll wider: In einem Fünftel aller untersuchten Fälle wurden Zielerreichungskontrollen durchgeführt, zum Teil ergänzt um Urteile zur Wirksamkeit. Damit finden Erfolgs(teil)kontrollen immerhin häufiger statt als Untersuchungen zur Nutzenmaximierung (gut 10 Prozent). Gestützt wird das Urteil in gut der Hälfte der Erfolgskontrollen durch Evidenzargumente, in knapp einem Fünftel durch eine Teilanalyse. In knapp 15 Prozent aller untersuchten Fälle wird dem Ressort vorgehalten, die Ziele teilweise verfehlt zu haben, in fast jedem zehnten Fall wird eine totale Ziel- bzw. Zweckverfehlung konstatiert. Die Fälle, in denen der BRH die Ziele selbst kritisiert, sind dagegen relativ selten: Eine Zielkritik erfolgt nur in jedem zwanzigsten Fall. Damit haben die Erfolgs(teil)kontrollen des BRH überwiegend die Form eines reinen Soll-Ist-Vergleichs, zum Teil werden neben dem Soll-Ist-Vergleich auch Wirtschaftlichkeitsaspekte berücksichtigt.

2.3.3.4. Kontrolle der Erfolgskontrolle

Wenngleich der BRH vollständige und komplexe Erfolgskontrollen selbst durchführen kann, sieht es in der Praxis doch eher so aus, daß er die wenigen von den Ressorts gelieferten Erfolgskontrollen nachvollzieht. Seine Mitglieder tendieren zu dem Standpunkt, daß es primär Aufgabe der Ressorts sei, komplexere Erfolgskontrollen durchzuführen[72], die dann ihrerseits einer kritischen Überprüfung unterzogen werden. Denn die Erfolgskontrolle stelle eine Entscheidungshilfe insbesondere darüber dar, ob eine Planung (oder ein Gesetz, eine Maßnahme) beizubehalten, anzupassen oder einzustellen sei. Damit sei ihre Durchführung primär nicht Aufgabe der externen Finanzkontrolle, sondern Aufgabe der einzelnen Ressorts. Zwar könne der BRH aufgrund seiner Prüfungserfahrungen vor Entscheidungen beratend tätig werden. Er könne jedoch nicht in jedem Fall eine Hilfe zur Entscheidungsfindung liefern, "eine flächendeckende Hilfe bei der Entscheidungsfindung würde letztlich die Verantwortlichkeit zwischen dem Kontrollorgan Bundesrechnungshof einerseits und den geprüften Stellen andererseits verwischen"[73]. Nicht die Erfolgskontrolle sei daher Aufgabe des BRH, sondern die Kontrolle der Erfolgskontrolle. Angesichts dieser Einschätzung ist es erstaunlich, daß das Fehlen von Erfolgskontrollen nur in fünf Prozent der ausgewerteten "Bemerkungen" moniert wurde. Damit wurde dieser Mangel zwar häufiger gerügt als das Fehlen von Wirtschaftlichkeitsuntersuchungen zur Nutzenmaximierung, jedoch seltener als das Fehlen von Untersuchungen zur Kostenminimierung (gut 15 Prozent). Eine Kontrolle der Erfolgskontrolle setzt allerdings voraus, daß der BRH das dazu notwendige und relevante

---

72 "Der BRH ist nicht dazu da, den Ressorts die Schularbeiten zu machen", so ein BRH-Mitarbeiter.
73 Heinz-Günter Zavelberg, Staatliche Rechnungsprüfung und Erfolgskontrolle - Möglichkeiten und Grenzen, in: *Erfolgskontrolle bei der Verausgabung öffentlicher Mittel*, hrsg. v. Peter Eichhorn/Gert v. Kortzfleisch, Baden-Baden 1986, S. 108.

Instrumentarium auch um- und einzusetzen vermag - und das wiederum ist eine Frage
seiner quantitativen und qualitativen Kapazität.

2.4. *Struktur der Beratungstätigkeit*

Seit die Bundeshaushaltsordnung 1969/70 dem Bundesrechnungshof die Funktion der
Beratung von Legislative und Exekutive formell zugewiesen hat, läßt sich auch faktisch
eine Verschiebung seines Wirkungsfeldes in diese Richtung erkennen. Diese gesetzliche
Festschreibung gab somit den Anstoß, die Finanzkontrolle zu erweitern. Zwar hatte der
BRH bereits vorher über den Bundesbeauftragten für Wirtschaftlichkeit in der Verwaltung (BWV) eine informelle Möglichkeit, beratend tätig zu werden. Diese "traditionelle"
Beratung der Exekutive durch den BWV muß nicht auf Prüfungserfahrungen beruhen.
Dagegen ist die BRH-Beratung ausdrücklich an Prüfungserfahrungen gebunden. Sie basiert also immer auf einer vorhergehenden Prüfungsfeststellung, die entweder eigens
zum Zwecke einer Beratung ermittelt wird - vor allem bei Bitten des Parlaments -, oder
im "normalen" Prüfungsbetrieb angefallen ist. Die Beratungsaktivitäten des BRH unterscheiden sich daher von seiner Prüfungstätigkeit primär durch ihre größere Aktualität
sowie durch ihre Ausrichtung auf noch nicht abgeschlossene Entscheidungsprozesse
bzw. zukünftige Vorgänge.

Entweder bildet somit die Beratung lediglich eine Ergänzung der Prüfung durch eine
zukunftsorientierte Bewertung der Prüfungsergebnisse (direkt auf einen Fall bezogen
oder losgelöst vom Einzelfall), oder Prüfung und Beratung im komplexen Fall durch-
dringen sich in vielfältiger Weise derart, daß eine Abgrenzung oft schwierig ist. Dies gilt
beispielsweise für die Berichte über das Arzneimittelinstitut des Bundesgesund-
heitsamts, für das dem Haushaltsausschuß zunächst eine Bewertung der Stellensituation
vorlag, woraus in mehreren Beratungs- und Diskussionsschritten eine Organisationsanalyse wurde. Demgemäß gibt es auch keine einheitliche Beratungsfunktion, vielmehr weisen die Beratungsaktivitäten vielfältige Formen und Wirkungen auf, unterschiedlich in
Exekutive und Legislative. Diese Vielschichtigkeit der BRH-Beratung ist vor dem Hintergrund der Expansion und qualitativen Veränderung des Prüfungsstofs sowie dem
daraus resultierenden Wandel der Prüfungsformen, Prüfungsumfänge und Zeitperspektiven zu sehen. Weiterhin spielt eine Rolle, daß die Beratungsaktivitäten des BRH nach
Gegenstandsbereich, Umfang und Zeitpunkt in das Ermessen seiner Mitglieder gestellt
sind.

Zwar sind BRH und BWV formell voneinander unabhängig. Realiter findet allerdings
des öfteren eine Art "Rollenspiel" statt[74], indem für eine intendierte Beratungstä- tigkeit
jene Position gewählt wird, die es erlaubt, die Beratung möglichst wirkungsvoll zu gestalten, sie zu einem bestimmten Zeitpunkt einzubringen oder sie einem größeren Adressa-

---

74 Zur Funktion des BWV vgl. die ausführliche Darstellung unten in Kapitel 3.2.5.

atenkreis zur Kenntnis zu bringen[75]. Daher trennt auch ein Teil der Rezipienten nur wenig zwischen diesen Rollen.

2.4.1. Die verschiedenen Adressatenkreise und Segmente der Beratung

Für die Ausdifferenzierung der Beratungsaktivitäten nach Funktion, Form und Wirkung haben sich neben der bereits angesprochenen Verschränkung mit oder Unabhängigkeit von der Prüfungstätigkeit in erster Linie die verschiedenen Adressatenkreise - und damit verbunden der Öffentlichkeitsgrad der Beratungsinformationen - sowie ihre Gegenstandsbereiche[76] und die Gestaltungsebene (Einzelmaßnahme oder Handlungsregel) als bedeutsam erwiesen. Damit ist die Beratung weitgehend analog zur Prüfungstätigkeit strukturiert. Bei der Trennung in Segmente ist aber zu beachten, daß realiter ein Großteil der Aktivitäten zur Beratung der Legislative sowie der Exekutive im Haushaltskreislauf eng miteinander verschränkt ist. Einige wichtige Gegenstandsbereiche der BRH-Beratung fallen hier allerdings heraus, beispielsweise die Beratung der Exekutive bezüglich Verwaltungsvorschriften oder Gesetzen. Außerdem verlagert sich im Verlauf des Zyklus der Schwerpunkt mehrfach. Während in der Planungsphase eindeutig die Beratungsaktivitäten für den Haushaltsausschuß des Bundestags dominieren, wird in der nachgängigen Kontrolle die Exekutive zum primären Handlungspartner und Beratungsadressaten, und erst die nachfolgende Berichterstattung über den Haushaltsvollzug läßt die Parlamentarier wieder in den Vordergrund treten. Daher wird der folgenden Darstellung der Struktur der Beratungstätigkeit lediglich die Segmentierung nach Adressatenkreisen zugrundegelegt[77].

2.4.2. Beratung der Legislative

Die Beratung der Legislative[78], vor allem des Haushaltsausschusses (HHA) des Deutschen Bundestages, als dem eigentlichen Träger der politischen Finanzkontrolle, weniger (sehr unterschiedlich) der Fachausschüsse, ist in den letzten Jahren stark ausgebaut worden. Die Verschiebung der Aktivitäten hat sich auch in dem neuen BRH-Gesetz niedergeschlagen und findet ihren Ausdruck in der Entwicklung neuer Organisationseinheiten und -formen. Die Beratungsaktivitäten haben die Wirkungsmöglichkeiten des BRH erheblich erweitert und die "Institution Rechnungshof" näher

---

75 Praktiziert wird auch, daß der BRH prüft und der BWV die Ergebnisse zu einem Gutachten zusammenfaßt (z.B. Gutachten des BWV zu den Neubaustrecken der Bundesbahn).

76 Vgl. die Unterscheidung von "Sachprogramm" versus "administrativem Bereich" oben in Kapitel 2.2.1.

77 Der Haushaltszyklus ist nicht nur für die Verschränkung der verschiedenen Beratungssegmente, sondern vor allem für die Verknüpfung von Prüfung und Beratung sowie für das Zusammenwirken der verschiedenen (Finanz-)Kontrollorgane von zentraler Bedeutung; das wird in Kapitel 7. in den Vordergrund der Darstellung rücken.

78 Vgl. die ausführliche Darstellung der parlamentarischen Finanzkontrolle unten in Kapitel 10.

an das Parlament gerückt. Den Hintergrund dieser Entwicklung bildet der wachsende Bedarf der Parlamentarier an unabhängigen "objektiven" Informationen sowie Interpretationen und Bewertungswissen, sei es, um einem zunehmenden Informationsvorsprung der Exekutive entgegenzuwirken, sei es, um die wachsende Detailneugier der Parlamentarier zu befriedigen.

Wurde das Parlament früher offiziell nur durch den Bundesbeauftragten für Wirtschaftlichkeit in der Verwaltung beraten, so war der BRH doch faktisch schon durch eigens abgestellte Vertreter dauernd im Haushaltsausschuß und im Rechnungsprüfungsausschuß anwesend. Seit der Installierung der BHO werden die verschiedenen Fachleute (Prüfungsgebietsleiter und Prüfungsbeamte) innerhalb des BRH unmittelbar (in ihrer BRH-Funktion) zunehmend in die Beratungstätigkeit einbezogen. Dabei berät der BRH nicht nur den Haushaltsausschuß in seiner Gesamtheit, sondern er ist bereits an den Vorberatungen seiner einzelnen Mitglieder (als Berichterstatter) mit den Verantwortlichen des jeweils von ihnen betreuten Ressorts über den Ressortetat(plan) beteiligt. Der Stellenwert dieser Gespräche - und damit auch der BRH-Informationen hierfür - läßt sich daran ablesen, daß die Vorschläge der Berichterstatter die Grundlage für die Beratungen des Haushaltsausschusses und - vermittelt hierüber - für die Beschlüsse des Parlaments bilden.

Insbesondere die Beratung der Berichterstatter, aber auch die des gesamten Haushaltsausschusses, ist nach übereinstimmender Aussage der Beteiligten seit Beginn der achtziger Jahre (nochmals) intensiviert worden. Dabei werden von BRH-Seite neben Einschätzungen aufgrund früherer Prüfungserfahrungen auch aktuelle Prüfungserkenntnisse mitgeteilt, damit diese noch vor dem förmlichen Verfahrensabschluß in die Etatberatung einfließen können. Von Interesse sind hier zum einen Sachhinweise und Detailinformationen, zum anderen Hintergrundwissen und Bewertungen. Auch während der anschließenden Beratungen im Haushaltsausschuß bringen die Vertreter des BRH ihre Erkenntnisse aus der Prüfungstätigkeit ein. Nach der Verabschiedung des Haushaltsplans ist der BRH dann allenfalls bei der mitwirkenden Kontrolle des Haushaltsausschusses (z.B. qualifizierte Sperrvermerke) als Berater gefragt.

Bei der Erörterung der Prüfungsergebnisse des vollzogenen Haushalts, der "Bemerkungen", im Rechnungsprüfungsausschuß, sind Vertreter des BRH wieder zahlreich anwesend; sie sorgen für eine zusätzliche aktuelle Information der Abgeordneten. Es werden "Roß und Reiter" genannt, die in den "Bemerkungen" selbst nie auftauchen. Hier interessiert also wiederum Detail- und Hintergrundwissen. Die "Bemerkungen", die ursprünglich allein der Entlastung der Regierung dienen sollten, werden so für die Abgeordneten mehr und mehr zur Informationsquelle für die (parallellaufende) Planung und Feststellung des neuen Haushalts.

Die Beratung des Haushaltsausschusses erfolgt mündlich in Form von ad-hoc-Stellungnahmen oder schriftlich durch Berichte, Stellungnahmen oder Gutachten. Da die Haushaltsberatungen stets unter Zeitdruck stehen, wird der BRH im Verlauf der Etatverhandlungen oftmals gebeten, bestimmte Bereiche zu prüfen und Stellungnahmen oder Gutachten dazu zu einem späteren Zeitpunkt vorzulegen. Umfangreicheren Berichten liegt stets ein Beschluß des Haushaltsausschusses zugrunde, bei weniger bedeutenden Berichten genügt meist die Absprache mit dem Berichterstatter. Schriftliche Informationen gehen allen Mitgliedern über den Haushaltsausschuß-Vorsitzenden zu. Zwar liegt es im Ermessen des BRH, inwieweit er den Wünschen der Parlamentarier folgt, eine Ablehnung ist aber die Ausnahme. Eher ist es schon eine "Selbstverständlichkeit", daß der BRH den Anregungen des Parlaments nachkommt, ohne daß er sich in seiner Unabhängigkeit eingeschränkt sieht. Umgekehrt kommen des öfteren Fälle vor, in denen der BRH einen Prüfungs-"auftrag" geradezu initiiert, um sich bei heiklen Problemen Rückendeckung durch das Parlament zu verschaffen. Allerdings bestehen zwischen den Prüfungsgebieten erhebliche Unterschiede, was die Intensität der Beratung und die Bereitschaft, Prüfungs-"aufträge" durchzuführen, angeht.

Das erwähnte Rollenspiel zwischen BRH und BWV wird dadurch möglich, daß sie faktisch nicht nur die gleichen Zielvorgaben und Maßstäbe haben, sondern auch ähnliche Aktionsformen: Beide können auf Anforderung oder eigeninitiativ beraten. Trotzdem haben sich die Beratungsaktivitäten seit 1970 in starkem Maße hin zum BRH verschoben. Bevor ihm die Beratung des Parlaments übertragen wurde, konnte der für den Einzelplan zuständige Prüfungsgebietsleiter im Haushaltsausschuß nur über die Doppelrolle als Vertreter des BRH und als Beauftragter des BWV zu Wort kommen, denn als "BRH" allein durfte er nicht in das Verfahren eingreifen. Seit der BRH offiziell das Parlament beraten kann, hat die Bedeutung dieses Rollenspiels nachgelassen; es wird immer seltener aufgenommen, allenfalls dann, wenn die Exekutive dem BRH während der Beratung Prüfungserfahrungen abspricht. Die Mitglieder des Haushaltsausschusses nehmen die unterschiedlichen Rollen kaum wahr; für sie sind die beiden Funktionen des BRH-Akteurs in der Praxis nur schwer zu trennen. So überlassen sie selbst die Entscheidung, ob ein Gutachten vom BRH oder vom Bundesbeauftragten für Wirtschaftlichkeit in der Verwaltung erstellt wird, dem Ermessen des BRH/BWV.

2.4.3. Beratung der Exekutive

Neben der Beratung der Legislative hat sich ein zweites Feld neuartiger Beratungsformen in der Exekutive etabliert. Während die traditionelle Beratung der Exekutive durch den Bundesbeauftragten für Wirtschaftlichkeit in der Verwaltung auch hier einen erheblichen Bedeutungsverlust zu verzeichnen hat, steht ihr gleichzeitig eine Ausweitung und Ausdifferenzierung der Beratungstätigkeit des BRH im Kontext der Prüfung gegenüber. Der Bedeutungsverlust läßt sich unter anderem an der Neufassung der Richtlinien für den BWV ablesen. Hieß es noch in der alten Fassung von 1965, "die Bundesregierung und die Bundesminister beteiligen den Bundesbeauftragten bei organisatorischen oder finanziellen Maßnahmen von größerer Tragweite", so heißt es heute, "die Bundesminister [unterrichten] den BWV rechtzeitig in geeigneter Weise, soweit nicht der Bundesrechnungshof" zu unterrichten ist[79].

---

79 BMF, "Richtlinien für die Tätigkeit des Bundesbeauftragten für Wirtschaftlichkeit in der Verwaltung (BWV)", v. 26.8.1986.

Nur einen verhältnismäßig kleinen Teil nimmt dabei die Beratungstätigkeit im unmittelbaren Zusammenhang mit der jährlichen Haushaltsaufstellung ein. Ihr kommt allerdings ein erheblicher Wert als Informationsquelle für den BRH selbst zu, speziell für die Fachprüfungsgebiete. Schon die Voranschläge der Ressorts für den Haushaltsplan sind dem BRH zu übersenden, der also bereits von Anfang an Informationen beisteuern kann. Er ist auch an den Verhandlungen zwischen den Ressorts und dem BMF beteiligt und kann seine Prüfungserfahrungen einbringen. Die Beratung ist weitgehend auf Sachinformationen und konkrete Hinweise konzentriert.

Bedeutungsvoller - und weniger eng an den Haushaltszyklus gebunden - ist die Beratung als Bestandteil der Prüfung, "das konstruktive Element der BRH-Aktivitäten". Hierzu gehört zum ersten die Beratung der Verwaltung durch Gestaltungsempfehlungen oder sonstige Anregungen, Ratschläge und zukunftsorientierte Hinweise über die reine Mängelfeststellung hinaus als Teil des Prüfungsberichts und damit als Folge der Prüfung. Sie ist unmittelbarer und formell abgesicherter Ausfluß der neuen Sichtweise von Finanzkontrolle. Diese Form der Beratung ist ebensowenig wie die Prüfung selbst an eine Anforderung durch die Verwaltung gebunden, sie kann also durchaus auf beratungsunwillige Adressaten stoßen. Andererseits kann sich nicht nur die Beratung direkt aus der Prüfung ergeben, die Prüfung selbst kann bereits auf Hinweisen aus der Verwaltung beruhen (dies gilt vor allem im Verhältnis Ressort - nachgeordneter Bereich oder Behörde - Zuwendungsempfänger u.ä.). Zum zweiten hat sich eine eher informelle Beratertätigkeit der Prüfer während ihrer Aktivitäten "vor Ort" herausgebildet, die primär auf ihren jahrelang akkumulierten "intimen" Kenntnissen "ihrer Objekte" und den guten informellen Beziehungen zu "ihrer Verwaltung" beruht, also in der Regel einem Beratungswunsch folgt bzw. zu den "Selbstverständlichkeiten" im Zusammenhang mit dem Prüfungsgeschehen gehört. Diese informelle Beratungstätigkeit von Prüfern wird dadurch möglich, daß sie einen großen faktischen Ermessensspielraum haben (das entsprechende Selbstvertrauen vorausgesetzt), im Rahmen der Planungsvorgaben ihren Prüfungsablauf selbst zu gestalten. Zum dritten gehört hierzu die Beratung im "Vorfeld" der Prüfung. In diesem Fall wendet sich meist eine Verwaltung, bevor sie eine Entscheidung trifft, an den BRH, um sich zu informieren und verschiedene Möglichkeiten besser abwägen zu können oder auch nur, um sich abzusichern.

Bei allen diesen Aktivitätsformen ist die Grenze zwischen Prüfung und Beratung oft nicht mehr klar erkennbar. Ausmaß und Gestalt der Beratungsaktivitäten sind in den einzelnen Fachprüfungsgebieten unterschiedlich ausgeprägt. Sie hängen insbesondere von der "Philosophie" ab, die das Prüfungsgebiet vertritt. Entsprechend deren differierenden Ausprägungen sind zwei Extreme zu erkennen:

- die traditionelle Auffassung der klassischen Rechnungsprüfung, die lediglich eine nachträgliche Fehlerkorrektur und den daraus entstehenden "erzieherischen" Effekt anstrebt und die in jeder über Techniken der Fehlervermeidung hinausgehenden Beratung die Gefahr der Selbstbindung sieht;
- die moderne Auffassung, die möglichst früh ansetzt und sich bemüht, schon im "Vorfeld" beratend auf die Verwaltung einzuwirken; diese "unsichtbare Beratung" greift

also bereits bei der Planung und Gestaltung von neuen Programmen oder Veränderungen ein.

Als weitere Beratungsform oder als Teil der Beratung im Vorfeld der Prüfung ist die teils gesetzlich vorgeschriebene[80], teils mehr oder weniger freiwillig von den Ressorts praktizierte Anhörung oder Mitwirkung des Rechnungshofs bei Regelwerken zu betrachten. Manche Regelwerke (z.B. als Handlungsanweisungen für nachgeordnete Behörden) werden erst aufgrund von Mängelfeststellungen des BRH und unter seiner Mitarbeit erstellt. Oder aus den Prüfungsergebnissen des BRH resultieren Überlegungen, Richtlinien o.ä. zu ändern. In die Überarbeitung oder Neugestaltung von Regelwerken fließen somit häufig die Prüfungserkenntnisse des BRH mit ein. Der BRH drängt auch aus eigenem Interesse auf die Erstellung von Regelwerken, weil sie die Prüfung erleichtern. Es gibt auch Anregungen zu Gesetzesänderungen im Haushaltsbereich und zu anderen Sachverhalten, soweit sie finanzwirksam sind (z.B. Sozialleistungen oder Forschungsförderung). Ferner ist der BRH in Arbeitskreisen zur Erarbeitung von Regularien vertreten, zum Beispiel mit dem BMF und den Ländern im Arbeitskreis "Zuwendung".

Diese Differenzierung und Ausweitung der Beratung hängt eng mit den Veränderungen in den Prüfungsstrategien zusammen. Setzt die Prüfung sehr früh ein, so gerät der BRH in ein Dilemma. Denn je aktueller er wird, desto weiter muß er sich in den Planungsablauf bzw. Entscheidungsprozeß vorwagen. Dies ruft unter Umständen Proteste der Exekutive oder von Politikern hervor. Die Beratung bietet hier einen Ausweg und zugleich wesentlich mehr Spielraum, offen mit der Verwaltung zu sprechen. Sie wird (zumindest von einem Teil der BRH-Angehörigen) als weniger bindend und weniger schwergewichtig angesehen als Prüfungsäußerungen, da sich die Exekutive in vielfältiger Weise beraten läßt - durch Wissenschaftlerstäbe, Beiräte der Ressorts u.a. -, der BRH also nur einer unter vielen ist.

Zwar hängt es stark von der Prüfungsphilosophie ab, ob überhaupt beraten wird und wie weit sich ein Prüfungsgebiet hier vorwagt. Aber Umfang, Intensität und Form der Beratung werden auch geprägt von der Aufgabenstruktur des Ressorts; so ist für die Beratungsaktivitäten von Bedeutung, ob der Einzelplan eher durch Leistungsgesetze oder durch Zuwendungen strukturiert wird.

---

80 Vgl. § 102/103 BHO.

3. Institutionelle Determinanten der Finanzkontrolle

3.1. Die rechtliche Stellung der Mitglieder des Bundesrechnungshofs

"Der Bundesrechnungshof ist eine oberste Bundesbehörde und als unabhängiges Organ der Finanzkontrolle nur dem Gesetz unterworfen."[81] Seine Aufgaben sowie die Stellung seiner Mitglieder sind im Grundgesetz verankert[82]. Die Mitglieder besitzen richterliche Unabhängigkeit. Mindestens ein Drittel von ihnen muß die Befähigung zum Richteramt haben. Mitglieder des Rechnungshofs sind: der Präsident, der Vizepräsident, die Leiter der Prüfungsabteilungen und die Prüfungsgebietsleiter. Präsident und Vizepräsident werden seit 1985 auf Vorschlag der Bundesregierung vom Bundestag und Bundesrat mit Mehrheit für zwölf Jahre gewählt. Alle anderen Mitglieder sind Beamte auf Lebenszeit. Daneben gehören dem Bundesrechnungshof die "erforderlichen" Prüfungsbeamten des gehobenen und höheren Dienstes, Verwaltungsbeamte und sonstiges Verwaltungspersonal an.

Die richterliche Unabhängigkeit umfaßt die persönliche und sachliche Unabhängigkeit: "Die persönliche Unabhängigkeit der Mitglieder dokumentiert sich darin, daß auf ihre Rechtsstellung, insbesondere auf ihre Versetzung in ein anderes Amt oder in den Ruhestand, ihre Amtsentfernung und ihre dienstliche Bestrafung, die Vorschriften des Deutschen Richtergesetzes Anwendung finden."[83] Die sachliche Unabhängigkeit der Mitglieder besteht darin, daß sie bei der Auswahl des Prüfungsstoffs, der Art und Weise seiner Erledigung und bei der Bewertung der Prüfungsergebnisse einschließlich der daraus abgeleiteten Folgerungen in ihren Entscheidungen frei, an keine Weisungen gebunden und nur dem Gesetz unterworfen sind. Diese Unabhängigkeitsgarantie bezieht sich ausdrücklich nur auf die Mitglieder des BRH. "Sinn der Vorschrift ist es jedoch, die Unabhängigkeit des Rechnungshofs insgesamt bei der Erfüllung seiner Aufgaben zu sichern; diesem wird deshalb auch als Einrichtung Unabhängigkeit garantiert."[84] Dem BRH können daher keine verbindlichen Prüfungs- und Beratungsaufträge von Dritten erteilt werden. Er kann aber auf Wunsch der Legislative oder der Exekutive prüfend oder beratend tätig werden, wie er es faktisch auch häufig tut.

---

81   BRHG § 1.
82   Der staatsrechtliche Aspekt der Stellung des Rechnungshofs und die Einordnung in das politische System der Bundesrepublik stehen nicht im Vordergrund dieser Untersuchung. Vgl. hierzu die Diskussion in der Literatur, u.a. Tiemann, *Staatsrechtliche Stellung* (Anm. 2); von Arnim, Grundprobleme (Anm. 31); Sigg, *Die Stellung der Rechnungshöfe* (Anm. 6).
83   Hans Schäfer, *Wer kontrolliert unsere Steuergelder?*, Stuttgart 1977, S. 34.
84   von Arnim, Grundprobleme (Anm. 31), S. 670.

3.2.   Die Organisationsstruktur des Bundesrechnungshofs

Der Bundesrechnungshof gliederte sich zum Zeitpunkt unserer Untersuchung - 1986/87
- in acht Prüfungsabteilungen und 48 Prüfungsgebiete[85] sowie in eine Präsidialabteilung
mit sechs Referaten, die für Personal- und allgemeine Verwaltungsaufgaben zuständig
ist (vgl. Abb. 2). Die Prüfungsabteilungen, die die dem BRH übertragenen Aufgaben
der Finanzkontrolle wahrnehmen, werden von Direktoren geleitet und sind in der Regel
in sechs Prüfungsgebiete untergliedert. Den Prüfungsgebieten gehören neben dem Leiter, einem Ministerialrat, der zugleich Mitglied des BRH ist, die Prüfungsbeamten und
weitere Bedienstete an. Insgesamt verfügte der Bundesrechnungshof 1986 über 320
Prüferinnen und Prüfer und 58 Mitglieder[86].

3.2.1. Funktionelle Differenzierung der Prüfungsgebiete

Die Organisationsstruktur des Rechnungshofs wird weitgehend durch seine Aufgabe bestimmt, die gesamte Haushalts- und Wirtschaftsführung des Bundes, seiner Sondervermögen und Betriebe zu prüfen sowie aufgrund seiner Prüfungserfahrungen den Bundestag, den Bundesrat, die Bundesregierung und einzelne Bundesminister zu beraten. Die
Gliederung des Rechnungshofs orientiert sich an der Organisations- und Aufgabenstruktur der Verwaltung des Bundes, dem hauptsächlichen Prüfungsgegenstand. In Anlehnung an die Haushaltsgliederung nach dem Ressortprinzip wurden Prüfungsgebiete für
die Prüfung der Einzelpläne gebildet. Die gesamte Exekutive ist somit auf die "Fach"-
Prüfungsgebiete aufgeteilt. Eingegrenzt wird diese umfassende Zuständigkeit der Fachprüfungsgebiete durch Funktionszuständigkeiten und Zuständigkeiten für grundsätzliche
Angelegenheiten. Den Querschnitts- und Grundsatzprüfungsgebieten wurden ihre je besonderen Aufgaben entweder unter Spezialisierungsgesichtspunkten zugewiesen oder
um in Fragen von allgemeiner und prüfungsgebietsübergreifender Bedeutung eine einheitliche Handhabung zu gewährleisten. Der organisatorische Aufbau des Bundesrechnungshofs stellt sich also als angedeutete Matrixorganisation dar.

Die Fachprüfungsgebiete haben ihren vorgegebenen Zuständigkeitsbereich (Sachprogramm und Organisation der Ressorts sowie ihrer nachgeordneten Behörden), soweit nicht Grundsatzfragen oder Querschnittszuständigkeiten berührt werden. Ob der
Aufgabenbereich eines Fachprüfungsgebiets einen Einzelplan oder mehrere Einzelpläne
oder nur Teilbereiche umfaßt, richtet sich nach Umfang, Komplexität und Aufgabenstruktur des Ressorts. Sind in einem Prüfungsgebiet mehrere Teilbereiche aus verschiedenen Einzelplänen zusammengefaßt, so sollte ein Sachzusammenhang bestehen. Umfangreiche Einzelpläne sind auf mehrere Prüfungsgebiete verteilt, z.B. ist für "Verteidigung" eine ganze Abteilung mit sechs Prüfungsgebieten zuständig. Neben der Organisation der Bundesregierung, die am stärksten die Verteilung der Aufgaben auf die

---

85 Seit Anfang 1988 gibt es 50 Prüfungsgebiete.
86 *Der Bundesrechnungshof*, hrsg. v. Präsidenten des Bundesrechnungshofes, Frankfurt a.M.
    1986, S. 16.

Abb. 2: Organisation des Bundesrechnungshofs
(1986/87)

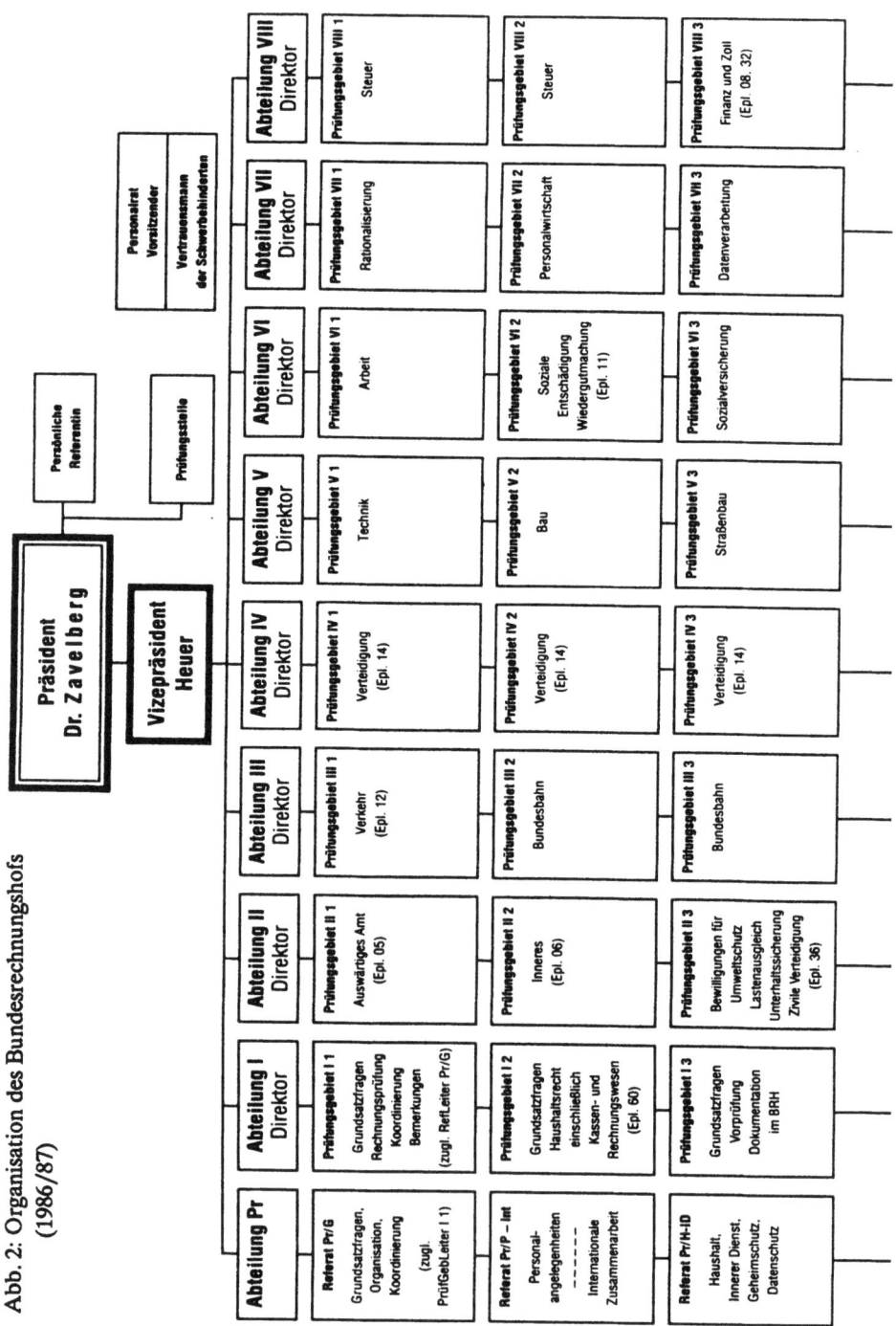

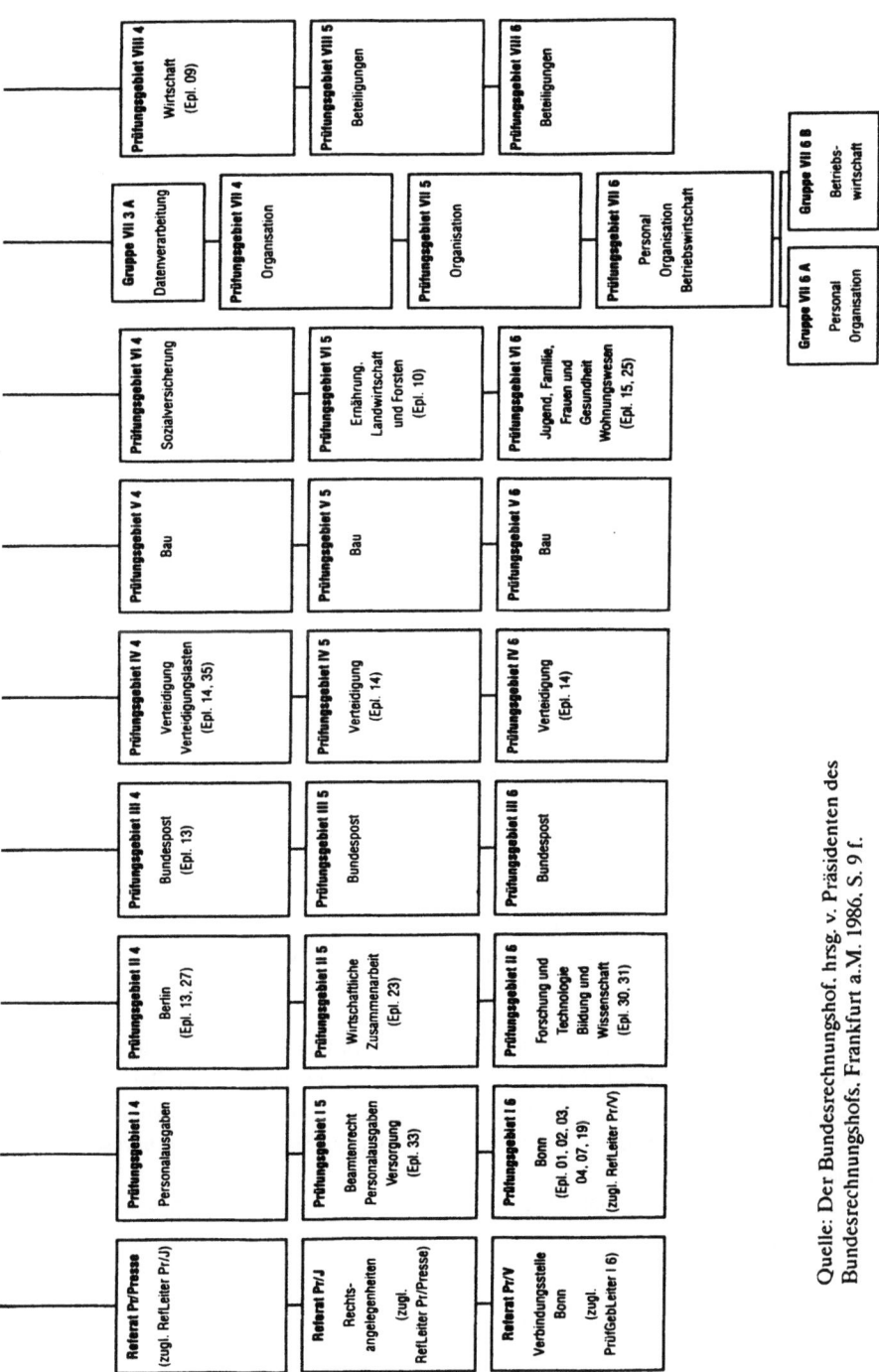

Quelle: Der Bundesrechnungshof. hrsg. v. Präsidenten des
Bundesrechnungshofs. Frankfurt a.M. 1986. S. 9 f.

Abteilungen und Prüfungsgebiete prägt, sind weitere Strukturmerkmale: die Unterteilung in Ausgaben (vgl. Einzelpläne) und Einnahmen[87] (zwei Prüfungsgebiete für "Steuern" und eines für "Zoll") sowie "Sondervermögen" (zwei Prüfungsgebiete für die Bundesbahn, drei für die Bundespost) und Beteiligungen des Bundes (zwei Prüfungsgebiete).

Die so gebildeten Prüfungsgebiete sind die Basiseinheiten des Bundesrechnungshofs, vergleichbar etwa den Referaten in den Ressorts. Der Vorgabe einer homogenen Strukturierung - "soweit möglich sind Aufgaben, die in einem engen Sachzusammenhang stehen, in einem Prüfungsgebiet oder zumindest in einer Abteilung zusammengefaßt"[88] - stehen allerdings faktisch sehr unterschiedliche Einheiten gegenüber. Das betrifft vor allem die Abteilungen, die teils sehr homogen (eine Abteilung nur für Verteidigung), teils eher heterogen (so umfaßt die Abteilung II das Auswärtige Amt, BMB, BMZ, BMFT, BMBW sowie die BRH-Außenstelle Berlin und einen weiteren Einzelplan) zusammengesetzt sind; hierfür spielen sowohl historische Zusammenhänge als auch die Ausdehnung des Prüfungsstoffs eine Rolle. Die Querschnittsprüfungsgebiete bilden in ihrer Mehrzahl die Abteilung VII, gehören aber zu einem Teil auch zur Grundsatzabteilung I.

3.2.2. Fach- und Querschnittsprüfungsgebiete: Zuständigkeit und Abgrenzung

Die Kollegien der Prüfungsgebiete als primäre Entscheidungsinstanzhandeln im Rahmen ihrer Zuständigkeiten unabhängig und selbständig; sowohl die Prüfung als auch die Beratung erfolgen in eigener Verantwortung. In dieser dezentralen Struktur ist eine Tendenz zur Uneinheitlichkeit, eine Entwicklung in einzelne "Höfe" angelegt, der durch die Querschnitts- und Grundsatzzuständigkeiten entgegengewirkt werden soll.

Die Querschnittsaufgaben betreffen stets ressortübergreifende fachlich abgegrenzte Bereiche, die eigentlich die Zuständigkeit mehrerer Prüfungsgebiete berühren, aber losgelöst vom Einzelfall bzw. ohne Bindung an bestimmte Organisationseinheiten, Haushaltsstellen o.a. im Zusammenhang bearbeitet und beurteilt werden sollen. Sie wurden daher in gesonderten Prüfungsgebieten zusammengefaßt, zum Beispiel Personal, Rationalisierung, Datenverarbeitung, Organisation. Diese im Geschäftsverteilungsplan fixierten Querschnittszuständigkeiten konkurrieren zwar indirekt mit Zuständigkeiten der Fachprüfungsgebiete, definieren aber den Fundus der Prüfungsobjekte, die die jeweiligen Querschnittsprüfungsgebiete in eigener Kompetenz untersuchen dürfen. Bei derartigen Prüfungen ist es immer erforderlich, alle in Frage kommenden Ressorts zu untersuchen. So prüfte der BRH jüngst zum Beispiel querschnittsmäßig das Druckereiwesen in den Ressorts.

Allerdings gibt es nicht für alle Aufgabenbereiche Querschnittszuständigkeiten, die Matrixorganisation bleibt somit unvollständig. Soll in einem solchen Fall dennoch eine

---

87 Bestimmte Einnahmen, z.B. Gebühren für Leistungen von Bundesanstalten, werden durch das jeweilig zuständige Fachprüfungsgebiet kontrolliert.
88 Schäfer, *Steuergelder* (Anm. 83), S. 43.

Querschnittsprüfung durchgeführt werden, so sind die Zuständigkeiten anderer Prüfungsgebiete (direkt) berührt. Es werden Absprachen zwischen Fach- und Querschnittsprüfungsgebiet erforderlich, oder es muß eine Prüfungsgruppe gebildet werden. Weiterhin kann ein "abteilungsübergreifendes Prüfungsvorhaben" auf einem Beschluß des Großen Senats beruhen. Dieser beauftragt in einem solchen Fall ein Fach- oder Querschnittsprüfungsgebiet mit der Federführung, die Erhebungen werden von den zuständigen Prüfungsgebieten in eigener Regie ausgeführt.

Auch die Berichte über die Ergebnisse der Querschnittsprüfungsvorhaben zeigen gravierende Unterschiede. Zwar werden zu einem bestimmten Problemkomplex die entsprechenden Bereiche in mehreren Ressorts stets nacheinander einzeln überprüft. Die Aussagen werden jedoch entweder in Querschnittsberichten veröffentlicht und sind dann von vornherein summarisch gehalten, alle geprüften Ressorts betreffend. Sie zeigen keine speziellen Einzelmängel in bestimmten Ressorts mehr auf. Der Querschnittsbericht nivelliert somit die Aussagen, er zeigt nur die grundsätzlichen Probleme auf. Oder es werden zunächst Einzelprüfungsberichte über die Untersuchung in den jeweiligen Ressorts angefertigt, die das Ressort mit der Bitte um Stellungnahme erhält. Aus den Einzelprüfungsberichten und den Stellungnahmen wird dann der Querschnittsbericht erstellt. Die Resonanz, so wird als Begründung für dieses Vorgehen angegeben, ist eine viel stärkere, weil sich das einzelne Ressort direkt angesprochen fühlt.

Bleibt die Querschnittsuntersuchung bzw. -berichterstattung losgelöst vom Einzelfall, so gibt es BRH-intern kaum Probleme. Werden aber die Zuständigkeiten anderer Prüfungsgebiete berührt, so kann dies zu Konflikten führen. Zwar kann das Fachprüfungsgebiet das Prüfungsergebnis über "seine" Organisationseinheit positiv bewerten und zum Anlaß für eine Bemerkung nehmen, aber es kann auch seinen Zuständigkeitsbereich tangiert sehen und abwehrend reagieren. Ein Querschnittsprüfungsgebiet kann weder gegen den Willen des Fachprüfungsgebiets eine einzelne Behörde einer Untersuchung unterziehen bzw. sie zum Gegenstand einer Prüfungsmitteilung machen - soweit es sich nicht um eine Beurteilung in größerem Zusammenhang handelt -, noch kann es durchsetzen, daß das Fachprüfungsgebiet speziellen Mängeln nachgeht, die bei einer Querschnittsuntersuchung aufgefallen sind. So betonen denn besonders auch die Querschnittprüfungsgebiete die Konfliktträchtigkeit des Verfahrens, wenn Querschnitts- und Fachzuständigkeiten sich berühren.

Die bestehenden Entscheidungsstrukturen erweisen sich vor allem als Hindernis für komplexere Untersuchungen. Denn die Kooperationsbereitschaft der Fachprüfungsgebiete, von der die Querschnittsprüfungsgebiete hier in stärkerem Maße abhängig sind, gilt letzteren als verbesserungsbedürftig. Die Fachprüfungsgebiete achten darauf, daß sie in ihrer Zuständigkeit nicht eingeschränkt werden und führen daher zum Teil entweder alle Prüfungen selbst durch oder vermeiden bei komplexeren Sachverhalten die Untersuchung. Viele Fachprüfungsgebiete nutzen die Querschnittsprüfungsgebiete allenfalls zur Serviceleistung: Einzelne Prüfer werden als Spezialisten ausgeliehen und unterstützen mit ihrem Fachwissen das Prüfungsgebiet bei komplexeren Untersuchungen. Diese Personalausleihe beurteilen die Fachprüfungsgebiete überwiegend positiv, manche würden sie gern öfter in Anspruch nehmen, beklagen aber kapazitätsmäßige

Engpässe in bestimmten Bereichen, zum Beispiel für die EDV. Für die Querschnittsprüfungsgebiete wirft die Personalausleihe dagegen Probleme auf: Bei der BRH-internen Erfolgskontrolle wird der Prüfungsbericht, an dem der Spezialist des Querschnittsprüfungsgebiets mitgearbeitet hat, dem Fachprüfungsgebiet zugerechnet, während dem Querschnittsprüfungsgebiet Prüfungskapazität fehlt.

Das Bestreben der Querschnittsprüfungsgebiete geht somit dahin, mit kooperativ eingestellten Fachprüfungsgebieten direkt zusammenzuarbeiten, um durch die Ergebnisse auf lange Sicht auch die anderen Prüfungsgebiete von den Vorteilen einer Zusammenarbeit zu überzeugen. Diese Strategie kann am ehesten gelingen, wenn die Querschnittsprüfungsgebiete deutlich machen können, daß trotz der Untersuchung gleicher Objekte eine unterschiedliche und vor allem eine sich gegenseitig ergänzende Aufgabenstellung besteht, die Kooperation also beiden Seiten Vorteile bringt.

Querschnittsprüfungsgebiete sind nach der Einschätzung von Befragten von der Aufgabenstellung her (komplexere Prüfungen und Gutachten) immer schon der weiterreichenden Gestaltung verbunden gewesen. Sie nehmen zudem in Ansätzen eine Integrationsfunktion wahr bzw. zielen auf eine einheitliche Anwendung in der Verwaltung. Diese Tendenz liegt in der Bearbeitung ressortübergreifender Themen; zudem werden Fachprüfungsgebiete informell eingebunden.

3.2.3. Grundsatzprüfungsgebiete

Neben den Fach- und Querschnittsprüfungsgebieten stehen die Grundsatzprüfungsgebiete mit gesonderten Zuständigkeiten in Fragen von grundsätzlicher und allgemeiner Bedeutung. Sie haben nach dem Geschäftsverteilungsplan kein eigenes Prüfungsobjekt, können sich aber an Prüfungen beteiligen. Sie sind in der Abteilung I zusammengefaßt. Ihr jeweiliger Aufgabenbereich:

- Prüfungsgebiet I.1.: Grundsatzfragen der Rechnungsprüfung und Koordinierung der "Bemerkungen". Es besteht also eine Doppelfunktion. Im Bereich der Grundsatzfragen ist dieses Prüfungsgebiet zuständig für Regelungen der Rechnungsprüfung, der Prüfungsrechte (insbesondere der Herausgabe von Prüfungsunterlagen, der Anwendung und Auslegung der Rechtsnormen), Bearbeitung von Rechtsstreitigkeiten, Mitwirkung an Stellungnahmen des BRH zur Gesetzgebung auf dem Gebiet der Rechnungsprüfung und Mitwirkungen bei Prüfungsvereinbarungen. Die Koordinationsfunktion umfaßt die Sammlung der Bemerkungsvorschläge und die Gesamtredaktion der "Bemerkungen", die Vorbereitung der Sitzungen des Großen Senats, die Mit-Berichterstattung im Großen Senat, die Ständige Vertretung des BRH im Rechnungsprüfungsausschuß des Bundestages.
- Prüfungsgebiet I.2.: Grundsatzfragen Haushaltsrecht, einschließlich Kassen- und Rechnungswesen. Dieses Prüfungsgebiet vertritt den BRH in einer Reihe von externen Gremien, die die Einheitlichkeit der Anwendung des Haushaltsrechts sichern sollen. Außerdem ist das Prüfungsgebiet I.2. Ansprechpartner des BMF in den Fällen der gesetzlich festgelegten Unterrichtung bzw. Anhörung des Rechnungshofs;

weiter ist es zuständig für das Haushaltswesen bei über- und zwischenstaatlichen Einrichtungen.

- Prüfungsgebiet I.3.: Es hat wieder eine Doppelfunktion: Grundsatzfragen der Vorprüfung und die Dokumentation im BRH. Der Aufgabenbereich umfaßt die Globalsteuerung der Vorprüfungsstellen, die Erarbeitung von Arbeitshilfen und Vorgaben für die Vorprüfung sowie den Aufbau einer hauseigenen Dokumentation.

Aus der Aufgabenstellung der Grundsatzprüfungsgebiete geht hervor, daß sie eine Vereinheitlichungs-, Koordinations- und Informationsfunktion nach außen und innen wahrnehmen. Die Außenfunktion betrifft vor allem die Vertretung des BRH in Gremien im nationalen und internationalen Bereich. Die Innenfunktion bedeutet die Abstimmung einer einheitlichen Hausmeinung für die Vertretung nach außen, die Rückkopplung der Informationen aus den externen Gremien nach innen, die Informationssammlung und -verteilung im Hause sowie die Entscheidung in den Fragen von grundsätzlicher und allgemeiner Bedeutung. Zusätzlich zu diesen Außenkontakten, die in den Grundsatzprüfungsgebieten gebündelt sind, gibt es allerdings auch zahlreiche Kontakte der anderen Prüfungsgebiete zu Gremien auf Länder- und Bundesebene, beispielsweise zum Ausschuß für wirtschaftliche Verwaltung (AWV).

Aus der Zuständigkeit für bestimmte Grundsatzfragen hat das Kollegium des entsprechenden Grundsatzprüfungsgebiets eine Entscheidungsbefugnis, die das ganze Haus bindet. Da nicht ein für alle Mal eindeutig festgelegt werden kann, welche Frage von grundsätzlicher und allgemeiner Bedeutung ist, bedarf es immer wieder einmal einer Abstimmung mit den übrigen Prüfungsgebieten, deren Entscheidungsfreiheit hier berührt werden könnte. Formell geschieht die Klärung durch Regel-Auslegung; faktisch muß eine wie auch immer geartete Einigung erfolgen. Verhältnismäßig einfach ist eine Klärung bei Prüfungsrechtsfragen oder im Falle mehrerer Prüfungsgebiete mit demselben Objekt. Hier handelt es sich stets um eine Frage von grundsätzlicher Bedeutung. Bei Prüfungsrechtsfragen im Einzelfall muß das Grundsatzprüfungsgebiet nur beteiligt werden, damit es den "Überblick" über die in den einzelnen Prüfungsgebieten getroffenen Entscheidungen behält.

Nach Einschätzung der Grundsatzprüfungsgebiete wird intern zumeist schnell Einvernehmen darüber erzielt, welche Fragen faktisch Grundsatzfragen sind. Sind Fach- und Grundsatzprüfungsgebiet übereinstimmend der Meinung, daß eine Frage von grundsätzlicher Bedeutung vorliegt, so ist dem Fachprüfungsgebiet die Entscheidung genommen. Kommt keine Einigung zustande, so muß der Große Senat entscheiden; das gleiche gilt, wenn ein Fach- oder Querschnittsprüfungsgebiet von einer bereits getroffenen Entscheidung eines Grundsatzprüfungsgebiets abweichen will. Derartige Konflikte sind aber selten. Von den Grundsatzprüfungsgebieten sollen zwar starke Impulse zu einer einheitlichen Vorgehensweise ausgehen, im alltäglichen Prüfungsgeschäft der Fachprüfungsgebiete spielen sie jedoch nur eine geringe Rolle. Dagegen besteht zwischen den Grundsatzprüfungsgebieten und der Präsidialabteilung eine enge Verklammerung. So werden das Grundsatzprüfungsgebiet "Grundsatzfragen Rechnungsprüfung"

und das Präsidialreferat "Grundsatzfragen/Organisation/Koordinierung" von einem
Mitglied des BRH in Personalunion geführt.

3.2.4. Einschätzung der Organisationsstruktur

Die Aufbauorganisation des Bundesrechnungshofs, weitgehend orientiert an der Gliederung des Bundeshaushaltsplans, ergänzt durch bestimmte Spezial- und Allgemeinzu-
ständigkeiten, stellt einen Kompromiß zwischen einer Gliederung nach dem Ressortprinzip und einer Funktionalgliederung dar, mit bisher deutlichem Übergewicht der res-
sortorientierten Fachprüfungsgebiete.

Während die ressortmäßige Gliederung institutionenorientiert ist, also unterschiedliche Aufgaben oder Arten finanzwirksamer Handlungen organisatorisch koppelt, ist eine
Funktionalgliederung - wie sie beispielsweise als gesonderte Aufstellung dem Haushaltsplan beigefügt wird -auf die einzelnen Aufgabenarten ausgerichtet, die im Haushaltsplan auf mehrere Ressorts verteilt sind. "In dieser Aufschlüsselung nach Aufgaben-
gebieten werden Kategorien wie Bildung, soziale Sicherung, Wohnungswesen gebildet,
d.h. die Aufgaben werden nach ihrem konkreten politischen Sinn aufgeschlüsselt."[89]
Derartige funktionale Zusammenfassungen geben einen Überblick über Priorität und
Gewichtsverlagerung der einzelnen staatlichen Aufgabenbereiche sowie eine größere öffentliche Transparenz. Allerdings werden die politischen Verantwortlichkeiten nicht
mehr deutlich. Die "funktionalen" Querschnittsprüfungsgebiete des Rechnungshofs sind
allerdings weder an der nachträglichen, groben Funktionalgliederung des Haushaltsplans ausgerichtet, noch an anderen Systematiken (wie sie vor allem in der Verwaltungs-
reformdiskussion entwickelt wurden), sondern an speziellen Prüfungserfordernissen.
Eine mehr auf Querschnittsprüfungen zugeschnittene Struktur könnte dem BRH komplexere Untersuchungen ermöglichen, wird allerdings von Befragten im BRH im Endef-
fekt für nicht wirkungsvoller gehalten als die gegenwärtige Struktur. Auch diejenigen,
die die Organisationsstruktur als für Querschnittsanalysen nicht optimal ansehen, haben
Vorbehalte gegen eine reine oder dominierende Funktionalgliederung. Nachteile einer
mehr funktionalen Organisation wären der Verlust der Nähe zum Ressort und die dadurch bedingte intime Kenntnis von Sachprogramm und Organisation. Der Rechnungshof ist aber für seine Durchsetzungsfähigkeit gerade auf Kooperation mit Stellen
im Ressort, zum Beispiel den Haushaltsreferaten angewiesen. Diese Kooperation, die
teilweise auf informeller Basis beruht, würde, so fürchtet man, bei einer mehr funktionalen Gliederung verlorengehen.

---

[89] E. Moeser, *Die Beteiligung des Bundestages an der staatlichen Haushaltsgewalt*, Berlin 1978, S.
     44 f.

3.2.5. Abgrenzung gegenüber dem BWV als eigenständiger Funktionseinheit

Die Institution des BWV geht auf das angesichts knapper Kassen während der Weimarer Republik eingerichtete Amt des Reichssparkommissars zurück[90]. Die ursprüngliche Intention war der Wunsch der Exekutive nach kurzfristigen Stellungnahmen zu Fragen der Verwaltungsorganisation. Auch nachdem dem Bundesrechnungshof die Funktion der Beratung zugewiesen worden war, wurde sein jeweiliger Präsident von der Bundesregierung weiterhin zum Beauftragten für Wirtschaftlichkeit in der Verwaltung bestellt; ihm stand aber BRH-intern nicht mehr - wie zuvor - die heutige Abteilung VII als eigene "Gutachten"- oder "BWV-Abteilung" zur Verfügung. Statt dessen kann er auf die Prüfungs- und Beratungskapazität des gesamten "Hofes" zurückgreifen, allerdings nur solange, wie die Prüfungsgebiete nach Einschätzung ihrer Kollegien bei der Erfüllung ihrer Aufgaben nicht beeinträchtigt werden. Ein Schwergewicht bei der Erstellung von Gutachten liegt allerdings noch immer in der Abteilung VII, die auch geschäftsplanmäßig verpflichtet ist, die Aufgaben des BWV wahrzunehmen[91].

Die Aufgaben des BWV selbst sind niedergelegt in den "Richtlinien für die Tätigkeit des BWV"[92], die von der Bundesregierung beschlossen wurden. Vorgegebenes Ziel ist die Beratung der Bundesregierung, einzelner Bundesminister, von Bundestag und Bundesrat auf Anregung oder aus eigener Initiative. Der BWV soll "durch Vorschläge, Gutachten, Stellungsnahmen auf eine wirtschaftliche Erfüllung der Bundesaufgaben und eine dementsprechende Organisation der Bundesverwaltung"[93] hinwirken. Damit bearbeitet er weitgehend das gleiche Aufgabenfeld wie der BRH in seiner Funktion als Berater, wenn auch mit Schwergewicht auf dem administrativen Bereich sowie auf größere Zusammenhänge und komplexere Vorgänge[94]. Letzteres ergibt sich schon aus seiner Anbindung an die Regierung; so kann er sogar an Kabinettssitzungen teilnehmen, und seine Beratung erstreckt sich "auch auf die Gesetzgebungstätigkeit des Bundes"[95]. Zudem besteht in den Handlungsbedingungen ein gravierender Unterschied zum BRH, der die Beratungsstrukturen erheblich beeinflussen kann; der Präsident kann als BWV den Prüfungsgebieten/-beamten persönliche Weisungen erteilen und somit stark gestaltend in das Verfahren eingreifen. Selbst die BRH-Mitglieder genießen während ihrer (Auftrags-)Aktivitäten keine richterliche Unabhängigkeit. Das gilt für die Erstellung der Gutachten ebenso wie für eventuell vorangehende Prüfungen. Letztere dienen im Zu-

---

90 Vgl. Franz O. Gilles, Der Reichsrechnungshof zwischen obrigkeitsstaatlicher Tradition und geforderter Demokratisierung, in: Theo Pirker (Hrsg.), *Rechnungshöfe als Gegenstand zeitgeschichtlicher Forschung*, Berlin 1987, S. 27 ff.

91 Nach Aussagen eines Befragten aus dieser Abteilung ist hier die Neigung, mit der Gutachtenerstellung einverstanden zu sein, traditionsgemäß größer, weil sie heute Querschnittsaufgaben wahrnimmt sowie aus der Entwicklung heraus.

92 "Richtlinien" v. 26.8.1986 (Anm. 79).

93 Ebd.

94 Der Bundesbeauftragte für Wirtschaftlichkeit in der Verwaltung "konzentriert sich auf die Untersuchung komplexer Vorgänge". Wittrock, Anforderungen moderner Finanzkontrolle (Anm. 42).

95 "Richtlinien" v. 26.8.1986 (Anm. 79), Abs. 2, Satz 2.

sammenhang mit der Aufgabe des BWV zudem nur der Informationssammlung, da keine Prüfungspflicht besteht.

Die doppelte Beratungsfunktion führte zu der Frage, "ob neben der Beratungsaufgabe des Bundesrechnungshofs als Organ nach § 88 II BHO für eine Beratungsaufgabe des Bundesrechnungshofspräsidenten als BWV überhaupt noch Raum ist, ob das Amt des BWV nicht obsolet geworden ist"[96]. Seit der Zuweisung der Beratung an den Rechnungshof wurde deshalb unter den Mitgliedern immer wieder Kritik daran laut, daß das Amt des BWV weiterhin dem BRH-Präsidenten übertragen wird. Die Bedenken beruhen vor allem auf der Heraushebung eines Mitglieds des BRH und seiner Weisungsbefugnis als BWV; sie sind zum Teil auch auf das traditionelle Spannungsverhältnis zwischen dem Präsidenten und dem "Hof" zurückzuführen; denn die Mitglieder achten sorgsam auf ihre Unabhängigkeit auch in der Beratung. Als zentraler Grund für die Beibehaltung des Amtes wird vorgebracht, daß mit der Funktion des BWV kein besonderer personeller Aufwand verbunden sei, denn der BWV bediene sich der Kapazität des BRH. Die Ermittlungen für BWV-Gutachten erfolgen in dem gleichem Ausmaß und in gleicher Weise wie für eine BRH-Prüfung; die Erhebungen sind des weiteren laut BWV-Richtlinien von den betroffenen Stellen in jeder Hinsicht zu unterstützen. Der BWV nimmt damit zur Erfüllung seiner Aufgaben sowohl den Sachverstand des Rechnungshofs als auch einen Teil seiner Arbeitskraft in Anspruch; hierdurch sieht ein Teil der BRH-Mitglieder das obige Argument pro BWV entkräftet.

Obwohl formell getrennt, werden die beiden Funktionen weder von der Legislative noch von der Exekutive, noch BRH-intern streng unterschieden. BRH-intern wird zwischen dem Präsidenten und dem zuständigen Kollegium vorab verabredet, ob eine Seite (BRH oder BWV) die Gutachtenerstellung insgesamt übernimmt, oder ob beispielsweise der BRH prüft und der BWV die Ergebnisse der (Querschnitts-)Prüfung in einem Gutachten zusammenfaßt. Diese BRH-interne Abklärung bereitet nach Aussagen aus dem Rechnungshof keine Probleme.

3.3. Entscheidungsstrukturen: Unabhängigkeit und Kollegialität

Die richterliche Unabhängigkeit aller Mitglieder des Bundesrechnungshofs dient dazu, in ihrem Tätigkeitsbereich die Prüfungs- und Beratungsaufgaben frei von Weisungen wahrnehmen zu können, und zwar nach innen - gegenüber dem Präsidenten und den Senaten - wie nach außen - gegenüber Legislative und Exekutive. Zugleich soll sie die Objektivität ihrer Entscheidungen gewährleisten. Daraus ergeben sich zwangsläufig Folgen für die Entscheidungsstruktur: Der BRH kann nicht als monokratische Behörde organisiert sein, sondern muß nach dem Kollegialprinzip[97] arbeiten. Entscheidungsträger

---

96 Sigg, *Die Stellung der Rechnungshöfe* (Anm. 6), S. 41.
97 "Das Kollegialprinzip ist eine notwendige Folge aus der Unabhängigkeitsgarantie der Mitglieder. Ein sog. hierarchisches Prinzip mit Weisungsbefugnis des Präsidenten stände im Widerspruch zur Unabhängigkeit." Maunz/Dürig/Herzog, *Kommentar zum Grundgesetz*, München 1970, S. 7.

sind formell allein die Mitglieder des BRH (Präsident, Vizepräsident, Abteilungsdirektoren und Prüfungsgebietsleiter), nicht aber die Prüfungsbeamten. Die Mitglieder entscheiden kollegial in den einzelnen Beschlußgremien, für die verschiedene Zusammensetzungen und Abstimmungsmodi festgelegt sowie bestimmte Zuständigkeitsbereiche abgegrenzt sind. Es gibt also keinen hierarchischen Instanzenzug, bei dem über denselben Sachverhalt mehrfach entschieden und die Entscheidung der jeweils "unteren" Ebene aufgehoben werden könnte. Dies gilt allerdings nur für den Prüfungs- und Beratungsstoff, der den einzelnen (Prüfungsgebiets-)kollegien zugeordnet ist, nicht dagegen für andere BRH-Angelegenheiten wie zum Beispiel die Erstellung der "Bemerkungen". Zudem müssen die BRH-Mitglieder den Präsidenten bei der Erfüllung seiner Aufgaben unterstützen. Sie dürfen dadurch allerdings ihrer Haupttätigkeit nicht ohne ihre Zustimmung entzogen und in ihrer richterlichen Unabhängigkeit nicht beeinträchtigt werden.

Demgegenüber unterliegen die Referate der Präsidialabteilung und - mit den eben genannten Einschränkungen - die Prüfungsgebiete, soweit sie für den Präsidenten in seiner Eigenschaft als Beauftragter für Wirtschaftlichkeit in der Verwaltung tätig werden, dem Weisungsrecht des Präsidenten.

Die Entscheidungsgremien des BRH sind:
- der Große Senat und sein Ständiger Ausschuß als zentrales Entscheidungsorgan bzw. als "Gegenüber" des BRH-Präsidenten;
- die Abteilungssenate für bestimmte prüfungsgebietsübergreifende Fragen;
- die Zweier-/Dreierkollegien der Prüfungsgebiete als Basisorgane der Aufgabenerledigung und Entscheidung;
- die Kollegien der Prüfungsgruppen zeitlich begrenzt für spezielle Aufgaben.

Der Große Senat, die Abteilungssenate und die Kollegien der Prüfungsgruppen entscheiden mit Mehrheit, während die Zweier- und die Dreierkollegien (Zweierkollegium und Präsident oder Vizepräsident) einstimmig entscheiden. In allen Organen hat jedes Mitglied unabhängig von der Stellung eine Stimme.

Da der Präsident und sein Vize in diesem Gremiengeflecht eine zentrale Rolle innehaben, soll zunächst die Präsidialfunktion dargestellt werden. In seiner Eigenschaft als Leiter der obersten Bundesbehörde Rechnungshof ist der Präsident Dienstvorgesetzter der Mitarbeiter, ihm obliegt die Führung der Verwaltung. Zur Erfüllung seiner Aufgaben bedient er sich der ihm unmittelbar unterstellten Präsidialabteilung. Im Aufgabenbereich der Präsidialabteilung entscheidet der Präsident allein, er benötigt die Zustimmung anderer Mitglieder nicht (Präsidialprinzip).

Neben seinen Aufgaben als Behördenleiter nimmt er eine eigene Stellung in den Entscheidungsverfahren ein. In dieser Funktion ist er fest in den Entscheidungsprozeß der verschiedenen BRH-Gremien gemäß dem Kollegialprinzip eingebunden. Allerdings hat er auch hier ein umfassendes Initiativrecht und kann den Großen Senat mit weiteren Angelegenheiten befassen oder ihn vor eigenen Entscheidungen hören. Aus dieser Doppelstellung resultiert ein gewisses Spannungsverhältnis zwischen dem Präsidenten und dem Hof. In seiner Organisierungsfunktion und als Behördenleiter hat der Präsident den vom Großen Senat gebildeten "Ständigen Ausschuß" als Gegenpart. So werden auf Vorschlag des Präsidenten - nach Anhörung des Ständigen Ausschusses - die anderen Mitglieder des Bundesrechnungshofs (mit Ausnahme des Vizepräsidenten) ernannt. Er verteilt im Einvernehmen mit dem Ständigen Ausschuß vor Beginn des Geschäftsjahres die Aufgaben auf die Abteilungen und Prüfungsgebiete und bestimmt deren Leiter. Dagegen entscheidet der Präsident allein über die Besetzung der Prüfungsgebiete mit Beamten, mit der Einschränkung, daß auf Antrag des betroffenen Kollegiums die Zustimmung des Ständigen Ausschusses eingeholt werden muß. Änderungen während des Geschäftsjahres bedürfen ebenso der Zustimmung des Ständigen Ausschusses. Im Einvernehmen mit ihm kann er dann Prüfungsgruppen für bestimmte Aufgaben bilden.

Über diese einzelnen Aufgaben hinaus hat der Präsident eine Integrationsfunktion. Im Rahmen seiner Tätigkeit obliegt es ihm, darauf hinzuwirken, daß die oberste Finanzkontrollbehörde nach einheitlichen Verfahrensweisen arbeitet. Er führt Entscheidungen über Arbeitsschwerpunkte herbei und fördert die Weiterentwicklung der Finanzkontrolle und ihre Anpassung an Veränderungen der Staatstätigkeit. Des weiteren vertritt er die Institution "Rechnungshof" nach außen, zum Beispiel bei Rechtsstreitigkeiten mit Dritten und im politischen Bereich. Außerdem hat er kraft seines Amtes noch andere Funktionen außerhalb des Rechnungshofs, so ist er Vorsitzender des Bundespersonalausschusses und des Bundesschuldenausschusses, ferner Aufsichtsratsvorsitzender der Treuarbeit AG, der größten Wirtschaftsprüfungsgesellschaft im Bereich öffentlicher Unternehmen.

Der Vizepräsident vertritt den Präsidenten, wenn er verhindert ist. In diesem Fall hat der Vizepräsident die gleichen Rechte und Pflichten wie der Präsident. Er ist aber nicht nur der Stellvertreter des Präsidenten, sondern qua Amt Mitglied der Kollegialorgane Großer Senat, Ständiger Ausschuß sowie der Häfte der Dreiergremien.

Der Große Senat als oberstes Kollegialorgan besteht aus dem Präsidenten als Vorsitzendem, dem Vizepräsidenten, den Leitern der Prüfungsabteilungen und drei turnusmäßig wechselnden Prüfungsgebietsleitern. Bei Prüfungs- und Beratungsangelegenheiten werden zusätzlich der nach der Geschäftsverteilung jeweils zuständige Prüfungsgebietsleiter (Berichterstatter) und ein Mitberichterstatter hinzugezogen. Der Große Senat entscheidet im wesentlichen:

- über die Erstellung der "Bemerkungen"[98] und der Sonderberichte[99], die über "Angelegenheiten von besonderer Bedeutung" jederzeit dem Bundestag, dem Bundesrat und der Bundesregierung erstattet werden können;
- auf Antrag eines Abteilungssenats oder Kollegiums bei abteilungsübergreifenden Prüfungs- und Beratungsvorhaben oder bei Angelegenheiten von grundsätzlicher Bedeutung;
- auf Antrag eines betroffenen Senats oder Kollegiums, wenn eine Abweichung von einer Entscheidung des Großen Senats oder des Kollegiums eines Grundsatzprüfungsgebiets beabsichtigt wird;

98 Nach § 97 BHO.
99 Nach § 99 BHO.

- auf Antrag eines Mitglieds, wenn in einem Kollegium keine Übereinstimmung erzielt wurde, eine Entscheidung also nicht zustande kam, oder es sich um eine Angelegenheit von besonderer Bedeutung handelt;
- über Verfahren und Grundsätze der Arbeitsplanung, der Prüfung und Beratung sowie der Berichterstattung.

Über die Geschäftsordnung, die er sich selbst gibt, hat er überdies die Möglichkeit, die Grundstruktur der Arbeit des BRH selbst zu gestalten; hierin kommt auch die Unabhängigkeit der BRH-Mitglieder zum Ausdruck. In einem merkwürdigen Kontrast zum Kollegialprinzip steht allerdings die Tatsache, daß alle Beratungen des Großen Senats dem Beratungsgeheimnis unterliegen und selbst BRH-Mitgliedern - soweit sie nicht zugleich Mitglieder des Großen Senats sind - nicht zugänglich sind. Lediglich die für das ganze Haus bindenden Entscheidungen des Großen Senats können bei einem Grundsatzprüfungsgebiet eingesehen werden. Diese mangelnde Durchlässigkeit der Informationen verstärkt die in der Unabhängigkeit der Kollegien und der Zuständigkeit vieler einzelner Entscheidungsgremien sowie in der nur eingeschränkten Führungsrolle des Großen Senats angelegte Tendenz, im einzelnen Prüfungsgebiet Entscheidungen ohne Berücksichtigung einer "einheitlichen Linie" zu treffen. Aber auch die Bemühungen, möglichst viele Themen in den Großen Senat zu verlagern, um dadurch die Spaltung in "48 Rechnungshöfe" zu überwinden, sind als problematisch zu bewerten, da immer wieder eine Blockierung durch viele Detailentscheidungen droht.

Der Ständige Ausschuß des Großen Senats besteht aus dem Vizepräsidenten, zwei Abteilungsleitern und zwei Prüfungsgebietsleitern, die nach Maßgabe der Geschäftsordnung benannt werden. Der Präsident kann an den Beratungen teilnehmen. Der Ständige Ausschuß ist gleichfalls ein Instrument, um die Unabhängigkeit der Mitglieder des Bundesrechnungshofs zu wahren, indem er ihre Mitwirkung an Personal- und Organisationsentscheidungen sichert. Vor Inkrafttreten des neuen BRH-Gesetzes hatte der Präsident die alleinige Befugnis zur Geschäftsverteilung[100].

Die Abteilungssenate als Organe abteilungsmäßiger Planung, Koordination und Information bilden eine Art mittlerer Entscheidungsebene. Ihnen gehören laut Gesetz an: der Leiter der Prüfungsabteilung (Vorsitz), alle Prüfungsgebietsleiter der Abteilung sowie ein Prüfungsgebietsleiter aus einer anderen Abteilung. Präsident oder Vizepräsident können hinzutreten und sind dann stimmberechtigt. Die Abteilungssenate entscheiden

- über die Antragstellung für Querschnittsprüfungen beim Großen Senat;
- auf Antrag eines Mitglieds, wenn in einem Kollegium Übereinstimmung nicht erzielt wird oder es sich um eine Angelegenheit von besonderer Bedeutung handelt;
- über die laut Geschäftsordnung vom Großen Senat zugewiesenen Aufgaben;
- über den Ausschluß eines Mitglieds aus einem Entscheidungsverfahren wegen Befangenheit.

---

100 Zur Kritik an dieser inzwischen geänderten Regelung s. auch von Arnim, Grundprobleme (Anm. 31).

Die Abteilungssenate sind jedoch bisher nicht aktiviert worden, "sie stehen nur auf dem Papier". Das hat zur Folge, daß zum Beispiel bei Differenzen in den Kollegien der Große Senat eingeschaltet wird. Allerdings treten derartige Konflikte im Zweierkollegium nach Angaben von Beteiligten nicht allzu häufig auf, der Zwang zum Konsens ist ziemlich stark. Es gibt Überlegungen im Rechnungshof, die Abteilungssenate mit Leben zu erfüllen, sie beispielsweise bei Entscheidungen über langfristige Arbeitsplanung einzuschalten. Das aber setzte ein "Abteilungsbewußtsein" voraus, und dieses zu schaffen, dürfte bei der Abkapselung der einzelnen Prüfungsgebiete und der Heterogenität einiger Abteilungen Schwierigkeiten bereiten.

Die Zweierkollegien der Prüfungsgebiete sind als Basis-Entscheidungsorgane für alle Aspekte der Prüfungs- und Beratungstätigkeit zuständig, von der Arbeitsplanung über die Durchführung bis hin zur Bewertung. In den weitaus meisten Fällen entscheidet "der Rechnungshof" somit durch übereinstimmende Willensbildung der zuständigen Zweierkollegien, die aus dem Prüfungsgebietsleiter und dem Abteilungsleiter bestehen. Ein Zweierkollegium kann jederzeit zu einem Dreierkollegium erweitert werden. Der Präsident oder der Vizepräsident können in jeder Phase des Verfahrens hinzutreten und mitentscheiden, und zwar auf eigene Initiative oder auf Wunsch eines Mitglieds des Kollegiums. Auch im Dreierkollegium hat jedes Mitglied eine Stimme, und es muß einstimmig entschieden werden. Im Geschäftsverteilungsplan legt der Präsident im Benehmen mit dem Vizepräsidenten fest, in welchen Abteilungen er oder der Vizepräsident gegebenenfalls den Kollegien hinzutreten. Bei dieser Aufteilung übernimmt der Präsident traditionsgemäß die Abteilungen I (Grundsatzfragen), VII (Querschnittsaufgaben, frühere BWV-Gutachtenabteilung) und II (u.a. sicherheitrelevante Bereiche), und überprüft allein oder als Mitglied des Dreierkollegiums geheimhaltungsbedürftige Angelegenheiten. Für bestimmte Entscheidungen gibt es Mitwirkungsvorbehalte des Präsidenten bzw. Vizepräsidenten. In diesen Fällen wird immer im Dreierkollegium entschieden. Vermittelt hierüber können z.B. bei Bemerkungsentwürfen die Präsidenten starken Einfluß auf die Berichterstattung ausüben. Inwieweit Präsident und Vizepräsident ihr Mitwirkungsrecht in den Dreierkollegien tatsächlich wahrnehmen, hängt stark von den handelnden Personen ab.

Im Zweierkollegium haben zwar beide Entscheidungsträger formell gleiches Gewicht, realiter hat jedoch der jeweilige Prüfungsgebietsleiter eine starke Position bei der Planung und Durchführung der Prüfungsvorhaben und der Bewertung der Ergebnisse, zumal die Kollegialentscheidung im Einzelfall delegiert werden kann. Er ist derjenige, der fachlich mit der Materie am besten vertraut ist, die Prüfung mit den Prüfungsbeamten vorbereitet und teilweise vor Ort, zumindest bei der Abschlußbesprechung, anwesend ist[101]. Der Abteilungsdirektor ist hier in einer schwächeren Position, da er nicht über das entsprechende Detailwissen verfügt. Wiewohl als "zweiter Mann" des Kollegiums immer in die Entscheidung mit eingebunden, ist er mehr für die Schwerpunktsetzung und die langfristige Prüfungsplanung zuständig. Nach außen muß er die

---

101   Siehe auch unten Kapitel 4.

Kontakte auf den "höheren Ebenen" der Ressorts pflegen, nach innen nimmt er eine Koordinations- und Integrationsfunktion wahr. Die weitere Konkretisierung der Aufgaben fällt sehr unterschiedlich aus, je nachdem, ob der Schwerpunkt der Abteilung auf Grundsatzfragen, Querschnittsuntersuchungen oder der Prüfung von Sachprogramm und Organisation liegt. So hat der Leiter der Abteilung "Verteidigung" eine wesentlich ausgeprägtere Koordinationsfunktion, weil seine Prüfungsgebiete alle den gleichen Adressaten haben und somit eine einheitliche Vorgehensweise einen höheren Rang hat. Bei heterogenen Abteilungen dagegen sind den Koordinationsmöglichkeiten des Abteilungsleiters durch den differenten Prüfungsstoff enge Grenzen gesetzt.

Während das Kollegialprinzip für die Planung und Durchführung von Prüfungen keine prinzipiellen Probleme aufwirft, ergeben sich solche für den Bereich der Beratung, vor allem des Haushaltsausschusses. Im Haushaltsausschuß ist zumeist nur der zuständige Prüfungsgebietsleiter, nicht aber das gesamte Kollegium, anwesend. Gefragt sind hier oft mündliche Stellungnahmen, eine vorherige Abstimmung ist nicht möglich. Ist der Prüfungsgebietsleiter nun nicht ermächtigt, für "sein" Kollegium ad hoc zu entscheiden, so kann er nur das vertreten, was bereits im Kollegium entschieden worden ist. Bei neuen Fragen müßte erst eine Abstimmung mit dem Direktor stattfinden, aber der Haushaltsausschuß verlangt schnelle Auskunft. Diese Problematik wird auch im Bundesrechnungshof gesehen, von den jeweiligen Akteuren jedoch unterschiedlich gehandhabt.

3.4. Die Prüfungsgruppe - ein neues Kontrollinstrument

Da sich die eben skizzierten Entscheidungsstrukturen für eine schnelle Beratung und Gutachtenerstellung wie für komplexe Untersuchungen als nicht flexibel genug erwiesen hatten, wurde im BRH-Gesetz von 1985 ein neuartiges Prüfungsinstrument festgeschrieben: "Im Einvernehmen mit dem Ständigen Ausschuß des Großen Senats kann der Präsident Prüfungsgruppen für bestimmte Aufgaben bilden."[102] Mit ihrer Hilfe sollten die Entscheidungsstrukturen des BRH gezielt für abgrenzbare Probleme den geänderten Anforderungen der prüfungsgebietsübergreifenden Untersuchungen angepaßt werden. Die Prüfungsgruppe im Gesetz zu verankern, war zwar schon im Entwurf des Finanzministers vorgesehen, sie wurde aber im Vorfeld der Parlamentsberatungen vor allem auf Betreiben des Haushaltsausschusses in den Gesetzestext aufgenommen. Damit sollte den Forderungen des Haushaltsausschusses nach größerer Beweglichkeit des BRH entsprochen werden, nachdem der zuvor erfolgte Ausbau der Bonner Dependance des Rechnungshofs nach Ansicht der Parlamentarier nicht die von ihnen gewünschte Flexibilität gebracht hatte. Mit der Möglichkeit, Prüfungsgruppen einzurichten, wird von der normalen Zuständigkeit abgewichen und zeitlich beschränkt ein neues Entscheidungsorgan geschaffen, das, anders als die Zweier-/Dreierkollegien, mit Mehrheit entscheidet. Der Präsident oder der Vizepräsident können auch diesem "Kollegium" hinzutreten. Hat

102 BRHG § 10.

eine Prüfungsgruppe ihren Auftrag erledigt, wird die Zuständigkeit zurückgegeben und die Gruppe aufgelöst.

Eine Prüfungsgruppe kann eingerichtet werden, wenn die Aufgabenbereiche mehrerer Prüfungsgebiete (aus verschiedenen Abteilungen) betroffen sind, zum Beispiel um Querschnittszuständigkeiten mit denen einzelner Fachprüfungsgebiete zu koppeln. So wurde u.a. eine Prüfungsgruppe Bundestagsverwaltung mit dem Thema Bürokommunikation gebildet. In einem solchen Fall arbeiten Fach- und Querschnittsprüfungsgebiet - faktisch zumeist unter dem Vorsitz eines Abteilungsleiters - zusammen. Das "Spezialwissen" aus verschiedenen Prüfungsgebieten wird vereint, um den Prüfungskomplex unter einer einheitlichen Fragestellung zu untersuchen. Prüfungsgruppen sind jedoch nicht nur ein Instrument der Kooperation zwischen Fach- und Querschnittprüfungsgebieten, sondern können auch die Zuständigkeiten mehrerer Fachprüfungsgebiete bündeln. Das kann zum Beispiel geschehen, wenn die Kontrolle der Bauausführung in einem Prüfungsgebiet liegt, die Kontrolle der Bedarfsfeststellung aber in einem anderen. Die neue Regelung ermöglicht es also, für einen Themenkomplex Sachverstand aus mehreren Prüfungsgebieten in einer Prüfungsgruppe zu vereinen, die die Prüfungsplanung, Durchführung und Bewertung selbständig vornimmt. Das bedeutet aber auch, daß ein Prüfungsgebietsleiter gegen seinen Willen Mitglied eines solchen Gremiums wird und ihm die Zuständigkeit für ein bestimmtes Prüfungs- oder Beratungsvorhaben entzogen und einer Prüfungsgruppe übertragen werden kann. Vor dem Inkrafttreten des Gesetzes war dagegen nur eine einvernehmliche Lösung[103] durch Personalabstellung möglich gewesen. Eine weitere (nach Aussagen aus dem BRH selten angewandte) Möglichkeit, um bestimmte Zuständigkeiten zu verlagern, ist die Änderung des Geschäftsverteilungsplans im laufenden Geschäftsjahr.

Die Urteile über die ersten Versuche mit Prüfungsgruppen sind je nach Position und Funktion des Befragten sehr unterschiedlich. Während die Einschätzungen auf der Leitungsebene durchweg positiv, die Äußerungen aus den Querschnittsprüfungsgebieten eher zurückhaltend sind, ist aus den Fachprüfungsgebieten sowohl Positives als auch deutliche Kritik zu vernehmen. Zum Teil werden rechtliche Bedenken vorgebracht, aber pointierter werden Schwierigkeiten in der Prüfungsarbeit und der Berichterstattung artikuliert. So kann ein Spannungsverhältnis entstehen, wenn ein Fachprüfungsgebiet, in dessen eigentliche Zuständigkeit zumindestens ein Teil des Prüfungsstoffs fällt, eine abweichende Meinung vertritt, sich aber gegen die Mehrheit im Kollegium nicht durchsetzen kann. Es kann die Prüfungsgruppe demzufolge als eine Einrichtung auffassen, die seine Handlungs- und Gestaltungsmöglichkeiten reduziert. So beklagt ein Prüfungsgebietsleiter vehement, daß die Organisationsempfehlung an eine geprüfte Behörde seines Bereichs nicht mit dem Konzept seines Fachprüfungsgebiets übereinstimme. Die erheblichen Unterschiede zwischen den in den Prüfungsgebieten vertretenen Prüfungsphilosophien und den damit verbundenen Planungs-, Durchführungs- und Gestaltungskonzepten werden hier evident. Schwierigkeiten gibt es nach Aussagen von

---

103 Siehe auch die Schilderung der Abstimmungsprobleme zwischen Fach- und Querschnittsprüfungsgebieten oben in Kapitel 3.2.2.

Beteiligten auch in der Berichterstattung. So werden zeitraubende Auseinandersetzungen um die Berichtsendfassung kritisiert. Weiterhin ist auch die interne Zurechnung einer Bemerkung umstritten.

Wie erfolgreich dieses neue Instrument der Prüfungstätigkeit in Zukunft sein wird, hängt nach Meinung der meisten Befragten im Rechnungshof sehr stark von der Kooperationsbereitschaft aller Beteiligten ab. Zwar werden Fortschritte konstatiert, weitere Verbesserungen aber für nötig gehalten.

3.5. Das Abteilungsreferat - eine neue Organisationseinheit

Die Abteilungsreferate sollen einen optimalen Einsatz der Personalkapazität auf Abteilungsebene ermöglichen, um flexibler auf Veränderungen, speziell auf die wachsende Komplexität des Prüfungsstoffs und die damit einhergehende Spezialisierung zumindest eines Teils der Prüfungsbeamten, reagieren zu können. Ihre Einrichtung ist nicht gesetzlich festgelegt, sondern stellt eine BRH-interne Reaktion dar, um die Effektivität des Prüfungshandelns zu verbessern. Das Abteilungsreferat, eine Art Personalpool, soll den wechselnden Einsatz von Spezialisten in verschiedenen Prüfungsgebieten ermöglichen, es muß daher primär vom Abteilungsleiter gesteuert werden (der Einsatz der Prüfer bedarf allerdings der Zustimmung des zuständigen Kollegiums). Ein solcher personeller Ausgleich innerhalb der Abteilung soll verhindern, daß bestimmte Sachgebiete in den einzelnen Prüfungsgebieten unterschiedlich abgedeckt werden, sie im Extremfall in einem Prüfungsgebiet "exzellent" geprüft sind, in einem anderen in Ermangelung eines Spezialisten gar nicht. Schwierigkeiten ergeben sich aus der teilweise sehr heterogenen Struktur der Abteilungen.

Der Personalpool "Abteilungsreferat" soll durch zusätzliche Stellen und durch Abordnung aus den Prüfungsgebieten aufgefüllt werden. Die Hälfte der Stellen ist Prüfungsbeamten aus dem höheren Dienst vorbehalten. Die Meinungsbildung über Besetzung, Einsatzregelung und Zielsetzung ist im Rechnungshof noch nicht abgeschlossen, das belegen unterschiedliche Aussagen. Allgemein wird jedoch auf die guten Erfolge der Abteilungsreferate in der Bonner BRH-Dependance verwiesen.

3.6. Kommunikationsstrukturen

Eine kollegial organisierte Behörde bedarf besonderer Koordinations- und Informationsstrukturen sowohl auf informeller Basis als auch offiziell und formell festgelegt. Denn die im hierarchischen Organisationsmodell der Linie vorgegebene Struktur der Weisungen von oben nach unten und der Information (über den Dienstweg) von unten nach oben ist im Kollegialsystem nicht möglich. Die einzelnen Kollegien bilden Entscheidungsinseln, die untereinander auf der gleichen Ebene angesiedelt sind. Somit bedarf es einer besonders gearteten Kontinuität und Stabilisierung der Kommunikationswege, um Druck zur Koordination und Kommunikation auszuüben.

Ausdruck dieser Erfordernisse ist ein Geschäftsverteilungsplan, der die Vielfalt der Kommunikationswege und Kooperationsbeziehungen widerspiegelt. Er regelt die Verteilung der Aufgaben auf die Abteilungen und Prüfungsgebiete sowie die Leitung der Abteilungen und Prüfungsgebiete, die beide jährlich vom Präsidenten im Einvernehmen mit dem Ständigen Ausschuß bestimmt werden[104]. In seinen "Vorbemerkungen" sind die Informationswege und Koordinationsabläufe langfristig geregelt, ist eine Vielzahl von Mitzeichnungsvorbehalten von Prüfungsgebieten und sind die Mitwirkungsvorbehalte des Präsidenten festgeschrieben. Diese Mitwirkungs- und Beteiligungsverfahren, die zum Teil auch in den Geschäftszuweisungen festgelegt sind, sowie die Zuständigkeiten der Grundsatzprüfungsgebiete in allgemeinen und grundsätzlichen Fragen sollen ein einheitliches Verfahren ermöglichen. Mitwirkung und Beteiligung müssen während der Abwicklung des Vorgangs, vor der endgültigen Entscheidung, erfolgen. Im Regelfall ist hierfür das Mitzeichnungsverfahren vorgesehen.

3.6.1. Informationssysteme

Für eine abgestimmte Handhabung der Prüfungsgrundsätze und -verfahren ist aufgrund des Kollegialprinzips eine möglichst weitreichende, gleichmäßige Verteilung bestimmter prüfungs- oder beratungsrelevanter Informationen von besonders großer Bedeutung. Sie kann nur durch stabile organisationsumfassende Informationswege geleistet werden. Im BRH sind derartige Informationssysteme nur partiell vorhanden. So werden in den Prüfungsgebieten alle Prüfungsmitteilungen mit einigen wenigen Merkmalen formularmäßig erfaßt und in ein hausinternes Informationssystem eingespeist, das allerdings primär auf den Präsidenten ausgerichtet ist. Dieses System dient der hausinternen Statistik über das Prüfungs-berichtswesen und hat zugleich eine Hilfsfunktion für die Auswahl der "Bemerkungen". Für jeden Prüfungsbericht erhält das Grundsatzreferat der Präsidialabteilung somit ein Formular, das neben Angaben über den Berichtsumfang, die Thematik bzw. Problematik u.ä. eine Einschätzung des zuständigen Kollegiums enthält, ob es sich um einen bemerkungswürdigen Sachverhalt handelt oder nicht. Die Beurteilungen werden gesammelt, registriert und für den Großen Senat ausgewertet[105].

Den gleichen Weg gehen die "Kurzmitteilungen", die jeweils in Kurzform den "bemerkensgeeigneten" Sachverhalt einschließlich dem Bemerkungsziel darstellen und für die erste Senatssitzung erstellt werden. Sie sollen formell[106] zugleich allen Kollegien zur Kenntnis gebracht werden und eine direkte Koordination ermöglichen. Faktisch scheint jedoch - nach Angaben verschiedener BRH-Mitglieder - das gesamte Haus nur mittelbar über die Abteilungsleiter mit ihnen befaßt zu sein.

Als Informationsmittel wesentlich stärker hervorgehoben werden die "Nullnummern"[107], die als Zusammenfassungen allen "Bemerkungen" vorangestellt sind, darüber hinaus

---

104   Vgl. oben Kapitel 3.3.
105   Zur Erstellung der "Bemerkungen" vgl. unten Kapitel 5.2.
106   Nach den entsprechenden Vorläufigen Richtlinien; vgl. unten Kapitel 5.2.
107   Die Bemerkungstexte selbst sind durch die Ziffern 1 bis x gegliedert.

aber für alle "Mitteilungen" formuliert werden[108]. Seit der ersten Hälfte der achtziger Jahre erhalten die Abteilungen und Prüfungsgebiete durch sie sowie durch die genannten Statistiken über die Prüfungsmitteilungen pro Jahr und Prüfungsgebiet einen Überblick über die gesamten Prüfungsergebnisse des Hauses. Zuvor standen diese Informationen nur dem Präsidenten zu. Die Abkapselung der einzelnen Prüfungsgebiete war entsprechend stärker. Demgegenüber ist das Prüfungshandeln inzwischen nach Einschätzung der Mehrheit der Befragten transparenter geworden. Speziell die Nullnummer soll, soweit aufgrund der unterschiedlichen Strukturen des Prüfungsstoffs möglich, einen qualitativen und quantitativen Vergleich zwischen den einzelnen Prüfungsgebieten gewährleisten und Entwicklungslinien aufzeigen. Zusammen mit der noch fertigzustellenden Dokumentation soll sie künftig einen systematischen Rückgriff, kurz- oder langfristig, auf frühere Prüfungen ermöglichen.

Der Rechnungshof versucht schon seit langem eine umfassende Dokumentation aufzubauen. Dies ist nach eigener Aussage bisher nur in einem bescheidenen Rahmen gelungen, obwohl es bereits mehrere Anläufe gegeben hat. Zwei Dokumentationsstränge sind geplant. Der eine umfaßt alle wichtigen Entscheidungen der Kollegien, auch ausgewählte Entscheidungen aus den Prüfungsmitteilungen (das Fachkollegium muß die Entscheidung treffen, ob ein Sachverhalt dokumentationswürdig ist); relevante Gerichtsurteile und juristische Veröffentlichungen zu bestimmten Themen; Entscheidungen von allgemeiner und grundsätzlicher Bedeutung (alle Entscheidungen des Großen Senats); Entscheidungen der Abteilungssenate (falls praktiziert) und schließlich Berichte der Landesrechnungshöfe (bisher nur auszugsweise). Der zweite beinhaltet alle Prüfungsmitteilungen mit dem geprüften Sachverhalt und der geprüften Stelle sowie alle Gutachten und Stellungnahmen.

Die Dokumentation soll mit einem Inhalts- und Schlagwortverzeichnis versehen werden - eine komplexe Aufgabe, weil die bürotechnischen Voraussetzungen (EDV) bisher noch nicht in ausreichendem Maße vorhanden sind. Als ein wichtiger Grund für die lange Verzögerung wird die Befürchtung der Prüfungsgebiete genannt, daß eine größere Transparenz der Ergebnisse die Unabhängigkeit beeinträchtigen könnte.

3.6.2. Koordination von Querschnittsuntersuchungen

Einen Bereich mit besonders hohem Koordinierungsaufwand bildet die Planung von Querschnittsuntersuchungen, für die keine direkte Zuständigkeit besteht. Wie in Kapitel 3.2.2. dargestellt, sind für bestimmte Themen die Querschnittsprüfungsgebiete direkt zuständig; die entsprechenden Prüfungen werden von ihren Kollegien in "eigener Regie" beschlossen und durchgeführt. Da aber nicht das gesamte Prüfungsfeld des Rechnungshofs querschnittsartig abgedeckt ist, es aus Gründen der Prüfungsrationalität und Wirksamkeit aber immer wieder nötig ist, außerhalb festgelegter Querschnittszuständigkeiten solche Prüfungsvorhaben durchzuführen, prüft der Große

---

108 Vgl. unten Kapitel 4.4.

Senat kontinuierlich den Bedarf und legt gegebenenfalls Vorhaben fest. Als Beispiel sei die Untersuchung "Ressortforschung" genannt.

Ein Prüfungsgebiet sammelt fortlaufend "querschnittswürdige" Themen und legt sie dem Großen Senat vor. Dieser wählt die geeignet erscheinenden (zumeist drei oder vier) Themen aus und beauftragt jeweils ein Prüfungsgebiet federführend mit der Durchführung bzw. mit einer Voruntersuchung, die über zu erwartende Ergebnisse Aufschluß geben soll. Nach Abschluß der Voruntersuchung (innerhalb von vier bis sechs Monaten) entscheidet der Große Senat endgültig über die Durchführung der Querschnittsanalyse. Bevorzugt werden Fragestellungen, die es erlauben, die Vorprüfungsstellen in die Abwicklung mit einzubeziehen. Das federführende Prüfungsgebiet muß bei einer solchen Querschnittsuntersuchung den anderen beteiligten Prüfungsgebieten Vorgaben für die Durchführung liefern. Die einzelnen Vorprüfungsstellen werden nicht zentral gesteuert, sondern von "ihrem" jeweiligen Prüfungsgebiet, das auch die Ergebnisse an das federführende weiterleitet. Letzteres muß die Berichte auswerten und auf eine einheitliche Linie bringen. Bei diesem aufwendigen Procedere, das in der Unabhängigkeit der einzelnen Prüfungsgebiete seine Ursache hat, kann nicht verwundern, daß ein Teil der Prüfungsgebietsleiter Querschnittsuntersuchungen eher skeptisch gegenübersteht. BRH-intern verlautet, daß bevorzugt Themenvorschläge für Querschnittsprüfungen vorgelegt werden, die das "eigene" Prüfungsfeld nicht betreffen. Die Struktur des Hauses erweist sich hier als schwerfällig, vieles hängt von der Kooperationsbereitschaft der Handelnden ab. Die Prüfungsgebiete beklagen den zusätzlichen Arbeitsaufwand und die Festlegung eines Teils der Arbeitskapazität, was zwar im Arbeitsplan berücksichtigt werden muß, BRH-intern aber den einzelnen Prüfungsgebieten nicht zugerechnet wird.

3.6.3. Informelle Kommunikationswege

Neben den bisher skizzierten formellen Informationsnetzen und Koordinationsmustern existiert eine Reihe informeller Kommunikationskreise, die für die Erfüllung der BRH-Aufgaben zum Teil recht bedeutsam sind. In diesen Bereich ist beispielsweise die Abteilungsleiterbesprechung mit Präsident und Vizepräsident einzuordnen, die kein Entscheidungsgremium darstellt. Sie hat eine hohe Informationsfunktion, dient der BRH-weiten Meinungsbildung, der Beratung des Präsidenten und der Vorerörterung von internen Problemen. Auch die Ergebnisse von Arbeitsgruppen, die zu bestimmten Themen (Dokumentation, Ressortforschung u.a.) gebildet werden, werden hier besprochen. Eine Rückkopplung der Ergebnisse in alle Abteilungen erfolgt über die Abteilungsleiter. Daneben gibt es eine Vielzahl von rein informellen Kontakten und Abstimmungen, sowohl zwischen den einzelnen Fachprüfungsgebieten als auch zwischen Grundsatz-, Querschnitts- und Fachprüfungsgebieten. Hinzu kommen verschiedene Gesprächskreise zu speziellen Themen. Diese informelle Kommunikation hängt in ihrer Art und ihrem Umfang stark von der Bereitschaft der Akteure ab. Allerdings darf auch der faktische Druck hin zu solchen Aktivitäten nicht unterschätzt werden, der Problemen im Arbeitsvollzug entspringt.

Eine spezielle Informationsproblematik ergibt sich aus der Konstruktion der Dreierkollegien. Präsident oder Vizepräsident können zwar in den von ihnen gewählten Abteilungen jederzeit zu den Zweierkollegien hinzutreten, realiter sind sie aber nur bei wichtigen Angelegenheiten am Willensbildungsprozeß und an der Entscheidung beteiligt. Sie müssen jedoch informationell eingebunden sein, die Entscheidungen mittragen, um in der Außendarstellung keine Differenz aufkommen zu lassen. Zugleich kann bei dieser Konstruktion eine zweite Koordinationsebene (über die Abteilung via ihrem Direktor als Mitglied der Zweierkollegien) entstehen. Auf jeden Fall ermöglicht sie dem Präsidenten und seinem Vize eine Informationsbündelung sowie unter Umständen eine starke indirekte Entscheidungsbeeinflussung.

Diese Darstellung der Kommunikationsstrukturen mag die Problematik der Informationssammlung und -verteilung sowie der Kooperation in einer nicht hierarchisch organisierten Behörde deutlich machen. Dabei haben sich im Vergleich zu früher die Informationsdefizite schon erheblich gemindert. Dennoch sind der Ausbau der Dokumentation und eine breitere Informationsstreuung zwei Maßnahmen, die dazu beitragen könnten, das Prüfungshandeln des Rechnungshofs wirksamer und einheitlicher zu gestalten.

4. Strukturierung und Durchführung der Finanzkontrolle

4.1. Planung der Prüfungsvorhaben

4.1.1. Planungsnotwendigkeiten

Die im Kapitel 2 diskutierte Prüfungsstruktur wird in ihren wesentlichen Zügen durch die Arbeitsplanung in den einzelnen Prüfungsgebieten bestimmt, genauer: durch die Konzeptionen und Strategien, die der Planung der Prüfungsvorhaben zugrundeliegen und - vermittelt über diese - auch die Durchführung vorstrukturieren. Den Planungs- und Prüfungsstrategien kommt damit eine nicht zu unterschätzende Bedeutung für Art und Ausmaß der Erfüllung der verschiedenen Teilfunktionen der Finanzkontrolle zu. Geleistet wird die Arbeitsplanung in erster Linie von den einzelnen Prüfungsgebieten bzw. deren Kollegien, ihr formelles Produkt sind einjährige Arbeitspläne. Sie werden zu Abstimmungszwecken an den Präsidenten bzw. Vizepräsidenten übermittelt und soweit wie möglich im BRH insgesamt abgestimmt.

Ein Vergleich der Prüfungsgebiete zeigt gravierende Unterschiede in der jeweiligen Planungspraxis sowie in den damit verbundenen Handlungsperspektiven und -strukturen. Diese Differenzen[109] sind zum einen auf die in den einzelnen Prüfungsgebieten vertretenen "Prüfungsphilosophien" zurückzuführen, zum anderen erfordert aber auch der jeweilige Prüfungsstoff eine unterschiedlich ausgerichtete und ungleich starke Vorplanung. Mit anderen Worten: Von den jeweiligen Prüfungsgegenständen gehen differierende Planungsbedingungen aus. Schließlich stellen die jeweiligen Qualifikationen der Prüfungsbeamten ein gewichtiges Faktum dar, das bei der Planung der Vorhaben ebenfalls berücksichtigt werden muß.

Zugleich sind einige durchgängige Entwicklungslinien und Problemstellungen zu erkennen, die auf eine Umbruchsituation in der Finanzkontrolle durch den BRH verweisen. Sie sind primär eine Folge des enormen Anwachsens und der qualitativen Änderung des Prüfungsstoffs ohne eine entsprechende Ausweitung der Prüfungskapazitäten. Diese Konstellation erzwingt seit einigen Jahren zunehmend die Entwicklung von Strategien zur Effektivierung des Einsatzes der verfügbaren Kapazitäten, und zwar mittels einer "Innendifferenzierung" - im Sinne einer qualifikatorischen Spezialisierung und einer Umorganisation der Aufgabenverteilung und -erledigung[110] - sowie mittels einer "Außenstrukturierung" - also einer weiteren Segmentierung der Prüfungsfelder und einer Einbeziehung der dort herrschenden Handlungsregeln selbst als Prüfungsgegenstände. Zentrales Mittel der Effektivierung, das zugleich das "Innen" und "Außen" verbindet, ist die planmäßige Gestaltung des eigenen Kontrollhandelns. Dieses Erfordernis kommt auch in den "Vorläufigen Richtlinien zur Arbeitsplanung" zum Ausdruck,

---

109   Mit diesen Differenzen korrespondieren insbesondere die oben in Kapitel 2.2.3. dargestellten Prüfungsformen und deren Kombinationen.
110   Zum Einsatz der Vorprüfungsstellen als "Mittel" der Kapazitätserweiterung vgl. unten Kapitel 8.

in denen u.a. die in Kapitel 2.2.3. vorgestellten Prüfungsformen enthalten sind. Als Motto kann eine Formulierung des früheren Präsidenten Wittrock dienen: " die zu leistende Arbeit [muß] systematisch vorbereitet, organisiert und ... verteilt ... werden"[111].

4.1.2. Planungskonzeptionen und Planungsstrategien

Ausgehend von den eben skizzierten zentralen Bestimmungsmomenten, lassen sich analytisch drei Typen der Prüfungsplanung unterscheiden, anhand derer die differierenden Konzeptionen und Strategien pointiert herausgearbeitet werden können. Bei ihrer Darstellung ist allerdings zu beachten, daß realiter alle möglichen Abstufungen existieren und daß die jeweils herausgehobene Hauptmaxime in den anderen Typen auch vorhanden ist - nur mit einem weit geringeren Stellenwert. Dagegen differiert der Planungsaufwand in den verschiedenen Prüfungsgebieten tatsächlich erheblich; das drückt sich auch in den Ergebnissen aus. Ein Beteiligter beschreibt dies drastisch folgendermaßen: "Einige Prüfungsgebiete konzipieren eher anspruchsvolle Prüfungen, andere geben sich mit kleineren, einfacheren Prüfungen zufrieden - mit einfach strukturierten Mitteilungen zum Beispiel." Damit soll nicht unterstellt werden, daß intensivere Planung automatisch bessere Ergebnisse einbringt; vielmehr geht es darum, daß Art und Ausmaß der Vorbereitung keinesfalls irrelevant für die Ergebnisse sind, sondern beispielsweise ihren Informationsgehalt stark beeinflussen. Hinzu kommt, daß der jeweilige Prüfungsgebietstypus - Fachprüfungsgebiet oder Querschnittprüfungsgebiet - sowohl vom Prüfungsstoff als auch von den einsetzbaren Prüfungsarten sowie den erforderlichen Planungs- und Koordinationsprozessen her, sehr unterschiedliche Bedingungen mit sich bringt. Die folgende Typisierung gilt daher uneingeschränkt nur für die Fachprüfungsgebiete; für die Querschnittsprüfungsgebiete muß sie um zusätzliche Handlungsdeterminanten ergänzt werden.

Als Planungstypen werden analytisch unterschieden:
- die fortlaufende, erfahrungsgeleitete Planung;
- die halbsystematisch-rückkoppelnde Planung;
- die systematisch-analytische Planung.

Bei allen Planungsformen kommen als fremdbestimmtes Moment die Prüfungs- und Beratungswünsche des Parlaments hinzu sowie Beschlüsse des Großen Senats für Querschnittsprüfungen bzw. Prüfungsgruppen und ein Tätigwerden für den Bundesbeauftragten für Wirtschaftlichkeit in der Verwaltung. Zusätzlich in unterschiedlichem Maße mit in die Planung einbezogen werden Arbeitsergebnisse oder sonstige Hinweise der Vorprüfungsstellen.

---

111 Vgl. Wittrock, *Anforderungen moderner Finanzkontrolle* (Anm. 42), S. 100.

Fortlaufende erfahrungsgeleitete Planung

Hier wird die "Erfahrung" als alleiniger Handlungsleitfaden und als Strukturmoment betrachtet, und zwar für die Arbeitsplanung und Auswahl der Prüfungsvorhaben wie für
das Prüfungshandeln selbst. Nach dem Motto "wir wissen alles" heben die Beteiligten die
"intime Kenntnis" ihres Prüfungsbereichs als Planungsgrundlage hervor. Als Informationsbasis gelten demgemäß die langjährige Zuständigkeit für einen Bereich, der kontinuierliche persönliche Kontakt sowie die fortlaufende Verfolgung und Auswertung der
Haushaltsplanung und des Vollzugs sowie sonstiger Unterlagen aus der Verwaltung
(z.B. Erlasse, Programme) und/oder aus dem Bundesministerium der Finanzen, gegebenenfalls auch Informationen aus den Massenmedien und/oder aus den Parlamentsausschüssen.

Aus diesen Daten wird ohne Zuhilfenahme eines elaborierten Verfahrens ein
"dichtes Informationsnetz gestrickt", wobei sich der jeweilige Prüfungsgebietsleiter zumeist als Informationszentrum seines Gebiets sieht ("weil bei mir alles zusammenläuft").
Die Aufstellung des Arbeitsplans erfolgt - in seiner Ausrichtung grob vorbestimmt durch
längerfristige Überlegungen - in mindestens einer Besprechung mit dem/den zuständigen Prüfungsbeamten bzw. zweistufig, zuerst mit den Prüfern, dann im Kollegium. Dabei wird die Auswahl getroffen, und es werden Prüfungsform und Prüfungsziel grob
festgelegt. Hierbei fließt zwar das Detailwissen der jeweiligen Prüfer ein, die prüfungs-
strukturierenden Überlegungen werden jedoch primär vom Leiter getragen: "was man
hier delegieren kann, ist relativ gering." Die einzelnen Vorhaben werden in diesen
Planungsaktivitäten nur mehr oder weniger locker miteinander verbunden, zum Beispiel
als Aufgaben eines Prüfers oder Teams. Die Ausführung liegt dann beim einzelnen Beamten, wobei der Leiter allerdings weiterhin "Informationszentrale" bleibt bzw. bleiben
will; er setzt darauf, über alle wichtigen Sachverhalte informiert zu werden, hat aber
während der Ermittlungsphase kaum effektive Kontrollmöglichkeiten. Die angewandten
Prüfungsverfahren und Erhebungsmethoden werden allein durch das Beispiel bzw. Vor-
bild (bei der Einarbeitung), durch Einzelhinweise des Prüfungsgebietsleiters und eigene
Prüfungserfahrungen bestimmt.

In die Auswahl der Vorhaben fließen ein:

- allgemeine Mängelvermutungen ("aufgrund intimer Kenntnisse") sowie aktuelle Informationen über erhöhte Fehlermöglichkeiten, insbesondere im Falle erhöhter
  Haushaltsansätze bzw. allgemeiner: anhand der Schwerpunkte der Veränderungen
  im Haushaltsplan oder bei Einführung neuer Programme oder der Einrichtung
  neuer Verwaltungseinheiten;
- ein gewisser Prüfungsturnus bzw. ein rollierendes Verfahren, bei dem die Prüfungen
  der verschiedenen Bereiche in einem überschaubaren Zeitraum wiederholt werden;
  allerdings wird ein ganz gleichmäßiger Rhythmus vermieden, um das Überra-
  schungsmoment als Element der echten Prüfung zu erhalten;
- zum Teil werden zusätzliche Ausschlußkriterien angewendet, wie: keine Prüfung von
  Bereichen, in denen gerade eine Änderung im Gange ist.

Bei derartigen mehr oder weniger intensiven Wissenssammlungen ist es - nach weitgehend übereinstimmenen Angaben der Beteiligten - besonders wichtig, keinen relevanten Bereich über einen längeren Zeitraum von Jahren ungeprüft zu lassen, da sonst der Kontakt (als zentrales Mittel des Informationstransfers) verlorengeht.

Teilweise werden die fehlende Konzeptualisierung der Planung und die unsystematische Informationssammlung durch Kontrollprüfungen kompensiert. Zudem spielen "Allgemeine Prüfungen" und "Orientierungsprüfungen" eine größere Rolle. Hier liegt der Schluß nahe, daß diese Prüfungsformen auch ein Ersatz für fehlende systematische Auswahlverfahren sind. Mit diesem Planungsansatz sind große (komplexe und langfristige) Prüfungen besonders schwer durchzustehen. Deswegen werden, wenn "Schwerpunktprüfungen" o.ä. die Arbeit des Prüfungsgebiets dominieren, zumeist nur Indikatoren in Form einzelner Maßnahmen oder Maßnahmenteile untersucht. Als wünschenswertes Verhältnis der Anteile der Prüfungsformen wird des öfteren ein Mischungsverhältnis von 50 Prozent Orientierungs- und Allgemeinprüfungen zu 50 Prozent Schwerpunkt-, Programm- oder Systemprüfungen genannt.

Systematisch-analytische Planung

Hier werden Informationsnetze als Planungsbasis systematisch aufgebaut durch die Auswertung der früheren Prüfungsergebnisse anhand elaborierter Raster und durch eine breite, systematisch verfahrende Auswertung verschiedener Informationsquellen sowie eine entsprechende Beobachtung der Prüfungsobjekte. Daraus entsteht ein Gerüst von prüfungsrelevantem Wissen, das sukzessive eine Weiterentwicklung erlaubt. Die Planung der Prüfungsvorhaben selbst erfolgt auf dieser Informationsbasis sehr langfristig. Die angewandte Prüfungskonzeption umfaßt folgende Merkmale:
- für mehrere Jahre im voraus ausgearbeitete, strukturierte Zielvorgaben, die so lange kontinuierlich fortgeschrieben werden, bis eine Neuorientierung des Zielsystems erforderlich wird;
- ein Netzwerk aufeinander bezogener Prüfungseinheiten;
- als Bezugsgröße jeweils eine Gesamtaufgabe oder eine Institution als Ganzes, oder eine Entscheidungs- und Durchführungskette über mehrere Institutionen hinweg;
- vorstrukturierte Durchführungsverfahren und elaborierte Erhebungsinstrumente sowie Bewertungsraster.

Hieraus werden relativ komplexe Einzelprüfungen - oft über längere Zeiträume hinweg - abgeleitet.

In diese Prüfungskonzeptionen gehen sowohl die - nachträglich bewerteten - früheren Konzepte, Verfahren und Raster des betreffenden Prüfungsgebiets ein als auch inhaltliche Konzepte und methodische Entwicklungen externer Experten, die für die Tätigkeit der geprüften Stelle bedeutsam sind, gegebenenfalls einschließlich internationaler Organisationen. Als Teil der Konzeptionierung werden schließlich für die einzelnen Prüfungsvorhaben vorbereitende Analysen über den Charakter der zu prüfenden Behörde oder des Programms angefertigt. Diese vielfältigen Arbeitspakete machen zwar die Prüfungsplanung recht aufwendig und erfordern einen erhöhten zeitlichen Vorlauf, zugleich aber werden der Durchführungsaufwand und die erforderliche Anzahl der Prüfungen erheblich reduziert. Zudem werden die Prüfungsergebnisse untereinander systematisch vergleichbar, was sowohl zusätzliche Informationen erbringt als auch eher generalisierende Aussagen erlaubt.

Die eben skizzierte Elaboriertheit der Planungsverfahren impliziert keineswegs, daß den Prüfungsbeamten die Durchführung der Vorhaben detailliert vorgeschrieben ist und nur noch abgewickelt zu werden braucht. Vielmehr bietet sie ihnen Hilfsmittel und (neuartige) Handlungsinstrumente. An die Stelle der "Prüfernase" - oder besser noch: ihr zur Seite - tritt das gekonnte Handhaben von "Instrumenten". Bei dieser stark durchstrukturierten Planungsstrategie wird weitgehend auf eine Stichprobenziehung als Auswahlmittel verzichtet bzw. dieses Konzept wird bevorzugt in Prüfungsbereichen angewendet, die keine Stichprobenbildung erlauben.

Halbsystematisch-rückkoppelnde Planung

Auch hier nimmt die Informationssammlung einen breiten Raum ein. Tendenziell wird ein größeres Spektrum von Informationsquellen einbezogen als bei der "fortlaufenden erfahrungsgeleiteten Planung"[112]. Die Informationssuche wird stark durch die Frage gesteuert: "Wo findet man Teilbereiche, die für die Prüfung am meisten versprechen?"

Vor allem für die Auswahl der Prüfungsvorhaben bzw. als Vorbereitung für sie werden systematisierende Verfahren eingesetzt, so:
- eine Kartei aller Prüfungen mit einem Set regelmäßiger, gleichartiger Grundinformationen;
- die Auswertung alter Prüfungsmitteilungen;
- Orientierungsprüfungen;
- Stichprobenverfahren, soweit der Prüfungsstoff dies zuläßt[113];
- eine gezielte Ermittlung von aktuellem Bewertungs- und/oder Beratungsbedarf, so beim Auslaufen von Subventionsprogrammen oder von Forschungs- und Entwicklungsvorhaben.

Der Prüfungsplan entsteht anhand dieser Informationen sukzessive "im Laufe des Jahres". Zusätzlich steckt der Prüfungsgebietsleiter zusammen mit den jeweils zuständigen Prüfern die Prüffelder genauer ab, bestimmt die Themenbereiche eingehender usw. Die Realisierung liegt wieder weitgehend in der Hand der Prüfungsbeamten. Über dieses methodische Vorgehen hinausgehende elaborierte Planungsvorschriften, wie sie das Ar-

---

112   Zudem werden die Massenmedien sowie Fachveröffentlichungen als Informationsquellen stärker betont gegenüber den "konservativen" Quellen "Haushaltsplan", "Haushaltsvollzug" u.a. Welche Informationsquellen genutzt werden, hängt bei der halbsystematischen wie bei der fortlaufenden Planung auch davon ab, welche Informationen im Zuge von sachbearbeitenden (Neben-)Tätigkeiten aufgenommen werden müssen.

113   Von Vertretern dieser Planungsstrategie wurde am häufigsten geäußert: "Die Bewältigung des Prüfungsstoffs ist nur stichprobenartig möglich."

beitshandbuch des BRH anstrebt, werden hier tendenziell fast ebenso stark abgelehnt wie in den Prüfungsgebieten mit rein erfahrungsgeleiteter Planung - mit dem Argument, daß sie die Anpassung an den Einzelfall erschweren. Damit entsteht ein latenter Widerspruch zu der gleichzeitig vertretenen Orientierung auf Programmprüfungen ("weg vom Einzelfall").

Modifikation der Planung für Querschnittsprüfungsgebiete

Wie aus der Darstellung der institutionellen Determinanten des Prüfungshandelns hervorgeht, haben die Querschnittsprüfungsgebiete nur einen eng umgrenzten Fundus oder "Grundstock" von Prüfungsthemen und -formen, in dem sie alleine planen können. Für alle anderen Prüfungsvorhaben ist ein erheblicher zusätzlicher Aufwand an Kommunikation und Kooperation erforderlich - wie anhand von Kapitel 3 zu ersehen ist. Bisher ist es den Querschnittsprüfungsgebieten zudem noch nicht oder nur unzureichend gelungen, Verfahren zur systematischen Ermittlung des Prüfungsbedarfs (in ihrem jeweiligen Bereich) bzw. zur systematischen Auswahl von Prüfungsthemen zu entwickeln.

Andererseits sind gerade die "selbstbestimmten" Prüfungen - aufgrund der speziellen Funktionen der Querschnittsprüfungsgebiete - wesentlich umfangreicher, langwieriger und erfordern komplexere Vorarbeiten als die Prüfungen der Fachprüfungsgebiete. So nennt ein personell gut besetztes Querschnittsprüfungsgebiet durchschnittlich zwei Jahre Dauer für Prüfungen aus dem eigenen Fundus. Ein anderes arbeitet sogar schon wesentlich länger an einem Thema. Demgemäß ist in den Querschnittsprüfungsgebieten die systematische Planungsarbeit tendenziell hin zur Vorbereitung der einzelnen Untersuchungen verschoben. Diese Prüfungsgebiete unterscheiden sich daher untereinander bezüglich ihres Planungsverhaltens eher danach, in welchem Umfang für die Einzelvorhaben differenzierte Konzeptionen vorab erstellt werden[114] und inwieweit damit Versuche verbunden sind, neue Prüfungsansätze zu finden[115] oder auf eine systematische Methodenentwicklung hinzuarbeiten.

Die Themen für Querschnittsprüfungen dagegen ergeben sich häufig "irgendwie" - meist als Folge ausgeprägter Suchaktivitäten, zuweilen sogar "ganz einfach [durch] Klinkenputzen". Dies gilt gleichermaßen für Untersuchungen kraft eigener Zuständigkeit wie bei Absprachen mit anderen Prüfungsgebieten. Als auswahlsteuernde Kriterien werden genannt: Gespräche in den Ressorts, Ressortveröffentlichungen, Presseveröffentlichungen, Haushaltspläne und -beratungen sowie Wünsche des Parlaments. Daneben betonen einige Prüfungsgebietsleiter das intuitive oder Erfahrungsmoment: Man "braucht Fingerspitzengefühl, wo etwas nicht stimmt", man "muß sein Ohr ein bißchen an der Verwaltung haben".

Als spezielle Problematik solcher großen Prüfungsvorhaben wird schließlich mehrfach hervorgehoben, daß sich während der (sehr langen) Bearbeitungszeit "die

---

114 Ein Querschnittsprüfungsgebiet veranstaltet beispielsweise vor Prüfungen eine 14tägige Klausurtagung, um eine Konzeption usw. zu entwerfen.
115 Vgl. unten Kapitel 2.2.1.

Konstellationen im Untersuchungsfeld verändern" und das Projekt als Folge davon weniger relevant, aber auch äußerst brisant werden kann.

4.2. Durchführung der Prüfung

Wie bereits angedeutet, liegt sowohl im Falle systematischer Arbeitsplanung und elaborierter Analyseinstrumente als auch im Falle der erfahrungsgeleiteten Auswahl der Vorhaben die Durchführung der Prüfungen weitgehend in der Hand der Prüfer: "Was dieser nicht ermittelt, ist nicht in der Welt" (wie ein Prüfungsgebietsleiter pointiert formuliert). Denn dem Leiter bzw. Kollegium ist aufgrund des großen Umfangs der Aktivitäten "vor Ort" keine kontinuierliche Beobachtung der verschiedenen gleichzeitig laufenden Verfahren möglich. Zugleich haben die Ermittlungen vor Ort einen sehr hohen Rang für das gesamte Prüfungsverfahren. Daher beschränkt der Leiter seine Anwesenheit auf die allerwichtigsten Phasen, zumeist auf den Prüfungsbeginn und die Abschlußbesprechung. Hinzu kommen außergewöhnliche Anlässe für eine längerfristige Anwesenheit der Prüfungsgebietsleiter vor Ort, zum Beispiel gemeinsam mit einem neuen Prüfer durchgeführte Prüfungen, um diesen einzuarbeiten.

Die Leiter selbst schätzen ihre aufgrund dieser Konstellation gegebenen Einfluß- und Kontrollmöglichkeiten unterschiedlich ein. So betonen die einen ihre Funktion als "Informationsknotenpunkt" - gegenüber den Detailkenntnissen der Prüfer - und ihre "Führungsverantwortung" - gegenüber der "Handlungsverantwortung" ihrer Mitarbeiter. Andere wiederum heben hervor, daß die Prüfungsbeamten bei der Durchführung einen größeren Gestaltungsspielraum hätten als ihre Leiter und im Extremfall sogar "das Kollegium informationell aushungern" könnten, das ja größtenteils auf die rückgekoppelten Informationen der Prüfer angewiesen ist, um den faktischen Verlauf der verschiedenen Datenermittlungsprozesse überblicken zu können. Von daher betonen die BRH-Mitglieder weitgehend übereinstimmend, daß eine gute Qualität der Prüfungsergebnisse "kompetente, durchsetzungsfähige Mitarbeiter" voraussetzt. Als weitere relevante Eigenschaften wurden zielbewußt, spontan und phantasievoll sein genannt. Kritisch wurde vermerkt, daß einige Leiter einen Prüfertyp "wünschen, der drinnen nett ist und vorgesetztenhörig".

Aufgrund dieser zentralen Stellung der Prüfungsbeamten bei der Realisierung der Prüfungsvorhaben hat ihre Qualifikation auch einen erheblichen Einfluß auf die durchführbaren Prüfungsarten. So wird der Übergang von der am Einzelfall orientierten Kontrolle zur Programm- und Systemprüfung in Tempo und Ausmaß mitbestimmt durch die nur schrittweise veränderbare Qualifikationsstruktur der Mehrzahl der Prüfer, die als Beamte des gehobenen Dienstes Spezialisten für die Einhaltung mehr oder weniger formaler Regelwerke sind, mit einer "stark aufs Detail orientierten Blickrichtung".

Als grundsätzliches Problem für eine derartige "weitgehend selbständig(e)" Prüfungstätigkeit mit "Flexibilität, Einfühlungsvermögen sowie fachliche(n) und allgemeine(n)

Kenntnissen"[116] erweist sich das Spannungsverhältnis zwischen formell zugeordneter und informell-faktischer Entscheidungskompetenz: Einerseits sind allein die unabhängigen kollegialen Gremien entscheidungsberechtigt, andererseits fordert gerade eine qualitativ hochwertige Prüfung eine Vielzahl von Prüferentscheidungen vor Ort. Als Ausweg aus diesem Dilemma sieht ein Teil der BRH-Mitglieder die Tatsache, daß die Prüfer vor Ort als "Beauftragte des BRH" fungieren und als solche abgeleitete Befugnisse wahrnehmen können (von dieser Seite wird denn auch moniert, daß ein Großteil der Prüfer seine Möglichkeiten nicht genügend nutze)[117].

Das Ausmaß der faktischen Gestaltungsmöglichkeiten der Prüfer hängt des weiteren weniger vom Grundtyp der Arbeitsplanung ab als von der Komplexität oder Routinehaftigkeit der einzelnen Prüfungsvorhaben sowie von der Spezialisierung innerhalb der einzelnen Prüfungsgebiete. Denn auch bei differenziert vorgegebenen Verfahrenskonzepten und ausgearbeiteten Bewertungsrastern bilden der Prüfungsauftrag und die (systematisierte) Prüfungsvorbereitung lediglich den Rahmen für die Sachverhaltsermittlung und Datenerhebung vor Ort, da die konkrete inhaltliche Füllung nur fallbezogen zu leisten ist. Verglichen damit, erlauben wenig vorgeplante, einfache Prüfungen häufig weniger Kreativität.

Umfang und Form der Spezialisierung der Prüfungsbeamten variieren erheblich zwischen den Prüfungsgebieten. Gründe hierfür liegen einerseits in der Art und vor allem der Vielgestaltigkeit des Prüfungsstoffs sowie in den verfügbaren beruflichen Qualifikationen der Mitarbeiter, andererseits ist sie aber auch stark von der Prüfungsphilosophie des Leiters/Kollegiums abhängig: Es gibt Prüfungsgebiete, in denen nur eine grobe Zuordnung zwischen den Themenbereichen und den einzelnen Prüfern besteht, mit entsprechend flexiblen Einsatzmöglichkeiten; es gibt aber auch Prüfungsgebiete, in denen eine rigide thematische Arbeitsteilung herrscht. Hiermit eng verknüpft ist die Arbeitsorientierung und vor allem die Kooperationsfähigkeit der Prüfungsbeamten selbst: Die "Einzelkämpfer"-Mentalität alten Stils verhindert (gute) Teamarbeit oft ebenso wie die starke Spezialisierung des einzelnen. Umfangreiche bzw. komplexe und/oder differenziert vorgeplante Prüfungsvorhaben dagegen fördern sie. Als wichtiger Vorteil von Teamarbeit wird zudem genannt, daß vor Ort ein Ansprechpartner vorhanden ist. In einigen Prüfungsgebieten existieren beide Arbeitsformen gleichgewichtig nebeneinander, beispielsweise Teamprüfungen bei Zuwendungen und Einzelprüfungen bei Leistungsgesetzen, was auf den Einfluß des "Stoffs" oder auf eher Zufälliges verweist. Hierbei handelt es sich größtenteils um Prüfungsgebiete mit "halbsystematischer" Arbeitsplanung. So beziffert der Leiter eines solchen Prüfungsgebiets den Anteil der Teamprüfungen auf ca. 50 Prozent.

Die Rolle des Prüfungsgebietsleiters bzw. Kollegiums im Durchführungsprozeß ist durch drei Aspekte bestimmt: durch die bereits erwähnte Initiierung von Prüfungen, die Qualität der Vorplanung und das Ausmaß der (freiwilligen) Rückkopplung von Prüfungsinformationen und schließlich durch die Teilnahme an der "Schlußbesprechung".

---

116 So die Selbstdarstellung des BRH, in: Der Bundesrechnungshof (Anm. 86), S. 22.
117 Vgl. hierzu auch Kapitel 4.4. unten.

Sie steht, insbesondere bei der Initiierung der Prüfung, im Kontext seiner Funktion als kontinuierlicher Gesprächspartner der Behörden- bzw. Abteilungsleitung und/oder der Referatsleiter. Eine gute Vorplanung sichert eine solide Basis für gezielte Informationsnachfragen und für eine "kurz geschlossene" Verständigung. War die Vorplanung gering, muß der Leiter unter Umständen in der Anfangsphase der Prüfung einen hohen Arbeitsaufwand leisten, um seine Vorstellungen vermitteln zu können, bis der Prüfer allein weitermachen kann. Eine partielle Abhängigkeit des Prüfungsgebietsleiters vom Prüfer bleibt aber während der gesamten Ermittlungsphase bestehen. Entscheidend ist für ihn die Schlußbesprechung, die sowohl als zentrale Informationsquelle über die Qualität der Prüfungserkenntnisse bzw. die Güte der Sachverhaltsermittlungen und die Wertung der Prüfer Auskunft gibt als auch die Gelegenheit bietet, die Sachverhalte und Wertungen mit den Betroffenen im Sinne eines Abklärungsprozesses und Meinungsaustausches zu besprechen. Die Erledigung von Monita bzw. das "Abhaken von Punkten" spielt dabei eine geringere Rolle.

Die zentrale Bedeutung der "Schlußbesprechungen" wird sowohl in den "Vorläufigen Richtlinien" des Großen Senats ("Zur Behandlung der Prüfungsergebnisse und zum Abschluß des Prüfungsverfahrens"[118]) als auch von den Prüfungsgebietsleitern einhellig hervorgehoben. Wegen ihres hohen Stellenwerts als Instrument der Leitung in der Durchführungsphase konzentriert sich ein Teil der Prüfungsgebietsleiter auf die "wirklich wichtigen Fälle", während andere möglichst an allen Schlußbesprechungen teilnehmen. In einigen Prüfungsgebieten arbeitet zudem der Leiter intensiv an Prüfungsberichten mit. Die Anwesenheit der Leiter (bzw. Kollegien) wird bis zu einem gewissen Grad dadurch erzwungen, daß die Prüfer formell nicht eigenständig entscheiden dürfen. Dies verhindert nach Meinung verschiedener BRH-Akteure den effektiven Einsatz von Planungsstrategien und bremst die Eigeninitiative der Prüfer.

4.3. Wandel der Planungsstrategien und Einsatz elaborierter Verfahren und Instrumente

Wenngleich in einem Teil der Prüfungsgebiete ausgeprägte Tendenzen zur systematischen, konzeptionellen Arbeitsplanung sowie zur Entwicklung elaborierter Prüfungsverfahren und Erhebungsinstrumente vorhanden sind, bilden bisher doch die Erfahrungen das Hauptpotential des BRH. "Die Grundsubstanz der Erfahrungen ... [ist wiederum] bei den Fachprüfungsgebieten" angesiedelt. Insbesondere durch die Prüfungspraxis "vor Ort" sammelte sich über lange Zeit ein breites Repertoire an Erfahrungswissen an, das den BRH im internationalen Vergleich - nach Einschätzung eines langjährigen BRH-Mitglieds - auf einen relativ hohen Standard in der Finanzkontrolle gebracht hat. Auch von externen Experten wird nach seiner Meinung das in der Bundesrepublik praktizierte System der Finanzkontrolle als wesentlich wirkungsvoller eingestuft, "als z.B. der punktuelle Ansatz der Rechnungsprüfung mit Gerichtscharakter und Disziplincharakter im romanischen Raum".

---

118 Vgl. Heuer/Dommach, *Finanzkontrolle* (Anm. 45), VIII-8.

Allerdings hat die Dominanz des erfahrungsgeleiteten Prüfungshandelns schon immer und zwangsläufig Beschränkungen in der Analysebreite und -tiefe mit sich gebracht. Insbesondere implizierte sie eine Verkürzung des Prüfungsmaßstabs "Wirtschaftlichkeit" auf das Einzelwirtschaftliche bzw. Betriebswirtschaftliche, "ohne viel auf die gesamtwirtschaftliche Wirkung einzugehen". Diese Beschränkung war lange Zeit und ist zum Teil heute noch verknüpft mit der weitgehenden Abschottung des BRH gegen externe - vor allem wissenschaftliche - Ansätze; sie ist also (zumindest ursprünglich) kein Ausdruck einer Einsicht in die Problematik volkswirtschaftlicher Wirtschaftlichkeitsanalysen gewesen. Inzwischen erkennt ein Teil der "Höfe" die Problematik solcher rein betriebswirtschaftlichen Betrachtungen durchaus, lehnt aber eine volkswirtschaftliche Betrachtungsweise weiterhin ab, da sie "leicht ins Uferlose führe" und "arbeitsmäßig unlösbare Probleme" hervorrufe.

Mit fortschreitendem Funktionswandel genügt es aber immer weniger, lediglich auf den gesammelten Erfahrungen aufzubauen. Denn zum einen sind die erzielbaren Erfahrungszuwächse zu gering, als daß mit den neu auftauchenden Prüfungsanforderungen Schritt gehalten werden könnte. Zum anderen wird der Erfahrungsansatz selbst als alleinige Handlungsstrategie obsolet. Diese Einschätzung vertreten sowohl BRH-Angehörige, die sich intensiver mit methodischen Fragen beschäftigen, als auch externe Beobachter, die das "Innenleben" des BRH verhältnismäßig gut kennen. Diese Entwicklung spiegelt sich auch unmittelbar in der Änderung der "Prüfungsphilosophie" wider. Starke Tendenzen zu einer Umorientierung traten nach Angaben langjähriger BRH-Mitglieder schon in den sechziger Jahren auf. Im übrigen wird die Notwendigkeit des Wandels wiederum im internationalen Vergleich besonders deutlich.

Diesem Wandel kann der BRH nur begegnen - und seinen Standard nur halten -, wenn er verstärkt die in einem Teil der Prüfungsgebiete begonnene Ausarbeitung von Planungskonzepten und -strategien sowie von Prüfungsverfahren und -instrumenten aufgreift und BRH-weit vorantreibt. Dies bedeutet nicht, daß das akkumulierte Erfahrungswissen und das erfahrungsgeleitete Vorgehen plötzlich und in Gänze aufgegeben werden sollen. Zwar wäre es - auch nach Meinung von "Insidern" - durchaus möglich, die vom BRH einzusetzenden Strategien und Verfahren theoretisch herzuleiten sowie die anzuwendenden Prüfungsmaßstäbe von einer theoretischen Warte her inhaltlich zu füllen; da aber keine Schablone die Fähigkeit ersetzen kann, fallbezogen zu entscheiden, wären äußerst aufwendige Verfahren notwendig, was - so sie überhaupt funktionieren würden - wenig effizient wäre. Zudem darf aus der Forderung nach Planung nicht geschlossen werden, daß ein erfahrungsgeleitetes Vorgehen "planlos" im Sinne von unstrukturiert ist. Planung bedeutet häufig nur, die vorher implizit vorhandene Struktur (Denk- und Handlungsmuster) zu explizieren und damit bewußt zu machen und vor allem offenzulegen. Des weiteren können auch eingefahrene Handlungsgewohnheiten wie Instrumente wirken; nur sind sie der Kritik wesentlich schwerer zugänglich und damit rational weniger kontrollierbar.

Aus diesen Gründen muß versucht werden, den analytischen Einsatz mit dem Erfahrungsansatz zu vereinbaren - und das bedeutet eine permanente Gratwanderung. Insofern impliziert auch die Forderung nach Planungssystemen und Analyseinstrumenten

nicht, daß den unterschiedlichen Prüfungsobjekten ein einheitliches Untersuchungsmodell übergestülpt wird; vielmehr sollen die Verfahren und Instrumente verstärkt eine Feinanpassung an die vielgestaltigen Institutionen mit ihren je spezifischen
Aufgaben und Strukturen ermöglichen. Diese Notwendigkeit - ebenso den Wert des Erfahrungswissens - heben gerade Verfechter analytisch-konzeptioneller Methoden und
Verfahren hervor.

Schließlich bedürfen die verschiedenen Phasen des Planungs- und Durchführungsprozesses einer unterschiedlich starken Elaborierung. Grundsätzlich gilt, daß man nicht
alles bis ins einzelne reglementieren kann, will man nicht eine Menge relevanter Informationen verlieren und/oder einen ineffektiven Arbeitsaufwand betreiben. Allerdings
kann auch bei einem einseitig erfahrungsgeleiteten Verfahren der Arbeitsaufwand sehr
hoch werden. Dies wird nur nicht offensichtlich, da das Verhältnis input - output nicht
kontrolliert wird. In die hier angedeutete Richtung weist eine BRH-interne Schätzung,
die zu dem Schluß kommt, daß mit 20 Prozent des Aufwandes 80 Prozent des "Ertrages"
erreicht werde. Aufgrund dieser gegenläufigen Bedingungen können angemessene
Verfahren und Instrumente auch nur in einem langwierigen Prozeß entstehen, zumal die
Fähigkeit zur Innovation im BRH - wie in anderen öffentlichen Institutionen auch -
durch eine starke Neigung zur Codifizierung allen Handelns gehemmt wird.[119]

Ein zweiter wichtiger Aspekt der hier diskutierten Umorientierung betrifft die Kooperation mit externen Experten[120]. Auch hier erscheint eine Intensivierung erforderlich.
Zugleich ist jedoch eine widersprüchliche Handlungssituation insofern gegeben, als viele
methodische Ansätze und Instrumente nur sehr bedingt auf die Prüfungstätigkeit des
BRH übertragbar und vor allem mit seinen Handlungsmöglichkeiten nur schwer zu vereinbaren sind. Dies läßt sich exemplarisch am Beispiel der Kosten-Nutzen-Analyse
aufzeigen (vgl. hierzu die Darlegungen in den Kapiteln 2.3 und 12.2.). Andererseits hat
sich der Rückgriff auf einfachere Instrumente zur Wirtschaftlichkeits- oder
Organisationsanalyse bewährt, so zum Beispiel Kostenrechnungen oder Refa-Methoden.
Hinzu kommt, daß die Vergabe von Gutachten nach außen - zumindest kurzfristig - erhebliche Kapazität beansprucht, bis den Experten die prüfungsrelevanten BRH-internen
Vorinformationen, Bewertungskriterien usw. vermittelt sind.

Entsprechend diesen widersprüchlichen Handlungsbedingungen wird die Entwicklung von Prüfungsmethoden in den verschiedenen Prüfungsgebieten in sehr unterschiedlichem Maße vorangetrieben - und werden vor allem die "Produkte" hinsichtlich
ihres Nutzens recht unterschiedlich bewertet. Betrachtet man die prüfungsgebietsübergreifenden "Angebote", so haben diese - wie die sogenannten Arbeitshilfen - eher
den Charakter von Hilfsmitteln und begegnen trotzdem einer verbreiteten Abwehrhaltung. Dies gilt nicht nur für den BRH selbst, sondern auch für die fachlich zugeordneten

---

119   Hiermit hängt die vielzitierte "bürokratische Tendenz öffentlicher Verwaltungen", oder genauer: die spezifische "bürokratische Rationalität" aufs engste zusammen, die aber hier nicht
      weiter diskutiert werden kann.
120   Die Bedeutung einer Kooperation mit Externen wird wiederum im internationalen Vergleich - insbesondere mit dem US-Rechnungshof - deutlich.

"Vorprüfungsstellen" (obwohl hier der Bedarf an Hilfsmitteln wegen der schlechteren Personalausstattung höher ist als in den meisten Prüfungsgebieten)[121].

Innerhalb des Rechnungshofs ist ein Auseinanderdriften dahingehend zu beobachten, daß "Arbeitshilfen" primär von analytisch orientierten Prüfungsgebieten erstellt werden, folglich die spezifischen Prüfungserfordernisse der anderen Prüfungsgebiete nicht oder nur unzureichend einbezogen werden (können), was wieder zur Ablehnung durch diese führt. Aus diesen Gründen lehnen es Querschnittsprüfungsgebiete teilweise ab, eine "Vorreiterrolle" in Sachen einheitlicher Verfahren und Instrumente zu spielen, obwohl dies von ihrem institutionsübergreifenden Prüfungsansatz her durchaus möglich wäre[122]. Hinzu kommt als prinzipielle Schwierigkeit, daß Arbeitshilfen am meisten für neuen Prüfungsstoff - zum Beispiel für den EDV-Einsatz - benötigt werden, daß aber zugleich hier die Qualifikation der BRH-Mitarbeiter am schwächsten ausgebaut ist; das ist auch durch "Neuanwerbungen" nicht auf Anhieb zu ändern.

Was bisher - im Gegensatz zu den "Hilfen" - weitgehend fehlt, sind BRH-spezifische echte Planungsnetzwerke, die die langfristigen Zielvorgaben als "strategische Linie" mit den einzelnen Vorhaben als den "taktischen Maßnahmen" verbinden und hierfür - aufbauend auf einem ganzen Zielbestimmungssystem - Sets von Verfahrensschritten oder Arbeitsrastern zur Vorbereitung der Feldarbeit (zum Beispiel "Charakterprofile" von Institutionen oder Aufgaben)[123], zur Vorgehensweise (Untersuchungsschritte) sowie zur Bewertung der Ergebnisse umfassen. Mit der Forderung nach derartigen Konzepten soll keinesfalls unterstellt werden, es habe im BRH bisher keine (ausreichende) Vorbereitung der einzelnen Prüfung gegeben; diese hat vielmehr nach der Einschätzung von langjährigen Mitgliedern "schon immer eine Rolle gespielt, ist vielleicht in letzter Zeit vernachlässigt worden". Wichtig ist in diesem Zusammenhang der Hinweis: "Verloren gegangen ist vom früheren Prüfungsstil, ruhig und sicher zu arbeiten", d.h. das Streben nach größerer Aktualität erfordert stärker elaborierte Methoden zur Absicherung gleicher Arbeitsqualität wie früher. Zwar stellen die "Vorläufigen Richtlinien" des BRH in Teilen einen Versuch in Richtung auf Planungsnetzwerke dar (so sind sie zumindest interpretierbar), aber sie bleiben entweder noch zu formal (so bei der "Arbeitsplanung", da hier die Einbettung der "Prüfungsformen" in eine methodische Erörterung fehlt) oder haben zu deskriptiven oder vorschreibenden Charakter[124]. Um die Entwicklung voranzutreiben, wäre eine BRH-weite Diskussion nötig, die sich gleichzeitig eng an die Aktivitäten in den einzelnen Prüfungsgebieten anschließen müßte. Hierfür sind derzeit die "48 Höfe" noch zu stark gegeneinander abgeschottet - sicherlich auch aus Angst vor zentralistischen Entwicklungstendenzen, wie sie ein Teil von ihnen im Hinblick auf die geprüften Verwaltungen zeitweise selbst propagiert hat. Dabei zeigen vorhandene Ansätze einer abteilungsweiten Planung, daß eine "zentralistische" Vorgehensweise weder notwendig noch unbedingt zu bevorzugen ist; vorteilhafter ist ein ausbalanciertes Sy-

---

121 Vgl. unten Kapitel 8.
122 Vgl. hierzu auch unten Kapitel 5.3.
123 Wie unten in den Kapiteln 4.1. und 4.2. dargestellt.
124 Vgl. die Ausführungen zur "Prüfungsberichterstattung" im folgenden Kapitel 4.4.

stem, in dem der Abteilungsleiter eine Integrationsfunktion auch tatsächlich wahrnehmen kann.

4.4. Die Prüfungsergebnisse als informationelle Basis der Finanzkontrolle

Die Analyse der Prüfungsberichterstattung sowie der hierfür geltenden Handlungsregeln
ist unter zwei Gesichtspunkten besonders interessant: Zum einen bilden die Ergebnisbe-
richte über Prüfungen die informationelle Basis für das gesamte Handeln des BRH -
also sowohl für die jeweiligen Mängelrügen und die von daher geforderten konkreten
Änderungen als auch für umfassendere Beratungsaktivitäten. Zudem bilden die
Prüfungsniederschriften den fixierten - und damit über Raum und Zeit "transportierba-
ren" - Kern und Spiegel der Prüfungsaktivitäten der einzelnen Prüfungsgebiete und sind
daher - wie in Kapitel 4.1. dargestellt - für deren Arbeitsplanung äußerst bedeutsam.
Zum anderen stellen die vom Großen Senat beschlossenen "Vorläufigen Richtlinien zur
Behandlung der Prüfungsergebnisse und zum Abschluß des Prüfungsverfahrens"[125] (zusammen mit den "Vorläufigen Richtlinien zur jährlichen Berichterstattung")[126] die einzigen Dokumente dar, in denen das interne Informationskonzept und -instrumentarium
des BRH sowie die generellen Prüfungsziele und die Vorstellungen über die Wirkungsmechanismen des Prüfungshandelns einschließlich methodischer Hinweise einigermaßen
ausführlich und sozusagen "offiziös" festgehalten sind. Der Große Senat selbst hebt die
Bedeutung der Prüfungsinformationen in der Einleitung zu den "Vorläufigen Richtlinien" hervor: "Die Wirksamkeit der Prüfung hängt mit davon ab, daß der BRH das Ergebnis seiner Prüfung ... den Betroffenen in überzeugender Weise vermittelt."[127]

Ein Prüfungsverfahren wird formell durch die Abschlußbesprechung und die Prüfungsniederschrift abgeschlossen. In der Abschlußbesprechung zwischen Prüfungsgebiet
(Prüfungsgebietsleiter/-kollegium und ermittelnde(r) Prüfungsbeamte(r)) und geprüfter
Stelle (bzw. einer ihr übergeordneten Stelle) werden die "Ergebnisse der Erhebungen"
ihre möglichen Konsequenzen erörtert. In der Prüfungsniederschrift werden unverzüglich nach Abschluß der Erhebung Gegenstand, Ablauf und Ergebnisse sowie deren
Behandlung im weiteren Verfahren festgehalten. Die Prüfungsniederschrift besteht in
der Regel aus der Prüfungsmitteilung an die betroffene und/oder die ihr übergeordnete
Stelle, aus dem Prüfungsvermerk mit zusätzlichen, BRH-intern relevanten Informationen und aus der geschäftsleitenden Verfügung[128].

Die Prüfungsmitteilung wird bei dieser Konfiguration de facto in einem zweistufigen
Verfahren erstellt: Die erste Stufe bildet der skizzierte Entwurf unmittelbar nach Beendigung der örtlichen Prüfung (interner Jargon: "Anklageschrift"). Er wird an die ge

---

125   Heuer/Dommach, *Finanzkontrolle* (Anm. 45), Teil VIII-8; BRH-interne Prüfungs-
      niederschriften standen uns für die Untersuchung nicht zur Verfügung, da sie vertraulich
      sind.
126   Ebd., Teil VIII-7.
127   Ebd., Teil VIII-8, S. 2.
128   Sie enthält alle BRH-internen Verfahrensschritte, die von der Textbearbeitung im Schreib-
      dienst bis hin zur Versendung einer Mitteilung erforderlich sind.

prüfte Behörde und an die vorgesetzte Stelle geleitet und von diesen in der Schlußbesprechung mit dem Prüfungsgebiet erörtert. Die Resultate der Abschlußbesprechung stellen die zweite Stufe dar. Der Entwurf und die Ergebnisse der Erörterung bilden somit die Grundlagen der endgültigen, offiziösen "Mitteilung".

Betrachtet man zunächst die explizit genannten Ziele der Prüfungsmitteilung als der fixierten Handlungsbasis für die (weiteren) Interaktionen zwischen Prüfungsgebiet (bzw. Prüfungsgruppe) und geprüfter Stelle, so ist neben der stärker gewordenen "Gestaltungsfunktion" noch immer die traditionelle "Erziehungsfunktion" zu erkennen: "Hierbei soll die Prüfungsmitteilung dem Empfänger ... Maßstäbe ... vermitteln"[129]. Sie enthält Informationen über "änderungsbedürftige Verhaltensweisen"[130]. "Die Würdigung soll eindeutig erkennen lassen, welche Folgerungen der BRH ... herleitet"[131]. Das Bild bzw. das zugrundeliegende Konzept der Beziehung zwischen den Akteuren wird bestimmt durch den BRH als dem Interpreten der Handlungsnormen der Verwaltung oder gar als dem Produzenten konkreter Handlungsanweisungen. Demgegenüber taucht der Aspekt des "bargaining"-Prozesses in den formellen Regeln zur Fixierung der Prüfungsinformationen nicht auf. Er kommt nur indirekt in den Funktionsbestimmungen zur Abschlußbesprechung zum Ausdruck, von der lediglich die Ergebnisse in einer "Niederschrift" festgehalten werden. In den Abschlußerörterungen sollen noch offene Fragen zum Sachverhalt geklärt, wesentliche Bewertungsmaßstäbe erörtert (sic!) und das weitere Verfahren aufgezeigt werden. De facto dominieren allerdings häufig[132] der Klärungsprozeß und Meinungsaustausch die Schlußbesprechung.

Die Vorgabe, alle weiteren Abklärungsschritte zwischen BRH und geprüfter und/oder vorgesetzter Stelle in jeweils eigenen weiteren Prüfungsmitteilungen und -vermerken zu fixieren[133], sofern sie nicht zu geringfügig sind, verweist ebenfalls auf die Prozeßkonzeption. Dabei tritt wiederum der widersprüchliche Charakter des Abklärungsprozesses als "bargaining" wie als "Erziehung" bzw. Normvermittlung deutlich hervor - so vor allem, wenn als Zweck weiterer Prüfungsmitteilungen postuliert wird, sie seien "wesentlich dazu bestimmt, den Vorstellungen und Empfehlungen des BRH ... Geltung zu verschaffen"[134], oder wenn dem letzten Prüfungsvermerk die Funktion einer "Wirkungskontrolle" zugeordnet wird[135]. Als Limit weiterer Prüfungsmitteilungen wird genannt: "Das Prüfungsverfahren wird ... abgeschlossen, sobald sich Beanstandungen, Fragen und Hinweise des BRH erledigt haben."[136] Eine erhebliche Restriktion für die in diesen Vorgaben konzipierte prozeßhafte Mängelbeseitigung und/oder Umgestaltung stellt allerdings (nach Aussagen mehrerer Beteiligten) die Personalknappheit des BRH dar: Da die Prüfungsverfahren selbst Vorrang haben, wird die Verfolgung von Prüfungsmitteilungen häufig zur Schwachstelle, weil für sie keine Zeit bleibt.

---

129 Heuer/Dommach, *Finanzkontrolle* (Anm. 45), Teil VIII-8, S. 9.
130 Ebd.
131 Ebd., S. 11.
132 Wie oben in Kapitel 4.2. ausgeführt.
133 Heuer/Dommach, *Finanzkontrolle* (Anm. 45), Teil VIII-8, S. 14 ff.
134 Ebd., S. 15.
135 Ebd.
136 Ebd., S. 14.

Als eine zentrale Aufgabe der Prüfungsmitteilungen gilt, "Maßstäbe für eine ordnungsgemäße und wirtschaftliche Haushalts- und Wirtschaftsführung [zu] vermitteln"[137].
Dieses Ziel bleibt aber merkwürdig abstrakt und undeutlich - es fehlen jedwelche
näheren methodischen Hinweise und Erläuterungen - im Gegensatz zu den in den
"Vorläufigen Richtlinien" sonst häufig sehr konkreten Vorgaben. Nimmt man die mehrfach betonte Soll-Norm hinzu, in der "Mitteilung" für die einzelnen Prüfungsergebnisse
bzw. Empfehlungen den Ermittlungs- und Beratungsprozeß offenzulegen (Welche
Sachverhalte wurden ermittelt? Wie wurden sie bewertet? Auf welche Normen oder Erfahrungen stützt sich dieses Urteil?)[138], so wird klar, daß das Fehlen methodischer Vorgaben auf die hier offensichtlich zugrundeliegende Vorstellung zurückführbar ist, eine
Konkretisierung der Prüfungsmaßstäbe könne nur am Einzelfall erfolgen.

Kann schon die Übermittlung von Prüfungsmaßstäben an die Geprüften als ein Teil
der "Gestaltungsfunktion" betrachtet werden, so gilt dies mehr noch für die Forderung,
"Anregungen, wie festgestellte Mängel zu beheben sind"[139] und "Empfehlungen ... für
das zukünftige Haushalts- und Wirtschaftsgebaren"[140] zu geben. Aber auch für eine solche Beratung als Teil oder Ergänzung der Finanzkontrolle fehlen weitere inhaltlich-
konkretisierende Vorgaben sowie Verfahrensregeln[141]. Indirekte Sanktionsmechanismen
oder mögliche funktionale Äquivalente werden im Gegensatz hierzu recht ausführlich
behandelt - was wiederum auf den Stellenwert der "Erziehungsfunktion" verweist.
Allerdings darf hier auch der Einfluß einer immer stärkeren Verrechtlichung im Handeln öffentlicher Einrichtungen nicht außer acht gelassen werden. Das dezidierte Verweisen auf Sanktionsmittel und -mechanismen drückt sich auch darin aus, daß diese
großenteils mehrfach aufgeführt werden, so unter weitere "Empfänger" von Prüfungsmitteilungen[142] und unter "Entscheidungen in verbleibenden streitigen Fällen"[143], wo die
dann noch bestehenden (Re-)Aktionsmöglichkeiten - von der Prüfungsbemerkung über
die Information der Parlamentarier bis zur späteren erneuten Prüfung - aufgelistet sind.
Solche indirekten Sanktionsmechanismen stehen hinter dem Verweis auf weitere
potentielle Adressaten einer Prüfungsmitteilung, hinter der Möglichkeit, Schadensersatzansprüche oder disziplinarische Maßnahmen zu veranlassen und schließlich hinter
der "Zusammenfassung".

---

137   Ebd., S. 9.
138   So insbesondere in den Ausführungen "zur inhaltlichen Darstellung" des einzelnen Prü-
      fungsergebnisses, ebd., S. 10 ff. "Sie gibt einen Überblick über die geprüften Gegenstände,
      den ermittelten Sachverhalt, dessen Würdigung ... (sowie) mögliche Folgerungen " (S. 9).
      "Die Würdigung soll eindeutig erkennen lassen, welche Folgerungen der BRH aus dem
      Sachverhalt herleitet und auf welchen Erkenntnissen oder Erfahrungen sie beruhen. Ver-
      letzte Rechtsvorschriften sind zu benennen" (S. 11 f.). Es sollen sowohl die "verän-
      derungsbedürftigen" Tatbestände/ Verhaltensweisen als auch "Anregungen" über das "Wie"
      der Veränderung enthalten sein" (S. 9).
139   Ebd., S. 9.
140   Ebd., S. 13.
141   Auf die Beratungsfunktion wird zusätzlich *expressis verbis* beim Erläutern der möglichen
      Inhalte von "Prüfungsvermerken" Bezug genommen.
142   Ebd., S. 7.
143   bd., S. 16.

Der Verweis auf weitere potentielle Adressaten einer Prüfungsmitteilung betrifft insbesondere den Bundesminister der Finanzen, der von allen Prüfungsergebnissen "von erheblicher finanzieller Bedeutung"[144] sowie von allen Ergebnissen, die "über den Geltungsbereich eines Einzelfalls hinaus" wirken oder "sich auf haushaltsrechtliche Regelungen" auswirken[145], unterrichtet werden soll. Dies ist ein äußerst weit gesteckter Rahmen. Faktisch wird allerdings die Informierung des Bundesfinanzministers sehr unterschiedlich gehandhabt, und das heißt, daß er auch in unterschiedlicher Weise in den Kontrollkreis einbezogen wird[146]. Formal noch weniger genau abgegrenzt sind die Fälle, in denen "der Gesetzgeber oder einzelne Abgeordnete" informiert werden können bzw. sollen oder Prüfungsergebnisse "zum Gegenstand einer Beratung ... etwa in den Haushaltsverhandlungen" gemacht werden[147]. Je nach dem Selbstverständnis des Prüfungsgebiets herrscht auch hier eine stark differenzierende Informationspraxis. Die Möglichkeiten, Schadensersatzansprüche oder disziplinarische Maßnahmen zu initiieren, müssen "besonders herausgestellt werden"[148]. Sie können direkt an die zuständige Stelle, etwa den Bundesdisziplinaranwalt, adressiert werden.

Die Zusammenfassung, die "einen raschen Überblick über die wesentlichen Prüfungsergebnisse"[149] liefern soll und ausdrücklich für die "Aufsichtsorgane und Leitung des Empfängers bestimmt ist, ist nicht ausschließlich dem Aspekt indirekter Sanktionsmittel zuzuordnen, aber dennoch für ihn relevant.

Die Vorgaben zur Prüfungsmitteilung und vor allem zum Prüfungsvermerk enthalten neben diesem Konzept oder Bild der Außenbeziehung zwischen BRH und geprüfter Stelle einen - zumindest formell gültigen bzw. formal-legitimierenden - Entwurf der "Innenbeziehung", und zwar primär auf der Ebene "Prüfungsbeamte(r) - Prüfungsgebietsleiter", daneben - speziell unter dem Informationsaspekt - auch auf der Ebene der Prüfungsgebiete untereinander und zur Leitung. Der Prüfungsvermerk als rein nach innen gerichtete und die "Mitteilung" ergänzende Einheit soll zu diesem Zweck all jene Informationen enthalten, "die nicht oder nicht so in die Prüfungsmitteilungen aufgenommen werden, aber für den BRH im gegenwärtigen und in einem künftigen Prüfungsverfahren oder für Beratungszwecke Bedeutung haben können"[150] - eine wahrhaft dehnbare Formel.

Betrachtet man zunächst das Bild, das von der Tätigkeit der Prüfungsbeamten (als Beauftragte des BRH vor Ort) gezeichnet wird, so fällt auf, daß die Funktion des Zulieferers von Informationen und des Vorbereiters von Entscheidungen dominiert, dem keine eigenen Entscheidungsbefugnisse über relevante Sachverhalte zukommen: "Der Beauftragte des BRH ... darf sich in der Besprechung insoweit äußern, als die Entscheidungszuständigkeit des Kollegiums unberührt bleibt. Der Beauftragte darf dar-

144 Ebd., S. 7 f.
145 Ebd. - Auch die Höhe der Summe, ab der finanzielle Auswirkungen in der Regel als "erheblich" zu gelten haben, ist in den "Vorläufigen Richtlinien" festgelegt.
146 Vgl. auch unten Kapitel 6.4.
147 Heuer/Dommach, *Finanzkontrolle* (Anm. 45), Teil VIII-8, S. 16.
148 Ebd., S. 11.
149 Ebd., S. 10; zu den Funktionen vgl. auch oben Kapitel 3.6.1.
150 Ebd., S. 5.

über hinaus geringfügige Mängel ... beanstanden und die Sache vorbehaltlich der Entscheidung des Kollegiums als erledigt erklären."[151] Diese Darstellung wird der Realität kaum gerecht, wie die in Kapitel 4.2. skizzierten Abläufe zeigen. Zudem klingen offensichtlich Reminiszenzen an die früher die Rechnungshofarbeit stärker prägende Belegprüfung an, wenn postuliert wird: "Kleinliche Beanstandungen sind zu vermeiden."[152]

Mit diesem Bild geben die "Vorläufigen Richtlinien" indes die Bedeutung der "örtlichen Ermittlungen" für die gesamte Finanzkontrollfunktion sowie speziell den großen Informationswert und massiven Rückkopplungseffekt der Schlußbesprechung für den Prüfungsgebietsleiter/das Kollegium nur sehr bedingt wieder. Gründe hierfür liegen vor allem in der zu starken Betonung formaler und sekundär-gestaltender Kriterien. Speziell der zentrale Stellenwert, den Informationen über frühere Prüfungen für die Arbeitsplanung in einigen Prüfungsgebieten inzwischen erhalten haben, wird hier nicht angemessen reflektiert. Dies hängt offensichtlich damit zusammen, daß in den "Richtlinien" eine eindeutige Stellungnahme für eine bestimmte Planungsform (also "systematisch - analytisch" oder "rein erfahrungsgeleitet") vermieden wird. Daher werden zwar verschiedene informationelle Kategorien genannt, auf denen eine komplexe Arbeitsplanung aufbauen könnte und die für eine systematische Instrumentenentwicklung nutzbar zu machen wären. Überwiegend liefern Berichte, die sich an die hier angelegte Strukturschemata halten, jedoch eher fortschreibbare Informationen über konkrete Prüfungsobjekte. Diese Tendenz wird noch verstärkt durch folgende weitere Vorgaben für Prüfungsvermerke: So sollen in sie alle diejenigen "allgemeine(n) Erkenntnisse über die Haushalts- und Wirtschaftsführung der geprüften Stelle (aufgenommen werden), die sich nicht für die Angabe in der Prüfungsmitteilung eignen, zum Beispiel Erkenntnisse über die Arbeitsgüte"[153] sowie ergänzende Erläuterungen zu einzelnen Teilen der Prüfungsmitteilungen. Zusätzlich sollen die Prüfungsergebnisse explizit ausgewiesen werden, die sich für die "Fundstellensammlung" des BRH eignen.

Ausführlich werden zudem für den Prüfungsvermerk solche Vorgaben aufgelistet, die einer formalen Feststellung von Verantwortlichkeiten und Leistungen der einzelnen Prüfer dienen können (Wer? Was? Wann? Wo?). Damit sind in diesen Teil der Prüfungsniederschrift zugleich Elemente eines internen Kontrollinstruments eingebaut. Diese Vorgabe kann sich angesichts der partiellen faktischen Abhängigkeit der Prüfungsgebietsleiter/Kollegien von der Fähigkeit, Leistung und Motivation der Prüfungsbeamten speziell und gerade "vor Ort" als zweischneidig erweisen, indem sie "geschönte" bzw. manipulierte Darstellungen provoziert und damit den realen Informationswert mindert[154].

---

151   Ebd., S. 4.
152   Ebd., S. 9.
153   Ebd., S. 6.
154   An dieser Stelle kann nur auf die breite Kommunikationswissenschaftliche Forschung zur "Ungewißheit der Informationsquelle" verwiesen werden, die derartige Probleme untersucht hat.

Schließlich wird dem Prüfungsvermerk ausdrücklich die Funktion zugeordnet, die Prüfungsmitteilungen für eine (sekundäre) Nutzung als BRH-weite Informationsquelle zu erschließen bzw. vorzubereiten, und zwar in drei Richtungen:

- Verdeutlichung (Präzisierung bzw. Konkretisierung) der Prüfungsgrundsätze, speziell des Maßstabs der "Wirtschaftlichkeit";
- Sammlung von Hintergrundwissen über die verschiedenen Prüfungsbereiche, das (über die aktuelle Prüfung hinaus) gezielt und zukunftsorientiert eingesetzt werden kann, und zwar sowohl für weitere Prüfungsverfahren als auch für Beratungszwecke[155].
- Bereitstellung von Informationen über Wirkungsweise und Wirkungsgrad unterschiedlicher Prüfungsstrategien, bezogen auf die Durchsetzung von Vorstellungen und Empfehlungen "des" BRH für das künftige Haushalts- und Wirtschaftsgebaren der geprüften Stelle[156].

Obschon mit diesen mehrfachen Hinweisen der Wert der Prüfungsniederschriften als eine bedeutsame BRH-weite Informationsquelle anerkannt wird und obschon vielfältige Gestaltungs- bzw. Darstellungsregeln gewährleisten sollen, daß die Prüfungsberichte "möglichst leicht [zu] verstehen, [zu] überblicken und [zu] bearbeiten"[157] sind, so bleiben doch die Vorgaben darüber, wann ein Bericht in eine erweiterte Nutzung einbezogen werden soll, äußerst vage; es fehlt eine praktikable Auswahlstrategie, die erst eine einigermaßen systematische Informationsnutzung bewirken könnte. Daher kann auch nicht verwundern, daß die bisherige BRH-interne Sammlung von Prüfungsinformationen sehr wechselnd, teilweise sogar kaum genutzt wird. Nicht einmal die Funktion eines "Leitbildes", die der Dokumentation "bedeutender" Fälle zugedacht ist, scheint durchgängig zum Tragen zu kommen. Weit mehr werden die bereits erwähnten "Zusammenfassungen" genutzt, die als "Nullnummern" ursprünglich nur den "Bemerkungen" vorangestellt waren und Lesehilfe für Abgeordnete, Journalisten und sonstige "eilige Leser" sein sollten. Seit einiger Zeit werden sie generell in das interne Informationssystem des BRH eingespeist, zirkulieren auch tatsächlich - nach weitgehend übereinstimmender Einschätzung - "rege im Hause" und werden aufmerksam gelesen.

Wenig wirksam sind die "Vorläufigen Richtlinien" - wie bereits kurz angedeutet - schließlich auch für eine konsequente Entwicklung von Analyse- und Bewertungsinstrumenten. Als methodische Exempel stehen sie selbst für eine stark formale Ausrichtung, die sich zu einseitig auf Darstellungsanweisungen konzentriert, die zum Teil rigide präskriptiv sind. Demgegenüber bleiben Konzepte für eine inhaltliche Strukturierung und Durchleuchtung der Prüfungsbefunde weitgehend ausgeklammert, obwohl längerfristig nur eine solche Herangehensweise - mittels einheitlicher Analysekriterien vergleichbare

---

155 Heuer/Dommach, *Finanzkontrolle*, Teil VIII-8, S. 5. In diesem Zusammenhang ist interessant, daß ein gesonderter Verweis auf "Beratungszwecke" bei den Vorgaben für Prüfungsvermerke vorhanden ist, obwohl schon die Prüfungsmitteilung wie die Schlußbesprechung Beratungselemente beinhalten.

156 Vgl. insbesondere die Hinweise zur "Wirkungskontrolle" im letzten Prüfungsvermerk (ebd., S. 15) und zum Zweck weiterer "Mitteilungen" (S. 15 f.).

157 Ebd., S. 10.

bzw. aufeinander aufbauende Ergebnisse zu erzielen - der wachsenden Komplexität des Prüfungsstoffs gerecht werden kann. Hierfür nutzbare Verfahren oder Instrumente haben eben nicht den Charakter einfacher "wenn - dann"-Anweisungen, sondern zielen auf eine systematisierende, komplexe Strukturierung des Stoffs sowie auf instrumentelle Unterstützung bei Bewertungs- und Entscheidungsprozessen.

5. Wirkungskonzepte und Wirkungsstrategien

Im Wirkungsgefüge des Bundesrechnungshofs nehmen die Öffentlichkeitsdimension und die Differenzierung des Kontrollhandelns in Tätigkeitssegmente eine zentrale Stellung ein. Aufbauend auf den Untersuchungsergebnissen in Kapitel 2.2., werden daher im folgenden die Strukturen der jährlichen Berichterstattung als dem Kern des öffentlichen Tätigkeitssegments eingehender analysiert und mit dem Konzept der Wirkungsstufen verknüpft.

5.1. Die Berichterstattung und das Konzept der Wirkungsstufen

Vergleicht man zunächst die Struktur des öffentlichen Tätigkeitssegments mit den in der Bundeshaushaltsordnung und in den "Vorläufigen Richtlinien" zur jährlichen Berichterstattung[158] ausdrücklich genannten Zielen sowie den Kriterien für die Auswahl von berichtenswerten Prüfungsergebnissen, so zeigt sich, daß diese Vorgaben sehr global und damit äußerst interpretationsfähig sind. Sie reichen daher für eine Charakterisierung der faktischen Auswahlstrukturen nicht aus. Ausgehend von der allgemeinen Formel, berichtenswert seien "Fälle, von grundsätzlicher, erheblicher finanzieller oder besonderer Bedeutung, die sich auf die Entlastung auswirken können"[159], werden als Funktionen bzw. Aufgaben des öffentlichen Tätigkeitssegments, bezogen auf die verschiedenen Adressaten und Betroffenen, genannt:
- dem Parlament die informationelle Grundlage für das Entlastungsverfahren zu liefern, die eine Würdigung der Haushalts- und Wirtschaftsführung der Bundesregierung sowie Anregungen und beratende Informationen für anstehende und künftige Entscheidungen der Parlamentarier umfaßt;
- der Bundesregierung einen Überblick über wesentliche Probleme und Mängel sowie bedeutsame Verstöße in der Verwaltung zu geben und Verbesserungsmöglichkeiten aufzuzeigen;
- der Verwaltung selbst (über die betroffenen Stellen hinaus) Maßstäbe für eine ordnungsgemäße und wirtschaftliche Haushaltsführung zu vermitteln;
- der Öffentlichkeit einen Eindruck von der Haushalts- und Wirtschaftsführung der Regierung und der öffentlichen Verwaltung zu vermitteln[160].

Als ergänzende bzw. differenzierende Kriterien werden in den "Richtlinien" hervorgehoben: die Zeitnähe der geprüften Sachverhalte, der exemplarische Charakter der Fälle sowie die Möglichkeit, anhand der Mängel bedeutsame Verbesserungsmöglich-

---

158 Heuer/Dommach, *Finanzkontrolle* (Anm. 45), Teil VIII-7.
159 In "Fällen von besonderer Bedeutung" kann neben den jährlichen "Bemerkungen"jederzeit ein Sonderbericht angefertigt werden.
160 Interessant ist, daß selbst Maunz/Dürig, die ansonsten eine eher restriktive Haltung im Hinblick auf Gestaltungsvorschläge oder gar Beratungsaktivitäten des BRH vertreten, zubilligen, daß im Bericht über die Haushalts- und Wirtschaftsführung durchaus die positiven Seiten im Vordergrund stehen können. Maunz/Dürig/Herzog, Grundgesetzkommentar zu Art. 114, S. 12, Abschn. Nr. 23.

rungsmögkeiten für die Haushalts- und Wirtschaftsführung zu demonstrieren. "Nach Möglichkeit sollen sich die Bemerkungsbeiträge dabei mit allgemeinen Verfahren und Regelwerken oder mit Programmen befassen"[161]

Diese formellen Zielvorgaben und Auswahlkriterien werden jedoch faktisch stark überlagert von den unterschiedlichen Wirkungskonzepten, die in den verschiedenen Prüfungsgebieten mit der Veröffentlichung von Prüfungsergebnissen und Verbesserungsvorschlägen verbunden werden, sowie von weiteren Funktionszuweisungen an die "Bemerkungen", die sich auf den BRH selbst beziehen. Hierdurch entsteht ein Geflecht von teilweise einander widerstrebenden Handlungserfordernissen und Wirkungsabläufen.

Fragt man nach den BRH-internen grundsätzlichen Vorstellungen über die Wirkungsmechanismen und -verläufe der Finanzkontrolle, so zeigt sich ein weitgehender Konsens in Richtung auf eine Art Stufenkonzept oder Wirkungskette. Die Basis wird durch eine breite "Vorwirkung" des BRH allein aufgrund seiner Existenz gebildet; differenziert bzw. ergänzt wird die Wirkung qua Existenz durch die fortdauernde Ausstrahlung vergangener Prüfungen, die sogar im Sinne einer "Präokkupation" die Struktur neuer Verwaltungseinheiten oder -aktivitäten beeinflussen können. Die hieran anschließenden zwei Stufen bestehen in der Ankündigung sowie der Durchführung einer Prüfung: "Die Ankündigung einer Prüfung ... bedeutet, die Verwaltung überprüft schon einmal ihr Handeln und räumt ihren Laden auf". "Das nächste in der Wirkungskette ist, wenn der Prüfungsbeamte vor Ort erscheint." Hier schließen sodann die zum Teil vermittelten Wirkungen an, die der "Hof" mit seinen Berichts- und Beratungsaktivitäten im Parlament sowie mit der Unterrichtung der (Medien-)Öffentlichkeit hervorruft.

In dieser Wirkungskette gilt die Wirkung qua Existenz weitgehend unbestritten als die breiteste und stärkste. Unterschiedliche Einschätzungen bestehen höchstens darüber, wie häufig durch reale Prüfungen an diese Existenz erinnert werden muß und inwieweit schlecht durchgeführte einzelne Prüfungen die Ausstrahlung mindern. Erheblicher Dissens dagegen besteht in der Einschätzung der "Öffentlichkeits"-Komponente: Während die einen Prüfungsgebiete in der Herstellung der Parlaments- und/oder Medienöffentlichkeit - bzw. in der Drohung damit - ein erhebliches zusätzliches oder eigenständiges Wirkungspotential über die Prüfung selbst und die damit verbundenen Abläufe innerhalb der Verwaltung hinaus sehen, verneinen die anderen eine verstärkende oder überhaupt eine positive Wirkung von "Öffentlichkeit", sei es über das Parlament oder über die Massenmedien[162]. Fast alle Befürworter von "Öffentlichkeit" halten die Parlamentsöffentlichkeit für weit wirksamer als die Medienöffentlichkeit. Zugleich werden aber beide Formen an das Ende der Wirkungskette Vorwirkung - Prüfung (Androhung - Durchführung) - Einschaltung von Öffentlichkeit (Androhung - Durchführung) gesetzt. Dementsprechend unterschiedlich fällt die Haltung der Prüfungsgebiete zu den "Bemerkungen" als dem hauptsächlichen Vehikel von Öffentlichkeit aus. Ausgehend von

161   Heuer/Dommach, *Finanzkontrolle* (Anm. 45), Teil VIII/7, S. 1.
162   Eine detailliertere Darstellung dieser Fragen erfolgt unten in Kapitel 11. ("Massenmedien und Finanzkontrolle") sowie in Zusammenhang mit der Diskussion von Öffentlichkeit und Arkanum in Kapitel 12.4. unten.

diesen divergierenden Erwartungen betreiben die verschiedenen Prüfungsgebiete bzw. Kollegien eine fast konträre Auswahl- und "Angebots"-Praxis. Während die einen in zahlreichen "Bemerkungen" vor allem ein Zeichen sehen, daß jede ihrer Prüfungen bedeutsam war, und demgemäß Wert darauf legen, daß aus allen "bemerkungswürdigen Sachverhalten" auch "Bemerkungen" gemacht werden, haben andere Prüfungsgebiete bei ihrer Auswahl eher die Wirkung einer Veröffentlichung in der betroffenen Verwaltung im Auge. Bei Dissens mit der geprüften Einheit wird entweder auf Druck durch (potentielle) "Öffentlichkeit" gesetzt[163] oder gerade bei Konflikten eine Veröffentlichung vermieden, weil hiervon nur eine verhärtete Haltung im aktuellen Konflikt und/oder eine verminderte künftige Kooperationsbereitschaft erwartet werden und damit letztlich die Effizienz der Prüfungsarbeit geschmälert wird. Als positive Wirkungsgrößen gelten im letzteren Fall die "Überzeugungsarbeit" und die dem Prüfungsgebiet zugeordnete Fachkompetenz. Die in diese Richtung orientierten Prüfungsgebiete müssen konsequenterweise bestrebt sein, in erster Linie über Fälle zu berichten, in denen "die Verwaltung den Empfehlungen des BRH gefolgt" ist bzw. erst nachdem der Konflikt bereinigt ist. Welche Haltung eingenommen wird, hängt auch davon ab, wer in der Verwaltung primär Handlungspartner ist, das Haushaltsreferat oder direkt die Fachreferate. Bei engem Kontakt zu letzteren scheint die Neigung zur Arkanpolitik zuzunehmen. Aber auch im Falle der "Konflikt"-Strategie muß - zumindest formell nach den Richtlinien[164] - eine Abklärungsphase mit der betroffenen Verwaltungseinheit bzw. der ihr vorgesetzten Stelle vorgeschaltet werden.

Ein zweiter Gestaltungs- und Wirkungskomplex, der ebenfalls in Richtung "Öffentlichkeit" zielt, betrifft die Selbstdarstellung und Imagebildung des Bundesrechnungshofs. Er geht als strategischer Gesichtspunkt unmittelbar in die Auswahl und den Aufbau der "Bemerkungen"ein. Aus ihm läßt sich daher ihr Erscheinungsbild viel direkter erklären als aus anderen Kriterien. Im Zentrum stehen die sozialen Werte "Genauigkeit" und "Zuverlässigkeit". Sie sollen - neben der Fachkompetenz - durch die Berichterstattung demonstriert werden. Dabei stehen die einzelnen präsentierten Fälle pars pro toto. Sie müssen von ihren Gegenständen her geeignet sein, Legitimation für das gesamte Prüfungshandeln des BRH zu erzeugen. Zugleich sollen sie das Vertrauen derer erwerben, die - auf Grund der Komplexität vieler Gegenstände des Regierungs- und Verwaltungshandelns - nicht (mehr) in der Lage sind, dieses durchgehend selbst zu kontrollieren[165]. Was die "Öffentlichkeit" und die Notwendigkeit exemplarischer Vertrauensbildung angeht, so wird nochmals differenziert in die Adressatenkreise: Regierung - Parlament

---

163   Diese Konzeption spiegelt sich auch in den "Vorläufigen Richtlinien zur Behandlung der Prüfungsergebnisse" wieder, indem z.B. bei "verbleibenden streitigen Fällen" als Reaktionsmöglichkeit des BRH genannt wird, "in den Bemerkungen zu berichten" (Heuer/Dommach, *Finanzkontrolle* (Anm. 45), Teil VIII-8, S. 16). Diese Strategie des begrenzten Dissenses ist nochmals aufgespalten, wie unten in Kapitel 6.2. gezeigt wird.

164   Heuer/Dommach, *Finanzkontrolle* (Anm. 45), Teil VIII-7, S.4 f.

165   Vgl. hierzu die Überlegungen N. Luhmanns zur Notwendigkeit des Vertrauens; Niklas Luhmann, *Vertrauen. Ein Mechanismus der Reduktion sozialer Komplexität*, Stuttgart 1968.

und Massenmedien[166]. Den letzten beiden wird unterstellt, daß ihr Interesse primär durch spektakuläre oder griffige, eindeutige Fälle zu erregen bzw. zufriedenzustellen sei. Daher plädieren die meisten Befragten im BRH dafür, diesem Publikumsbedürfnis durch eine entsprechende Mischung der Fälle in den "Bemerkungen" entgegenzukommen. Wenn auch ein Teil der BRH-Akteure bezweifelt, daß "Bemerkungen" ihrer Prüfungstätigkeit förderlich sind und daß die Drohung mit Öffentlichkeit die Verwaltung eher bereit macht, einen Mangel abzustellen bzw. eine Verbesserung einzuführen, so bedeutet dies nicht, daß die Berichtspflicht gegenüber dem Parlament abgelehnt wird.

Hinzu kommt schließlich als alles überlagernde Variable die primär nach innen (auf den BRH selbst) gerichtete Funktion der "Bemerkungen" als Leistungsnachweis bzw. -demonstration[167]. Diese Sichtweise wird aber - ebenso wie die "Öffentlichkeits"-Konzeption - keineswegs von allen BRH-Mitgliedern geteilt. Erst vor diesem komplexen Hintergrund sind das formelle Procedere und die faktischen Abläufe bei der jährlichen Auswahl und Erstellung der "Bemerkungen" einigermaßen eindeutig und realitätsgerecht zu interpretieren.

5.2. Die Erstellung der "Bemerkungen" als Kern des öffentlichen Tätigkeitssegments

Jährlich werden aus dem Fundus von 400 bis 450 Prüfungsfällen, die in den Mitteilungen fixiert sind, etwa 90 bis 95 Fälle für die Berichterstattung an das Parlament ausgewählt. Diese "Bemerkungen" sind somit ihrer Herkunft nach an die nach innen gerichtete Seite des Informationssystems "Prüfungsniederschriften" gekoppelt. Sie werden jedoch in einem gesonderten, mehrstufigen Selektions- und Erarbeitungsprozeß fertiggestellt. In den zugehörigen "Vorläufigen Richtlinien" existieren hierfür neben den bereits genannten Zielvorstellungen detaillierte Auswahl- und Verfahrensvorgaben.

Die Erstellung der "Bemerkungen" obliegt zwar formal dem Großen Senat. Faktisch haben sowohl seine Mitglieder als auch die Prüfungsgebiete hierzu ein Vorschlagsrecht. Bisher sind Bemerkungsvorschläge der Kollegien sehr selten abgelehnt worden; derartige Fälle hatten zumeist politische Gründe, genauer: sie waren der Mehrheit zu brisant. Die Prüfungsgebiete können bereits bei der Anfertigung der Prüfungsberichte die "Bemerkungswürdigkeit" feststellen. Diese Botschaften werden beim Koordinationsreferat (I.1) gesammelt[168]. Ihm obliegt faktisch auch die gesamte folgende Bearbeitung der Bemerkungen. Oder die Anmeldung erfolgt erst durch die "Kurzmitteilungen" nach Aufruf durch den Großen Senat. Gleichzeitig kann der Große Senat von sich aus Bemerkungs-Beiträge anfordern. Faktisch besteht ein noch diffizileres Auswahlsystem, da die meisten Senatsmitglieder als Direktoren den vorschlagenden Kollegien angehören und

---

166   Über die Teilöffentlichkeit "Regierung" erhält die Prüfungsmitteilung ebenfalls den Charakter eines Demonstrations- oder Druckmittels (via Informierung des Bundesministers der Finanzen und/oder anderer Ressorts).

167   Die ebenfalls nach innen gerichtete Funktion der "Bemerkungen"als Teil des Informationssystems und als Instrument der Vereinheitlichung wird in Kapitel 3.6.1. und Kapitel 5.4. behandelt.

168   Vgl. hierzu und zum folgenden die Kapitel 3.2.3., 3.6. und 4.4.

als solche einen breiteren Ausschnitt aus dem Fundus der Prüfungsergebnisse kennen. Auch der Präsident und sein Vizepräsident haben eine doppelte Übersichts- und Einflußmöglichkeit: als "dritter Mann" in jeweils der Hälfte der Dreierkollegien sowie vermittelt über das hausinterne Informationssystem.

Zusätzlich zu diesem Informations- und Einflußnetz besteht ein nicht zu unterschätzender Druck auf die einzelnen Prüfungsgebiete, "Bemerkungen" zu "produzieren", da jedes Kollegium, das "sich nicht in der Lage sieht, zu den 'Bemerkungen' beizutragen, ... an Stelle einer Kurzmitteilung dem Präsidenten oder Vizepräsidenten [eine] Fehlanzeige mit einer Begründung" zuleiten muß. Es besteht daher formell - wie auch de facto nach weitgehend übereinstimmender Einschätzung - ein erheblicher Rechtfertigungsdruck. Hierbei ist zu berücksichtigen, daß die Berichterstattung für die Leitung des BRH zwangsläufig einen anderen - vor allem größeren - Stellenwert hat als für die Prüfungsgebiete. Demgemäß sind auch Art und Anzahl der "Bemerkungen" stark vom jeweiligen Präsidenten abhängig.

Die auf diese Weise zustande gekommenen Bemerkungsvorschläge werden in zwei Durchgängen bearbeitet und dabei an mehrere Adressatenkreise rückgekoppelt. Den ersten Kreis bilden die geprüften Stellen bzw. die für sie Verantwortlichen; sie erhalten möglichst schon vor Beginn des BRH-internen Erstellungsprozesses den jeweiligen Beitragsentwurf mit der Bitte um Stellungnahme. Diese soll später in die endgültige "Bemerkung" eingearbeitet werden[169]. Zugleich dient die Rückkopplung der Absicherung der Sachverhaltsdarstellung durch den BRH.

Einen zweiten potentiellen Adressatenkreis bilden die Prüfungsgebiete selbst in ihrer Gesamtheit. Hier fordern die "Vorläufigen Richtlinien", daß die Kollegien alle Kurzmitteilungen erhalten, um Überschneidungen, Abstimmungsnotwendigkeiten usw. feststellen und entsprechende Maßnahmen einleiten zu können. Faktisch scheint diese Vorgabe allerdings zu verschiedenen Zeiten unterschiedlich gehandhabt zu werden[170].

Ein komplexer Bearbeitungs- und Rückkopplungsprozeß findet zwischen dem jeweiligen Prüfungsgebiet (als Produzent des Erstentwurfs sowie des endgültigen Vorschlags einschließlich der Kurzfassung), dem Grundsatzprüfungsgebiet I.1 als eine Art Korreferent (der dem jeweiligen Kollegium gegebenenfalls Anregungen zum Inhalt oder zur Form der Darstellung macht, Ergebnisse von Erörterungen in die Senatsvorlagen einarbeitet usw.) und dem Großen Senat statt. Da dieser Prozeß eine nicht unbeträchtliche Arbeitskapazität bindet, stellt er zugleich eine Barriere gegenüber allzuvielen Bemerkungs-Vorschlägen dar[171].

Dieser Aufwand für die Erstellung der "Bemerkungen"ist denn auch nur vor dem Hintergrund der vorher erwähnten Vorstellung zu verstehen, die Effektivität des BRH sei

---

169 Dadurch soll der gesamte Prozeß des Abschlusses des entsprechenden Prüfungsverfahrens so weit wie möglich beschleunigt werden.

170 Ein Verantwortlicher formulierte eine eher minimale Beteiligung: "Das Haus insgesamt wird mit den "Bemerkungen"überhaupt nicht befaßt." Andere Äußerungen lassen dagegen eine breitere Beteiligung innerhalb des BRH vermuten.

171 Die Einschätzung von Prüfungsgebietsleitern reicht von "es sind relativ viele Gespräche notwendig, bis eine Bemerkung die endgültige Fassung hat", bis "Bemerkungen sind die totale Hektik".

an der Anzahl seiner "Bemerkungen"zu messen; ihre Qualität (Aufmachung, Absicherung) bzw. Solidität stelle zudem eine "Visitenkarte" für den BRH dar. Des weiteren wird von den "Bemerkungen" als öffentlicher Präsentation der BRH-Tätigkeit eine Steigerung seines Gewichts und/oder eine zusätzliche Wirkung im Einzelfall[172] erwartet.

5.3. Die Vereinheitlichung des Prüfungshandelns und der Prüfungsergebnisse als Wirkungspotential

Zwar wurde unter den verschiedenen bisher betrachteten Aspekten das jeweilige Potential für eine Vereinheitlichung des Prüfungshandelns sowie der "Urteile" des BRH mehr oder weniger ausführlich mitdiskutiert, aber es fehlt ein Überblick, der seine Möglichkeiten, zu einem einheitlichen, übergreifenden Handeln zu gelangen, deutlich sichtbar und vor allem vergleichend bewertbar werden läßt. Zudem muß der Bedarf nach Vereinheitlichung in seinem Ausmaß und seiner Stoßrichtung erst noch zusammenfassend festgestellt werden, oder es muß - umgekehrt - benannt werden, wo und inwieweit bestehende Uneinheitlichkeit negative Auswirkungen auf die Erfüllung der Kontrollfunktion hat. Denn Uneinheitlichkeit ist nicht per se negativ, sondern ist beispielsweise die Folge einer - völlig unbestritten notwendigen - Anpassung an stark differierende Prüfungsstoffe. Zudem kann sie ein wichtiges Instrument sukzessiver Wandlungsprozesse sein.

Den Ausgangspunkt oder zumindest den "Aufhänger" für die meisten Diskussionen über die Uneinheitlichkeit bilden die vielzitierten "48 Rechnungshöfe". Von den unterschiedlichen Betroffenenkreisen bzw. den verschiedenen Kooperationspartnern des BRH werden unter diesem Stichwort folgende Sachverhalte bemängelt:

- Es fehlt ein gleichartiges Verständnis bzw. eine gleichartige inhaltliche Ausfüllung der Prüfungsmaßstäbe;
- es bestehen unterschiedliche Vorstellungen oder Konzepte hinsichtlich einer "optimalen" Gestaltung des Verwaltungshandelns mit der Folge, daß bei gleichen Mängeln unterschiedliche Empfehlungen zur Verbesserung gegeben werden;
- die Prüfungsverfahren differieren derart, daß die Prüfungsergebnisse kaum vergleichbar sind.

Dabei werden Probleme aufgrund mangelnder Einheitlichkeit eher für den "administrativen Bereich" als für "Sachprogramme" konstatiert und eher von Handlungspartnern, die ebenfalls Haushalts- und Finanzkontrollfunktionen erfüllen (vor allem von den Vorprüfungsstellen, schon weniger von den Haushaltsreferaten) als von Partnern, die primär

---

172   Vgl. die unterschiedliche Einschätzung der "Öffentlichkeits"-Dimension durch die Prüfungsgebiete. Interessant ist in diesem Zusammenhang der Hinweis, daß die Haushälter, die ja offiziell durch die "Bemerkungen" in den Stand gesetzt werden sollen, die Regierung zu entlasten, zumeist schon vor der Veröffentlichung über die wichtigen "Fälle" informiert seien. Hier kommt offensichtlich die geänderte Rolle des BRH im Haushaltszyklus zum Tragen (vgl. unten Kapitel 6.2.).

mit inhaltlicher Gestaltung und Kontrolle befaßt sind (Fachreferate).

Im BRH wird diese Problematik durchaus gesehen, wenn auch in ihrem Stellenwert recht unterschiedlich eingeschätzt[173]. Seit der Installierung der BHO wurden demgemäß auf verschiedenen Ebenen und mit unterschiedlichen Stoßrichtungen Versuche zu einer Vereinheitlichung unternommen, wie u.a. Teile der "Vorläufigen Richtlinien" oder Regelungen des neuen BRH-Gesetzes belegen. Darüber hinaus ist festzuhalten, daß dieses Problem keineswegs erst mit dem Funktionswandel des BRH aufgetreten ist. Vielmehr wurde bereits in einer älteren BRH-internen vergleichenden Untersuchung von Gutachten festgestellt, daß diesen keine gemeinsamen Leitlinien oder Gestaltungsvorstellungen zugrunde gelegen hätten[174].

Wie die Erörterung der institutionellen Determinanten zeigte, sind schon in der Organisationsstruktur und Kompetenzverteilung eine Reihe von Mechanismen vorgegeben, die als Gegenpol zu den dezentralen Entscheidungsprinzipien ("Unabhängigkeit" und "Kollegialität") einer Uneinheitlichkeit entgegenwirken sollen, aber faktisch nicht ausreichen. Dies gilt insbesondere für:

- die Grundsatzprüfungsgebiete sowie den Großen Senat als "Instrumente" einer BRH-weiten einheitlichen Interpretation der Prüfungsgrundsätze und Festlegung der zentralen Handlungsregeln;
- die Abteilungssenate als Mittelinstanz der Integration im Sinne einer inhaltlichen Füllung der Prüfungsmaßstäbe und als Leitinstanz bzw. Fokus der Arbeitsplanung;
- die Querschnittsprüfungsgebiete als funktional orientierte, institutionsübergreifende Instrumente zur Entwicklung und Sicherung gleichartiger Prüfungsverfahren und Gestaltungskonzepte für gleiche Sachverhalte in verschiedenen Organisationen oder im Kontext unterschiedlicher Zielsetzungen.

Darüber hinaus wurden weitere Strategien bzw. Mittel auf ihre Tauglichkeit hin untersucht, ein einheitlicheres Prüfungshandeln und vergleichbare Prüfungsergebnisse zu erzielen. Die diesbezüglichen Einschätzungen gehen innerhalb des BRH erheblich auseinander, und zwar sowohl darüber, ob ein bestimmtes Mittel überhaupt zur Vereinheitlichung taugt, als auch über die jeweils mögliche Wirkungsstärke und -richtung.

Als Mittel oder Vehikel einer BRH-weiten Vereinheitlichung bieten sich an:
1. die "Vorläufigen Richtlinien" des Großen Senats: Durch sie sollen für die Bereiche der Arbeits- bzw. Prüfungsplanung und der Behandlung der Prüfungsergebnisse (dto. für die "Berichterstattung") verfahrensorientierte Grundkonzepte "auf den Tisch gebracht werden, ohne sich an Einzelheiten festzuklammern"[175]. Aus diesem Grunde wurde auch die Ausarbeitung von Richtlinien für die Durchführung von Prüfungen vorerst zurückgestellt. Die oben in den Kapiteln 4.1. bis 4.4. vorgenommene Analyse zeigt allerdings, daß diese "Richtlinien" nur sehr bedingt wirksam

---

173 So führen einige BRH-Mitglieder die von "außen" wahrgenommenen Unterschiede weniger auf die Tatsache der 48 unabhängigen Prüfungsgebiete als auf unterschiedliche persönliche Prüfungsstile zurück.
174 Diese Untersuchung wurde von mehreren Befragten erwähnt.
175 So formulierte es ein an der Entwicklung der "Vorläufigen Richtlinien" Beteiligter.

werden können, da sie nicht ausreichend in methodische Überlegungen eingebettet sind; das verleiht ihnen schnell den Charakter einfacher "wenn-dann"-Vorschriften oder unflexibler formaler Gestaltungsregeln. Daher stoßen sie auch bei einem Teil der BRH-Angehörigen auf erheblichen Widerstand oder schlicht auf Ablehnung. Andererseits werten einige schon die Tatsache, daß allgemeine Richtlinien überhaupt zustandekommen, sowie den Erarbeitungsprozeß - genauer: die durch ihn vermittelten Erfahrungen und die von ihm ausgehende Symbolwirkung - als Fortschritt gegenüber dem vorher herrschenden Zustand; letzterer wird drastisch umschrieben mit: "jedes Prüfungsgebiet als ein eigenes Königreich".

2. Die Arbeitshilfen: Ihr Adressatenkreis ist unterschiedlich groß (er hängt ab vom jeweiligen Prüfungsstoff), ihre Akzeptanz sehr verschieden stark ausgeprägt. Daher kann für sie noch weniger als für die "Vorläufigen Richtlinien" eine einheitliche Wirkungstendenz angegeben werden. Grundsätzlich bestreitet niemand ihre Notwendigkeit und ihren praktischen Wert. Aber mit Ausnahme sehr weniger Arbeitshilfen, die positiv bewertet werden, fühlt sich auch kaum jemand als potentieller Nutzer betroffen ("dieses Problem betrifft mich nicht")[176].

3. Die Rotation der Prüfungsgebietsleiter: Während die bisher betrachteten Vereinheitlichungsinstrumente mehr oder weniger an eine positive Einstellung zu elaborierten Planungs- und Verfahrenskonzepten gebunden sind, um überhaupt wirken zu können, kann per Rotation eher eine gleichmäßige "Verteilung" und zugleich längerfristig eine tendenzielle Angleichung der unterschiedlichen Prüfungsphilosophien bewirkt werden[177]. Allerdings werden von verschiedenen Seiten erhebliche Einwände gegen eine Rotation geäußert. Sie haben im Kern den Tenor, daß der einzelne Prüfungsgebietsleiter, um seine Funktion bestmöglich zu erfüllen, unabdingbar auf eine "intime" Kenntnis "seines" Gebiets angewiesen ist und daß die Einarbeitungszeit wegen der Größe und Heterogenität der meisten Prüfungsgebiete "viel Zeit" erfordert. (Um optimal informiert zu sein, werden mehrere Jahre "Lern"-zeit genannt.) Auch ist er, um als Experte anerkannt zu sein (durch das Ressort/die Verwaltung), auf langfristige Präsenz angewiesen. Von daher wird ein häufiger Wechsel der Prüfungsgebietsleiter abgelehnt oder zumindest als problematisch bewertet. Erstaunlicherweise besteht schließlich ein Dissens über das Ausmaß, in dem eine Rotation der "Leiter" überhaupt gezielt praktiziert wird. Eine Seite verweist darauf, daß die Rotation zumeist auf die natürliche Fluktuation zurückzuführen sei, die andere Seite dagegen sieht einen planmäßigen Einsatz der Rotation als Instrument der Leitung.

4. Die jährliche Berichterstattung: Neben dem Integrationspotential der "Vorläufigen Richtlinien zur Erstellung der Bemerkungen" ist noch ein zweiter Integrationseffekt der "Berichterstattung" denkbar: nämlich indem der Erstellungsprozeß zugleich als

---

176   Ganz anders ist die Reaktion in den Vorprüfungsstellen. Dort wird die Brauchbarkeit einiger "Hilfen" massiv kritisiert, zugleich aber ein erhöhter Bedarf an abgestimmten Erhebungsinstrumenten artikuliert.

177   Zugleich ist aber zu beachten, daß die Rotation tendenziell auch ein Instrument des Präsidenten darstellt, um die Realisierung seiner Konzeption von Finanzkontrolle zu fördern.

Vehikel einer inhaltlichen Auseinandersetzung und Annäherung über Prüfungsmaßstäbe und -verfahren genutzt wird und/oder die "Bemerkungen"zu "Musterbeispie-
len" mit faktischer Bindungswirkung werden. Eine solche Wirkungsweise wird aber
von den meisten Beteiligten im BRH verneint. Allenfalls als Rückkoppelungsprozeß
wirke die jährliche Berichterstattung. Offensichtlich ist der Druck, der von den "Bemerkungen" als (nach innen gerichteter) Ausdruck der Leistung sowie als In-
formationsangebot an die Parlamentarier und als öffentliche Selbstdarstellung des
BRH ausgeht, zu stark, als daß die potentielle Vereinheitlichungswirkung faktisch
mehr zum Tragen kommen könnte.

5. Das Informationssystem mit angeschlossener Dokumentation: Beiden Teilin-
strumenten wird eine massive BRH-weite Vereinheitlichungsfunktion zugeschrieben,
wie die Kapitel 3.6. und 4.4. bereits zeigten. Doch auch hier sind widersprüchliche
Tendenzen zu erkennen: Einerseits heben verschiedene BRH-Mitglieder zwar die
Bedeutung und die bisher schon eingetretene positive Wirkung der "Nullnummer"
hervor, andererseits hat es schon mehrere - vergebliche - Anläufe gegeben, eine umfassende Dokumentation aufzubauen[178]. Eine solche Informationsbündelung ist -
wenn sie funktionieren, also einigermaßen aktuell und vollständig sein soll - auf eine
ausgeprägte Mitwirkung der Prüfungsgebiete angewiesen. Dort aber gibt es noch
immer erhebliche Abwehrtendenzen, obwohl mit dem Dokumentationssystem nie
explizit die Absicht verbunden wurde, Prüfungskonzepte, Erhebungsinstrumente,
Bewertungsschemata u.a. zu entwickeln[179] und vorzugeben.

Die Informations- und Kommunikationskreise, die ebenfalls effektiv in Richtung
Vereinheitlichung wirken, sind größtenteils unterhalb der Ebene "Gesamt-BRH" angesiedelt. Als Beispiel hierfür wurde ein Kreis von Prüfungsbeamten des höheren
Dienstes genannt, in dem Methodendiskussionen mit entsprechendem Erfahrungsaustausch und konzeptuellen Überlegungen geführt werden, und der hier besonders
innovativ wirkt. Bei allen diesen Kommunikationskreisen - wie auch bei der BRH-
weiten "Abteilungsleiterbesprechung" - weist vieles darauf hin, daß ihre Informalität
eine wichtige Wirkungsbedingung ist[180]. Zugleich aber begrenzt dieser Status ihre
Wirkungsmöglichkeiten erheblich, zumal in der öffentlichen Verwaltung die Verrechtlichung des Handelns und die Neigung zum Rückzug auf formal-legitimierende
Regeln stärker ausgeprägt ist als in nichtöffentlichen Institutionen.

6. Querschnittsprüfungen, Personalausleihe und Prüfungsgruppen: Diese Integra-
tionsansätze sind ebenfalls von vornherein unterhalb der Ebene "Gesamt-BRH"
angesiedelt. Die möglichen Themen, Umfänge und Verläufe von Querschnittsprüfungen - und damit das derzeit realisierbare Vereinheitlichungspotential - wurden in

---

178 Hierfür wurde jeweils eine Arbeitsgruppe eingerichtet.

179 Vgl. zu diesem Komplex insbesondere oben Kapitel 4. Solange die ausführliche Dokumentation nur in Teilen besteht, kommt den "Bemerkungen" als einem solchen Teil die Funktion
eines Vehikels der internen Information und Verständigung zu.

180 Entsprechende Sachverhalte sind aus der industrie- und betriebssoziologischen Forschung
bekannt, wo den formalen Organisations- bzw. Handlungsvorgaben ("Betriebsordnung" o.ä.)
eine stark legitimierende Bedeutung zukommt, die faktischen Strukturen und Abläufe daher
im "Informellen" bleiben müssen.

mehreren Kapiteln ausführlich dargestellt[181]. An dieser Stelle werden daher nur noch die unterschiedlichen Einschätzungen dieses "Instrumentariums" für integrative Prozesse im BRH hinzugefügt. Vorher soll allerdings nochmals in Erinnerung gerufen werden, daß Querschnittsprüfungen nicht nur ein Vehikel für eine vereinheitlichende Entwicklung von Prüfungsverfahren und eine gleichartige Konkretisierung von Prüfungsmaßstäben darstellen, sondern daß sie zugleich für komplexe Untersuchungsansätze, methodische Innovation u.ä. stehen.

Betrachtet man zunächst die Querschnittsprüfungsgebiete, so ist fast durchweg festzustellen, daß ihre tendenziell konfliktträchtige Position sie dazu veranlaßt, eine Vorreiterrolle in Richtung Vereinheitlichung oder Methodeninnovation massiv abzulehnen - auch wenn sie zugleich betonen, daß sie von ihrer Aufgabenstellung her schon immer eine der "modernen Prüfungsphilosophie" entsprechende Praxis realisiert hätten[182]. Da nach ihrer Einschätzung die Fachprüfungsgebiete Vereinheitlichungszwänge weitgehend abwehren oder unterlaufen können, setzen sie mehrheitlich auf eine längerfristig integrative Ausstrahlung der Ergebnisse aus ihrer gegenwärtigen Zusammenarbeit mit kooperationswilligen Fachprüfungsgebieten. Mit dieser eher defensiven Haltung ist die Gefahr verbunden, neuartige Parzellierungen der Prüfungstätigkeit hervorzubringen - ein Problem, das nur von wenigen Beteiligten offen ausgesprochen wurde.

Für Querschnittsprüfungen, die unter der Federführung eines Fachprüfungsgebiets durchgeführt werden, läßt sich eine Vereinheitlichungswirkung nur schwer abschätzen. Der Ausnahmecharakter wirkt eher in Richtung Denkanstöße, als daß er die Abkapselung der Prüfungsgebiete tendenziell aufhebt.   Mit dem neuen BRH-Gesetz wurde daher - wie oben in Kapitel 3.4. dargestellt - zur Lösung eines Teils dieses Problemkomplexes die "Prüfungsgruppe" angeboten, ein Konstrukt, das schon heftige gegensätzliche Reaktionen ausgelöst hat. Eine vereinheitlichende Wirkung kann die "Prüfungsgruppe" daher erst à la longue erreichen, falls sie stärker akzeptiert wird. Allerdings dürften zuvor noch einige konzeptionelle Änderungen notwendig sein. So sind vor allem bisher "die Schnittstellen noch nicht richtig beschrieben".

7. Die Aktivierung der Abteilungssenate und die Einrichtung von Abteilungsreferaten: Als wichtige Ursache für die zum Teil mangelhafte Integration bzw. das Fehlen der - bei aller notwendigen Differenzierung - gebotenen Einheitlichkeit der Prüfungsmaßstäbe und -verfahren hat sich herauskristallisiert, daß der Große Senat als zentrales, oberstes Integrationsorgan zu abgehoben ist. Es fehlt eine effektive mittlere Integrationsebene, bzw. das vorhandene "mittlere" Gremium der Abteilungssenate scheint von seiner Konstruktion her nur wenig praktikabel zu sein.

---

181 Vgl. oben Kapitel 3.2. für die Tätigkeit von Querschnittsprüfungsgebieten, Kapitel 3.3. und 3.6.2. für Querschnittsprüfungen, die vom Großen Senat beschlossen und von Fachprüfungsgebieten durchgeführt werden, sowie Kapitel 3.4. über Prüfungsgruppen.

182 So wird für die "Querschnitts"-Abteilung des BRH hervorgehoben: "Moderne Finanzkontrolle ist immer Aufgabe der Abteilung VII gewesen", diese war schon immer zukunftsorientiert.

Die Position des Direktors - als dem zweiten "Element" der mittleren Integrationsebene - ist zwar durch die Mitgliedschaft in den Zweier-/Dreierkollegien in der BRH-Struktur fest verankert, aber wie die Darstellung über die Durchführung der Prüfungsvorhaben und die Behandlung der Prüfungsergebnisse[183] zeigt, ist seine Distanz zu den "Informationsquellen" sehr groß. Seine gegenwärtige Funktion erschöpft sich daher unter Umständen darin - sozusagen ex negativo -, sicherzustellen, daß in der Abteilung keine sich widersprechenden Entscheidungen gefällt werden. Seine weitergehenden Wirkungsmöglichkeiten[184] liegen demgegenüber in den Bereichen der übergreifenden Prüfungsplanung - im Sinne der Entwicklung der "strategischen Linie" - sowie dem Vorantreiben einer integrierten Methodenentwicklung. Beide sind gegenwärtig stark an den jeweiligen Stelleninhaber gebunden. In dieser Konstellation bietet die Einrichtung von Abteilungsreferaten[185] - als flexiblen Personalpools, die faktisch der Verfügung des Direktors unterstehen - ein erhebliches Potential zur Stärkung der Integrationsfunktion. Dies gilt in dem Maße, wie es gelingt, multifungibel einsetzbare Spezialisten in diese Pools zu bekommen und mit deren Einsatz verstärkt die Ausarbeitung von Verfahrens-, Erhebungs- und Bewertungskonzepten bzw. -instrumenten zu verknüpfen.

8. Personalstruktur und Qualifikationsstruktur: Ein wichtiges Moment für die realisierbare Struktur und Qualität des Prüfungshandelns stellt - wie bereits mehrfach angesprochen - die verfügbare Qualifikation der Prüfungsbeamten dar. Zugleich kann die Personalrekrutierung einen zentralen Ansatzpunkt für eine Strategie der Vereinheitlichung bilden. Allerdings können aus dem Stellenplan und dem faktisch erreichbaren Personalpotential auch erhebliche Restriktionen erwachsen. Genau dies bestimmt die gegenwärtige Lage des BRH.

Der traditionelle Prüfer ist als Verwaltungsbeamter des gehobenen Dienstes ("Sachbearbeiterebene") ein Spezialist für das "Regelungswerk", das sich aus Gesetzen, Ausführungsvorschriften und traditionsgeprägten ungeschriebenen Usancen zusammensetzt und damit die Aspekte der formal-legitimierenden Vorgaben und der Verrechtlichung betont. Gemäß seiner "Konditionierung" auf die richtige Auslegung ist er stark auf den Einzelfall und das Detail hin orientiert. Hierin sehen verschiedene BRH-Mitglieder eine Barriere für einen schnelleren Übergang zur Programm- und Systemprüfung. Zugleich aber erlaubt es diese traditionelle Qualifikation, die Beamten in den verschiedenen Sachgebieten einzusetzen, da die haushaltsmäßigen Regeln überall dieselben sind. Die Prüfer müssen sich "nur" in das je spezifische Sachgebiet einarbeiten. Ein Teil der Prüfungsgebietsleiter bewertet gerade diese Kombination von Haushaltsregeln und Sachwissen als eine hohe Anforderung an die Prüfer, da sie ein hohes Maß an Einarbeitungsintensität, Flexibilität und Selbständigkeit verlange. Aus der traditionellen Qualifikation der Prüfungsbeamten, die durchgängig eine

---

183 Vgl. oben Kapitel 4.2. und 4.4.
184 Hierin bestehen allerdings nochmals große Unterschiede - entsprechend dem stark differierenden Zuschnitt der verschiedenen Abteilungen.
185 Vgl. oben Kapitel 3.5.

mehrjährige Verwaltungspraxis umfaßt[186], resultierte andererseits für die Finanzkontrolle alten Stils eine stark vereinheitlichende Tendenz. In dem Maße, in dem die
Prüfungsgrundsätze der Wirtschaftlichkeit und der Erfolgskontrolle (Zielerreichung
und Zweckmäßigkeit) in den Vordergrund treten oder neuartige Sachgebiete auftauchen, werden aber andersartige, eher inhaltlich-"fachliche" Qualifikationen
wichtiger. Diese sind zumeist im höheren Dienst angesiedelt (so z.B. EDV-Exper-
ten). Allerdings weisen verschiedene Befragte darauf hin, daß auch Beamte aus dem
allgemeinen Verwaltungsdienst stoffmäßige Schwerpunkte aufbauen und zu "ausge-
machten" Spezialisten werden (z.B. für Preisprüfung) und daß insbesondere die Fähigkeit zur Wirtschaftlichkeitsprüfung nicht an eine kaufmännische o.ä. Ausbildung
gebunden ist. Spezialisten neuen Typs sind bisher noch eine kleine Minderheit - im
Durchschnitt hat ein Prüfungsgebiet ein bis zwei Beamte des höheren Dienstes (bei
insgesamt sechs bis acht Prüfern), nur in einigen wenigen Prüfungsgebieten sind
"höhere" Beamte wesentlich stärker vertreten. Der durchschnittliche Anteil von "höheren" Beamten im Stellenplan ist außerordentlich gering, verglichen mit der
entsprechenden Personalausstattung verschiedener Landesrechnungshöfe. Für die
Spezialisten neuen Typs ist allerdings die bisherige langjährige Zuordnung zu nur
einem Prüfungsgebiet problematisch, da ihre Fähigkeiten häufig erst bei einem Einsatz über mehrere Prüfungsgebiete hinweg wirklich effektiv zu nutzen sind[187].
Zugleich hätte ein (prüfungsgebiets-) übergreifender Einsatz längerfristig eine intensive Vereinheitlichungswirkung. Einen wichtigen Schritt in Richtung eines solchen
übergreifenden - und zudem flexiblen - Einsatzes stellen die oben angesprochenen
"Abteilungsreferate" dar.
Gleichzeitig verschärft sich aber mit diesem veränderten Qualifikationsbedarf die
ohnehin schon prekäre Personalrekrutierungssituation des BRH: Solange er einerseits Prüfer mit Verwaltungserfahrung braucht, diese andererseits nicht selbst quali-
fizieren kann, muß er aus dem relativ eng begrenzten Pool der anderen öffentlichen
Verwaltungen vor Ort schöpfen, ohne die dort herausgebildeten Qualifikationen in
irgendeiner Weise beeinflussen zu können. Zudem ist die auf diese Weise zu-
sammengestellte BRH-"Mannschaft" zwangsläufig relativ alt. Hier stellt sich die
Frage, ob nicht durch ein wesentlich erweitertes Fort- und Weiterbildungsangebot
des BRH selbst sowie durch die forcierte Entwicklung strukturierter Prüfungs- und
Bewertungsverfahren diese Abhängigkeit erheblich abgebaut werden könnte. Denn
eigene Verwaltungserfahrung ist letztlich nichts anderes als ein erfahrungsgeleitetes
"Instrument" der Prüfung des Verwaltungshandelns von anderen. Die bisher unter-
nommenen Versuche einer forcierten Fort- und Weiterbildung werden jedenfalls
fast durchgängig positiv bewertet. Daneben ist noch eine Reihe anderer Strategien
zur Verbesserung der Personalrekrutierung denkbar und wird von Landesrechnungshöfen und/oder vom BRH erprobt bzw. erwogen.

---

[186]   Ein Großteil der Beamten kommt aus den zu prüfenden Verwaltungen.
[187]   Prüfer des höheren Dienstes werden u.a. aus diesem Grunde auch in die Personalrotation
        einbezogen.

5.4. Außendarstellung und externe Aktivitäten des Bundesrechnungshofs

Außenbeziehungen und externe Aktivitäten sind für den BRH von zentraler Bedeutung, da sie einen wesentlichen Teil seiner Arbeit betreffen oder sogar ausmachen. Dementsprechend sind diese Beziehungen ihrer Qualität nach äußerst vielgestaltig. Zugleich sind mit der Außenpräsentation aufgrund seiner Organisations- und Handlungsprinzipien "Unabhängigkeit" und "Kollegialität" besondere Probleme verbunden (verglichen mit "normalen" öffentlichen Institutionen), wie schon das geflügelte Wort von den "48 Rechnungshöfen" belegt. Dies betrifft insbesondere zwei (Handlungs-)Aspekte: Wie kann angesichts der stark dezentralen Organisations- und Kompetenzstrukturen ein wohlgeordnetes Netz von Beziehungen entstehen, ohne daß kontroverse Bewertungen oder Gestaltungsvorstellungen zu einem Sachverhalt bzw. gegenüber einem Adressaten geäußert werden? Und wie können angesichts der großen Kontaktdichte und der starken Parzellierung des Prüfungsstoffs sowie angesichts des hohen Drucks zu partieller interner Abstimmung (im Kollegium) aktuelle und angemessene (nicht zu fragmentarische) Antworten der BRH-Akteure auf Fragen (oder sonstige Ereignisse) von "außen" erfolgen?

Für eine eingehende Behandlung dieser Problematik sowie für die Beurteilung der gewählten Lösungsansätze ist es zunächst wichtig festzuhalten, daß die Beziehungen der BRH-Angehörigen zu den jeweiligen Adressatenkreisen - Verwaltung, Regierung, Parlament, Öffentlichkeit - sehr unterschiedlich strukturiert sind. Sie werden hauptsächlich bestimmt durch das Ausmaß faktischer Informalität in den Arbeitskontakten, durch die Rigidität der (formal zugeschriebenen) Vertretungskompetenz und durch die Zuordnung dieser Kompetenz von "unten" nach "oben" im BRH-Gremiengefüge.

Als weiteres wichtiges Handlungsmoment kommt das Faktum hinzu, daß ein Teil der Handlungspartner eine Informationspflicht gegenüber dem BRH hat. Dies betrifft zum einen alle der Finanzkontrolle unterworfenen Verwaltungen, die den Prüfungsgebieten auf Anfrage sämtliche relevanten Informationen offenlegen sowie ohne Aufforderung sämtliche Regelungen mit finanziellen Auswirkungen oder sonstiger Bedeutung für die Rechnungsprüfung mitteilen müssen. Zum anderen muß der BRH von den Ressorts und sonstigen zuständigen Verwaltungen schon vor der Erstellung finanzwirksamen Regelwerks informiert werden. Zum Teil wird er sogar direkt in die Ausarbeitung einbezogen. So gehen zum Beispiel Informationen über alle Maßnahmen von erheblicher finanzwirksamer Bedeutung, an denen der Bundesminister der Finanzen beteiligt ist, auch an den BRH[188]. Diese Informationspflichten wirken auch auf die Struktur des externen Beziehungsgefüges ein.

Für die Ressorts bzw. Verwaltungen als den Handlungspartnern mit der größten Nähe ist schon mit der Verteilung der Prüfungsaufgaben auf Prüfungsgebietsebene im BRH

---

188 Vgl. BHO § 102. Der Informationspflicht der "Prüfungsobjekte" steht bis zu einem gewissen Grad eine "Berichtspflicht" des BRH gegenüber, nämlich festgestellte Mängel in der Verwaltung den Verantwortlichen und gegebenenfalls auch dem Parlament mitzuteilen. Allerdings hat diese "Pflicht" eher metaphorischen Charakter, da ihre Ausgestaltung dem BRH selbst obliegt.

zugleich die (jeweilige) Kontaktzuständigkeit gegeben. Entsprechend der unterschiedlichen Funktionsansätze herrscht hier aber keine eindeutige Abgrenzung.

Vor den Augen dieser "Externen" der ersten Stufe vollziehen die Prüfer als Repräsentanten der Prüfungsgebiete einen Gutteil ihrer Kontrolltätigkeit. Schon hier spielt daher die Selbstdarstellung einschließlich der Vermittlung der BRH-Maximen und die Kontaktpflege eine wesentliche Rolle - allerdings dank der weitgehenden Arkanpolitik zumeist ohne weitere "Öffentlichkeit". Das kommt schon in den Vorläufigen Richtlinien zur "Behandlung der Prüfungsergebnisse" deutlich zum Ausdruck und wird durch die Aussagen über die faktischen Wirkungsbedingungen bestätigt. Uneingeschränkt gilt dies indes nur auf der Referatsebene, wo die Ermittlungen vor Ort stattfinden, aber nicht mehr auf der Abteilungsleiter- oder Ministerebene. Zwar stehen auch hier die Zuständigkeiten unmittelbar im Zusammenhang mit der Verteilung der Prüfungsaufgaben, aber sie sind weiter nach "oben" verlagert. So sollen auf Abteilungsleiterebene in den Ressorts die BRH-Direktoren einbezogen werden, auf Ministerebene der Präsident/Vize. Gemäß den dominierenden Aufgaben der Sammlung von Überblickswissen sowie der Repräsentanz des BRH gegenüber der Verwaltungs- und Regierungsöffentlichkeit kommt in diesem Handlungsfeld vor allem den Direktoren eine wichtige Rolle zu, indem sie für einen größeren Prüfungsbereich durch kontinuierliche Kontakte mit den Verwaltungsspitzen einen einheitlichen Rahmen für die Prüfungsaktivitäten schaffen. Voraussetzung hierfür ist BRH-intern ein "Abteilungsbewußtsein", auf das der Direktor bei seiner Außendarstellung aufbauen kann.

Rigider ist die Zuständigkeitsregelung für Kontakte mit dem Haushaltsausschuß und dem Rechnungsprüfungsausschuß: Für beide existiert jeweils ein ständiger Ansprechpartner des BRH (der "Sitzungsdienst", der zugleich alle weiteren Kontakte koordinieren muß) sowie eine strikte Regelung der Zuständigkeiten der Prüfungsgebiete für Auskünfte und Beratungsaktivitäten. Beide Zuordnungsmodi sollen ausdrücklich verhindern, daß bei Haushaltsverhandlungen "das ganze Haus vertreten ist" und vor dem Ausschuß auftritt. Aufgrund der größeren Öffentlichkeit ist die Problematik widersprüchlicher oder unangemessener Äußerungen im BRH wesentlich unmittelbarer präsent als bei Kontakten zur Exekutive[189]. Um derartige Gefahren zu vermeiden und mehr noch, um die alleinige Zuständigkeit der Kollegien in Prüfungsangelegenheiten zu wahren, darf der ständige Repräsentant des BRH im Haushaltsausschuß bzw. im Rechnungsprüfungsausschuß nur das vertreten, was der "Hof" entschieden hat. Gleiches gilt für das einzelne Kollegiumsmitglied[190]. Werden diese Regeln strikt eingehalten, so kann es (theoretisch) zwar keine widersprüchlichen Urteile geben, aber die Flexibilität und Reagibilität der BRH-Mitglieder ist erheblich eingeschränkt. Daher wird faktisch des öfteren eine mehr oder weniger weitgehende informelle "Grenzüberschreitung" praktiziert.

Erst jenseits der eben skizzierten Netzwerke aus unmittelbaren Arbeitskontakten und Informationsaktivitäten (auf Prüfungsgebietsebene) beginnt die volle Externität[191].

---

189   Analoge Regelungen sind auch in anderen Organen zu finden, die dem Parlament auskunftspflichtig sind, zum Beispiel beim Bundesminister der Finanzen.
190   Vgl. oben Kapitel 3.3.
191   Realiter besteht allerdings kein klarer Schnitt, die Übergänge sind eher fließend.

Hierfür besteht grundsätzlich ein Monopol der Vertretung des BRH durch den Präsidenten/Vize. De facto ist ein Teil dieser Vertretungspflichten wiederum auf fachlich zuständige Prüfungsgebiete delegiert. Wichtigster funktionaler Unterschied zu den Arbeits- und Informationskontakten ist die institutionelle und vor allem die politische Repräsentanz des BRH "nach außen" bzw. die Repräsentanz im politischen Raum[192]. Je "öffentlicher" oder politischer das Kontaktfeld ist, desto strikter wird das Monopol des Präsidenten gewahrt, so zum Beispiel gegenüber den Massenmedien.

Die Bedeutung der politischen Außenvertretung macht eine besondere BRH-interne Vorbereitung und Absicherung notwendig. Dies geschieht in erster Linie dadurch, daß der Präsident und der Vizepräsident über die Prüfungsaktivitäten und -entscheidungen auf dem laufenden gehalten und damit zugleich in den BRH eingebunden werden. Wichtigstes Organ hierfür sind die Dreiergremien, da sie an der Basis angesiedelt sind[193]. Daher macht die Konstruktion der Dreiergremien erst dann wirklich "Sinn", wenn man diese Funktion in die Betrachtung einbezieht. Daneben kommen auch den zentralen Gremien und den informellen Kommunikationskreisen derartige Funktionsaspekte zu. Alle zusammen bewirken "eine überdurchschnittliche Übersicht (des Präsidenten und seines Vize) über dieses Haus". Nur eine solche Integration liefert der Leitung die erforderlichen Informationen und das notwendige Verständnis, um Prüfungsverfahren und -entscheidungen nach außen erfolgreich vertreten zu können, und macht es zugleich - vermittelt über diese Leistung - möglich, die "Alltagsarbeit" von direktem politischen Außendruck zu entlasten und/oder sie politisch abzusichern.

Darüber hinaus sichert das formale Monopol der Außenbeziehungen prinzipiell die Transparenz der Kontakte in doppelter Hinsicht (unten-oben und vice versa) sowie die Einheitlichkeit der Außendarstellung. Faktisch ist dieses Monopol allerdings stark durchlöchert, und zwar vor allem durch die Arbeitskreise innerhalb der Präsidentenkonferenz der Rechnungshöfe sowie durch die Beteiligung des BRH an einer Vielzahl von Gremien mit Vertretern aus den Ressorts/Verwaltungen und anderen öffentlichen Institutionen.

Für die Erfüllung der Funktion der Finanzkontrolle ist eine Reihe weiterer Ziele bzw. Wirkungen der externen Aktivitäten bedeutsam, die teils bewußt angestrebt werden, teils als Nebenprodukt anfallen:

- die Verbreiterung und Verstärkung des Einflusses des BRH durch Gremienarbeit und Bündnispartnerschaften;
- die Vereinheitlichung der Regelwerke und damit der Handlungsprinzipien und Gestaltungskriterien der Verwaltung, durch die der Prüfungsstoff der Finanzkontrolle gestaltet wird (darüber kann wiederum die eigene Prüfungsarbeit effektiviert werden);
- die Sicherstellung einer einheitlichen Anwendung der Prüfungsmaßstäbe durch Zusammenarbeit mit anderen Prüfstellen und/oder durch die Bildung einer einheitli-

---

192 Allerdings involvieren auch die Arbeitskontakte ein Moment der institutionellen Repräsentanz, insbesondere, indem die Prüfungsbeamten "vor Ort" als "Beauftragte des BRH" fungieren.
193 Vgl. oben Kapitel 3.3.

chen Phalanx der Rechnungshöfe[194] (sowie die Entwicklung einheitlicher Verfahren und Instrumente).

Ein direkter Kontakt mit den verschiedenen Verwaltungseinheiten ist vor allem über den "Ausschuß für Organisationsfragen" (AfO), den "Ausschuß für wirtschaftliche Verwaltung in Wirtschaft und Öffentlicher Hand" (AWV) und die Bundesstelle für Büroorganisation und Bürotechnik (BBB) gegeben. Die breiteste Wirkung dürften aber die vielfältige Kooperation mit dem Bundesminister der Finanzen - hinsichtlich der Haushaltsregeln - sowie die Mitwirkungs- oder Äußerungsrechte bei allen sonstigen finanzwirksamen Regelungen (Gesetze, Richtlinien, Vorschriften) haben. Die Hauptstoßrichtung ist hier, eine gemeinsame Norminterpretation zwischen Prüfern und Geprüften abzusichern und als nächsten, weitergehenden Schritt einheitliche Handlungs- und Gestaltungsregeln für gleichartige Handlungsbereiche vorzugeben.

Auch hier verlaufen die Kontakte direkt mit den "zuständigen" Prüfungsgebieten; vor allem die Querschnittsabteilung VII und die Grundsatzabteilung I sind stark involviert. Die Heterogenität dieser externen Aktivitäten erschwert allerdings eine zentrale Kontrolle und beeinträchtigt die Transparenz (für die nicht beteiligten "Höfe"), die in vielen Fällen sogar ganz verlorengeht. Entsprechend fallen auch die Einschätzungen der Befragten über die Bedeutung bestimmter externer Kooperationsbeziehungen für die Kontrollarbeit des BRH sehr unterschiedlich aus.

---

194 Vgl. die wichtige Funktion der Arbeitsgemeinschaft der Rechnungshöfe von Bund und Ländern unten Kapitel 9.

6. Das Kontrollgefüge

6.1. Das Zusammenwirken der unterschiedlichen Organe der Finanzkontrolle

Wie oben (Kapitel 2.1.) kurz skizziert, existiert neben der vom Rechnungshof durchgeführten externen Finanzkontrolle die durch Organe der Verwaltung selbst vorgenommene interne Finanzkontrolle (Selbstkontrolle, verwaltungsinterne Kontrolle). Sie wird vom Haushaltsreferat, von den Fachreferaten sowie in einigen Ressorts zusätzlich von einer speziellen Kontrolleinheit geleistet. Zu dieser Selbstprüfung der Verwaltung treten noch die dem Bundesminister der Finanzen zugewiesene regierungsinterne Kontrolle[195] sowie die "Vorprüfung" als Kontrolle eigener Art hinzu. Diese Kontrollformen stehen teils in einem komplementären bzw. einem Folgeverhältnis zur externen Kontrolle durch den BRH. Die Kontrolleistungen und -wirkungen des BRH bauen allerdings nur zum geringen Teil unmittelbar auf den Prüfungsergebnissen anderer auf, abgesehen von denjenigen der Vorprüfungsstellen. Viel bedeutsamer für sein Wirken sind das Faktum der Existenz interner Kontrollen, seine Kenntnisse über ihre Leistungen und Wirkungsweisen sowie der Informationsaustausch mit ihnen.

Der Rechnungshof weist in diesem Zusammenhang insbesondere auf das Erfordernis einer Selbstkontrolle als funktionale Vorbedingung seiner Kontrollaktivitäten hin und moniert immer wieder, daß sie bis zum heutigen Zeitpunkt nur beschränkt wahrgenommen werde. Das klassische Instrument der internen nachgängigen Selbstkontrolle, die Innenrevision, fehlt. Vor allem sieht es der BRH als sein vordringliches Ziel an, darauf hinzuwirken, daß die Ressorts in naher Zukunft wesentlich mehr als bisher Wirtschaftlichkeitsuntersuchungen von Maßnahmen, Projekten oder Programmen durchführen, die vom BRH nachvollzogen werden können. Diese Einstellung belegt exemplarisch, in welchem Verhältnis der BRH Selbstkontrolle zur Fremdkontrolle sieht.[196]

Sowohl das Aktivitätsniveau als auch die Aktivitätsstruktur der verschiedenen Organe der Finanzkontrolle differieren in den unterschiedlichen Phasen des Haushaltskreislaufes erheblich; auch ihre jeweiligen Kontrollbeiträge und Wirkungsrichtungen sowie ihr Zusammenwirken im Kontrollgefüge lassen sich mit Hilfe des Haushaltszyklus am deutlichsten herausarbeiten. Er wird daher in der folgenden Analyse des Zusammenwirkens auch im Mittelpunkt stehen.[197]

Zunächst werden die einzelnen Phasen des Haushaltskreislaufs kurz skizziert und die jeweilige Rolle des BRH dargestellt. Sodann werden die formellen Teilfunktionen und faktischen Beiträge der einzelnen internen Kontrollorgane in den verschiedenen Haushaltsphasen detaillierter aufgezeigt und schließlich das Kooperationsgefüge zwi-

---

195 Diese regierungsinterne Kontrolltätigkeit wird im Rahmen der Zuständigkeit des Finanzministers für finanzielle Angelegenheiten ausgeübt.
196 Vgl. dazu auch oben Kapitel 2.3.
197 Die anderen in Kapitel 2.1. kurz dargestellten - ebenfalls wirksamen - Bezugsrahmen, nämlich die Aufgaben- und Organisationsstrukturen der kontrollierten Organe sowie das Geflecht der verschiedenen Entscheidungs- und Handlungsebenen aller Beteiligten, werden nur ergänzend herangezogen.

Abb. 3: Der Kontrollprozeß

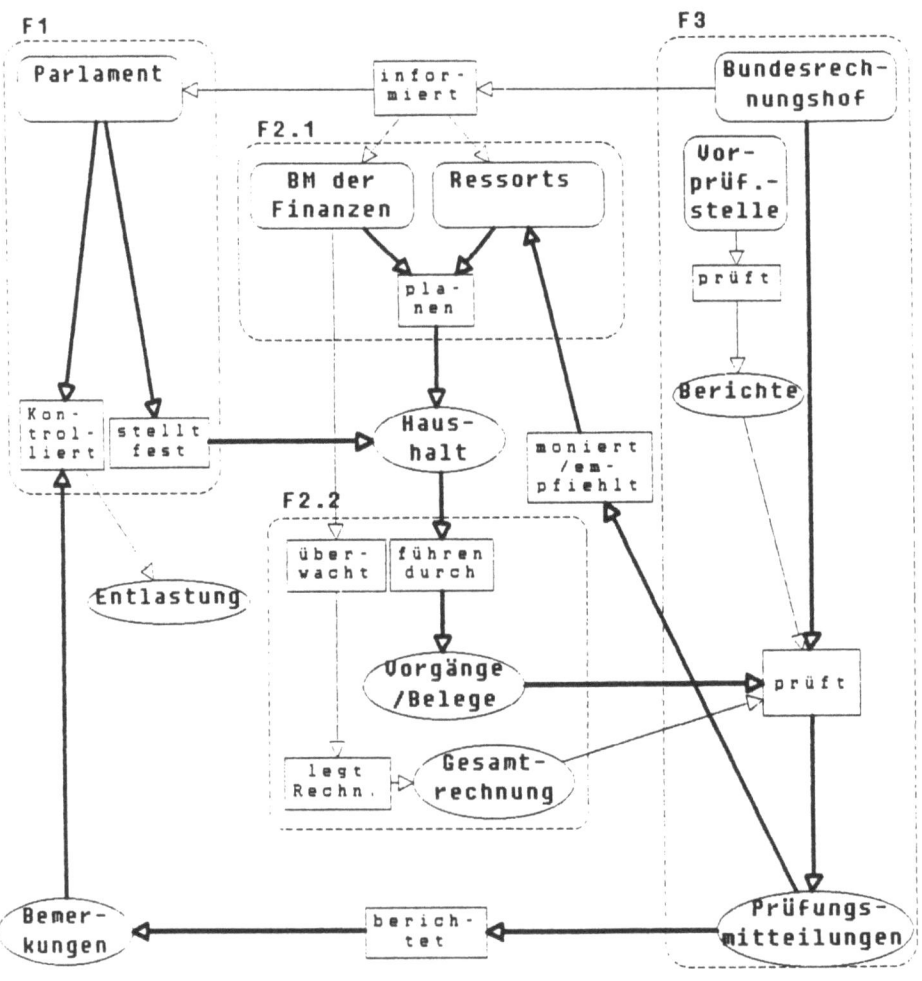

F1 = Parlamentarische Finanzkontrolle

F2 = Regierungs- und ressortinterne Finanzkontrolle

F3 = Externe Finanzkontrolle

◯ = Institution

≡ = Aktitvität

◯ = Aktivitätsgrundlage bzw. Ergebnis

schen BRH, Ressorts und BMF diskutiert. Die Vorprüfung als potentielle Schnittstelle zwischen BRH und Verwaltung wird in Kapitel 8. erörtert. Die ebenfalls beteiligte Finanzkontrollinstitution des Verfassungsorgans Parlament wird wegen der politischen Bedeutung in Kapitel 10. gesondert abgehandelt und in den Kontext einer umfassenden Funktionsbetrachtung gestellt. Einen Überblick über die einzelnen Schritte des Zusammenwirkens dieser Institutionen im Prozeß der Finanzkontrolle liefert Abb. 3.

6.2. Finanzkontrolle im Haushaltszyklus

"Der gesetzlich vorgeschriebene Gang des Haushalts in einem parlamentarischen System"[198], als Haushaltskreislauf bezeichnet, läßt sich unter verschiedenen Aspekten betrachten[199]. Im zeitlichen Ablauf gibt es drei Hauptphasen, nämlich die Aufstellung, Beratung und Feststellung des Haushalts, zweitens den Vollzug des Haushalts und schließlich die Abrechnung und Kontrolle des Haushalts bis zur Entlastung der Bundesregierung. Daneben steht der institutionelle Aspekt. Wenn man ihn einbezieht, so erhält man fünf Abschnitte:

1a)   Aufstellung des Haushaltsplans durch die Bundesregierung;
1b)   parlamentarische Beratung und Feststellung des Haushalts im Bundestag;
2)   Vollzug des Haushalts durch die Bundesregierung,
3a)   Kontrolle des Haushalts durch den Bundesrechnungshof sowie die Jahresrechnung durch die Bundesregierung;
3b)   Beratung der "Bemerkungen" im Rechnungsprüfungsausschuß des Deutschen Bundestages und die Entlastung im Plenum des Deutschen Bundestages.

Die Aufstellung des Regierungsentwurfs erfolgt in der ersten Hälfte des dem Haushaltsjahr vorangehenden Jahres (Phase 1a). Parlamentarische Beratung und Feststellung finden in der zweiten Hälfte desselben Jahres statt und enden mit der Feststellung des Haushalts durch das Haushaltsgesetz. Danach erfolgt der Vollzug des Haushalts durch die Exekutive im laufenden Haushaltsjahr. Die Abrechnung durch die Bundesregierung und die Finanzkontrolle durch den Rechnungshof geschehen im Jahr nach dem Vollzug eines Haushaltsplans und enden mit der Vorlage der Jahresrechnung bzw. der "Bemerkungen". Schließlich beginnt gegen Ende des Jahres nach dem Haushaltsjahr die Beratung der "Bemerkungen", die schließlich zur Entlastung der Bundesregierung im zweiten Jahr nach dem Vollzug eines Haushaltsplans führt. Wenn der Vollzug eines Haushalts läuft, wird also schon der nächste Ablauf geplant. Beginnt der Kontrollprozeß eines Haushaltsplans, so ist der ihm nachfolgende bereits im Vollzug, und ein weiterer wird

---

198   Horst Zimmermann/Klaus-Dirk Henke, *Einführung in die Finanzwissenschaft*, München[3] 1982, S. 69.
199   Ausführliche und eingängige Darstellungen zum Haushaltskreislauf finden sich z.B. bei Wolfgang Krüger-Spitta/Horst Bronk, *Einführung in das Haushaltsrecht und die Haushaltspolitik*, Darmstadt 1973; *Haushaltsrecht des Bundes. Grundlagen einer einheitlichen Finanz- und Wirtschaftspolitik der Öffentlichen Hand*, hrsg. v. Bundesminister der Finanzen, Bonn, Okt. 1986.

geplant[200]. Die hier deutlich werdende Überlagerung mehrerer Haushaltszyklen hat eine starke gegenseitige Durchdringung und Verflechtung der je zugehörigen Planungs- und Kontrollinformationen zur Konsequenz. Hier liegt somit eine zentrale Ursache für die zukunftsorientierte Umnutzung der Prüfungsinformationen des Rechnungshofs.

Die eben skizzierte Dreiteilung des Haushaltszyklus entspricht zwar den gängigen Systematiken, deckt sich dagegen nicht mit der subjektiven Wahrnehmung der meisten Beteiligten über die hauptsächlichen Zäsuren im Haushaltsprozeß. In einer Mischung von institutionellem und systematischem Aspekt wird der Aufstellung des Haushalts seine Beratung und Feststellung als eigenständiger Handlungsblock gegenübergestellt, während die Haushaltskontrolle ungeteilt bleibt. Offensichtlich kommt im ersteren Fall die Gegenüberstellung von Regierung bzw. Exekutive und Parlament zum Tragen, während im letzteren Fall der BRH gegenüber seinen Mitakteuren dominiert, gegenüber dem BMF klar vom Volumen seiner Aktivitäten und der übergeordneten Bedeutung seiner Prüfungsarbeit her; im Verhältnis zum Rechnungsprüfungsausschuß spielt dagegen die Abhängigkeit der parlamentarischen Kontrolleure von der Qualität der Rechnungshofarbeit eine zentrale Rolle. Die folgende Darstellung der Untersuchungsergebnisse ist an dieser "empirischen" Vierteilung orientiert.

6.2.1. Die Aufstellung des Haushaltsplanentwurfs

Der Entwurf des Haushaltsplans wird durch die Exekutive erstellt[201], sie bringt gemäß Grundgesetz die Vorlage ein[202]. Die Aufstellung gliedert sich in zwei klar zu trennende Vorgänge: die Aufstellung der Einzelplanentwürfe in den jeweils zuständigen Stellen (also den Fachministerien, Behörden, Dienststellen) sowie die Koordinierung, Kompilation und Überarbeitung im Bundesministerium der Finanzen. Nach dem jährlichen Erlaß bzw. Rundschreiben des federführenden Bundesministers der Finanzen über die Aufstellung des Haushalts, welcher(s) einen Überblick über die Finanzlage, die daraus zu ziehenden Schlußfolgerungen und die Termine für die Einreichung der Voranschläge gibt sowie Vorgaben und Berechnungsgrundlagen für die Ermittlung bestimmter Ansätze enthält, beginnen die Ressorts die Unterlagen für den Entwurf des Haushaltsplans, die sogenannten Voranschläge, anzufertigen. Die Erarbeitung des Planentwurfs stellt einen von "unten nach oben" ablaufenden Informationsprozeß dar, der durch den BMF-Erlaß sowie die politischen Vorgaben der Ressortspitze von oben vorstrukturiert und vom Haushaltsreferat des jeweiligen Ministeriums koordiniert wird.

Die Voranschläge (sogenannte Bedarfsanforderungen) werden in allen mittelbewirtschaftenden Stellen vorbereitet. Die Fachreferate bzw. die nachgeordneten Behörden ermitteln ihre voraussichtlichen Einnahmen und Ausgaben für das Planjahr und berichten darüber ihren Unterabteilungen, Abteilungen bzw. vorgesetzten Behörden. Die Zuwendungsempfänger müssen bereits im Vorlauf dazu ihre Entwürfe für den

---

200 Vgl. hierzu Krüger-Spitta/Bronk, *Haushaltsrecht* (Anm. 199), S. 41, Grafik.
201 Vgl. §§ 27 - 29 BHO.
202 Art. 110 (3) GG.

Wirtschaftsplan bei den zuständigen Referaten einreichen. Die jeweils vorgesetzten Stellen prüfen, ergänzen und ändern die Unterlagen und fassen dann die Voranschläge mit den zu erwartenden eigenen Einnahmen und Ausgaben zu einem Entwurf für das Ressort zusammen, der dem Minister vorgelegt wird. Der in diesem Wechselwirkungs- prozeß entstehende Einzelplan wird schließlich dem Finanzminister eingereicht. Die Haushaltsabteilung des BMF prüft die Voranschläge in ihren sogenannten Spiegelrefe- raten, die den Ressorts zugeordnet sind, und stellt schließlich den Entwurf des Haus- haltsplans in einem mehrstufigen Prozeß wechselseitiger Verhandlungen auf.

Die Voranschläge der Ressorts werden gleichzeitig dem BRH zugesandt[203], der aus- drücklich befugt ist, dazu gutachterlich Stellung zu nehmen. Seine Hinweise und Emp- fehlungen binden die Ressorts nicht, er kann sie jedoch bei der parlamentarischen Bera- tung erneut vorbringen. Allerdings ist in der Bundeshaushaltsordnung nicht eindeutig festgelegt, an wen der BRH seine Stellungnahmen richten kann: Empfänger kann das für den Voranschlag des Einzelplans zuständige und verantwortliche Ressort sein, die Stellungnahme kann aber auch an den BMF gerichtet werden, der den Entwurf des Haushaltsplans aufzustellen hat.

Bei den "Ressortgesprächen" auf Referentenebene - als der ersten Stufe des Ver- handlungsprozesses zur Aufstellung des Haushalts - ist der Rechnungshof in der Regel anwesend und berät die am Entscheidungsprozeß Beteiligten (Haushaltsreferat, Fach- referate, Spiegelreferat des BMF); das geschieht gewöhnlich durch den Abteilungsleiter und/oder Prüfungsgebietsleiter.[204] Die BRH-Mitglieder beantworten nicht nur Fragen, sondern geben auch von sich aus Hinweise. Diese Informationen werden zumeist im Verhandlungsprozeß aufgegriffen. Dagegen nimmt der BRH weder an den - im Falle eines Dissenses zwischen BMF und Ressort - darauffolgenden Abtei- lungsleitergesprächen noch an den "Chefgesprächen" auf Ministerebene teil. Die Regie- rung vertritt die Auffassung, daß seine Präsenz auf diesen Ebenen nicht erforderlich sei, da hier politische Entscheidungen getroffen würden.

Das Interesse der Ministerialen an BRH-Informationen differiert je nach vertretener Institution und Funktion beträchtlich. So tendiert der BMF[205] einerseits prinzipiell dazu, BRH-Äußerungen aufzunehmen. Andererseits erfolgt die Argumentation des Fi- nanzministers im Prozeß der Haushaltsaufstellung entsprechend der besonderen Quer- schnittsaufgabe aus einer Gesamtbetrachtung heraus. Geht es um globale Fragen, bei- spielsweise darum, ob die Ausgaben um 2,5 Prozent oder um 3 Prozent gesteigert wer- den können oder nicht, so wird auch der Finanzminister die Meinung des Rechnungs- hofs nicht für relevant halten, weil es sich um politische Gestaltungsfragen handelt. Das eigentliche Betätigungsfeld des Rechnungshofs wird er in Spezial- oder Detailfragen se- hen, die sicherlich auch politisch bewertet werden können. Denn hier wird dem BRH aufgrund seiner Prüfungserfahrung sehr viel Kompetenz zugebilligt. Die Ressorts[206] da-

---

203 Gemäß § 27 BHO.
204 Um die Transparenz innerhalb des Prüfungsgebiets zu sichern, werden auch Prüfungsbe- amte (Spezialisten) in die Ressortgespräche einbezogen.
205 Zur Kooperation BRH-BMF vgl. die ausführlichere Darstellung unten, Kapitel 6.5.2.
206 Zur Kooperation BRH-Ressorts vgl. ausführlich unten, Kapitel 6.5.1.

gegen werden eher allgemeine BRH-Äußerungen bzw. Schlußfolgerungen aufgreifen, vor allem dann, wenn es darum geht, die Anforderungen des BMF abzuwehren, etwa um globale Einsparungen in einer bestimmten Höhe vorzunehmen. Allerdings variiert das Ausmaß, in dem der Rechnungshof in diesem Planungsstadium aktiv Informationen einbringt, zwischen den Prüfungsgebieten erheblich. Die BRH-Aktivitäten können hier insgesamt eher als passiv-rezeptiv charakterisiert werden, wenn auch seine prinzipiellen Einflußmöglichkeiten, insbesondere in konkreten Fragen, nicht zu unterschätzen sind.

6.2.2. Die Beratung und Verabschiedung des Haushalts[207]

Nachdem die Regierung den Haushaltsvoranschlag dem Bundesrat präsentiert hat, der unter Umständen zu dem Regierungsentwurf Stellung nimmt, wird er am Ende der Sommerpause zur ersten Lesung an den Bundestag weitergeleitet. Mit der Überweisung der Vorlage an den Haushaltsausschuß wird die erste Lesung im Plenum beendet.

Der Rechnungshof ist in dieser Feststellungsphase als Berater stark beteiligt[208]. Die BRH-Vertreter bringen vor allem konkrete Ergebnisse ihrer Prüfungstätigkeit ein. Des weiteren geben sie Hinweise auf Schwachstellen in der Verwaltung oder empfehlen Verbesserungen. Sie versuchen damit bereits im Zuge der Haushaltsberatungen, unkorrekte oder unwirtschaftliche Handlungsweisen zu unterbinden.

Der Rechnungshof berät nicht nur den Haushaltsausschuß als Ganzes, sondern nimmt schon an den ausführlichen Berichterstattergesprächen teil, die die Beratungen im Haushaltsausschuß vorbereiten. Gesprächsteilnehmer sind neben den Mitgliedern des Haushaltsausschusses, die für die betreffenden Einzelpläne zuständig sind (Berichterstatter), mehrere Ressortvertreter, der Spiegelreferent des BMF sowie der zuständige Prüfungsgebietsleiter des BRH. Hier wird der BRH sehr häufig um eine Stellungnahme gebeten. Er beantwortet aber nicht nur die an ihn gerichteten Fragen, sondern spielt eine aktive Rolle, indem er von sich aus in die Verhandlungen eingreift. Seit 1984 ist diese Beratung der Berichterstatter systematisiert und intensiviert worden. Es werden auch Ergebnisse aus laufenden Prüfungen des BRH mitgeteilt, wenn dies dem zuständigen Kollegium zweckmäßig erscheint (vorausgesetzt, das Ressort hat die Möglichkeit gehabt, sich zu äußern). Aber auch schon vor den Berichterstattergesprächen kommt es inzwischen fast regelmäßig zu informellen Kontakten zwischen Berichterstattern und Bundesrechnungshof. In den Haushaltsausschußsitzungen selbst, in denen auf der Grundlage der Berichterstattervorlage Einzelplan für Einzelplan beraten wird, Änderungsanträge gestellt und Beschlüsse gefaßt werden, ist die Beratung durch den Bundesrechnungshof eher passiver Natur. Insgesamt ist die Einbeziehung des Rech-

---

207 Vgl. hierzu insbesondere unten, Kapitel 10 und oben, Kapitel 2.4.2.
208 Diese Beteiligung des BRH ist verankert in § 27 Abs. 2 BHO. Seine Beratungstätigkeit im gesamten Haushaltszyklus stützt sich weiterhin auf § 42 HGrG und § 88 BHO, wonach der BRH aufgrund von Prüfungserfahrungen den Bundestag, den Bundesrat und einzelne Minister beraten kann.

nungshofs in dieser Phase der Haushaltsberatung sehr viel intensiver als bei der Aufstellung.

Das Ergebnis der Beratungen im Haushaltsausschuß wird in der Regel von den Berichterstattern des jeweiligen Einzelplans im Plenum vorgetragen und leitet die zweite Lesung im Bundestag ein. Hier hat vor allem die Opposition noch einmal die Möglichkeit, Änderungsvorschläge zu präsentieren, für die sie im Haushaltsausschuß keine Mehrheit finden konnte. Die dritte Lesung wird dann in der Regel von Grundsatzerklärungen zur Regierungspolitik bestimmt. Diese Plenumsdebatte wird nicht von den Haushaltsspezialisten, sondern von den Führungspersonen der Fraktionen einschließlich des Vorsitzenden des Haushaltsausschusses, der nach der Übung des Deutschen Bundestags der größten Oppositionspartei angehört, bestritten.

6.2.3. Der Vollzug des Haushalts

Ist der Bundeshaushaltsplan durch den Bundestag verabschiedet, vom Bundespräsidenten unterzeichnet sowie im Bundesgesetzblatt verkündet worden, tritt er in die Phase des Vollzugs ein, der der Regierung obliegt. Die Haushaltsreferate verteilen, nachdem sie vom Finanzminister eine beglaubigte Kopie ihres Einzelplans erhalten haben, die Finanzmittel auf die einzelnen mittelbewirtschaftenden Stellen. Durch die sogenannten Kassenanschläge werden sodann die Kassen angewiesen, die Geldmittel zur Verfügung zu stellen.

Eine Kontrolle über den jeweiligen Stand des Vollzugs[209] wird auf der Grundlage der nach Titeln und Untertiteln geführten Haushaltsüberwachungslisten erreicht, die einen Vergleich der Planzahlen mit den tatsächlich geleisteten Zahlen ermöglichen. Darüber hinaus ist eine Kontrolle der Durchführung des Haushaltsplans auch anhand der kameralistisch geführten Haushaltsrechnung möglich, "dort wird jede Ausgabe und jede Einnahme zuerst 'angewiesen' oder 'ins Soll gestellt' und bei der Auszahlung bzw. Einzahlung im 'Ist' verbucht; die Differenz zwischen Soll und Ist ist der sogenannte 'Rest', der entweder Bestand, Schuld oder Forderung sein kann."[210]

Auch der BRH verfolgt den Vollzug des Haushalts und prüft zum Beispiel, ob Globaleinsparungen eingehalten werden. Seine Einbindung in dieser Phase des Haushalts ist aber sehr gering, auch als Informant spielt er so gut wie keine Rolle.

209 Vgl. Rürup/Hansmeyer, *Staatswirtschaftliche Planungsinstrumente* (Anm. 54), S. 27.
210 Ebd., S. 27.

6.2.4. Die Kontrolle des Haushaltsvollzugs

Das Bundesministerium der Finanzen muß[211] nach Ablauf des Haushaltsjahres eine Ge-
samtrechnung aufstellen und sie dem Bundestag sowie dem Rechnungshof zustellen. Sie
dient als eine Grundlage für die nachträgliche Prüfung durch den BRH. Die Jahresrechnung und der Bericht des BRH - die "Bemerkungen" - sind wiederum Grundlagen für die Entlastung der Bundesregierung durch den Bundestag. Der BRH hat in seinem Prüfungsbericht über die einzelnen Monita hinaus vor allem zu beurteilen, ob das
öffentliche Finanz- und Haushaltsgebaren im verflossenen Haushaltsjahr ordnungsgemäß und wirtschaftlich erfolgte: "Das Ergebnis seiner Prüfung, soweit es für die Entlastung der Bundesregierung wegen der Haushaltsrechnung und der Vermögensrechnung
von Bedeutung sein kann, [faßt er] ... für den Bundestag und den Bundesrat in
Bemerkungen zusammen, die er dem Bundestag, dem Bundesrat und der Bundesregierung zuleitet."[212] Berichtsjahr und Haushaltsjahr liegen zwar immer zwei Jahre auseinander, viele "Bemerkungen" sind inzwischen aber wesentlich aktueller, wie in Kapitel
2.2.4. dargelegt.

Die "Bemerkungen" werden dem Bundestag alljährlich im Herbst präsentiert. Dieser
leitet sie an den Haushaltsausschuß weiter, der sie dem Rechnungsprüfungsausschuß
(RPA) als dem zentralen Organ der Rechnungsprüfung zur Beratung vorlegt. Da nach
der Sommerpause die Verhandlungen über den zukünftigen Bundesetat Vorrang haben,
findet die formelle parlamentarische Beratung der "Bemerkungen" zu einem späteren
Zeitpunkt statt. Diese Terminverlegung steht zwar - zumindest auf den ersten Blick - im
Gegensatz zu den Bemühungen des BRH um größere Aktualität, faktisch wird ein Gutteil der drohenden Aktualitätseinbuße jedoch dadurch verhindert, daß die Mitglieder
des Haushaltsausschusses - vor allem in ihrer Eigenschaft als Berichterstatter - schon
während der gerade laufenden Haushaltsberatungen informell oder formell von vielen
Ergebnissen unterrichtet werden. Dennoch sehen Mitglieder des Rechnungshofs und
auch ein Teil der Parlamentarier diesen partiellen Aktualitätsverlust durchaus als Problem, das angesichts der Bedeutung, die die Verzahnung von Haushaltskontrolle und
Haushaltsaufstellung bzw. -feststellung für beide Seiten hat, besser gelöst werden muß,
als dies derzeit durch die zunehmende informelle "Umnutzung" der "Bemerkungen" für
die zukünftige Etatgestaltung geschieht.

Vor Beginn der Beratungen im Rechnungsprüfungsausschuß läßt der BRH den
Berichterstattern und dem Vorsitzenden des Rechnungsprüfungsausschusses eine Zusammenfassung der "Bemerkungen" (die sogenannten Sprechzettel) mit aktualisierten
Angaben und Daten zukommen. Während der Beratungen ist prinzipiell der Prüfungsgebietsleiter "Grundsatzfragen Rechnungsprüfung" vertreten; bei den einzelnen "Bemerkungen" ist das jeweils zuständige Fachkollegium anwesend[213]. Das Prüfungsgebiet

---

211 Art. 114 (2) GG.
212 § 97 Abs. 1 BHO.
213 Bis etwa zur Verabschiedung der BHO 1970 hat das Prüfungsgebiet "Grundsatzfragen
      Rechnungsprüfung" die "Bemerkungen" im RPA allein vertreten. In den früheren "Bemer-
      kungen" wurden im wesentlichen Verstöße gegen die Ordnungsmäßigkeit und Rechtmäßig-

"Grundsatzfragen Rechnungsprüfung" tritt bei Ausschußsitzungen dann in Aktion, wenn übergeordnete Gesichtspunkte zur Behandlung anstehen, während das Fachprüfungsgebiet sich dann einschaltet, wenn die konkreten Prüfungsergebnisse erörtert werden. Darüber hinaus geben die Prüfungsgebiete fast regelmäßig in Vorgesprächen weitere Informationen zu den Themen, die in den "Bemerkungen" abgehandelt worden sind. Diese Einzelgespräche sind fast schon zur Routine zwischen BRH und Parlament geworden. Die Aufnahme eines Prüfungsergebnisses in die "Bemerkungen" und seine Beratung im Rechnungsprüfungsausschuß ist für einige BRH-Prüfungsgebiete zugleich Anlaß zu Kontakten mit dem betroffenen Ressort, die gegebenenfalls zu einer Absprache über die "Marschlinie" während der Beratung führen, um die direkte Konfrontation vor dem Ausschuß abzumildern[214].

Der Rechnungsprüfungsausschuß berät die Prüfungsergebnisse des BRH unter Anhörung von Regierungsmitgliedern und Beratung durch Mitglieder des BRH in allen Einzelheiten. Abschließend legt er dem Haushaltsausschuß einen Antragsentwurf auf Entlastung der Regierung vor, der zur Schlußberatung der "Bemerkungen" im Plenum des Bundestages eingebracht wird. Von den Mitgliedern des Rechnungsprüfungsausschusses wird die Debatte regelmäßig dazu genutzt, einige besonders eklatante Vorgänge sowie Gesetzesfragen der Rechnungskontrolle zu debattieren. Dennoch erscheint die vom Parlament auf der Grundlage der "Bemerkungen" erteilte Entlastung mehr als Formsache. Der eigentliche Nutzen dieser jährlichen Berichterstattung liegt in der Verwertbarkeit der "Bemerkungen" für die zukünftige Etatgestaltung. Ihre phasenübergreifende Nutzung wird auch daran deutlich, daß die Berichterstatter während der Haushaltsberatungen nachfragen, welche Konsequenzen das geprüfte Ressort aus der Beurteilung der "Bemerkungen" durch den RPA gezogen hat und in welchem Teilbereich eventuell Änderungen erfolgt sind.

6.3. Die Beiträge der ressortinternen Kontrollinstanzen

Das Instrumentarium verwaltungsinterner Kontrollen ist recht vielgestaltig. Sie differieren sowohl von ihren spezifischen Funktionen sowie ihrem "Stoff" und ihrer Reichweite als auch von der Ebene und organisatorischen Zuordnung im Gesamtsystem "Verwal

---

keit moniert, Prüfungsgrundsätze also, die sich vor dem RPA leichter vertreten ließen. Die heute gelieferten "Bemerkungen" unterscheiden sich von den damaligen aber nicht nur durch ihre Qualität, sondern auch durch ihren Umfang. Beide Merkmale - steigende Quantität und Komplexität - haben dazu geführt, daß das entsprechende Fachprüfungsgebiet zur Unterstützung des Prüfungsgebiets "Grundsatzfragen Rechnungsprüfung" hinzugezogen wird. Bei der Vielfalt der Informationen wäre ein Prüfungsgebiet überfordert, zu ca. hundert Beiträgen auch noch die Hintergründe darzustellen; diese Hintergrundinformationen werden heute von dem Fachprüfungsgebiet gegeben.

214 Vgl. die ausführlichere Darstellung in Kapitel 6.5.1. unten.

tung" her. So unterscheidet beispielsweise der Rechnungshof der Hansestadt Hamburg folgende verwaltungsinterne Kontrollformen[215]:

- die Kontrolle durch die Weisungshierarchie (= Linienorganisation);
- die Kontrolle durch Intendanzeinheiten (Haushaltsreferat, Beauftragter für den Haushalt);
- von der Linie abgesetzte selbständige Kontrolleinheiten, also Stabsstellen o.ä., und zwar Innenrevision, Fachprüfungsdienste und Spezialprüfungsdienste sowie Vorprüfungsstellen.

Diese Gliederung spiegelt weitgehend die gängigen Vorstellungen wider. Vom Inhalt her ist die Kontrolle durch die Weisungshierarchie am umfassendsten und von daher am wenigsten mit speziellen Fragen der Haushalts- und Wirtschaftlichkeitskontrolle befaßt. Auffällig ist, daß der Aspekt Selbstkontrolle im engeren Sinne - wie er in unserer Untersuchung durch die Hereinnahme des "Fachreferats" als Kontrolleinheit berücksichtigt wurde - fehlt. Denn die "Weisungshierarchie" gehört zwar den fachlichen Organisationseinheiten an (z.B. der Referatsleiter dem Referat), ist aber zugleich herausgehoben; umgekehrt fällt die Selbstkontrolle der kollegial Arbeitenden aus der "Hierarchie" heraus. Im Hinblick auf die "Finanzkontrolle" als einem Teilbereich der verwaltungsinternen Kontrolle ist anhand der obigen Auflistung aber gerade der hohe Stellenwert der Selbstkontrolle unmittelbar einsichtig bzw. nachvollziehbar.

6.3.1. Die monetäre Kontrolle durch das Haushaltsreferat

Die Aufstellung des Haushalts

Die Aufstellung des Haushalts ist nach Einschätzung der Befragten die wichtigste Funktion des Haushaltsreferats. Da sein Leiter zugleich "Beauftragter für den Haushalt"[216] ist, ist er für die Zusammenstellung der Unterlagen für die Finanzplanung verantwortlich und hat beim Entwurf des Haushaltsplans Gesamtbelange des Bundeshaushalts einzubringen sowie die finanz- und gesamtwirtschaftlichen Erfordernisse zu beachten. Damit erfüllte er als "Beauftragter" in seiner Dienststelle Aufgaben, die auf Regierungsebene dem Finanzminister obliegen. Er ist hierfür mit besonderen Rechten gegenüber anderen, auch höherstufigen, Geschäftsbereichen ausgestattet (Widerspruchsrecht). Zu seinen besonderen Rechten gehört ein auf seine Behörde bezogenes umfassendes Auskunftsrecht. So kann er alle Auskünfte und die Vorlage sämtlicher Unterlagen verlan-

---

215   Rechnungshof der Freien und Hansestadt Hamburg, *Vorprüfungsstellen* (Anm. 23), S. 15, 27.
216   Bei obersten Bundesbehörden ist der Leiter der Haushaltsabteilung bzw. des Haushaltsreferats als Beauftragter für den Haushalt zu bestellen. Nach § 9 BHO trägt der Beauftragte für den Haushalt in seiner Dienststelle die Verantwortung für den ordnungsgemäßen Ablauf des Haushaltsgeschehens. Zu seinen Aufgaben gehören die Aufstellung des Haushaltsplanentwurfs und der Unterlagen für die Finanzplanung, die Ausführung des Haushaltsplans und schließlich die Mitwirkung an allen Maßnahmen von finanzieller Bedeutung. Vgl. Heuer/Dommach, *Finanzkontrolle* (Anm. 45), Teil II, BHO § 9.

gen, die er zur Erfüllung seiner Aufgaben für erforderlich hält. Am Schriftverkehr sowie an den Verhandlungen und Besprechungen mit dem BMF und dem BRH ist er in jedem Fall zu beteiligen. Durch diese Doppelfunktion des Haushaltsreferats(-leiters) besteht ein starkes Gegengewicht gegen die partikulären Anforderungen der Fachreferate. Die Aufgabe des Haushaltsreferats im einzelnen ist es, unter Berücksichtigung der Aufstellungsrichtlinien des Finanzministeriums und der politischen bzw. programmatischen Vorgaben der Ressortleitung die Bedarfsanmeldungen der Fachreferate bzw. Titelverwalter auf ihre Notwendigkeit und Realisierbarkeit hin zu prüfen, eine Abstimmung mit den Ausgabenwünschen aller anderen Fachreferate vorzunehmen und sie zu einem Entwurf für den "Einzelplan" zusammenzufügen. Somit findet in Ansätzen eine Planungskontrolle bei der Anmeldung für den jährlichen Haushalt statt. Dabei implizieren sowohl die Bedarfsprüfung als auch die Koordinierung in der Praxis häufig eine Kürzung[217] der ursprünglichen Bedarfsanmeldungen, um sie in ein Gesamtkonzept einzufügen.

Aus der Sicht des Haushaltsreferats ist jedes Fachreferat bestrebt, einen möglichst hohen Zuwachs an finanziellen Mitteln zu bekommen bzw. in schlechten Zeiten zumindest seinen Mittelansatz zu halten. Faktisch entsteht für das Fachreferat nur dann ein Begründungszwang, wenn es tatsächlich Zuwächse anmeldet; bei Fortschreibung der Finanzmittel ist ein solcher Argumentationsdruck nicht gegeben. Zu dieser, sich auf die Allokation von Zuwächsen konzentrierende Entscheidungsmethode (Inkrementalismus), stellt Charles E. Lindblom fest, "daß eine rational umfassende Planungsmethode zur Entscheidungsfindung prinzipiell eher konfliktträchtig und damit der politischen Konsensbildung abträglich sei, während die iterative Methode der begrenzten Vergleiche, das Sich-Durchwursteln bei der Verteilung von Zuwächsen die größeren Konsensbildungschancen besäße"[218]. Damit ist wohl ihre Beliebtheit als "Planungsmethode" für den Staatshaushalt hinreichend erklärt.

Die in dieser Planungsphase erforderlichen Wirtschaftlichkeitsberechnungen werden in der Regel von den zuständigen Fachreferaten geliefert. So haben sie zum Beispiel für die Beschaffung von Großgeräten (über 500.000 DM) Wirtschaftlichkeitsuntersuchungen betriebswirtschaftlicher Natur durchzuführen. Zumeist werden vereinfachte Investitionsrechnungen oder Kostenvergleiche angestellt. Sie sind überflüssig bei "allgemeinen", über Jahre hinweg festgelegten Investitionen (z.B. Kokskohlenbeihilfe), da es sich hier um rein politische Festlegungen handelt, die einer Wirtschaftlichkeitskontrolle kaum zugänglich sind. Für beabsichtigte Zuwendungen hat das Fachreferat allerdings nachzuweisen, daß auf Grundlage der Zweckbestimmung des Programms die Höhe der finanziellen Mittel notwendig ist. Insgesamt ist eine unterschiedliche Handhabung von

---

217 Auf die einzelnen Kürzungstechniken kann im Rahmen dieser Untersuchung nicht eingegangen werden. Neben den ökonomisch-effizienzorientierten Kürzungskriterien, den personalkostenreduzierenden Maßnahmen und den Anreizsystemen haben die linearen Ausgabenkürzungen den höchsten Stellenwert.

218 Charles E. Lindblom, Inkrementalismus: Die Lehre vom Sich-Durchwursteln, in: Wolf-Dieter Narr/Claus Offe (Hrsg.), *Wohlfahrtsstaat und Massenloyalität*, Köln 1975, S. 161 ff., zit. nach: Rürup/Hansmeyer, *Staatswirtschaftliche Planungsinstrumente* (Anm. 54), S. 80.

Wirtschaftlichkeitskontrollen in den einzelnen Ressorts festzustellen[219]. Darüber hinaus ist zu beachten, daß in einigen Ressorts die wirtschaftlichen Aspekte fast völlig in den Hintergrund treten, da hier im wesentlichen die politischen Gesichtspunkte eine Rolle spielen. Dies gilt zum Beispiel für die zahlreichen Verpflichtungsermächtigungen im Bundesministerium für wirtschaftliche Zusammenarbeit. Die Verpflichtungsermächtigung ist eine politische Größe, deren Neuanmeldung jedesmal auf Null gesenkt werden kann. Sie wird im wesentlichen nach dem vorhandenen Rahmen der Finanzplanung (Plafonds an Ausgaben) sowie nach politischen Gesichtspunkten bemessen.

In bestimmten Fällen müssen die Haushaltsreferate auch eigene Wirtschaftlichkeitsüberlegungen anstellen. Wird beispielsweise ein neues Subventionsprogramm entwickelt, so muß das Haushaltsreferat sicherstellen, daß im Rahmen des Programms die Mittel möglichst wirtschaftlich eingesetzt werden, oder es muß gar selbst nach Alternativen suchen, wie das politisch gewünschte Ziel effizient erreicht werden kann. Eine so weitgehende Anforderung vertritt allerdings nur eine Minderheit der Akteure. Letztlich sind bei Wirtschaftlichkeitsuntersuchungen Haushaltsreferat und Fachreferat auf enge Zusammenarbeit angewiesen; wer die wichtigere Rolle in diesem Bereich spielt, muß offenbleiben.

In jedem Fall müssen die Fachreferate dem Haushaltsreferat nachweisen, für welche Aufgaben sie die Mittel benötigen, und sie müssen ihre Anforderungen plausibel begründen[220]. Diese Plausibilität überprüft das Haushaltsreferat daraufhin, ob dem Finanzminister der angemeldete finanzielle Ansatz angesichts der konjunkturellen Situation überhaupt "zugemutet" werden kann; denn das Haushaltsreferat muß im Bundesministerium für Finanzen "sein" Spiegelreferat davon überzeugen, daß es den zukünftigen Einzelplan seinem Minister (BMF) gegenüber vertreten kann[221]. Die Stringenz und Plausibilität der Argumentation wird dort eventuell nach noch strengeren Kriterien überprüft. Ein solcher Begründungszwang gegenüber dem Finanzminister besteht regelmäßig bei der Anmeldung von Zuwächsen; bei Fortschreibung der Ansätze entsteht der Argumentationsdruck nur gelegentlich (analog zum Begründungszwang der Fachreferate gegenüber dem Haushaltsreferat), gewöhnlich dann, wenn bei globalen Kürzungsmaßnahmen bestimmte Titel in der angemeldeten Höhe unbedingt erhalten werden sollen. Auch die Beziehung zwischen dem Vertreter des Ressorts (dem Haushaltsre-

---

219 Zu den Formalien siehe im einzelnen Kapitel 2.3.2. oben.

220 Es wird zwar kein Kosten-Nutzen-Instrumentarium (als Entscheidungstechnik) eingesetzt, aber es findet nach Auffassung der Beteiligten ein Kosten-Nutzen-Denken statt. Die Leistungsfähigkeit von Kosten-Nutzen-Analysen ist höchst unterschiedlich einzuschätzen. Dieses Instrument kann noch am ehesten dort eingesetzt werden, wo "harte" Programme gefahren werden. In stark technisch ausgerichteten staatlichen Aufgabenbereichen werden Kosten-Nutzen-Analysen in die Entscheidungsfindung mit einbezogen. So kann im BMV - das den größten Sachinvestitionshaushalt der Bundesregierung hat - keine größere Maßnahme ohne eine Kosten-Nutzen-Analyse vorgeschlagen werden. Ihr Einsatz erleichtert einerseits die Arbeit des Haushaltsreferats, erschwert sie andererseits aber manchmal dort, wo externe Gutachter bei der Festlegung der Kriterien gern zu ihrem Vorteil rechnen möchten. - Zu dem Verfahren der Wirtschaftlichkeitsanalyse s. im einzelnen Kapitel 2.3.2.5. oben.

221 Laut BHO muß der Beauftragte für den Haushalt diese Gespräche führen, die Fachreferate können nur dann selbst mit dem BMF sprechen, wenn der Beauftragte zugestimmt hat.

ferat) und dem Vertreter des BMF (dem "Spiegelreferat") weist somit Elemente einer
Planungskontrolle auf; sie treten allerdings auf den höheren Ebenen zugunsten des politischen Charakters der Haushaltsplanung als "Regierungsprogramm in Zahlen" sowie als
Finanzpolitik weitgehend zurück, so daß sie im fertigen "Produkt" Haushaltsplan kaum
mehr wahrnehmbar sind.

Zusammenfassend ist festzuhalten, daß das Haushaltsreferat in erster Linie die Umsetzung der Ressortprogramme in monetäre Einheiten beeinflußt. Es muß vor allem
darauf hinwirken, daß von mehreren zur Diskussion stehenden Alternativen die wirt-
schaftlichste ausgewählt wird. Da zahlreiche Programme langfristig angelegt sind und
somit die jährliche Manövriermasse äußerst gering wird (der größte Teil der Haushalts-
mittel ist durch Altverpflichtungen festgelegt), sind seine Einflußmöglichkeiten stark
eingeschränkt. Es wäre aber falsch, dem Haushaltsreferat ausschließlich die Funktion eines "Sparkommissars" zuzuweisen, der die Aufgabe hat, Finanzmittel um jeden Preis
einzusparen. Vielmehr sind seine Handlungsbedingungen widersprüchlich. Dies ist dadurch bedingt, daß es einerseits die Vertretung und Verteidigung der Ressortinteressen
gegenüber dem Bundesfinanzminister übernimmt, andererseits die Belange des
Bundesfinanzministeriums zu berücksichtigen hat, d.h. auf eine sparsame und wirtschaftliche Haushaltsführung bedacht sein muß. Diese Doppelrolle erfordert eine ständige Gratwanderung, gibt dem Haushaltsreferat aber auch gleichzeitig einen erheblichen
Handlungsspielraum.

Der Haushaltsvollzug

Das Ausmaß der Beteiligung des Haushaltsreferats am Haushaltsvollzug hängt vor allem
davon ab, ob das Ressort einen dezentralen oder zentralen Haushalt hat. In den Ressorts, in denen die Mittel dezentral bewirtschaftet werden (z.B. BMZ, BMBau, BMWi),
werden die Finanzmittel vom Haushaltsreferat an die Titelverwalter - also die Fachreferate - weitergegeben, die dann ihrerseits die Mittel selbständig bewirtschaften und somit
für den wirtschaftlichen und haushaltsrechtlichen Einsatz der Mittel selbst verantwortlich sind, also Selbstkontrolle üben müssen.

Für das Haushaltsreferat beschränkt sich der Haushaltsvollzug dann weitgehend darauf, den Mittelabfluß im Laufe des Jahres zu steuern und zu registrieren. Sein generelles
Widerspruchsrecht hinsichtlich der Mittelbewirtschaftung bleibt allerdings unberührt.
Das Haushaltsreferat im BMZ zum Beispiel zeichnet nur bei grundsätzlichen Sachverhalten mit (Schriftverkehr mit dem BRH und BMF). Dabei geht es hier selten um Fragen der Wirtschaftlichkeit, sondern es werden eher allgemeine Fragen erörtert, u.a. ob
die Rahmenplanung eingehalten wird und die Beteiligungsrechte des Finanzministers
oder des BRH berücksichtigt werden. Mit anderen Worten: Das Haushaltsreferat beschränkt sich auf eine formale Kontrolle des Haushaltsvollzuges, auf die statischen
Haushaltsprinzipien. Weniger eingeschränkt ist die Vollzugskontrolle zum Beispiel im
Wirtschaftsministerium. Hier existiert eine gewisse Haushaltsüberwachung zumindest
beim Sachprogramm (wirtschaftspolitische Programme, Subventionen), indem das
Haushaltsreferat bei den vom Fachreferat erstellten Zuwendungsbescheiden mit-

zeichnen muß. Die Ausgabenkontrolle der inneren Verwaltung (Reisekosten u.a.) ist dagegen weitgehend delegiert.

Eine besondere Konstellation ist im Forschungsministerium gegeben. Hier fungieren neben dem Haushaltsreferat vier andere Referate qua Delegation als Beauftragte für den Haushalt für einzelne Bereiche (Projektförderung auf Ausgabenbasis und Kostenbasis, institutionelle Förderung, Großprojekte u.a.). Das heißt, der Leiter des Haushaltsreferats zeichnet als Beauftragter für den Haushalt für die allgemeine Haushaltssituation und für die Planung des gesamten Haushalts verantwortlich. Daneben sind für spezielle Bereiche Referate in der Grundsatzabteilung zuständig, die durch Delegation die Aufgaben des Beauftragten bei der Überwachung der Ausführung des Haushalts wahrnehmen. Es ist allerdings nicht Sache der Beauftragten, den technischen Verlauf zu überwachen, ihr Einsatz wird dann erforderlich, wenn in wirtschaftlicher bzw. finanzieller Hinsicht erhebliche Schwierigkeiten auftreten (z.B. wenn die Kapitaldecke einer geförderten Einrichtung zu kurz wird und ein Konkurs droht). Daneben wirken sie an allen Maßnahmen von finanzieller Bedeutung mit. So hat der Beauftragte beispielsweise die Wirtschaftlichkeit eines Großprojekts zu beurteilen, d.h. er muß untersuchen, ob der Mitteleinsatz ein "vernünftiges" Forschungsergebnis - eine "vernünftige" Zweck-Mittel-Relation - erwarten läßt. Diese Aufteilung der Aufgaben des Beauftragten für den Haushalt hat einerseits zur Folge, daß die Informationsketten an mehreren Stellen unterbrochen sind und Informationslücken entstehen. Andererseits ist der Vollzug wegen der dezentralen Mittelbewirtschaftung insofern relativ unkompliziert, als fachliche und wirtschaftliche Betreuung und Kontrolle zusammenfallen.

Im Bauministerium und im Verkehrsministerium geschieht der Vollzug des Haushalts nicht unmittelbar im Ressort - im BMBau verwaltet die Bundesbaudirektion die Mittel, oder sie fließen an die Länder (Wohnungswesen), im BMV verwalten die nachgeordneten Behörden oder die Länder die Mittel. Deshalb ist eine direkte Vollzugskontrolle durch das Haushaltsreferat nicht möglich; der Haushaltsvollzug kann nur indirekt zum Beispiel über die Bundesanstalt für Straßenwesen überwacht werden.

6.3.2. Die inhaltliche Kontrolle durch das Fachreferat

Das Fachreferat ist in den Prozeß der Haushaltsaufstellung dadurch eingebunden, daß es aufgrund politischer Vorgaben der Ressortspitze seinen finanziellen Bedarf für die künftige Haushaltsperiode ermittelt und die Bedarfsanmeldungen an das für die Finanzangelegenheiten zuständige Haushaltsreferat weiterleitet. Hierbei werden in den verschiedenen Ressorts unterschiedliche Verfahrensweisen praktiziert:

Im Bundesministerium für Forschung und Technologie wird der Haushalt auf der Basis von Programmkonzepten (politische Ebene) aufgebaut; die Haushaltskonzeption wird mit der programmatischen Vorgabe auf die Titel-, Projekt- oder Schwerpunktebene verlagert und daraus eine umfangreiche Projektliste erstellt wird. Hiermit ist zumindest formell die Möglichkeit einer eingehenden Planungskontrolle verbunden. Demgegenüber ist die spätere (Primär-)Kontrolle der Ist-Abläufe recht beschränkt: Die vom

BMFT geleisteten Zuwendungen werden vom Fachreferat erst im nachhinein daraufhin überprüft, ob die Projekte den Bestimmungen entsprechend verwirklicht wurden (nachgängige Kontrolle) und ob die Vorkalkulation eingehalten worden ist. Eine Projektsteuerung seitens des BMFT findet dagegen nicht statt; das Projekt wurde vom Zuwendungsempfänger selbst initiiert, daher soll auch kein Eingriff in das Projekt-Management stattfinden. Die Überlegungen zur Wirtschaftlichkeit sind darauf beschränkt, ob die Mittel zweckentsprechend verwendet worden sind und der Aufwand in einem günstigen Verhältnis zum Ertrag steht. Im Normalfall erfolgt diese Kontrolle am grünen Tisch, d.h. die Fachreferate haben lediglich die Aufgabe, die Planungsunterlagen mit dem Bericht über den Ablauf des Vorhabens zu vergleichen. Dies gilt grundsätzlich für alle Projekte im BMFT.

Das Bundesministerium für wirtschaftliche Zusammenarbeit dagegen läßt die Kreditanstalt für Wiederaufbau im Bereich der "finanziellen Zusammenarbeit" vor der Vergabe von Darlehen strenge Wirtschaftlichkeitsuntersuchungen durchführen: Sie kontrolliert die Entwicklungsvorhaben, wenn sie durch Studien vorgeprüft sind, nach bankmäßigen entwicklungspolitischen Gesichtspunkten. Der von ihr verfaßte Prüfungsbericht beinhaltet immer eine Kosten-Nutzen-Untersuchung, d.h. diese wird grundsätzlich vor der Abwicklung eines Projekts durchgeführt. Die Wirtschaftlichkeitskontrolle ist im Bereich der finanziellen Zusammenarbeit also weitgehend von den Fachreferaten weg und hin zur externen Kreditanstalt verlagert.

Das Verhältnis zwischen Haushaltsreferat und Fachreferat ist in allen untersuchten Ressorts vielschichtig - teils ergänzen sich beide Referate - auch im Sinne von Fremdkontrolle versus Selbstkontrolle -, teils ist die Beziehung konflikthaft. Das Haushaltsreferat hat bei der Aufstellung des Haushalts einen weit größeren Überblick über finanzielle Dispositionsmöglichkeiten als das Fachreferat, es kennt die gesamte Ressortplanung und weiß, mit welchen Maßnahmen die Fachreferate beim Bundesfinanzministerium "auflaufen". Sein Überblickswissen erlaubt es ihm, ressortinterne Finanzpolitik und -kontrolle zu betreiben. Das Fachreferat hat dagegen die (besseren) Detailkenntnisse und damit die inhaltliche Kontrolle in der Hand.

6.3.3. Wirtschaftlichkeits- und Wirksamkeitskontrollen durch Spezialeinheiten

Neben dem Haushaltsreferat und den Fachreferaten existiert in einigen Ressorts noch eine dritte - von Ressort zu Ressort unterschiedlich bezeichnete - Kontrollinstanz, die sich im wesentlichen mit Fragen der Evaluierung von Sachprogrammen bzw. Projekten oder sonstigen Maßnahmen beschäftigt; von ihrer primären Kontrollfunktion her ist sie nicht unmittelbar an den Haushaltszyklus gebunden, obwohl sie - vermittelt über die "Wirtschaftlichkeit" - auch Finanzkontrolle betreibt. In einigen Ressorts haben die Grundsatzreferate/-abteilungen Elemente dieser Evaluierungsfunktion übernommen. Die Funktionen und Zielsetzungen sowie die zentralen Fragestellungen derartiger Evaluierungsinstitutionen sollen anhand des im Bundesministerium für wirtschaftliche

Zusammenarbeit angesiedelten Referats "Zentrale Evaluierung; Inspektion"[222] exemplarisch dargestellt werden.

Die Evaluierungsfunktion wurde bereits 1970 im BMZ mit der Einrichtung des Inspektionsreferats institutionalisiert. Es liegt außerhalb der Linienorganisation und ist der Leitungsebene unmittelbar unterstellt, hat also die Funktion einer Stabsstelle. Diese organisatorische Innovation ging weniger auf die anlaufenden Bemühungen um eine Regierungs- und Verwaltungsreform als vielmehr auf internationale Vorbilder und Anstöße (z.B. Weltbank) zurück. Darüber hinaus begann der Bundestag gerade im Bereich der Entwicklungspolitik, auf stärkere Kontrolle und Transparenz zu drängen.

Was die Funktionen und Zielsetzungen der Evaluierung anbelangt, so sind zwei Adressatenkreise zu unterscheiden. Während sich die Öffentlichkeit und das Parlament von der Evaluierung eine verbesserte Kontrolle staatlicher Maßnahmen sowie die Berücksichtigung von Neben- und Folgewirkungen versprechen, sieht die Verwaltung in der Evaluierung eher Eingriffsmöglichkeiten, um eine verbesserte Zielgenauigkeit der Programme und eine größere Wirtschaftlichkeit der Maßnahmen (u.a.durch Senkung der Kosten) zu erreichen[223].

Die Aufgaben des Inspektionsreferats umfassen die Ermittlung des Evaluierungsbedarfs des BMZ (Planung und Steuerung der Projektevaluation), die Entwicklung und Verbesserung der Evaluierungsinstrumente und -verfahren[224] sowie die Inspektion von Projekten vor Ort. Auf Grundlage der Inspektionsergebnisse werden in gemeinsamen Sitzungen und Gesprächen zwischen Inspektionsreferat und Fachreferat "Empfehlungen für die weitere Arbeit der Fachreferate" erarbeitet. Das Evaluierungsprogramm besteht aus:

1) Einzelanalysen - ca. 60 bis 80 Projekte pro Jahr, das sind ca. 10 Prozent aller laufenden Projekte;

2) Querschnittsanalysen aller Inspektionen eines Jahres sowie Serienuntersuchungen von Projekten des gleichen Typs oder Sektors oder alle Projekte eines Landes;

3) Umsetzungsberichten in Form von Nachfragen, ob die vom Inspektionsreferat erarbeiteten Vorschläge realisiert wurden.

Die Projektuntersuchung umfaßt drei Stufen der Informationssammlung: Die Durchsicht der Projektakten, weitere Ermittlungen bei der Kreditanstalt für Wiederaufbau und der Gesellschaft für technische Zusammenarbeit und schließlich Untersuchungen vor Ort, wodurch der anfänglich vorhandene Informationsvorsprung des jeweiligen Fachreferats aufgeholt wird.

Die Ergebnisse der Querschnittsuntersuchungen dienen seit neuestem nicht mehr ausschließlich als hausinterne Arbeitsunterlage, sondern werden auch an den Bundestag

---

222 Neben dem Referat "Zentrale Evaluierung; Inspektion" gibt es im BMZ noch eine verwaltungsseitige Prüfung. Diese Prüfungsgruppe kontrolliert, ob die Zuwendungen entsprechend den Bewilligungsbescheiden sachgerecht eingesetzt und sparsam und wirtschaftlich verwendet worden sind.

223 Vgl. Hellstern/Wollmann, *Handbuch zur Evaluierungsforschung* (Anm. 18), S. 23 ff.

224 Es handelt sich um ein komplexes (mehrstufiges) Evaluierungsverfahren. Siehe dazu das vom Inspektionsreferat entwickelte Evaluierungsraster.

und die Öffentlichkeit weitergegeben. Dagegen werden die Einzelprojektberichte vertraulich behandelt. Dies geschieht aus Rücksicht auf die Partnerländer, ferner sollen die Gutachter die Möglichkeit haben, vorbehaltlos Stellung zu nehmen, und nicht zuletzt soll damit dem Ressortinteresse einer offenen internen Diskussion von Problemen entsprochen werden.

Die Wirkung des Inspektionsreferats wird von den Beteiligten unterschiedlich beurteilt, es werden Vor- und Nachteile beschrieben: positiv bewertet werden die Unabhängigkeit der Kontrolleinheit von der "Vorgeschichte" der Projekte, die die Fachreferate zu verantworten haben; seine Möglichkeit, Kontrollverfahren systematisch einzusetzen, eine große Zahl von Projekten zu vergleichen und hieraus neuartige Informationen zu gewinnen; als Negativa genannt werden seine mangelnde Durchsetzungskraft, da das Referat Teil des Ressorts ist und keine Sanktionsmöglichkeit hat; der fehlende Bedarf für eine institutionalisierte Kontrolleinheit, da die fachliche Kontrolle bereits durch die Fachreferate geleistet wird u.v.m.

6.4. *Die regierungsinterne Kontrolle durch den Bundesminister der Finanzen*

Die Aufgaben des Bundesministers der Finanzen im Haushaltszyklus umfassen die Planung und Koordination sowie die Überwachung und Kontrolle des Bundeshaushalts. Der "Gesamtverantwortung" für den Haushalt entspricht eine hervorgehobene und auch politisch starke Stellung des BMF im Kabinett. Im Prozeß der Haushaltsaufstellung und -durchführung hat er eine Reihe förmlich geregelter Rechte.[225] Für die Erstellung der Voranschläge der Ressorts erteilt der Finanzminister eine Reihe von Vorgaben. Dieser "Haushaltsaufstellungserlaß" enthält einen Überblick über die Finanzlage, den Finanzplan, (Planungs-)Eckwerte, weiterhin den Terminplan sowie technische Details (wie Personalausgaben zu kalkulieren sind u.a.).

Die Planungs- und Koordinierungsfunktion[226] des BMF umfaßt sowohl die eigentliche Aufstellung der Ausgaben als auch deren Einpassung in die gesamtwirtschaftlichen Rahmendaten. Diese ökonomischen Daten, die der Regierung den finanziellen Gestaltungsspielraum vorgeben, werden zunächst aus dem Jahreswirtschaftsbericht gewonnen und dann schrittweise im Verlaufe eines - auch kontroversen - Diskussionsprozesses unter Berücksichtigung der Frühjahrsgutachten der Wirtschaftsforschungsinstitute sowie des Beitrages des Sachverständigenrats präzisiert. Der Finanzminister hat allerdings - neben der volkswirtschaftlichen Gesamtbetrachtung - die programmatischen Entscheidungen der Ressorts und ihre monetären Auswirkungen mit in sein Kalkül einzubeziehen. Somit stehen bereits vor der Präsentation der Bedarfsanmeldungen der Ressorts die Umrisse des Ausgabenbedarfs für das künftige Haushaltsjahr fest.

Die eigentliche Ausgabenaufstellung beginnt mit einer Prüfung der jeweiligen Einzelpläne durch die Spiegelreferate der Haushaltsabteilung des BMF. Als erstes wird die

---

225 Vgl. Art. 112 GG; § 26 der Geschäftsordnung der Bundesregierung (GO BReg).
226 Zur Diskussion um die Koordinierungsfunktion s. auch A. Zunker, *Finanzplanung und Bundeshaushalt*, Frankfurt a. M. 1972, S. 21 ff. und die dort angegebene Literatur.

Gesamtsumme des entsprechenden Einzelplans und deren eventuelle Abweichung vom Vorjahresetat bzw. von dem durch den Einzelplan vorgezeichneten Ausgabenplafond[227] geprüft. Es folgt die Kontrolle der einzelnen Titel, wobei die Spiegelreferate für die jeweiligen Ausgabenpunkte auf relativ feste zentrale Verhandlungsvorgaben des BMF zurückgreifen können. Zu den Ressortgesprächen ziehen die Haushaltsreferate vielfach Experten der Fachreferate zur Unterstützung heran. Schwierigkeiten aus der Beteiligung der Fachreferate können entstehen, wenn deren finanzielle Vorstellungen sich nicht in die Finanzplanung einfügen lassen. Verantwortlich ist allerdings das Haushaltsreferat, das in Finanzfragen, so Beteiligte, eine Art "Trichterfunktion" hat, durch die sämtliche Kontakte mit dem BMF, aber auch mit dem BRH und anderen Institutionen fließen sollten. Gleichwohl gibt es immer auch direkte Kontakte zwischen einzelnen Fachreferaten und dem BMF oder dem BRH. Ob sich nun das Haushaltsreferat als der "natürliche Verbündete" des Finanzressorts versteht, weil sich beide an den Grundsätzen der Wirtschaftlichkeit und Sparsamkeit zu orientieren haben, ist umstritten. Das Haushaltsreferat muß im Interesse seiner Stellung im Ressort wie zur Durchsetzung der politischen Positionen seines Hauses in der Regierung zum Teil andere Prioritäten setzen als das zuständige Spiegelreferat des BMF, kann aber auch das BMF zur Stärkung seiner Position gegenüber dem Fachreferat nutzen. So ergibt sich für das Haushaltsreferat die Möglichkeit, eine nach beiden Seiten vermittelnde Rolle einzunehmen, wobei der Verbündete je nach Interessenlage wechseln kann.

Das Finanzministerium führt in dieser Phase der Beratungen weder eine systematische Prüfung der von den Ressorts gelieferten Wirtschaftlichkeitsuntersuchungen durch (für bestimmte Maßnahmen werden diese gefordert und auch erstellt), noch drängt es auf eine vermehrte Durchführung von Nutzen-Kosten-Analysen, obschon das BMF maßgeblich an der Erstellung der Vorläufigen Verwaltungsvorschriften zu § 7 BHO (Wirtschaftlichkeit und Sparsamkeit) beteiligt war. Die "Erläuterungen zur Durchführung von Nutzen-Kosten-Untersuchungen" (NKU) wurden 1971-73 von einer interministeriellen Arbeitsgruppe unter der Federführung des BMF entwickelt. "Nicht erst in der Vollzugphase, sondern schon bei der Aufstellung des Haushaltsplans ist das Gebot der Wirtschaftlichkeit und Sparsamkeit zu erfüllen, wobei bei geeigneten Maßnahmen von erheblicher finanzieller Bedeutung besondere Planungs- und Kontrollverfahren (NKU) durchzuführen sind"[228]. Für die Praxis bleibt jedoch festzustellen, daß Wirtschaftlichkeitsuntersuchungen im Zusammenhang mit der Haushaltsaufstellung kaum eine Rolle spielen.

Nach der Verabschiedung des Haushalts durch den Bundestag weist der Finanzminister den jeweiligen Ressorts die für jeden Einzelplan bewilligten Mittel zu. Damit ist aber die Aufgabe des BMF noch nicht abgeschlossen; es erfolgt vielmehr eine kontinuierliche Überwachung des Haushalts. Der Finanzminister verfügt über eine Vielzahl von Instrumenten, den Vollzug des Haushaltsplans zu steuern, hat aber auch die Möglichkeit, in den von der Legislative beschlossenen Plan einzugreifen. Demzufolge

227 Vgl. ebd., S. 145 ff.
228 Claus Helm, Nutzen-Kosten-Untersuchungen im staatlichen Entscheidungsprozeß, in: Hellstern/Wollmann, *Handbuch zur Evaluierungsforschung* (Anm. 18), S. 367.

sind die Beziehungen zwischen dem Finanzministerium und den Ressorts vielschichtig und eng. "Die Verfahrensregeln des Haushaltsvollzugs, die Vielzahl der Steuerungs- und Eingriffmöglichkeiten führen dazu, daß das Finanzministerium mit allen anderen Ministerien während der Durchführungsphase des Haushalts in dauerndem und engem Kontakt steht. Daraus ergeben sich einerseits sowohl Möglichkeiten der koordinierenden und kontrollierenden Einflußnahme, wie auch andererseits ständig vorhandene Reibungsflächen."[229]

Die Durchführungskontrolle der den Ressorts pauschal zur Verfügung gestellten Finanzmittel hat für das Finanzressort zwei Aspekte: zum einen die Kassenplanung (detaillierte Vorstellungen darüber, welche Einnahmen und Ausgaben zu erwarten sind und welcher Kreditbedarf benötigt wird), zum anderen die Reaktion auf unerwartet auftretende Ausgaben, die zwar unabwendbar sind, die aber das Ausgabenvolumen nicht erhöhen sollen. Der BMF kann nun das Instrument Haushaltssperre einsetzen, d.h. er kann anordnen, daß bestimmte Titel bzw. Teile davon nicht vollständig ausgegeben werden dürfen. Hierfür muß er sich lediglich ins Benehmen mit den betroffenen Ressorts setzen. Ferner hat er die Möglichkeit, falls der einem Ressort ursprünglich bewilligte Ansatz aus unvorhersehbaren Gründen nicht ausreicht - nach Prüfung des Sachverhalts -, vom Beschluß des Parlaments abzuweichen und zusätzliche Mittel zu bewilligen, muß allerdings das Parlament informieren.

In der letzten Phase des Haushaltszyklus', der Kontrolle des Haushalts, hat der Finanzminister in einer Art nachträglicher Selbstkontrolle im Laufe des nächsten Rechnungsjahres dem Parlament die Haushaltsrechnung (Stand der Einnahmen und Ausgaben, des Vermögens und der Schulden) vorzulegen, mit dem Ziel, die Bundesregierung zu entlasten.

6.5. Das Kooperations- und Kontrollgefüge zwischen Bundesrechnungshof und Exekutive

Die Kooperations- und Kontrollbeziehungen zwischen den einzelnen BRH-Prüfungsgebieten und den entsprechenden Ressorts bzw. BMF-Spiegelreferaten weisen trotz des Haushaltszyklus als einheitlichem Handlungsrahmen sehr unterschiedliche Strukturen und Dichte auf. Von BRH-Seite bestimmt die je vertretene Prüfungsphilosophie, vor allem die eingesetzte Kontrollstrategie, den Anteil der Beratungsaktivitäten und die Intensität der Kontakte sowie den primären Adressaten stark mit. Auf Seiten der Exekutive haben verschiedene phasenunabhängige Strukturdeterminanten einen ebenso starken Einfluß auf die Kooperationsmuster. In den Handlungsorientierungen und den wechselseitigen Erwartungen der Beteiligten werden diese Kooperationsdeterminanten und -muster allerdings in einer stark asymmetrischen Weise widergespiegelt. So werden im Falle enger Kooperationsbeziehungen die Gründe nur sehr partikulär artikuliert; zumeist erfolgt ein Verweis auf gleichgerichtete Interessenlagen bzw. den gegenseitigen Nutzen oder auf das Expertentum und das umfassende Informationsreservoir des BRH.

229 Zunker, *Finanzplanung* (Anm. 226), S. 161.

Dagegen werden für eingeschränkte Kooperationsbeziehungen bzw. für eine eher negative Einschätzung des Kontrollhandelns des BRH weit differenziertere Begründungen
formuliert. Dabei sind zwei Kritikebenen zu unterscheiden: Zum einen wird insbesondere der modernen Prüfungsphilosophie[230] entgegengehalten, sie enge den Ermessensspielraum der Verwaltung prinzipiell unzulässig ein und/oder führe zur Verantwortungsdiffusität. Aus dieser grundsätzlichen Kritik folgt eine mehr oder weniger restriktive Vorstellung von Kooperation, die auf ein Zurückdrängen der derzeitigen BRH-Aktivitäten gerichtet ist, zugleich aber den Kern "traditioneller" Kontrollaktivitäten durchaus positiv bewertet. Zum zweiten wird auf einer eher fall- oder personenbezogenen
Ebene zum Teil eine sehr heftige und umfassende Ablehnung gegenüber den
Kontrollaktivitäten formuliert, die sich am ehesten unter dem Vorwurf "Bürokratismus"
subsumieren läßt.

6.5.1. Das Beziehungsgefüge zwischen dem Bundesrechnungshof und den Ressorts

Das Beziehungsgefüge zwischen den einzelnen BRH-Prüfungsgebieten und den zugeordneten Ressorts wird gleichermaßen durch die jeweilige Funktion der Beteiligten im
Haushaltszyklus wie durch die phasenunabhängigen Strukturdeterminanten bestimmt
(vgl. unten Kapitel 7.). Das Haushaltsreferat nimmt in diesem Gefüge aufgrund seiner
Doppelrolle mit der Vertretung des Ressorts nach außen (gegenüber dem Finanzminister und dem BRH) und der Koordinierungsfunktion nach innen (Abstimmung der Vorgaben des BMF mit denen der politischen Leitung des Ressorts und den Vorstellungen
der einzelnen Fachreferate) eine zentrale Position ein. Am Verhältnis zwischen BRH
und Haushaltsreferat wird zugleich die Problematik einer prinzipiell widersprüchlichen
Beziehung deutlich. Nach außen steht das Haushaltsreferat zumeist auf seiten des
Ressorts, intern nutzt es die Monita des BRH oder Vorgaben des BMF, um seine
Vorstellungen gegenüber den Fachreferaten durchzusetzen.
      Die Zusammenarbeit zwischen Prüfungsgebiet, Haushaltsreferat und Fachreferat er-
hält durch verschiedene Ausprägungen der jeweiligen Prüfungsphilosophie wie durch
ressort(aufgaben-)spezifische sowie personelle Komponenten ein spezifisches Kooperationsmuster. Dabei bestimmt die Modernität oder Traditionalität der "Philosophie"
unmittelbar die Kooperationsdichte und -art sowie längerfristig die Reaktionen der Ressortseite. Oder, um es mit den Worten eines Haushaltsreferenten auszudrücken: "Wichtig ist, ob das Handlungsziel des Prüfungsgebiets auf eine Bemerkung ausgerichtet ist
oder aber die Verbesserung des Verwaltungshandelns im Vordergrund steht."
      Die eingesetzte Prüfungsstrategie und die damit verbundene Beratung strukturieren
sowohl die Beziehung Prüfungsgebiet - Fachreferat als auch - vermittelt hierüber - die
Intensität der Einbindung des Haushaltsreferats. Mit der zunehmenden Beratungstätigkeit während einer Prüfung, im unmittelbaren Anschluß daran oder bereits im
Vorfeld von ressortinternen Entscheidungen wird ein dichtes Netz informeller Bezie-

---

230   Vgl. u.a. oben Kapitel 2.1.

hungen zwischen BRH und Fachreferat aufgebaut, das die Rolle des "Hofes" im Extremfall fast vollständig vom Kontrolleur zum Berater oder gar "Mitregenten" verwandeln kann. Zugleich entstehen neuartige Gefahren für die Kontrollfunktion. Seine Stellung als Finanzkontrolleur gibt dem BRH einerseits ein anderes Gewicht als anderen Beratern; nur der BRH kann die Befolgung seiner Beratungsaktivitäten im nachhinein kontrollieren und damit seinen Empfehlungen erheblich Nachdruck verleihen. Andererseits kann er die Realisierung seiner Gestaltungsvorschläge nicht prinzipiell aus seiner Prüfung ausklammern, will er keine prüfungsfreien Räume entstehen lassen. Er muß sich also selbst kontrollieren. Zudem versucht die Verwaltung von sich aus, den BRH, bevor sie Entscheidungen trifft, einzubeziehen. Zum einen erhofft sie sich hiervon zusätzliche Informationen; zum anderen versucht sie sich gegen künftige Monita abzusichern, indem sie von vornherein Gestaltungsempfehlungen "erbittet"[231].

Den einzelnen Prüfungsgebietsleitern ist dieser Konflikt - hier (vorgängige) Beratung, dort (nachgängige) Prüfung - durchaus bewußt. Zu starke Einbindungen in das Verwaltungshandeln können die Unabhängigkeit der Prüfungsgebiete stark einschränken. Dem versuchen einige Prüfungsgebietsleiter entgegenzuwirken, indem sie die Verwaltung ausdrücklich darauf hinweisen, daß eine Beratung nicht die Prüfung präjudiziere. Sie behalten sich damit bei einer späteren Prüfung eine andere Bewertung der Sachverhalte vor, vor allem dann, wenn sich die Rahmenbedingungen geändert haben. Aber auch damit ist die Gefahr der Aufhebung einer klaren Verantwortlichkeit zwischen BRH und beratener Verwaltung nicht gebannt.

Betrachtet man das Spektrum der Einschätzungen der BRH-Kontrolle, so zeichnet sich eine Polarisierung ab; sie wird entweder als Staatsanwaltsaktivität gesehen oder als berechtigte Kritik ("trifft zumeist irgendwo ins Schwarze"). Entsprechend wird der "Hof" als Bündnispartner oder als Kontrahent eingeschätzt. Unterhalb der eingangs angedeuteten Ebene grundsätzlicher Kritik werden hauptsächlich folgende Einwände formuliert:

- Der BRH berücksichtigt nicht den Erkenntnisstand zur Zeit der Entscheidung, sondern den zum Prüfungszeitpunkt.
- Der BRH berücksichtigt nicht die sachgesetzlichen und politischen Vorgaben für das Ressort.
- Die differierende Orientierung führt zu unterschiedlichen Vorstellungen und Vorgehensweisen der einzelnen Prüfungsgebiete; somit ist keine einheitliche Interpretation bzw. Handhabung der Prüfungskriterien erkennbar.
- Der BRH krankt an mangelnder Sachkenntnis[232] und mangelnder Kompetenz.
- Der BRH stellt oft nur den Verstoß gegen eine Norm fest, ohne ihn zu konkretisieren.

---

231 Die Beratung und Gutachtentätigkeit wird dementsprechend von Maunz/Dürig/Herzog als eine ständige Gefährdung der Unabhängigkeit der externen Finanzkontrolleure gewertet. Vgl. Maunz/Dürig/Herzog, Kommentar zum Grund (Anm. 97), Art. 114.

232 Ein Akteur aus einem Ressort pointiert: "Im BRH sitzen Bürokraten, die der Materie des Ressorts fremd gegenüberstehen und eine vorgefaßte Meinung haben, gegen die fachlich zu argumentieren keinen Sinn gibt."

Diese Aufzählung macht deutlich, daß der Expertenstatus und die Transparenz des Kontrollhandelns für die Kontrollierten eine herausragende Rolle spielen. Wenn ein Ressort seinem Prüfungsgebiet im BRH Sachkunde attestiert, wird sogar ein früher Eingriff in das Verwaltungshandeln akzeptiert, auch wenn er rechtlich nicht für unbedenklich gehalten wird. Positiv aufgenommen und umgesetzt werden allerdings eher Monita und Verbesserungsvorschläge auf der Ebene der Einzelsachverhalte als generelle Gestaltungsempfehlungen.

Das Haushaltsreferat als geschäftsplanmäßig zuständig für Kontakte mit dem BRH hat formell im Kooperationsgefüge mit dem "Hof" auf Ressortseite eine starke Stellung. Da es die Stellungnahmen zu den Prüfungsmitteilungen und "Bemerkungen" koordiniert, somit in den Prozeß der Mängelbereinigung involviert ist, ergeben sich zwangsläufig häufige Kontakte. Faktisch ist die Position der Haushaltsreferate jedoch sehr unterschiedlich. Kontakthäufigkeit und Intensität werden zum einen direkt mitbestimmt durch die Gegenstände und die Form der Zusammenarbeit mit dem BRH. Sie ist eher konflikthaltig, wenn sie auf die Diskussion von Mängeln beschränkt bleibt und wird eher konstruktiv, wenn sie auch Informationen während der Haushaltsplanung und/oder Beratungen im Vorfeld von Regelungen, Gesetzen u.ä. umfaßt. Zum anderen wirkt sich indirekt erheblich aus, ob gute informelle Kontakte[233] zwischen Fachreferat und Prüfungsgebiet bestehen. Bei guter Sachkenntnis "seiner" Objekte und guten informellen Beziehungen zwischen dem Prüfungsgebiet und "seinen" Fachreferaten kann die Kooperation[234] mit dem Haushaltsreferat u.U. erheblich an Bedeutung verlieren.

Die Organisations- und Aufgabenstruktur des Ressorts wird als Einflußgröße auf Art und Ausmaß der Kooperation zwischen BRH und Haushaltsreferat dann besonders augenfällig, wenn nachgeordnete Behörden zu kontrollieren sind. Das Verhältnis BRH - Haushaltsreferat gestaltet sich in einem solchen Falle eindeutig kooperativ. Das letztere wird vom ersteren über die anstehenden Prüfungen informiert und um Unterstützung gebeten. Die Abschlußbesprechung mit der geprüften Behörde und die Bereinigung der Mängel haben für das Haushaltsreferat in diesen Fällen einen hohen Stellenwert; es schaltet sich in die Mängelbereinigung aktiv ein. Die Prüfungen des BRH werden positiv bewertet, übereinstimmend wird die gute Zusammenarbeit zwischen BRH und Haushaltsreferat gewürdigt. Anregungen an den BRH sind üblich, Anstöße des BRH werden aufgegriffen. Andererseits tragen die nachgeordneten Behörden Probleme an den BRH heran, die er ohne langwierigen Dienstweg mit dem Ressort klären kann. Hier zeichnen beide Seiten das Bild einer fruchtbaren Zusammenarbeit, wobei der BRH ein Stück weit das Fehlen einer ausgebauten verwaltungsinternen Kontrolle kompensiert.

Die bereits erwähnte massive Ausstrahlung der Prüfungsphilosophie auf Art und Dichte der Kooperationsbeziehungen zwischen BRH und Ressort wird besonders deutlich an der Art und Weise, wie das Prüfungsgebiet die verschiedenen Abstufungen von Öffentlichkeit in sein Handeln mit einbezieht. Nichtöffentlichkeit führt hierbei eher zu

---

233 Ein Teil der Kontakte wird unter Umgehung des Haushaltsreferenten direkt zwischen Fachreferat und Prüfungsgebiet abgewickelt.
234 Die Kooperation zwischen den Spezial-Kontroll-Referaten (Evaluation, Inspektion) scheint relativ gering zu sein, allerdings gibt es wenige Aussagen zu diesem Komplex.

einer Offenlegung der Informationen durch das Ressort. So bezeichnete ein Haushaltsreferat die Prüfung durch den Rechnungshof als einen Prozeß, der zwischen Haushalts- und Fachreferat und dem Prüfungsgebiet "in der Diskussion abläuft" (Bargaining), aus der sich "gemeinsame Kriterien" entwickeln können. Eine solche intensive Diskussion mit dem BRH, die gegebenenfalls Veränderungen ohne die Einschaltung jeglicher Form von Öffentlichkeit (Arkanpolitik) einschließt, erzwingt schon fast die Anwendung der (in Kapitel 6.2.4.) bereits angesprochenen Konfliktvermeidungsstrategie vor dem Rechnungsprüfungsausschuß, wenn es dennoch zu einer Bemerkung kommt. Um der zukünftigen Kooperation willen, um den weiteren Zugang zu den Informationen offenzuhalten und Wirkung im informellen Bereich erzielen zu können, sucht der BRH schon vor den Ausschußsitzungen die Abstimmung mit dem Ressort, um die Konfrontation zu mildern. Die "Bemerkungen" und ihre Behandlung im Rechnungsprüfungsausschuß kann hier nur noch letztes Druckmittel sein. Das Prüfungsgebiet versucht, so viel wie möglich im Vorfeld zu klären, der Normalfall ist die Kooperation mit dem Ressort. Vor allem gestaltende Aspekte lassen sich nach Aussagen aus Prüfungsgebieten, die diese Handlungsstrategie bevorzugen, eher mit Konsens erreichen. Diese Prüfungsphilosophie beinhaltet, die Effektivität des Rechnungshofs sei nicht an der Anzahl der "Bemerkungen" zu messen, sondern eher an den engen Kontakten zum Ressort und einer umfangreichen Beratungstätigkeit.

Sehen die Verfechter der Strategie der "Nichtöffentlichkeit" in der nicht realisierten Drohung das eigentliche Wirkungsmittel ("ist ein größeres Druckmittel als die Verhandlung vor dem Rechnungsprüfungsausschuß selbst"), so setzen die anderen Prüfungsgebiete im Falle eines Dissenses mit der geprüften Stelle bzw. den Verantwortlichen im Ressort eher auf die Wirkung einer Veröffentlichung. Diese Prüfungsphilosophie geht aus von "Bemerkungen" "als Prügel, die einmal nötig sein können". Die "Bemerkungen" und deren Verhandlung vor dem Ausschuß, eventuell verstärkt durch die Medienöffentlichkeit, sollen Druck auf das Ressort ausüben, um die festgestellten Mängel im Sinne des Rechnungshofs zu bereinigen[235]. Während also die einen sich im aktuellen Konflikt eher zurückhalten, um die Kooperationsbereitschaft des Ressorts in der Zukunft nicht zu gefährden, setzen die anderen Prüfungsgebiete darauf, den Konflikt vor dem Rechnungsprüfungsausschuß auszutragen, unterstützt von einer Veröffentlichung. Noch nicht ausreichend beachtet ist allerdings eine weitere Öffentlichkeitsform: die Regierungsöffentlichkeit, genauer: die Beziehung des BRH zum BMF.

6.5.2. Die Einbeziehung des Bundesministers der Finanzen

Die Zusammenarbeit mit dem Finanzministerium[236] besitzt in allen Prüfungsgebieten einen hohen Stellenwert. In der Informierung des Finanzministers wird eine hochrangige Möglichkeit gesehen, mit den Erkenntnissen des Rechnungshofs eine über die ge-

---

235 Vgl. dazu auch die Kapitel 5.1. und 2.
236 Zur Zusammenarbeit zwischen BRH und BMF vgl. auch Kapitel 6.4.

prüfte Stelle hinausgehende Wirkung zu erzielen (Verallgemeinerungseffekt). Zugleich hat der Finanzminister bei der Haushaltsaufstellung durch seine herausgehobene Position gute Chancen, die Einsparungsvorschläge des Rechnungshofs aufzugreifen und gegebenenfalls bei den nächsten Haushaltsverhandlungen durchzusetzen (Druckpotential). Ein guter Kontakt zum Spiegelreferat im BMF gibt dem Prüfungsgebiet daher die Möglichkeit, seine Erkenntnisse in die Planungen des BMF mit einfließen zu lassen. Die Spiegelreferate werten zudem selbst die jährlichen "Bemerkungen" des BRH aus und nutzen sie in den nächsten Haushaltsverhandlungen als zukunftsorientierte Informationen (Umnutzung von Prüfungsinformationen). Der These, der BRH und das Finanzministerium seien "natürliche" Verbündete, stimmen jedoch die meisten Befragten nur in modifizierter Form zu. Berührungspunkte mit dem Finanzminister werden bejaht, aber es wird auch auf Fälle hingewiesen, in denen der Rechnungshof auf seiten des Ressorts steht. Das Schwergewicht liegt allerdings auf der "Übereinstimmung zwischen Rechnungshof und Finanzministerium".

Faktisch differieren die Dichte und die Qualität der Beziehungen zwischen den einzelnen Prüfungsgebieten und den entsprechenden Spiegelreferaten stark. Besonders deutlich läßt sich dies anhand der BHO-Vorgabe[237] erkennen, nach der der Rechnungshof dem Finanzminister Prüfungsergebnisse von grundsätzlicher oder erheblicher finanzieller Bedeutung mitzuteilen hat. Die Spannweite der Handhabung reicht in den einzelnen Prüfungsgebieten von umfassender Information bis hin zur sehr restriktiven Handhabung. Im ersten Fall erhält das Finanzministerium alle Prüfungsmitteilungen[238], die an eine geprüfte Stelle gehen. Im zweiten Fall werden ihm nur Prüfungsergebnisse von ganz besonderer Bedeutung mitgeteilt. Durch die Einbeziehung des Finanzministers in seine Kontrollstrategie erzielt der Rechnungshof somit eine weit stärkere und breitere Wirkung[239] im Sinne einer Verallgemeinerung und Umnutzung als mit dem Verfahren, die Prüfungsmitteilung ausschließlich an die geprüfte Stelle zu richten. Daneben kann auch eine Drohung mit dem Finanzministerium im Prüfungsverfahren selbst schon Wirkung zeigen[240]. Damit hat das BMF im Kontrollgefüge neben seiner originären Kontrollaufgabe eine wichtige Funktion als Multiplikator von Kontrollwirkungen und als funktionales Äquivalent.

---

237 § 96 BHO.
238 Das BMF erhält alle Prüfungsmitteilungen, die auf Querschnittsprüfungen der Querschnittsabteilung beruhen, denn diese sind nach der Einschätzung von Befragten aus dieser Abteilung immer "bedeutend" im obigen Sinne.
239 Die Bedeutung des BMF als Sanktionsmittel wird auch in den "Vorläufigen Richtlinien" des BRH hervorgehoben und die Zusammenarbeit zwischen BRH und BMF ist dort im einzelnen dargestellt.
240 Allerdings sind die Aussagen hierüber widersprüchliche. Während z.B. ein Prüfungsgebiet meint, allein schon mit dem BMF zu drohen, zeitige Reaktionen, hält das entsprechende Haushaltsreferat Drohungen für wirkungslos.

6.5.3. Prinzipielle Probleme und Grenzen der Kontrolle durch den Bundesrechnungshof

Ein Teil der Kritik an den Prüfungsphilosophien und an der Kontrollpraxis der BRH-
Prüfungsgebiete stellt - wie bereits erwähnt - vor allem die moderne Kontrollversion in
Frage, legt aber darüber hinaus grundsätzliche Konflikte offen, mit denen sich die externe Finanzkontrolle zwangsläufig immer wieder konfrontiert sieht, da sie großenteils
aus widersprüchlichen Handlungs- (bzw. Funktions-)bedingungen der beteiligten Institutionen resultieren. So sind Differenzen in der Einschätzung des Ermessungsspielraums
sowohl durch die unterschiedlichen Aufgaben der Finanzkontrollbehörde und der Ministerialbürokratie als auch durch offensive versus defensive Handlungskonzepte der Beteiligten bedingt. Während der Rechnungshof den wichtigeren Teil seines Betätigungsfeldes im Bereich des Ermessensspielraums[241] sieht ("dort liegen die finanzwirtschaftlich bedeutendsten Aufgaben, bei Ordnungsmäßigkeit und Rechtmäßigkeit ist mit
der Verwaltung eher Konsens zu erzielen"), rügen vor allem die Haushaltsreferate zum
Teil recht massiv Eingriffe des Rechnungshofs in das Ermessen der Ressorts. Typisch
für diese Position ist das folgende Beispiel, bei dem sich der Ermessensbegriff für einen
Betroffenen am Bild eines Kreises darstellt: Innerhalb dieses Kreises - des
Ermessensspielraums, den Gesetze und Verwaltungsvorschriften der Verwaltung lassen
- ist jede Entscheidung rechtlich zulässig. Wird dieser Kreis überschritten, so handelt es
sich um Ermessensmißbrauch, der kontrolliert und abgestellt werden muß. Die Exekutive braucht den Ermessensspielraum, um auf wechselnde Anforderungen flexibel reagieren zu können, das erkennen auch die Verwaltungsgerichte an. Diesen Spielraum ta-
stet der BRH immer dann an, wenn er das Ermessen der Verwaltung durch seine Interpretation der Normen ersetzt. Das Ausmaß, in dem die Finanzkontrolle im Sinne einer
Einengung der Bandbreite des Ermessens der Verwaltung wahrgenommen wird, variiert
zwischen den Ressorts wie auch innerhalb der Ressorts zwischen Haushaltsreferat und
Fachreferaten stark.

Der Einwand der "Verantwortungsdiffusität" ist demgegenüber nicht allein gegen den
Rechnungshof gerichtet, er zielt gleichermaßen auf die Verwaltung selbst. Zwar sprechen sich seine Protagonisten primär gegen die frühzeitige Einbeziehung des Rechnungshofs in Planung und Durchführung aus, da hierdurch die Gefahr entstehe, daß die
Grenzen der Verantwortung verwischt würden. Sodann wird die Exekutive ermahnt, sie
dürfe die Verantwortung für ihre Planungen nicht auf den BRH abwälzen, auch wenn
dieser gerne "mitregieren" würde[242]. Im Rechnungshof wird die Gefahr einer un-
zulässigen Mitverwaltung durch frühzeitige Beteiligung bei Planung und Durchführung
ebenfalls gesehen und als Gratwanderung zwischen den Wirkungsmöglichkeiten einer
modernen Finanzkontrolle und der nur nachgängigen Rechnungsprüfung dargestellt; es
wird aber betont, daß die letztendliche Entscheidung auch bei Beratung durch den
Rechnungshof immer bei der Verwaltung liege.

---

241 Vgl. auch H.G. Zavelberg, Staatliche Rechnungsprüfung (Anm. 73), S. 103: "Finanzkontrolle
   auf Wirtschaftlichkeit ist deshalb Ermessensprüfung auf Zweckmäßigkeit"
242 Vgl. auch unten Kapitel 12.3.

Eine abgeschwächte Variante dieser grundsätzlich kritischen Haltung gegenüber dem
BRH stellt lediglich in Frage, ob und inwieweit der BRH die informationellen Grundlagen einer Entscheidung mit in seine Prüfungen einbeziehen darf. Beteiligte in verschiedenen Ressorts bestreiten ihm das Recht, in diese Unterlagen Einsicht zu nehmen. Der
BRH dagegen sieht diesen Anspruch durch sein umfassendes Informationsrecht abgedeckt und beansprucht für sich das Recht, gegebenenfalls auch der Frage nachzugehen,
ob das Ressort mögliche Alternativen zu einer wirtschaftlichen Verfahrensweise berücksichtigt hat.

Äußerst heterogen ist schließlich die Einschätzung in den Ressorts, ob die Kontrolle
durch den Rechnungshof eventuell zu einer verstärkten Bürokratisierung beiträgt und
insofern "dysfunktional" - also unwirtschaftlich oder irrational - wirkt. Während einige
Haushaltsreferate diese Gefahr drohen sehen (als Folgen werden genannt: Verstärkung
der bürokratischen Mentalität, Innovationsfeindlichkeit, mangelnde Flexibilität, Absi-
cherungsverhalten), halten andere derartige Auswirkungen nicht für gegeben.

7. Abhängigkeit der externen Finanzkontrolle von der jeweiligen Aufgaben- und Organisationsstruktur der Ressorts

7.1. Kontrolle der Sachprogramme

Neben dem Haushaltszyklus prägen die unterschiedlichen Aufgabenarten und Programmstrukturen der Ressorts sowie andere Ressortmerkmale die Art der Durchführung der Kontrolle erheblich. Dabei ist zu beachten, daß die Sachprogramme - wie in Kapitel 2.2. und 3. dargelegt - den Schwerpunkt der Prüfungstätigkeit der für die Einzelpläne zuständigen Fachprüfungsgebiete[243] bilden[244]. Ob also ganze Programme, Verfahren oder Systeme bzw. Teile daraus oder lediglich Einzelmaßnahmen im Vordergrund der BRH-Kontrolle stehen, ob erst die Durchführung oder bereits die Planung untersucht wird, ist zwar stark von der Prüfungsphilosophie abhängig, muß aber stets zugleich vor dem Hintergrund der Aufgaben des Ressorts gesehen werden. Prägen zum Beispiel einzelne Großprojekte das Ressorthandeln, so muß sich dies im Kontrollansatz des Prüfungsgebiets niederschlagen. Desgleichen ist bedeutsam, ob das Ressort neben der Programmentwicklung auch die Implementation leistet oder zumindest überwacht, oder ob dies in die Hoheit der Länder fällt. Weiter ist wichtig, ob Leistungsgesetze das Ressorthandeln determinieren oder Zuwendungen an öffentliche oder private Träger. Bei nachgeordneten Behörden muß unterschieden werden, ob sie der Durchführung des Sachprogramms dienen (z.B. Wasser- und Schiffahrtsdirektionen) oder mehr der Forschung und Entwicklung (z.B. Wissenschaftliche Bundesanstalten). Letztere entziehen sich oft der Rechnungsprüfung vom fachlichen her (hier wird eher die Organisation geprüft), erstere sind oft in besonderem Maße Objekte der Kontrolle durch den BRH.

Bei den untersuchten Prüfungsgebieten läßt sich die Variationsbreite der Kontrollansätze an zwei Extremen verdeutlichen, die jeweils die Eckpunkte für die Bandbreite des Prüfungshandelns darstellen. Auf der einen Seite steht die nachgängige Prüfung (Typ Rechnungshof als Erzieher) mit den Merkmalen:
- reine Mängelfeststellung,
- in Einzelfällen,
- in der Durchführungsphase.

Auf der anderen Seite steht die erweiterte Finanzkontrolle (Typ Rechnungshof als Gestalter) mit den Kriterien:
- Beratung sowohl im Vorfeld als auch mit der Prüfung verknüpft,
- komplexe Prüfungen von Programmen/Systemen/Verfahren/ Schwerpunkten,
- in Planung und Durchführung,
- Erfolgs-/Wirksamkeitskontrollen,
- Überprüfung der Regelwerke/Gesetze und Gestaltungsempfehlungen.

---

243 Vgl. oben Kapitel 2.2.1. Gegenstandsbereiche und Objekte der Finanzkontrolle.
244 Querschnittsprüfungsgebiete werden daher wegen ihres Aufgabenfeldes, gerade ressortübergreifend zu prüfen, hier nicht berücksichtigt.

Innerhalb des durch die beiden Eckpunkte vorgegebenen Rahmens bewegen sich, "bunt-schillernd nach außen", die Prüfungs- und Beratungsaktivitäten der einzelnen Fachprüfungsgebiete. Als durchgängige Tendenz konstatieren alle befragten Prüfungs-gebietsleiter eine Hinwendung zur Programm- oder Verfahrensprüfung, die allerdings nach Intensität und Umfang unterschiedlich ausgeprägt ist. "Ebenso wird es auch wei-terhin Einzelfallprüfungen geben müssen ... Das ändert aber nichts an der Gewichtsverlagerung, insbesondere zugunsten der System- und Programmprüfungen".[245] Wenn Einzelfälle einer Untersuchung unterzogen werden, dann häufig als Exempel für ein Programm oder um keine völlig prüfungsfreien Räume entstehen zu lassen. Zudem können auch Einzelmaßnahmen, beispielsweise große Investitionsvorhaben, sehr kom-plexe Untersuchungen nach sich ziehen.

Ein Vergleich der empirisch vorfindlichen Kontrollansätze zeigt weiterhin, daß zunächst der Prüfungsstoff bestimmt, ob Programm- oder Verfahrensprüfungen im Kon-trollansatz des Prüfungsgebiets überwiegen oder ob eher Einzelfälle untersucht werden. Liegt der Schwerpunkt des Ressorts in der Durchführung komplexer jeweils "einmaliger" Maßnahmen wie zum Beispiel im Verkehrsbereich, so muß sich hier auch ein Prüfungs-schwerpunkt herausbilden. Eine Erfolgs-/Wirksamkeitskontrolle scheitert oft an der ungenauen Zieldefinition, aber auch am Prüfungsobjekt. Im Forschungsbereich ist selbst das Ressort damit überfordert, dagegen hat die Wirksamkeitskontrolle - zum Beispiel im Bereich Entwicklungshilfe - einen hohen Stellenwert. Inwieweit sich das Prüfungsgebiet innerhalb des durch den Prüfungsstoff festgelegten Rahmens von den Einzelfällen löst und sich dem Programm bzw. Programmteilen zuwendet, inwieweit es die Planung oder die informationellen Entscheidungsgrundlagen mit einbezieht, hängt wiederum ab von der Prüfungsphilosophie sowie der Risikobereitschaft des Prüfungsgebietsleiters bzw. des Kollegiums[246].

Übereinstimmend sehen alle Prüfungsgebiete - also weitgehend programmunabhän-gig - die Überprüfung der Regelwerke sowie die Mängelaufdeckung, verbunden mit Gestaltungsvorschlägen, als wichtige Einwirkungsmöglichkeit auf die Sachprogramme der Ressorts an. Auch die Mitarbeit bei der Änderung oder Neugestaltung von Vor-schriften hat einen hohen Stellenwert. Teilweise erfolgt die Erarbeitung von Regularien als Handlungsanweisung zum Beispiel für den nachgeordneten Bereich erst auf starkes Drängen des Rechnungshofs. Demgegenüber wird die Aktualisierung der Kontrolle durch die Einbeziehung der Planungsphase bzw. die Prüfung direkt nach der Entschei-dung sehr unterschiedlich gehandhabt. Zwar spielt hier auch die Aufgabenart des Res-sorts eine nicht zu unterschätzende Rolle - so ist eine derartige Prüfung bei größeren Einzelfallentscheidungen, etwa großen Baumaßnahmen, wesentlich einfacher zu realisie-ren als nach einer Programmentscheidung und wird im ersteren Fall von den Kon-trollierten auch eher akzeptiert -, aber daneben ist insbesondere Konfliktfreudigkeit er-forderlich.

---

245   K. Wittrock: *Anforderungen moderner Finanzkontrolle* (Anm. 42), S. 102.
246   Ein Beteiligter formuliert dies folgendermaßen: "Die Prüfung einer Einzelmaßnahme ist na-türlich bei weitem nicht so risikoreich, wie eine Programmüberprüfung verbunden mit einem Gesetzesänderungsvorschlag."

Nach übereinstimmender Wahrnehmung der Befragten aus den Ressorts und den Prüfungsgebieten ist der als ein Eckpunkt in der Spannweite der Kontrollansätze genannte zweite Prüfungstyp (Gestalter) auch empirisch vorzufinden, während der Typ der nachgängigen Mängelfeststellung realiter in keinem der untersuchten Prüfungsgebiete mehr "pur" anzutreffen ist. Hieraus wird deutlich, wie weit die Verschiebung der Kontrollansätze innerhalb der Bandbreite von einer rein nachgängigen Fehlerfeststellung zu einer aktuelleren mit Beratung verknüpften komplexeren Prüfung fortgeschritten ist, ebenso wie die Ungleichzeitigkeit in der Entwicklung im BRH insgesamt.

7.2. *Kontrolle der Organisations- und Stellenstruktur*

Das Schwergewicht der BRH-Kontrolle liegt, wie in Kapitel 2.2.1. ausführlich dargestellt, auf der Untersuchung der Sachprogramme. Dies gilt vor allem für die Fachprüfungsgebiete, in deren Zuständigkeiten die laufende Prüfung der Organisations- und Stellenstruktur fällt. Hier werden die Organisation und die Personalausstattung einer Behörde oder Teile davon oft nur im Zusammenhang mit der Kontrolle des Sachprogramms überprüft, ansonsten haben sie den Stellenwert einer "black box".

Etwas anders sieht es mit übergreifenden Organisations- und Personaluntersuchungen aus. Sie obliegen den Querschnittsprüfungsgebieten zum Teil als Kernaufgaben: Je ein Prüfungsgebiet ist zuständig für die Aufbau- und Ablauf-Organisation in der unmittelbaren Bundesverwaltung und der mittelbaren Bundesverwaltung. Die regelmäßige Kontrolle der Personal- und Versorgungsausgaben ist sogar ausschließlich Querschnittsprüfungsgebieten zugeordnet. Daneben können auch die Prüfungsgebiete mit Grundsatzaufgaben Querschnittsprüfungen zu Fragen der Organisation, der Personalwirtschaft oder der Wirtschaftlichkeit der Verwaltung durchführen. Vor allem bei Organisationsuntersuchungen ergeben sich daher verschiedene Formen der Zusammenarbeit zwischen Fach- und Querschnittsprüfungsgebieten (mit den in Kapitel 3.2.2. aufgezeigten Problemen). Eine Differenzierung von Art und Ausmaß der Kontrolle des administrativen Bereichs in Abhängigkeit von der Organisations- und Stellenstruktur der zu kontrollierenden Verwaltungseinheiten ist nur bedingt möglich, da die meisten formellen Vorgaben (Dienstrecht, Besoldung, Geschäftsordnung u.a.) einheitlich sind. Bei den Fachprüfungen lassen sich daher - aufbauend auf den entsprechenden Ausführungen in Kapitel 2.2.1. - als differenzierende Faktoren primär Art und Größe des nachgeordneten Bereichs nachweisen, daneben sehr vermittelt die Sachprogramme. Bei Querschnittsprüfungen spielen die Prüfungsorientierung und die Prüfungsverfahren des "Hofes" eine zentrale Rolle, daneben am ehesten noch - in allen betroffenen Verwaltungen gleichartige - Differenzen nach (Sub-)Funktionen, wie zum Beispiel die "Schriftgutverwaltung".

Organisations- und Personalgutachten werden aber nicht nur vom Rechnungshof, sondern auch vom Bundesbeauftragten für Wirtschaftlichkeit in der Verwaltung (BWV) erstellt; sie haben dort einen weit höheren Anteil an der Gesamttätigkeit als beim BRH als Ganzem. Zwar wurde in den Kapiteln 2.4. und 3. mehrfach auf die teilweise Verlagerung der Beratungsfunktion vom BWV auf den BRH verwiesen, jedoch hat der erstere gerade im administrativen Bereich eine große Gutachtertradition und spielt hier noch immer eine bedeutsame Rolle. Diese Konstellation hat fast zwangsläufig zu einer prägenden Ausstrahlung des BWV auf die BRH-Kontrolle des administrativen Bereichs geführt, dies um so mehr, als die heutigen Querschnittsprüfungsgebiete für Organisation der ehemaligen BWV-Abteilung zugehören.

7.2.1. Die Gutachtentradition des Bundesbeauftragten für Wirtschaftlichkeit in der Verwaltung und sein Zusammenspiel mit dem Bundesrechnungshof

Der Bundesbeauftragte hat im Laufe der Jahre zahlreiche Gutachten zur Wirtschaftlichkeit und Organisation der Verwaltung erstellt, die faktisch zugleich überwiegend Prüfungscharakter hatten, da ihnen - genauso wie bei BRH-Kontrollen - Erhebungen vor Ort vorausgegangen waren und abschließend die konstatierten Mängel aufgelistet wurden. Bloße Stellungnahmen, Vorschläge oder Berichte blieben in der Minderzahl[247]. Dabei vollzog sich eine starke Veränderung in der Themenstellung: Unterzog man noch in der Aufbauphase der Bundesrepublik jeweils ein gesamtes Ministerium einer Organisationsanalyse, so wurden seit den sechziger Jahren eher einzelne Bereiche der Ressorts untersucht wie das Kfz-Wesen oder nachgeordnete Behörden. Trotzdem ist die Anzahl der "klassischen" Organisationsgutachen des BWV seit geraumer Zeit rückläufig. Als Gründe hierfür werden neben den Beratungsaktivitäten des BRH angeführt, daß neue oberste Bundesbehörden kaum mehr eingerichtet werden, die vorhandenen untersucht sind, große strukturelle Veränderungen sich nicht ergeben haben und somit der Anreiz, die Ressorts als Ganze neu zu analysieren, relativ gering ist. Es dominieren daher übergreifende Teilaspekte wie "Gleitende Arbeitszeit", "Schriftgutverwaltung" oder spezielle Maßnahmen wie die "Organisationsänderung bei der physikalisch-technischen Bundesanstalt". Der Großteil des Betätigungsfeldes wurde jedoch von der BRH-Beratung besetzt. Dies gilt vor allem für neue Bereiche wie Bürokommunikation und EDV-Einsatz. Allerdings ist keine strikte thematische Aufteilung zu erkennen.

Die verbleibende Beratungstätigkeit des BWV und seine Versuche, neue Beratungsfelder zu erschließen, unterliegen in zweierlei Hinsicht anderen Handlungsbedingungen als jegliche BRH-Beratung. Diese Unterschiede bestehen trotz der mehrfach betonten sonstigen strukturellen Ähnlichkeit beider und bestimmen die Arbeitsteilung zwischen BRH und BWV mit:

1. Bei Eilbedürftigkeit sowie in Fällen von besonderer Bedeutung ist der BWV flexibler und somit für eine schnelle Ausarbeitung von Gutachten besser geeignet, da der Abstimmungsaufwand und Konflikte mit dem längerfristig geplanten Kontroll-"Programm" (vgl. unten Kapitel 4.1.) entfallen. Dies ist gerade für viele der vom Parlament gewünschten Gutachten, Berichte u.ä. von großer Bedeutung. Allerdings kann seine Flexibilität jäh durch Kapazitätsprobleme in den "Höfen" begrenzt wer-

247   Dies gilt für diejenigen BWV-Äußerungen, deren Titel öffentlich zugänglich sind.

den, da die Kontrolltätigkeit der Prüfungsgebiete nicht beeinträchtigt und keines der BRH-Mitglieder seiner eigentlichen Prüfungstätigkeit (gegen seinen Willen) entzogen werden darf.

2. Auch im Falle neuartiger Aufgabenfelder, für die noch keine Erfahrungen aus der Rechnungsprüfung vorliegen, kann nur der BWV dem Bedürfnis nach Beratung nachkommen. Gerade hier ergibt sich aber aus der Doppelfunktion des Präsidenten eine besondere Problematik: Es wäre möglich, daß der BWV eine "Linie" vorgibt, von der der BRH schwerlich abweichen könnte. Bisher ist es allerdings nach Aussagen von BRH-Mitgliedern nicht zu derartigen Komplikationen gekommen, auch nicht bei schon länger bestehenden Sachverhalten, obwohl dies theoretisch ebenfalls denkbar wäre. Vorbehalte gegen die Doppelfunktion des Präsidenten kommen auch aus der Verwaltung. Sie hält es für problematisch, daß neben dem BWV stets auch der BRH Kenntnis von der Problemlage erhält und seine Information gegen die Verwaltung verwenden kann.

In beiden Fällen kann der BWV Handlungsfähigkeit in Situationen sicherstellen, in denen der BRH Beschränkungen unterworfen oder mit Schwierigkeiten konfrontiert ist; hier bietet sich daher ein Zusammenspiel analog dem in Kapitel 2.4. beschriebenen "Rollenspiel" an.

Die eben diskutierten Aspekte sowie die große Tradition des BWV für Gutachten über komplexe Sachverhalte können in nächster Zeit speziell für die "Zukunftsthemen" Datenverarbeitung, Bürokommunikation und Vernetzung virulent werden, wenn hier in weit stärkerem Maße als bisher und für noch komplexere Sachverhalte Handlungsbedarf aufkommt. Dies kann sowohl zu einem noch differenzierteren Zusammenspiel beider Berater als auch zu einer massiven Konkurrenz führen. Speziell die bis heute eher latent gebliebene Problematik, daß zwei eigenständige Funktionseinheiten denselben Personalkörper benutzen, könnte in diesem Fall plötzlich manifest werden, nämlich dann, wenn die "Höfe" eine Beeinträchtigung ihrer Prüfungstätigkeit befürchten (müssen).

Ein ausgeprägtes Zusammenspiel bietet sich schon gegenwärtig gerade vom unterschiedlichen Handlungspotential beider Institutionen in Bezug auf eine erweiterte (also teilöffentliche oder öffentliche) Wirkung an. Gerade die "klassische" prüfungsunabhängige Beratung zielt auf das Exemplarische ihrer Gestaltungsvorschläge und ist an die Verwaltungsöffentlichkeit gerichtet[248]. Aus seiner Rolle als Beauftragter der Bundesregierung heraus kann der BWV zudem starken Druck in Richtung "Veröffentlichung" erzeugen. BWV-Gutachten können allerdings nur im Einvernehmen mit dem betroffenen Bundesminister veröffentlicht werden (z.B. das Gutachten zur Fachinformation)[249], während der BRH via "Bemerkungen" allein über eine Veröffentlichung entscheiden kann. Eine zweite Möglichkeit zum Zusammenspiel bietet das Interesse der potentiell zu Be-

---

248 Die jeweiligen Präsidenten waren nach Einschätzung eines Insiders immer darauf bedacht, daß unter ihrer "Regierungszeit" die BWV-Gutachten an Zahl und Bedeutung nicht zurückgingen.

249 "Gutachten über die Fachinformation in der Bundesrepublik Deutschland". Der Präsident des BRH als BWV, April 1983.

ratenden an Gutachten sowie das Recht beider Institutionen, Beratungsunwillige zu beraten. Die Exekutive ist an Organisationsgutachten primär dann interessiert, wenn sie personalwirtschaftlich unterbesetzt ist und sich Unterstützung vom BRH/BWV verspricht oder wenn nachgeordnete Behörden betroffen sind; davon abgesehen, steht sie den Gutachten eher ablehnend gegenüber. Beide müssen also Druck erzeugen: entweder durch Prüfungen und Monita oder durch einen entsprechenden Initiator: Erfolgt beispielsweise eine Analyse auf Bitten des Haushaltsausschusses und unterstützt er die Ergebnisse, so kann die Verwaltung die Feststellungen des Rechnungshofs schwerlich ignorieren. Auffällig ist, daß die Regierung als politische Spitze sich kaum mehr ihres Instruments BWV bedient. In dem Maße, in dem die spezifische Rolle des BWV von der Regierung immer weniger in Anspruch genommen wird, zeichnet sich ab, daß der BWV mehr in den Beratungsbereich des BRH ausweicht und daher die Rollen immer weniger auseinanderzuhalten sind.

7.2.2. Der Bundesrechnungshof und der Bundesbeauftragte für Wirtschaftlichkeit in der Verwaltung als Rationalisierungsexperten

Eine Besonderheit bildet die Kontrolle der Organisation und Stellenstruktur auch von den (Prüfungs-)Maßstäben her, da hier zur Ordnungsmäßigkeit, Sparsamkeit und Wirtschaftlichkeit noch eine weitere Bezugsgröße hinzutreten muß. Für die "laufenden" Organisations- und Personalprüfungen reicht zumeist der Rückbezug auf das Sachprogramm, wie er ohnehin praktiziert wird. Für die umfassenden Aktivitäten des BRH und BWV als Begutachter und Gestalter der Organisationsstruktur der öffentlichen Verwaltung sind dagegen konzeptionelle Vorstellungen über Verwaltungsorganisation bzw. über die optimale Gestaltung des Verwaltungshandelns einschließlich der Personalbemessung erforderlich. Nun war ursprünglich die Funktion des BWV recht eindeutig als Rationalisierungsexperte angelegt[250]. Es liegt die Frage nahe, ob der BRH heute diese Funktion mit übernommen oder eigene Konzepte entwickelt hat bzw. woran er seine Vorschläge und Empfehlungen zur Organisation der Behörden orientiert. Die vorliegenden Materialien lassen eine weitgehende Orientierung an gängigen Organisationskonzepten aus der Exekutive selbst, aber auch aus der Privatwirtschaft, erkennen, die weitgehend dem gerade herrschenden Rationalisierungsparadigma folgen und von außen an den BRH herangetragen werden. So arbeiten die zuständigen Mitarbeiter in Ausschüssen und Arbeitskreisen mit Fachleuten aus Wirtschaft und Verwaltung zusammen, u.a. im Ausschuß für wirtschaftliche Verwaltung in Wirtschaft und Öffentlicher Hand (AWV).

---

250 Nach den "Richtlinien der Bundesregierung vom 30. Juni 1952 [wurde] der mit dem jeweiligen Präsidenten des BRH identische Bundesbeauftragte für Wirtschaftlichkeit in der Verwaltung (BWV) auf Ersuchen der gleichen Stellen in allen Fragen der Vereinfachung und Verbilligung der Verwaltung gutachtlich tätig". Tiemann, *Staatsrechtliche Stellung* (Anm. 2), S. 143.

Analog zu den unterschiedlichen Interpretationen des Grundsatzes der Wirtschaftlichkeit stehen in der BRH-internen Diskussion wie in der öffentlichen Proklamation durchaus verschiedene Rationalitätsprinzipien bzw. -modelle nebeneinander: "Rationalisierung in der öffentlichen Verwaltung heißt nicht einfach den Rotstift bei Haushaltsmitteln und Personal ansetzen. Bloße Einsparungen und Personalabbau können im Hinblick auf den zu erreichenden Zweck höchst unwirtschaftlich sein."[251] Dagegen sind die meisten Gestaltungsempfehlungen des BRH (mit wenigen Ausnahmen) noch immer auf eine Rationalisierung durch effektiveren Personaleinsatz mit dem letztlichen Ziel der Personalfreistellung orientiert. Empfehlungen, das Personal aufzustocken, sind dagegen selten. Dies ist nicht in erster Linie darauf zurückzuführen, daß allgemein die Personalausstattung des öffentlichen Dienstes verglichen mit der Privatwirtschaft gut ist - denn dies sagt nichts über die optimale Ausstattung im Einzelfall - oder daß wegen der Art der vorgegebenen (öffentlichen) Ziele bzw. Aufgaben zumeist nur die Kostenminimierungsvariante anwendbar wäre. Vielmehr kommt hier bei einem Teil der Kontrolleure letztlich wieder der alte "Sparkommissar" zum Vorschein, die andere "Fraktion" denkt zwar "modern", bleibt aber häufig der einzelwirtschaftlichen Sichtweise verhaftet bzw. verfällt mit einer gewissen Zwangsläufigkeit dem jeweiligen Rationalisierungstrend der Wirtschaft, weil die Entwicklung eigener Konzepte sie gegenwärtig überfordern würde. So vertrat der BRH das "Zentralisierungskonzept" in seinem Gutachten zur Schreibdienstgestaltung in Bundesbehörden[252] mit den gleichen Prämissen wie die Rationalisierer der Privatwirtschaft - und daher auch mit den gleichen nicht vorausgesehenen negativen Konsequenzen -, nämlich einer Überwälzung der Kosten auf die Schreibdienstnutzer wie auf die Schreibkräfte (einseitigere Arbeitsbeanspruchung). Sein Rationalisierungsparadigma bereitet dem BRH große Schwierigkeiten, das Spezifische jeglichen exekutiven Handelns - nämlich die öffentliche Aufgabe - zu beachten. Dies wird besonders deutlich, wenn er die wirtschaftliche Betätigung der Exekutive in öffentlichen Unternehmen kontrolliert. Daß sich die Prüfer der Sondervermögen Bahn/Post auf betriebswirtschaftliche Strategien beschränken, hat nicht nur alljährlich Forderungen nach Stellenabbau zur Folge[253], sondern ist auch keineswegs einer optimalen Versorgung der Bevölkerung mit öffentlichen Nahverkehrsmitteln förderlich.

Obwohl somit angemessene Rationalisierungskonzepte fehlen, ist dennoch ein Problembewußtsein im Rechnungshof festzustellen. Es wird allerdings die Ansicht vertreten, daß der BRH die gesamtwirtschaftliche Lage nicht so berücksichtigen könne, wie dies bei politischen Entscheidungen möglich sei. Dieses Dilemma formulierte der ehemalige Präsident Wittrock in seiner Abschiedsrede: "Zum Ergebnis vieler Prüfungsverfahren gehören bei Anwendung des Wirtschaftlichkeitsmaßstabes oft erhebliche Stelleneinsparungsvorschläge. Die Frage, wie das in die Landschaft paßt, war nahelie-

251 Schäfer, *Steuergelder* (Anm. 83), S. 76.
252 "Bericht über den Einsatz von Schreibkräften bei Bundesbehörden", (BRH) August 1975.
253 "Da wundert es dann nicht, daß auch die Prüfer des BRH der Postverwaltung alle Jahre wieder vorhalten, der angemeldete Personalbedarf entspreche nicht den betriebswirtschaftlichen Erfordernissen." Klein in der Leistung, aber groß im Nehmen, in: *Der Spiegel*, Nr. 52 v. 22.12.1986, S. 70.

gend. Gewiß ist es allein Sache der politischen Instanzen, über die Konsequenzen zu entscheiden. Aber es blieb bei mir immer der bedrückende Gedanke, daß die so angeregte Personalminderung in der Regel nur durch unterlassene Neueinstellungen erzielbar ist, was praktisch oft zur Vergrößerung der Zahl der Jugendarbeitslosen führt."[254] Daß die Beschränkung auf die einzelwirtschaftliche Ebene letzten Endes ebenfalls eine politische Entscheidung ist, wird aufgrund der Dominanz dieses Paradigmas in unserem gesellschaftlichen Handlungssystem nicht wahrgenommen.

[254] *Bulletin*, Nr. 6/86, S. 38.

8. Die Vorprüfungsstellen als Grenzstellen zwischen externer und interner Kontrolle

Ein weiteres wichtiges Organ im Funktions- und Wirkungskreis der Finanzkontrolle bilden die Vorprüfungsstellen. Sie stellen zugleich eine im internationalen Vergleich einmalige Konstruktion einer Kontrolleinheit dar, indem sie zwischen den zu kontrollierenden Verwaltungen und dem Rechnungshof angesiedelt sind[255]. Unter organisatorischem und dienstrechtlichem Aspekt sind sie Teil der entsprechenden Behörde; hinsichtlich der fachlichen Weisung und Aufsicht unterstehen sie dem Rechnungshof. Mit dieser "doppelten Verortung" ist eine Reihe denkbarer Vorteile, sind aber auch Probleme verbunden. Sie können im Rahmen dieses Berichts indes nicht alle am vorliegenden empirischen Material überprüft und diskutiert werden, weil das den angezielten Umfang sprengen würde.

Nach der Vorprüfungsordnung für die Bundesverwaltung (VPOB)[256] hat die Vorprüfungsstelle als hauptsächliche Funktion bzw. Aufgaben die Prüfung der Rechnung sowie der Haushalts- und Wirtschaftsführung durch den BRH vorzubereiten und zu ergänzen; ferner hat sie die Prüfung - wie oben - zu gewährleisten, wenn der BRH seine Prüfung einschränkt[257]. Diese Prüfung umschließt des weiteren, das finanzwirksame Verwaltungshandeln "auf Grund von gleichgelagerten und zusammengehörigen" Sachverhalten zu würdigen sowie die (Prüfungs-)Ergebnisse als "Anlaß für Verbesserungen"[258] zu nutzen.

8.1. Einordnung der Vorprüfung

In einer Untersuchung des Rechnungshofs der Freien- und Hansestadt Hamburg[259] erfährt die Vorprüfung folgende prinzipielle Zuordnung zum System der Verwaltungskontrolle: "Die Vorprüfung ist aus der internen Revision der Verwaltung hervorgegangen"[260] und fußt auf dem Prinzip der Selbstkontrolle. Sie hat auch heute noch einen "internen" Aspekt und gehört insofern zum (Teil-)Bereich der verwaltungsinternen Kontrollorgane. Ihren doppelten Bezug erhält die Vorprüfung dadurch, daß sie - ebenso wie die Prüfung durch die Rechnungshöfe - der (rechnerischen, förmlichen, zum Teil auch rechtlichen und sachlichen) Kontrolle des Rechnungswerks der öffentlichen Verwaltung dient, in diesem Sinne also Vor-Arbeit für die Rechnungshöfe leistet. Zugleich wird diese Arbeit aber im Rahmen der Verwaltung geleistet, sei es als "Selbstreinigung" der Behörden oder als Unterstützung der Tätigkeit der Rechnungshöfe/-kammern.

---

255 Vgl. oben Kapitel 1.5. Vorprüfungsstellen haben neben dem Bund mehrere Bundesländer.
256 Vorprüfungsordnung für die Bundesverwaltung (VPOB), Min.Bl.Fin. 1979, S. 338 ff., Ziff. 1.1.
257 Gem. § 89 BHO.
258 VPOB (Anm. 256), Ziff. 1.2.
259 Rechnungshof der Freien und Hansestadt Hamburg, *Vorprüfungsstellen* (Anm. 23).
260 Ebd., S. 10.

Der Gedanke der Vorprüfung ist nicht neu[261]; er taucht bereits im preußischen System der Finanzkontrolle auf: "Schon in den Anfängen ... der Preußischen Oberrechnungskammer unterstützten lokale Einrichtungen der Vorrevision ihre Prüfungstätigkeit."[262] In der weiteren Entwicklung fiel den Vorprüfungsstellen dann die Prüfung sämtlicher Belege zu. Dadurch konnten sich die Rechnungshöfe auf eine abschließende Prüfung der Rechnungen beschränken und zum Teil selbst diese in Fällen von geringerer Bedeutung allein der Vorprüfungsstelle überlassen. Diese Regelung findet sich auch in der Reichshaushaltsordnung[263], die mit verschiedenen Modifikationen die Rechnungsprüfung bis 1969 auf Bundesebene regelte.

Während des Wiederaufbaus der Rechnungsprüfungsbehörden nach dem Ende des Zweiten Weltkriegs wurde eine kurze Zeit lang auch die Frage der Vorprüfung bundesweit diskutiert und wurden Vorschläge für eine Neugestaltung sowie eine einheitliche Regelung in Bund und Ländern vorgelegt. Sie wurden jedoch in der intendierten Form nie realisiert[264].

In der Bundesrepublik blieb die Vorprüfung auf Länderebene daher nach gegensätzlichen Prinzipien gestaltet: Bei der "süddeutschen" Grundform "ist die Vorprüfung rechtlich und sachlich eine Selbstreinigung der Verwaltung, in die sich die für die Rechnungsprüfung zuständige Stelle möglichst wenig ... einmischt"[265]. Bei der "norddeutschen" Grundform dagegen ist "die Vorprüfung zwar organisatorisch auch zur Verwaltung gehörig, sachlich aber doch so wesentlich mit der Rechnungsprüfung verbunden, daß der Rechnungshof ihre Organisation und Vornahme möglichst ausschließlich beeinflussen und beaufsichtigen soll"[266].

Auf Bundesebene wurde in den siebziger Jahren als Folge der massiven Expansion des Prüfungsstoffs sogar diskutiert, ob die Vorprüfungsstellen mehr oder weniger vollständig in "Außenstellen" des BRH umgewandelt werden sollten, um seine Prüfungskapazität wieder auf eine angemessene Größe zu bringen.

8.2. Die "Wiederentdeckung" der Vorprüfung auf Bundesebene

Die Vorprüfungsstellen der Bundesverwaltung bilden heute ihrer Grundkonstruktion nach eigenständige Verwaltungseinheiten, abgetrennt von den sonstigen Aufgaben der Verwaltung[267]. Sie bestehen aus ihrem Leiter (einem Beamten des gehobenen oder hö

---

261   Zur historischen Entwicklung vgl. ebd., S. 10 f; Protokoll der Frühjahrstagung der Obersten Rechnungsprüfungsbehörden 1951 in Schwäbisch Hall vom 8.5.-10.5.1951.

262   Rechnungshof der Freien und Hansestadt Hamburg, *Vorprüfungsstellen* (Anm. 23), S. 10.

263   RHO § 92 und 93.

264   Vgl. hierzu vor allem die Aktivitäten des Arbeitskreises "Vorprüfung" der Obersten Rechnungsprüfungsbehörden in Bund und Ländern Ende der 40er bis Anfang der 50er Jahre, speziell seine "Grundsätze der Vorprüfung" vom März 1951.

265   Protokoll der Frühjahrstagung (Anm. 261), S. 10.

266   Ebd.

267   Dieses Organisationsprinzip wurde bereits Anfang der fünfziger Jahre vom Arbeitskreis Vorprüfung der Obersten Rechnungsprüfungsbehörden in ihren "Grundsätzen für die Vorprüfung" vom März 1951 hervorgehoben.

heren Dienstes) und mehreren Prüfern (Beamten des mittleren und gehobenen Dienstes). Dienstrechtlich unterstehen sie im nachgeordneten Bereich direkt dem Behördenleiter bzw. dem Leiter der Haushaltsabteilung, im Ministerium dem Staatssekretär oder dem Leiter der Zentralabteilung, fachlich dem(n) entsprechenden Prüfungsgebiet(en) des BRH. Ihre Größe kann erheblich variieren; bei den Ressorts umfassen die Vorprüfungsstellen 3 bis 19 Prüfer, bei nachgeordneten Behörden sogar bis zu über 50 Prüfer. Ihre gegenwärtige Aufgaben- und Tätigkeitsstruktur besitzen sie erst seit verhältnismäßig kurzer Zeit. Die Basis dafür bildet die Vorprüfungsordnung des Bundes (VPOB) von 1979/80. Seitdem haben sie eine "rasante Entwicklung" durchgemacht, so daß schon 1985 die VPOB einigen wichtigen Korrekturen unterzogen werden mußte.

Zwar gilt die fachliche Unterstellung der Vorprüfungsstellen unter den BRH in ihrer heutigen rechtlichen Form schon seit der Installierung der BHO 1969/70. Aber faktisch wurden sie dort bis Ende der siebziger Jahre - nach der Einschätzung verschiedener Akteure - "stiefmütterlich behandelt, ja manche Prüfungsgebietsleiter wußten nicht einmal, daß es Vorprüfungsstellen gibt", wie ein Beteiligter drastisch formulierte. Erst "in den letzten Jahren wurden die Vorprüfungsstellen vom BRH wiederentdeckt"[268]. Seit Beginn der achtziger Jahre versucht nun der BRH als Institution - und versuchen die einzelnen Prüfungsgebiete mit unterschiedlicher Intensität und Stoßrichtung -, die Vorprüfung "auf eine neue Ebene" zu bringen.

Zur Zeit ihres "Mauerblümchen"-Daseins erfuhren viele Vorprüfungsstellen auch durch "ihre" Verwaltungen nur Desinteresse oder Ablehnung. Denn einerseits spielten sie bei der Kontrolltätigkeit des BRH in der Behörde keine Rolle, andererseits durfte auch die Verwaltung die Vorprüfungsaktivitäten nicht steuern und damit nutzen. Da gleichzeitig (fast) jegliche Unterstützung vom BRH fehlte - trotz seiner fachlichen Einflußrechte, die ihm schon die alten Regelungen einräumten - hatte dies häufig recht negative Folgen, insbesondere für die personelle Ausstattung. Nach Aussagen von Beteiligten wurden auf die Vorprüfungsstellen immer wieder "leistungsschwache" oder "leistungsgeminderte" Mitarbeiter aus den Verwaltungen abgeschoben. Demgemäß hat sich die Änderung der Personalstruktur und speziell die Möglichkeit eines direkten Einflusses des BRH auf Personalentscheidungen[269] als wichtiger Ansatzpunkt für eine grundlegende Änderung der (Vor-)Prüfungsstruktur und -qualität erwiesen.

Ein zentraler Auslöser für die Umorientierung des BRH war - wie bereits angedeutet - seine immer knapper werdende Prüfungskapazität im Verhältnis zum anwachsenden Prüfungsstoff. Noch heute erhält man allerdings auf die Frage, ob die Vorprüfungsstellen eine kapazitätsmäßige Entlastung für den "Hof" bedeuten oder nicht, von seinen Mitgliedern die gegensätzlichsten Antworten. So konstatieren die einen, bis 1979 habe "der BRH arbeitsmäßig besser gelebt, ... weniger vom Ertrag her als vom Aufwand her". Andere sehen dagegen in der Vorprüfung "eine echte Arbeitsentlastung". Diese unter-

---

268 Der Beginn einer gezielten Einwirkung des BRH auf die Vorprüfungsstellen differiert in den Angaben der Akteure.

269 "Einvernehmen" des BRH ist sowohl bei der Bestellung und Abberufung des Leiters als auch bei der Zuweisung/Abberufung der Prüfungsbeamten erforderlich; im letzten Falle nur, wenn Bedenken des Leiters der Vorprüfungsstelle nicht ausgeräumt werden können.

schiedliche Einschätzung beruht auf stark divergierenden Vorstellungen von "Vorprüfung" und insbesondere von der Notwendigkeit einer Steuerung der Vorprüfungstätigkeit sowie generell von der optimalen Größe und Struktur von Kontrolleinheiten. Die
unterschiedlichen Konzepte hatten und haben längerfristig selbst einen realitätsprägen-
den Charakter, weil die verschiedenen Prüfungsgebiete als weisungsbefugte Stellen
sowohl die Prüfungstätigkeit als auch das Beziehungsgefüge zwischen Vorprüfungsstellen und BRH bestimmen können. Von daher existieren derzeit sehr unterschiedliche
Typen von Vorprüfungsstellen.

In jedem Fall stellen sie de facto ein wichtiges Element für den Funktionswandel des
BRH selbst dar. Zugespitzt könnte man sagen, daß ohne die Aktivierung der Vorprüfung der Funktionswandel des "Hofes" so nicht hätte geschehen können. Denn im Verlauf dieses Wandels sind erhebliche Teile der früheren Kontrollaktivitäten der "Höfe"
auf die Vorprüfungsstellen übergegangen. Zugleich bilden die Vorprüfungsstellen ein
noch stark ausbaubares Prüfungspotential. Eine gewisse Einheitlichkeit in der Veränderung der Funktions- und Tätigkeitsstrukturen der Vorprüfung ist dadurch sichergestellt,
daß im BRH ein Grundsatzprüfungsgebiet zur Koordination und zentralen Steuerung
der Vorprüfungsstellen geschaffen wurde. Für den Teilbereich der Bonner Vorprüfungsstellen ist es sogar durch einen Koordinator "vor Ort" präsent. Dieses Prüfungsgebiet (aber auch einige andere) erarbeitet zunehmend Rahmenregeln und Arbeitshilfen,
die die Vorprüfungsarbeit vereinheitlichen, verbessern und an die Bedürfnisse des BRH
anpassen sollen.

8.3. Grundzüge der Vorprüfungstätigkeit und ihre Einschätzung durch den Bundesrechnungshof

Da in diesem Kapitel der Stellenwert der Vorprüfung als Kontrollpotential für den BRH
und seine Ausschöpfung durch die verschiedenen Prüfungsgebiete im Vordergrund stehen, nimmt in der folgenden Darstellung die Sichtweise der "Höfe" eine zentrale Stellung ein, auch wenn sie zuweilen recht einseitig ist.

Die Entwicklung und die heutige Struktur der Vorprüfungsstellen werden erst dann
richtig verständlich, wenn man das prinzipielle Spannungsverhältnis beachtet, in dem die
Vorprüfung angesiedelt ist. Einer der Pole ist markiert durch das Postulat "Vorprüfung
ist Verwaltungsaufgabe"[270]. In diesem Sinne haben die Vorprüfungsstellen eine wichtige
Funktion für die (Selbst-)Kontrolle der obersten Bundesbehörden. Dies gilt um so
mehr, als diesen ein eigenes internes Organ der nachgängigen Kontrolle des finanzwirksamen Verwaltungshandelns im Sinne einer "Innenrevision" fehlt[271]. Auch in der Diskussion der heutigen Vorprüfungstätigkeit weisen daher verschiedene Beteiligte immer
wieder auf die "Innenrevision" als Bezugsgröße hin. Andere heben dagegen hervor, daß
die Vorprüfungsstellen keine Prüfungsformen praktizieren dürfen, die der rein internen

---

270   Vgl. BHO § 100: "Von den Verwaltungsbehörden sind vorzuprüfen"
271   Vgl. die Darstellung der verschiedenen Formen verwaltungsinterner Kontrolle, oben Kapitel
       2.1. und Kapitel 6.3.

Kontrolle zukommen, also zum Beispiel keine Kassenaufsicht[272]. Aber auch die ursprüngliche Zentralaufgabe der "Vorprüfung" - die Belegprüfung bzw. Rechnungsprüfung in engeren Sinne - kann für die Verwaltungen selbst einen erheblichen Informationswert im Sinne der bereits zitierten "Selbstreinigung" erhalten. Vom BRH dagegen wurden (und werden) die Vorprüfungsstellen, bedingt durch die Diskussionen in den siebziger Jahren, stark unter dem Gesichtspunkt der Kompensation für fehlende eigene Außenstellen oder "Rechnungsämter" betrachtet. Hieraus resultierte als weitere Funktion und als zweiter Pol die Vorbereitung und Ergänzung der Finanzkontrolltätigkeit des BRH durch die Übernahme bestimmter Aufgaben und/oder durch neuartige (Vor-)Leistungen.

Ausgehend hiervon haben sich inzwischen sehr unterschiedliche Strukturen der Prüfungstätigkeiten in den Vorprüfungsstellen herausgebildet - mit erheblich differierendem Stellenwert für die Aufgabenerfüllung der entsprechenden Prüfungsgebiete sowie unterschiedlichen Funktionen für die Verwaltungen, denen sie weiterhin angehören. Diese Differenzierung betrifft sowohl den Prüfungsstoff, der jeweils von einer Vorprüfungsstelle bearbeitet wird, als auch Art und Umfang der Prüfung. Hierbei sind - wie bereits angedeutet - seit Installierung der neuen VPOB 1980 erhebliche Änderungen zu konstatieren.

Als eine Art Grundbestand oder Grundlast der Vorprüfung ist noch immer die "Belegprüfung" anzusehen, die - soweit sie das zuständige Prüfungsgebiet als nötig und zweckmäßig erachtet - zumeist an die Vorprüfungsstelle delegiert ist. Die Vorprüfungsstellen nehmen daher die Belegprüfung zumindest insoweit wahr, daß die Lückenlosigkeit der (externen) Finanzkontrolle als gesichert gilt. Nach gängigem Selbstverständnis reichen hierfür stichprobenhafte Kontrollen aus. Damit nehmen die Vorprüfungsstellen Belegkontrollen heute etwa in dem gleichen Ausmaß vor wie "früher" die Rechnungshöfe, und sie sind nach Meinung eines langjährigen Beobachters heute ebenso stark auf Belege fixiert, wie es früher die Rechnungshofprüfer waren. Trotzdem bestehen große Unterschiede im Ausmaß der Belegprüfung sowie hinsichtlich deren Rang für die Vorprüfungstätigkeit insgesamt. Am deutlichsten wird dies beim Vergleich von Vorprüfungsstellen der Ressorts - wo die Belegprüfung allenfalls noch den zweiten Rang innehat - mit den Vorprüfungsstellen im nachgeordneten Bereich, wo sie zumeist noch eine weit größere Rolle spielt.

Einen zweiten durchgängigen Tätigkeitsblock bilden die Prüfungen von Personal- und Versorgungsausgaben (Personalwirtschaft)[273]. Hierbei werden jeweils alle Neueinstellungen und Änderungen im Personalbereich vor Zahlung auf ihre förmliche und sachliche Richtigkeit geprüft, die Routinevorgänge hingegen nur stichprobenhaft.

Aus der Pflicht zur förmlichen, rechnerischen und vor allem zur sachlichen Rechnungsprüfung und Belegkontrolle - wobei die sachliche Prüfung laut VPOB Vorrang hat - sowie zur Maßnahmenkontrolle im Personalbereich resultierten ein weit größerer An-

---

272 Vgl. auch VPOB 1.6.
273 Ein Teil der Vorprüfungsstellenleiter spricht hier von "Visa"-Prüfungen, ein anderer von "Maßnahmeprüfungen" - eine Terminologie, die wiederum von BRH-Akteuren kritisiert wird.

teil und eine weit höhere Bedeutung der "allgemeinen Prüfung" in der Vorprüfungstätigkeit, als in der externen Finanzkontrolle des BRH. Dies gilt, obwohl auch in der Vorprüfung von der vollständigen (Vor-)Kontrolle zur Stichprobenkontrolle übergegangen wurde, was in der VPOB abgesichert ist[274]. Die so spezifizierte "allgemeine Prüfung" wird sogar als "Urtyp" der Vorprüfung bezeichnet.

Hier zeigt sich zugleich eine Tendenz zur Arbeitsteilung, die das Verhältnis BRH - Vorprüfungsstellen insgesamt durchzieht. Grob könnte man das Muster dieser Aufteilung des Prüfungsstoffs dahingehend beschreiben, daß die "Basisprüfung" oder "Fleißarbeit", von der nur verhältnismäßig "geringe Prüfungsergebnisse (im Sinne spektakulärer Fälle; die Verf.) zu erwarten" sind, eher bei den Vorprüfungsstellen liegt als bei den Prüfungsgebieten des BRH - wenn auch keineswegs in allen Fällen und von allen Beteiligten eine bewußte arbeitsteilige Kooperation betrieben wird. Mit der "Basisprüfung" bieten die Vorprüfungsstellen eine unabdingbare Grundlage für eine "höherwertige" BRH-Kontrolle.

Ein zentraler Grund für die in dieser Arbeitsteilung implizit angelegte Zurückhaltung der meisten Vorprüfungsstellen liegt in den "natürlichen Grenzen", die ihnen als Teil der Verwaltung durch deren hierarchische Struktur gesetzt sind; so ist vor allem eine Kontrolle des Ministers durch die jeweilige Ressort-Vorprüfungsstelle für viele Beteiligte kaum vorstellbar. Damit ist die Vorprüfung tendenziell auf die reine Verwaltungskontrolle beschränkt - im Gegensatz zum Rechnungshof, der auch Regierungskontrolle betreibt[275]. Abgesehen davon weichen die Vorprüfungsstellen nach Meinung einiger BRH-Mitglieder generell auf weniger "heiklen" Prüfungsstoff aus - genannt wird hier vor allem die Kontrolle von Zuwendungen. Nun bildet dieser Bereich in der Tat in einem Gutteil der Ressort-Vorprüfungsstellen (so u.a. im BMWi, BMFT, BMA, BMJFFG) einen Einsatzschwerpunkt. Aber der Charakter derartiger Zuwendungen - so beispielsweise Subventionen im Wirtschaftsministerium - oder die Zuwendungsempfänger - u.a. große Wirtschaftsunternehmen bei Forschungs- und Entwicklungsmitteln des Forschungsministeriums - erlauben es keinesfalls, hier von einem "Ausweichen" zu sprechen. Vielmehr enthält dieser Prüfungsstoff zum Teil erhebliche politische Brisanz. Daher bewerten die Prüfungsgebietsleiter, die mit "ihren" Vorprüfungsstellen eng kooperieren, gerade diese Vorprüfungsleistungen als adäquate und (für das Prüfungsgebiet) entlastende "Basis"-arbeit[276].

Weitere durchgängige Aktivitätsblöcke betreffen:

- das Verwaltungshandeln der jeweiligen Behörde selbst, soweit es sich um Beschaffungsmaßnahmen, Baumaßnahmen o.ä. handelt, nicht dagegen die Organisation, Stellenstruktur u.ä. (bezüglich der Organisationsprüfungen äußert ein Befragter: "dieser Stein ist zu schwer" für die Vorprüfungsstellen; andere bestreiten hierfür sogar ihre Zuständigkeit);

---

274 VPOB, Ziff. 7.1.
275 Dies wird von verschiedenen Prüfungsgebietsleitern ausdrücklich hervorgehoben; "Regierungskontrolle" zielt hier in erster Linie auf "Ministerhandeln".
276 Aufgrund von Vorprüfungen im Zuwendungsbereich wurden nicht nur Einzelmängel abgestellt, sondern auch Bewilligungsverfahren und Richtlinien ergänzt oder geändert.

- das Handeln nachgeordneter Behörden (soweit vorhanden und nicht mit eigenen Vorprüfungsstellen ausgestattet);
- die Gesamtrechnungsprüfung.

Umfang und Tiefe der Prüfungsaktivitäten in den verschiedenen Bereichen bzw. Blökken differieren zwischen den verschiedenen Vorprüfungsstellen erheblich. So wird bei der Vorprüfung im Arbeitsministerium ein mehrstufiges Verfahren der Zuwendungskontrolle praktiziert, im Bauministerium werden die Baumaßnahmen des Bundes (nach Fertigstellung) in einer Kombination von allgemeinen oder Orientierungsprüfungen mit modifizierten Schwerpunktprüfungen (der gesamten Maßnahme über mehrere Jahre hinweg) ziemlich eingehend kontrolliert. Analog führt die Vorprüfungsstelle im Bundesministerium für wirtschaftliche Zusammenarbeit Projektprüfungen durch. In diesen (und anderen) Fällen findet ein erheblicher Teil der Prüfungstätigkeit "vor Ort" statt, und das zeigt, wie stark sich die Vorprüfung inzwischen (zumindest bei den Ressorts) qualitativ den BRH-Aktivitäten angenähert hat. Allerdings bleibt auch bei diesen Vorprüfungsstellen "neuen Typs" der Anteil von Schwerpunktprüfungen u.ä. geringer als bei Fachprüfungsgebieten, und zwar aufgrund der Allgemeinprüfung als "Pflichtaufgabe". Aus dem Gewicht dieser Pflichtaufgabe resultiert auch, daß bei der Vorprüfung insgesamt in stärkerem Maße Stichprobenverfahren eingesetzt werden, ferner, daß der Prüfungszyklus tendenziell kürzer zu sein scheint (3 bis 4 Jahre) als beim BRH.

Die bei der Auswahl des Prüfungsstoffs und bei der Prüfungstiefe skizzierte Tendenz zur "Basisprüfung" ist auch in den herangezogenen Prüfungskriterien bzw. Prüfungsmaßstäben zu erkennen. Hier haben die Vorprüfungsstellen "zunächst einmal den großen Block der Ordnungsmäßigkeit abzudecken", während der "Hof" - vor allem insoweit, als er die Tätigkeit "seiner" Stelle gezielt nutzt - "sich auf Programmprüfungen konzentriert". Prinzipiell gelten die Maßstäbe "Ordnungsmäßigkeit" und "Wirtschaftlichkeit" indes für beide Kontrollorgane gleichermaßen[277]. Insgesamt bleibt die Vorprüfung stärker auf den Einzelfall und die Durchführung ausgerichtet. Ein Teil der Vorprüfungsstellenleiter beschränkt die Prüfungskriterien sogar ausdrücklich hierauf und betont, daß Programmevaluationen ("Sache der Fachreferate") oder Zweckmäßigkeitsprüfungen ("Sache des BRH") nicht zu ihren Aufgaben gehöre. Dies wäre auch von der Qualifikationsstruktur der Vorprüfer her eine völlig überzogene Anforderung.

Auch hinsichtlich der Orientierung der Prüfung auf eine "Verbesserung" und "Gestaltung" des Verwaltungshandelns ist eine ähnliche Tendenz erkennbar: Die "progressiven" Vorprüfungsstellen vertreten im Prinzip die gleiche Prüfungsphilosophie wie die entsprechenden Prüfungsgebiete, nur "eine Nummer kleiner". Im übrigen besteht ein zum Teil erheblicher "time lag": Das Bestreben, von der reinen Fehlersuche bzw. Fehlervermeidung weg- und hin zu einer umfassenderen Betrachtung zu kommen bzw. dazu, eine richtige Auslegung und Anwendung der Handlungsregeln durch die Verwaltung sicher-

---

277 Bei der Darstellung ihrer Prüfungsmaßstäbe entsteht bei einigen Vorprüfungsstellen ein Widerspruch zwischen der zunächst betonten Gleichgewichtigkeit von "Ordnungsmäßigkeit" und "Wirtschaftlichkeit" und der anschließend aufgezeigten faktischen Dominanz der "Ordnungsmäßigkeit" im Prüfungshandeln.

zustellen, ist demgemäß noch weniger weit fortgeschritten[278]. Häufig sieht man noch sein Ziel darin, kleinere Mängel zu korrigieren oder zu vermeiden. Der Trend zu komplexeren Vorprüfungen wird vom BRH selbst in einigen Teilgebieten mitgetragen und sogar verstärkt: So richtet er in einigen Vorprüfungsstellen spezielle Prüfungseinheiten ein, die über mehrere Ressorts hinweg prüfen (sollen). So ist beim BMJ, BMV und BMF eine Prüfergruppe für die EDV-Einsatzprüfung und beim Bauministerium eine "Zentrale Prüfgruppe Technik" eingerichtet worden.

Angesichts dieser differenzierenden Entwicklungen besteht kein Zweifel darüber, daß die jeweiligen inhaltlichen Merkmale und Strukturdimensionen des (Vor-)Prüfungshandelns zunehmend von den spezifischen Aufgabenstrukturen und Organisationsmerkmalen "ihres" Ressorts bzw. "ihrer" Verwaltung geprägt werden. Daneben wirken als weitere bestimmende Faktoren die Einsatz- und Kooperationsstrategien des zuständigen Prüfungsgebiets, das Selbstverständnis des Vorprüfungsstellenleiters und die Qualifikationsstruktur "seiner" Prüfer sowie die Einbettung der "Stelle" in das Ressort/die Verwaltung, die wiederum stark von den dortigen Verantwortlichen (insbesondere der Zentralabteilung und gegebenenfalls dem Staatssekretär; vgl. unten Kapitel 8.5.) abhängt.

8.4. Kooperationsformen zwischen Prüfungsgebieten und Vorprüfungsstellen

Jede Vorprüfungsstelle muß zumindest mit zwei Prüfungsgebieten kooperieren, nämlich mit "ihrem" Fachprüfungsgebiet[279] und mit dem Querschnittsprüfungsgebiet, das für die Personalwirtschaft zuständig ist. Hinzu kommen - vor allem für Querschnittserhebungen - diskontinuierliche Arbeitskontakte mit anderen Prüfungsgebieten. Die formelle Basis für die Kooperation wird zum einen gebildet durch den jährlich von der Vorprüfungsstelle aufzustellenden Arbeitsplan, der mit den zuständigen Prüfungsgebieten abgestimmt wird und ihnen zumindest vorgelegt werden muß, zum anderen durch den Jahresbericht, der alle "bedeutsamen" Prüfungsergebnisse enthält bzw. enthalten soll sowie das Ausmaß, in dem der Arbeitsplan durchgeführt werden konnte.

Das faktische Beziehungsgefüge zwischen den verschiedenen Prüfungsgebieten des BRH und "ihrer" Vorprüfungsstelle ist demgegenüber äußerst unterschiedlich und wird von einem Beteiligten folgendermaßen charakterisiert: "Der Einsatz der Vorprüfungsstellen ist vielgestaltig im Hause, von völliger Steuerung durch das Prüfungsgebiet bis zur Null-Kooperation." Dementsprechend bewerten die Prüfungsgebiete die Tätigkeit ihrer Vorprüfungsstellen sehr gegensätzlich. Bestimmt wird die jeweilige Haltung vor allem durch folgende Faktoren:

---

278 Dementsprechend erwähnte in den Interviews auch nur ein Vorprüfungsstellenleiter die Strategie, gegebenenfalls in einer geprüften Verwaltung auch Lob zu verteilen.

279 Eine solche vollständige Zuordnung im Fachbereich gilt aber nur, wenn für die Aufgaben eines Ressorts nur ein Fachprüfungsgebiet zuständig ist. Ist die Kontrolle dieser Aufgaben dagegen auf mehrere Prüfungsgebiete verteilt, so kann es die Vorprüfungsstelle unter Umständen mit bis zu sieben Prüfungsgebieten zu tun haben. In solchen Fällen ist ein Prüfungsgebiet federführend und übernimmt die Koordination der Kooperationsbeziehungen.

- die vom Prüfungsgebietsleiter bzw. vom Kollegium vertretene Konzeption von Arbeitsteilung und Kooperation sowie der damit verbundene Aufwand an Steuerung und Kontrolle;
- die Größe bzw. Prüfungskapazität der Vorprüfungsstelle einschließlich der Qualifikation ihrer Prüfer sowie die Nähe oder Distanz zwischen der "Stelle" und dem "Hof" (d.h. ihre "Verortung" beim Ressort oder im nachgeordneten Bereich);
- die im Prüfungsgebiet selbst praktizierten Prüfungsstrategien und vorherrschenden Handlungsmuster.

Der letztgenannte Aspekt bildet hierbei in gewisser Weise die Handlungs- bzw. Bewertungsbasis für die beiden vorhergehenden Aspekte. Dort, wo die Mentalität von "Einzelkämpfern" vorherrscht, die im Auffinden von Mängeln den Erfolg ihrer Arbeit sehen, wird kaum die Bereitschaft und/oder die Fähigkeit vorhanden sein, wirklich arbeitsteilig vorzugehen und dabei das "Risiko" einzugehen, von den Arbeitsergebnissen anderer abzuhängen. Für diese Fälle gilt, daß im BRH selbst zunehmend die Notwendigkeit entsteht, "einen neuen Prüfertyp zu schaffen, der in der Lage ist, andere Leute zu führen" und ohne einen eigenen unmittelbaren Prüfungserfolg auszukommen.

Von größerem praktischen Gewicht sind jedoch die jeweiligen Vorstellungen über "Kooperation" und "Lenkung". Sie sind am prägnantesten anhand einer Dichotomisierung herauszuarbeiten und in ihren Konsequenzen zu beurteilen: An ihrem einen Pol steht das Modell einer gänzlich einseitigen Beziehung und einer (aus der Sicht der Vorprüfungsstelle) fremdbestimmten Arbeitsstruktur oder zumindest eines ziemlich komplett vorgegebenen Arbeitsplans (mit konkreten Aufträgen) mit umfänglichen Verfahrensanweisungen, Bewertungsvorschriften usw. Hier werden die Aufgaben des Organisierens, Anleitens, Steuerns und des Auswertens der Ergebnisse der Vorprüfungstätigkeit weitgehend im Prüfungsgebiet geleistet. Dies ist in der Tat eine "arbeitsaufwendige Angelegenheit" und "nimmt wahnsinnig viel Zeit in Anspruch", wie mehrere Protagonisten dieses Konzepts konstatieren.

Dieses "Vordenk"-Modell sehen einige Befragte in den Vorprüfungsdiensten von Post und Bahn mustergültig verwirklicht[280]: Bei der Bundesbahn ist die Vorprüfung schon in sich selbst hierarchisch gegliedert mit einer Zentraleinheit, dem "Hauptprüfungsamt", und einer großen Anzahl von Außenstellen. Letztere - als die ausführenden Vorprüfer - werden von den Fachprüfungsgebieten vermittelt über die "Zentraleinheit" angesteuert, wobei die Zentraleinheit selbst in erster Linie als Verteiler, Koordinator und Kontrolleur wirkt. Im "Hof" werden detaillierte Arbeitspläne mit Ausführungsvorschriften für den weit überwiegenden Teil der Vorprüfungstätigkeit im Bahnbereich gefertigt. Einen ähnlichen - wenn auch nicht so strikt hierarchisierten - Organisationsaufbau hat die Vorprüfung in der Arbeitsverwaltung: Die Bundesanstalt für Arbeit hat ein Vorprüfungsamt, bestehend aus der Zentrale in Nürnberg, Außenstellen bei den Landesarbeitsämtern und Stützpunkten bei einem Teil der Arbeitsämter. Sie kann allerdings

---

280 Bei der Bundesbahn und Bundespost sowie bei der Bundesanstalt für Arbeit gelten eigene Vorprüfungsordnungen.

bei weitem nicht so massiv vom BRH aus angesteuert werden wie die Bundesbahn. Dagegen hat die Bundespost - als weiteres häufig genanntes Beispiel - keine hierarchische Vorprüfungsstruktur. Aber ihre einzelnen Vorprüfungseinheiten werden ähnlich stark wie bei der Bahn außengesteuert. Der zuständige BRH-Bereich muß hier zusätzlich die Koordinierungsfunktion wahrnehmen. Für die Ansteuerung und Koordination ist daher ein Prüfungsgebiet zuständig, daß mit diesen Aktivitäten "fast ausgelastet" ist.

Ähnlich starke Vorplanungs- und Strukturierungsaktivitäten werden ansonsten eher für die Vorprüfung in nachgeordneten Bundesbehörden[281] geleistet. In allen betroffenen Vorprüfungsstellen bestehen dank dieser "totalen" Ansteuerung kaum mehr Freiräume für eine eigene Prüfungsplanung und Arbeitsgestaltung. Denn diese Form der Lenkung geht weit über ein "bloßes Anweisungen erteilen hinaus". Sie wird denn auch von anderen BRH-Mitgliedern als zu "regelungsdicht" bewertet. Im Grundsatzprüfungsgebiet "Vorprüfung" geht man sogar davon aus, daß nicht mehr als die Hälfte des Prüfungspensums vorgegeben sein sollte. Desgleichen verwundert nicht, wenn die Protagonisten einer "totalen" Ansteuerung immer wieder feststellen, der Einsatz von Vorprüfungsstellen bringe "dem BRH keine Arbeitseinsparung" - dies ist in der Tat zu erwarten und könnte mit einer geringeren Regelungsdichte behoben werden.

Den Gegenpol bildet das Konzept einer eher gleichgewichtigen Kooperationsbeziehung, bei der die Abstimmung des Arbeitsplans "im direkten Kontakt im Laufe des Jahres" oder in einer gesonderten intensiven Besprechung geschieht. Dabei hat die Vorprüfungsstelle "eine weitgehende Gestaltungsfreiheit". Das Prüfungsgebiet gibt lediglich "Anregungen, wo die Vorprüfungsstelle noch etwas tun sollte"; umgekehrt gibt diese "auch dem Prüfungsgebiet Anregungen". Detaillierte Verfahrensanweisungen oder ein elaboriertes (Erhebungs- und Bewertungs-)Instrumentarium werden nicht vorgegeben (das "würde die Vorprüfungsstelle zu sehr einengen"). Bei manchen Prüfungsgebietsleitern geht die Abneigung gegen ein derartiges "Vordenken" so weit, daß sie sogar Arbeitshilfen mit Mißtrauen betrachten und sie nur ungern an "ihre" Vorprüfungsstellen weitergeben.

Dennoch ist eine gewisse Arbeitsteiligkeit schon dadurch vorhanden, daß die Vorprüfungsstelle einen Schwerpunkt bei einem bestimmten Prüfungsstoff setzt und/oder Nachkontrollen übernimmt ("ohne daß das Prüfungsgebiet diese Arbeit ausdrücklich delegiert") oder weil sich das Prüfungsgebiet mehr oder weniger systematisch auf Vorarbeiten der Vorprüfungsstelle stützt (und sie selbst auswertet). Ein enger Kontakt wird auch bei (Vor-)Prüfungen in Bereichen hergestellt, in denen der "Hof" früher schon einmal aktiv war, "damit keine widersprüchlichen Aussagen" entstehen. Umfangreiche Prüfungsstoffkomplexe werden unter Umständen direkt aufgeteilt. In bestimmten Fällen wird auch gemeinsam geprüft. Bei diesem Modell werden von Fall zu Fall also durchaus Prüfungsaufträge vergeben. Aber die Vorprüfungsstelle behält bei der Arbeitsplanung Freiräume und erledigt vor allem ihre Aufgaben selbständig, indem sie die Auswahl der zu prüfenden Einzelfälle selbst trifft, die einzusetzenden Verfahren selbst bestimmt -

---

281 Die Prüfungsgebiete steuern die Vorprüfungsstellen in den nachgeordneten Behörden direkt, es gibt keine hierarchische Struktur, nach der z.B. die Ressort-Vorprüfungsstelle die Vorprüfungsstellen der nachgeordneten Behörden anleitet.

beides aber mit den Prüfungsvorhaben "ihres" Prüfungsgebiets rückkoppelt - und die Erledigung der Monita selbständig abwickelt. Zugleich bleibt sie in engem Kontakt mit ihrem "Hof" und betreibt einen (gegenseitigen) Informationsaustausch. "Arbeitsplan" und "Jahresbericht" bleiben die primären Steuerungsinstrumente der Zusammenarbeit. Bei dieser gleichgewichtigen Kooperation wirkt die Vorprüfungsstelle unmittelbar an der Erledigung der BRH-Aufgaben mit. Sie bedeutet daher eine "echte Arbeitsentlastung" und stellt eine zusätzliche Kapazität dar, die "eine Menge gute Arbeit" leistet.

Es besteht hier also keinesfalls eine Abgrenzung oder Arbeitsteilung ex negativo - wie sie von jenen Prüfungsgebieten praktiziert wird, die mehr oder weniger offen eine Kooperation mit "ihrer" Vorprüfungsstelle ablehnen und damit als dritten Beziehungstyp die Minimal- oder Non-Kooperation konstituieren. Hier wird entweder den Vorprüfungsstellen ausschließlich die "Fleißarbeit" (= Belegprüfung) zugewiesen bzw. das, was diese prüfen, wird "einfach ausgelassen", ohne die Ergebnisse positiv in die eigene (weitergehende) Prüfungsarbeit einzuarbeiten. Oder die Vorprüfungsarbeit wird vollständig ignoriert, da "sie nichts bringe", also irrelevant sei. Als Gründe für eine derartige Ablehnung werden genannt, diese Vorprüfungsstellen seien zu klein, als daß sich der "Vordenk"-Aufwand lohne, oder die Qualifikation ihrer Prüfer sei (gemessen am BRH-Standard) noch nicht ausreichend für eine "Mitwirkung", oder ihr Einsatz sei bei vielen Prüfungsgegenständen zu problematisch (so vor allem bei der Kontrolle von Entscheidungen auf höherer Ebene) u.a.

Derartige massive Vorbehalte werden erstaunlicherweise eher gegen Vorprüfungsstellen oberster Bundesbehörden als gegen solche im nachgeordneten Bereich vorgebracht. Deren Wert ist kaum umstritten, ja, sie werden von allen Seiten als "unerläßlich für diesen breitgefächerten Bereich" erklärt, obwohl der hier anfallende Prüfungsstoff mehr Routinearbeit erzwingt. Diese Vorprüfungsstellen werden aufgrund ihrer erheblich größeren Personalkapazität offenbar auch von den "Vordenkern" akzeptiert. Darüber hinaus ist die Vorprüfung, selbst wo sie sich nicht im Belegeprüfen erschöpft, im nachgeordneten Bereich wesentlich stärker routinisiert bzw. wesentlich einfacher formalisierbar. Dafür wird in einigen Fachprüfungsgebieten ein nicht unerheblicher Teil der Arbeitskapazität aufgewendet, so zum Beispiel in einem "Hof" ca. 80 Prozent der Arbeitszeit eines Prüfungsbeamten. Hierdurch steuert das Prüfungsgebiet aber auch eine erhebliche zusätzliche Prüfungskapazität, deren Leistungen sie nicht selbst erbringen könnte. In derartigen Fällen ist ein erhöhter Steuerungs- und Kooperationsaufwand weniger auf ein Vordenkmodell zurückführbar, sondern wird eher durch "objektive" Faktoren hervorgerufen. Genannt werden die Notwendigkeit einer längeren Einarbeitung, eine zu große Distanz zwischen Prüfungsgebiet und Vorprüfungsstelle ("sehr fern, weit im Lande irgendwo"), die eine kurzgeschlossene Kommunikation erschwere, sowie die bisherigen Qualifikations- und Arbeitsstrukturen. Derartige Faktoren machen eine fallweise oder kontinuierliche Schulung der Vorprüfer erforderlich - u.a. zur Übermittlung der Verfahrenstechniken sowie zur Vereinheitlichung der Auswahl- und Bewertungsmuster. Aus diesen Gründen fällt nach Einschätzung von Beteiligten auch die Hauptsteuerungsarbeit im nachgeordneten Bereich an. So veranstaltet beispielsweise ein Prüfungsgebiet mit vielen nachgeordneten Vorprüfungsstellen ca. alle anderthalb Jahre Tagungen gemeinsam mit allen Vorprüfungsstellenleitern und den Prüfungsgebietsbeamten.

Daneben besteht ein übergreifendes Weiterbildungsangebot des Grundsatzprüfungsgebiets "Vorprüfung", das sich allerdings primär an die Bonner Vorprüfungsstellen richtet. Eine aufwendige Informationsvermittlung zur Vereinheitlichung des Prüfungshandelns ist im übrigen kein Spezifikum der Kooperation mit Vorprüfungsstellen. Vielmehr wurde sie von Befragten mehrfach mit dem Arbeitsaufwand verglichen, der beim Einsatz externer Gutachter anfällt.

Analog zum bisher Festgestellten wird die Prüfungsvorbereitung für den BRH immer dann sehr aufwendig, wenn mehrere Vorprüfungsstellen (z.B. bei allen Ressorts) für Querschnittsuntersuchungen o.ä. eingesetzt werden, da hier die notwendige Einheitlichkeit der Datenerhebung eine erhöhte Ansteuerung und Koordination erfordert. Die Tatsache, daß die Vorprüfungsstellen immer stärker für derartige umfängliche Kontrollen herangezogen werden, belegt, daß sie trotz des Steuerungs- und Koordinationsaufwandes eine "echte" Kapazitätserweiterung darstellen.

·Dieser sehr unterschiedlichen "Nutzung" und Wertschätzung durch die BRH-Prüfungsgebiete entspricht umgekehrt eine stark variierende Distanz der Vorprüfungsstellen(-Leiter) zu ihrem "Hof" bzw. ihren "Höfen". Ihnen vermittelt sich offensichtlich besonders stark das Bild, es gebe "keinen BRH, es gibt nur 48 Rechnungshöfe". Diese Distanz ist anhand zweier Merkmalsbündel erfaßbar: zum einen an den wechselseitigen Informationsflüssen, zum zweiten an dem Ausmaß, in dem eine Vorprüfungsstelle in "heiklen" Prüfungsfällen von ihrem Hof Unterstützung erwartet (und erhält).

Für die Arbeit der Vorprüfungsstellen ist es wichtig zu wissen, wo welche Prüfungsvorhaben des BRH in "ihrer" Verwaltung anstehen, welche Ergebnisse sie bringen und wie diese von der betroffenen Stelle bewertet werden. Als "besonders wichtig" wird bezeichnet, die Entscheidungen des "BRH" über Stellungnahmen des Ressorts zur Prüfungsmitteilung zu kennen. Die Informationsgebung der verschiedenen Prüfungsgebiete variiert demgegenüber zwischen der Praxis, der Vorprüfungsstelle alle Prüfungsabsichten frühzeitig mitzuteilen und ihr "automatisch" alle relevanten Informationen - von der Prüfungsankündigung über die Prüfungsberichte bis zur Antwort des Ressorts - zukommen zu lassen und der gegenteiligen Handhabung, die Vorprüfungsstelle in der Regel nicht über die Prüfungsvorhaben und -ergebnisse zu informieren, es sei denn, das Prüfungsgebiet "hält eine Informierung für besonders wichtig". Häufig wird eine Zwischenform praktiziert, indem der Vorprüfungsstelle nur diejenigen Informationen übermittelt werden, die auch das Ressort erhält, oder indem sie "gelegentlich über bestimmte Dinge" nicht informiert wird. Demgemäß stellt auch ein BRH-Angehöriger fest, die Informationsflüsse vom BRH seien tendenziell "nicht so, wie sich die Vorprüfungsstellen wohl erhofften".

Von den untersuchten Ressort-Vorprüfungsstellen beklagt denn auch ein Teil der Leiter die mangelhafte Informationsgebung "ihrer" Prüfungsgebiete, die die eigene Vorprüfungsarbeit zum Teil erheblich behindere. Oder sie verweisen darauf, daß sie jahrelang um eine Verbesserung der Informationsflüsse kämpfen mußten und sie nur schrittweise erreicht haben. Diese Wünsche nach kontinuierlicher Information zielen -

wie ausdrücklich hervorgehoben wird - keinesfalls auf eine "mechanische Übertragung" der im Prüfungsgebiet vorherrschenden Erhebungsregeln und Bewertungskriterien auf den Vor-Prüfungsstoff, da dies nicht sach- oder fachadäquat sei.

Die (umgekehrt) von den Vorprüfungsstellen ausgehenden Informationsflüsse umfassen primär den "Jahresbericht" sowie die sofortige Informierung des Prüfungsgebiets bei "bedeutsamen" Ergebnissen oder in heiklen Fällen. Ebenso wie die "Höfe" betreiben auch die Vorprüfungsstellen in diesen Bereichen trotz ihrer Informationspflicht faktisch eine sehr unterschiedliche Informationsgebung. So kann der "Jahresbericht" - je nach Ausgestaltung durch die Vorprüfungsstelle - eine wichtige Informationsquelle für den "Hof" werden, wenn er detaillierte und gut aufbereitete Daten enthält, aus dem Problembereiche und hauptsächliche Mängelursachen im Ressort "ablesbar" sind. Aus ihm werden dann Handlungsnotwendigkeiten für das Prüfungsgebiet unmittelbar erkennbar. Er kann aber auch wie ein "Filter" wirken, der Sachverhalte eher verschleiert, denn: Was "bedeutsam ist", bestimmt der Berichtende. Gleiches gilt für Sofortmeldungen. In beiden Fällen besteht eine analoge Situation, wie sie für das Verhältnis zwischen BRH-Prüfern und Kollegien beschrieben wurde (vgl. Kapitel 4.2.). Der Rechnungshof hat denn auch mehrfach in Besprechungen an die Leiter der (Bonner) Vorprüfungsstellen appelliert, im Rahmen des Jahresberichts mehr über die Prüfungstätigkeit zu berichten. Er kann aber keine Verhaltensänderungen erzwingen, denn "was bedeutsam ist, ist eine Ermessensentscheidung". Daher ist er "letztlich auf eine vernünftige Mitarbeit der Vorprüfungsstellen angewiesen", wie ein Beteiligter konstatierte. Wie wenig allerdings manchmal die Kommunikation zwischen Prüfungsgebiet und Vorprüfungsstelle funktioniert, ist daran zu erkennen, daß deren Leiter erklärten, sie könnten nicht beurteilen, inwieweit ihr "Hof" den Jahresbericht als Planungsgrundlage mit heranzöge.

Wie und in welchem Ausmaß eine Vorprüfungsstelle berichtet, hängt stark davon ab, inwieweit sie sich - speziell in heiklen Fällen - Hilfe vom BRH erwartet[282] (und, genereller, wie der "Hof" bei bisherigen Berichten reagiert hat): "Wenn die Vorprüfungsstelle jahrelang Prüfungsergebnisse unverzüglich ... mitgeteilt hat und um Aussagen, Hilfe oder Unterstützung nachgesucht hat, sie aber keine Reaktion ... erfährt, dann kann der BRH ... keine Motivation mehr erwarten, wichtige Informationen weiterzugeben." Dieser Zusammenhang "wird im BRH zum Teil erheblich unterschätzt". Wünsche nach Unterstützung tauchen vor allem in zwei Situationen auf: Entweder dann, wenn zwischen Vorprüfungsstelle und Verwaltung (d.h. der geprüften Stelle inklusive ihrer Vorgesetzten und/oder einer hinzugezogenen weiteren zuständigen Stelle) keine Einigung darüber zustande kommt, wie ein Prüfungsergebnis zu bewerten ist, oder dann, wenn die Vorprüfungsstelle in ihren Handlungsmöglichkeiten dadurch eingeschränkt ist, daß sie selbst Teil der Verwaltung ist, zum Beispiel bei Entscheidungen hochrangiger Ministerialer oder gar des Ministers. Der BRH hat hier prinzipiell zwei "positive" Reaktionsmöglichkeiten: Entweder er unterstützt die Vorprüfungsstelle durch entsprechende Handlungsweisungen oder er zieht den Fall an sich. Art und Ausmaß der Unterstützung in

---

282 Formell hat die Vorprüfungsstelle sogar das Recht, "jederzeit Zweifelsfragen" an "ihren" Hof heranzutragen (VPOB Ziff. 17.3).

solchen Fällen wird nicht nur - wie zu erwarten ist - von den verschiedenen Vorprüfungsstellenleitern unterschiedlich eingeschätzt. Zugleich steht auch ein Gutteil der Leiter selbst den "Hilfen" vom BRH ambivalent gegenüber. Sie ziehen es vor, die Probleme
mit dem Ressort möglichst allein zu klären, und betonen, daß es bisher noch nicht notwendig gewesen sei, um Unterstützung zu bitten.

Neben der Hilfe bei Prüfungen - hier kann das Prüfungsgebiet seine Weigerung im
Einzelfall mit einer anderen Bewertung des Falles begründen - ist auch die Unterstützung in allgemeineren Angelegenheiten wichtig, vor allem bei Personalentscheidungen.
Aber auch hier gibt es von seiten einiger Vorprüfungsstellenleiter Monita wegen mangelnder Hilfe - und dies, obwohl der BRH selbst auf eine Erweiterung seines Einflusses
gerade in Personalangelegenheiten gedrängt hat.

Bei der Beurteilung der Art und des Ausmaßes der Zusammenarbeit zwischen Vorprüfungsstelle und BRH verweisen fast alle Leiter auf die sehr unterschiedlichen "objektiven" Kooperationsbedingungen. Hat eine Vorprüfungsstelle mit mehreren Prüfungsgebieten zu tun, so kann dies zu einem komplexen, heterogenen Beziehungsgefüge mit
"dem" BRH führen. Andererseits sei die "Güte" der Zusammenarbeit nicht nur vom
jeweiligen Prüfungsgebietsleiter abhängig, sondern variiere sogar stark mit den einzelnen BRH-Prüfern. Dementsprechend wird auch der Stellenwert informeller Kooperationsbeziehungen betont.

8.5. Die Einbettung der Vorprüfungsstellen in die Verwaltungen

Eine gewisse "Vernetzung" der Vorprüfungsstelle mit "ihrer" Verwaltung bildet ein funktionales Erfordernis dieser Konstruktion. Dabei wird insbesondere auf die Einbettung in
das Informationsnetzwerk und in das informelle Beziehungsgefüge abgezielt. Faktisch
sind jedoch Art und Ausmaß der Einbeziehung oder gar einer Einbindung in die
Organisationsziele und -loyalität sehr unterschiedlich ausgeprägt. Allerdings sind zumindest immer informelle Informationsbeziehungen vorhanden, da die Prüfer und die
Vorprüfungsstellenleiter gewöhnlich "aus dem Hause" rekrutiert werden. Von den befragten Vorprüfungsstellenleitern wird denn auch ziemlich durchgängig bejaht, daß ihre
"Ressortnähe" eine wichtige Bedingung für die Aufgabenerfüllung sei und sie somit
Auskünfte und Informationen erhielten, an die Außenstehende nicht herankämen.
Zugleich heben einige Leiter jedoch hervor, daß die Prüfungstätigkeit weniger Kooperation mit anderen Referaten fordere, als dies bei den Aufgabenstellungen der Fachreferate untereinander der Fall sei. Daher könne die Vorprüfungsstelle räumlich leichter
ausgegliedert werden als andere Verwaltungsteile, was bei mehreren Ressorts auch der
Fall ist.

Die stärksten Informationsbeziehungen bestehen zu Einheiten der auf das administrative Handeln und die Organisation selbst gerichteten Zentralabteilung. Hier ist die
Vorprüfungsstelle zumindest in den formellen Informationsverteiler aufgenommen und
erhält alle finanzwirksamen Richtlinien und Regelungen. Einige Vorprüfungsstellen

werden sogar in die Abteilungsbesprechungen einbezogen[283]. Umgekehrt informieren die Vorprüfungsstellen den Leiter der Zentralabteilung bzw. den Staatssekretär zumindest über ihren Arbeitsplan (Informationspflicht aufgrund der VPOB). Das Ausmaß der hierüber hinausgehenden Informierung "ihres" Ressorts durch die Vorprüfungsstelle ist dagegen sehr unterschiedlich.

Neben der allgemeinen Einbindung in die Zentralabteilung bietet sich speziell das Haushaltsreferat als Kooperationspartner an. Gerade hier sind aber große Unterschiede festzustellen: Die einen Vorprüfungsstellenleiter schätzen das Haushaltsreferat sogar als "natürlichen Verbündeten" ein, mit dem man weitgehend identische Handlungsziele verfolge bzw. gleiche Grundsätze vertrete. Dementsprechend besteht hier ein kontinuierlicher Informationsaustausch. Bei Konflikten mit geprüften Stellen wird das Haushaltsreferat als eine Art Schlichter eingeschaltet[284]. Oder man unterstützt sich gegenseitig bei aktuellen Anlässen und macht den anderen auf Mängel aufmerksam. So geben die Haushaltsreferate den Vorprüfungsstellen Prüfungstips und "nutzen" sie speziell zur besseren Kontrolle des nachgeordneten Bereichs. Oder die Vorprüfungsstelle wird dazu herangezogen, um auf der unteren Ebene Haushaltsvorschriften auszulegen oder sonstige Probleme im Vorfeld abzuklären. Zudem dient sie zum Teil als Informations- und Verbindungsstelle zwischen Ressort und BRH.

Andere Vorprüfungsstellen sehen sich eher in einer dauernden latenten Konfrontation mit dem Haushaltsreferat, da es viele Sachentscheidungen der Fachreferate mitzeichnet. In Zweifelsfällen verweisen diese dann bei Vorprüfungen darauf. Im Gefolge entstehen immer wieder Konflikte und vor allem erhebliche Reibungsverluste bei der Ausübung der Kontrollfunktion. Die Vorprüfungsstelle ist dann tendenziell isoliert, zumal die Fachreferate sie nicht so sehr als Einheit des Ressorts wahrnehmen, sondern eher als "Ableger" des BRH. Dem wirkt auch nicht entgegen, daß die Referate der Zentralabteilung die Vorprüfungsstelle durchgängig als Teil "ihrer" Verwaltung betrachten.

Eine dritte - und erstaunlich häufige - Konstellation ist am ehesten mit "weitgehender Beziehungslosigkeit" zu charakterisieren. Vor allem aus der Perspektive eines Teils der Mitarbeiter der Haushaltsreferate erscheint die Vorprüfungstätigkeit wenig relevant, da die Arbeit der Haushaltsreferate nur vorwärts gerichtet sei, die Arbeit der Vorprüfungsstellen dagegen nur rückwärts. Hier wird der Vorprüfer noch primär als "Erbsenzähler gesehen, eine ziemlich vorgestrige Betrachtungsweise", wie ein Betroffener kommentiert.

---

283 Zudem wird in einigen Ressorts versucht, auch dadurch die Stellung "ihrer" Vorprüfungsstelle zu stärken, daß die ressortseitigen Informationspflichten in die Geschäftsordnung aufgenommen wurden.

284 Zwar sieht die VPOB formell bei allen "Zweifelsfragen von grundsätzlicher Bedeutung" sowie bei Meinungsverschiedenheiten, die nicht mehr unmittelbar zwischen geprüfter Stelle und Vorprüfungsstelle behebbar sind, ein gesondertes Verfahren vor (VPOB Ziff. 17.3), die faktische Ausgestaltung jedoch ist unterschiedlich. So wird z.B. im BMWi bei Finanz- und Haushaltsangelegenheiten das Haushaltsreferat um Stellungnahme gebeten, bei Organisationsfragen das Organisationsreferat und bei Personalfragen das Personalreferat. Der BRH muß in jedem Fall davon unterrichtet werden.

Bezüglich der Handlungsorientierung der Vorprüfungsstellen ist auffällig, daß sie - zumindest bei den Ressorts - auf jeden Fall bemüht sind, Dissens bzw. Konflikte mit geprüften Stellen über die Bewertung geprüfter Sachverhalte innerhalb "des Hauses" zu klären - ein eindeutiger Beleg für ihre Bindung an die Verwaltung. Lediglich ihre Vorgehensweise ist unterschiedlich, d.h. ob sie zunächst nur innerhalb der geprüften Stelle agieren, wann sie welche vorgesetzten Stellen informieren und unter welchen Umständen sie das Haushaltsreferat einbeziehen. Analog hierzu werden kleinere Mängel häufig gar nicht in das Berichtswesen an den BRH aufgenommen. Unter diesen Umständen verwundert auch nicht, daß selbst ein Vorprüfungsstellenleiter, der "gut" mit dem BRH kooperiert, keinesfalls die Umwandlung von Vorprüfungsstellen zu Außenstellen des BRH befürwortet.

Die Vorprüfungsstellen haben aus allen diesen Gründen faktisch immer die Funktion eines Informationsfilters für das Ressort gegenüber dem BRH. Fraglich ist nur, wie schwerwiegend die Mängel sind, die intern bereinigt werden, ohne den BRH (zumindest) zu informieren. Zugleich kann allerdings die (mögliche) Informationsweitergabe an den BRH ein wirksames internes Druckmittel darstellen. Neben dieser Kontrolleistung und· der aus ihr folgenden "Heilungs-" bzw. Fehlervermeidungsfunktion erfüllt ein Teil der Vorprüfungsstellen - wie bereits angedeutet - eine Klärungs- oder Interpretationsfunktion "auf unterer Ebene". Hierfür praktizieren sie auch eine mehr oder weniger prüfungsbezogene Beratung.

8.6. Die doppelte Vermittlungsfunktion der Vorprüfungsstellen

Die Stellung der Vorprüfung zwischen Ressort bzw. Verwaltung und BRH ist bestimmt durch ihre eben skizzierte doppelte Vermittlungsfunktion gegenüber beiden Handlungspartnern. Um genauer feststellen zu können, inwieweit die einzelnen Vorprüfungsstellen diese Funktion faktisch erfüllen, muß man zunächst nach der Nähe bzw. Ferne zwischen Vorprüfungsstelle und BRH einerseits sowie zwischen Vorprüfungsstelle und Ressort/Verwaltung andererseits fragen. In einem zweiten Schritt muß die Gleichgewichtigkeit oder Ungleichheit dieser Distanzen festgestellt werden. Anhand der hierbei auftretenden Konstellationen können dann das jeweilige Kooperationsgefüge und Einsatzspektrum (Steuerungsform, Arbeitsteiligkeit und Bedeutung) der Vorprüfungsstelle im Verhältnis zum BRH sowie ihre jeweilige Einbindung in das Ressort (Informationsflüsse, Kontroll- und Anpassungsleistungen) näher bestimmt und miteinander in Bezug gesetzt werden.

Betrachtet man die untersuchten Vorprüfungsstellen bei den Ressorts, so fällt auf, daß (jedenfalls nach der Selbsteinschätzung der Leiter) von den theoretisch möglichen vier Feldern (= Kombinationsmöglichkeiten) nur drei besetzt sind, nämlich die Felder für gleich kleine oder gleich große Distanz und das Feld für "größere Nähe zum Ressort als zum BRH". Die Kombination "größere Nähe zum BRH" blieb unbesetzt.

Vorprüfungsstellen mit einer gleich großen oder gleich kleinen Distanz zum BRH und zur Verwaltung haben besonders deutlich den Charakter einer "Grenzstelle", die eine doppelte Vermittlungsfunktion erfüllt oder dies zumindest als Handlungsziel anstrebt. Die Bedeutung eines guten und gleich starken Kontakts zu beiden Seiten wird hier als wichtige Voraussetzung für die eigene Aufgabenerfüllung immer wieder unterstrichen: "Die Vorprüfungsstelle braucht doppelten Rückhalt, von beiden Seiten." Nur dann kann sie eine starke und verhältnismäßig selbständige Stellung einnehmen.

Der Rückhalt im Ressort beinhaltet die Integration in das interne Informationsnetz mit entsprechend guten Detailkenntnissen über "das Haus", die Ankoppelung an das Kompetenzsystem einschließlich der Unterstützung durch die zuständigen Stellen (insbesondere das Haushaltsreferat als "natürlicher Verbündeter") sowie die Zuerkennung von Fachkompetenz (die "Vorprüfungsstelle muß die Stellung im Ressort haben, wenn [sie] etwas aufgreift, dann ist es berechtigt"). Die hauptsächlichen Leistungen der Vorprüfungsstelle, die ihren "internen Wert" ausmachen, sind dann:

- die Selbstkontrolle der Verwaltung zu unterstützen, und zwar wirksamer als dies eine rein interne Kontrolleinheit vermöchte[285];
- Mängel aufzudecken und zu "heilen", und zwar bis zu einem gewissen Grad ohne externe Zeugen und "Skandalgefahr", was wiederum eine offene Diskussion erlaubt;
- einen gewissen fachlichen Standard und qualitatives Niveau bei der Prüfung und Beratung zu gewährleisten, einschließlich der Vermittlung bzw. Interpretation der Maßstäbe und Prüfungskriterien des externen Finanzkontrolleurs BRH, ohne direkt mit ihm konfrontiert zu sein.

Der Rückhalt beim BRH-Fachprüfungsgebiet umfaßt die Unterstützung bei Auseinandersetzungen im Ressort (die "Vorprüfungsstelle muß beim BRH einen absoluten Rückhalt haben, nicht daß, wenn sich das Ressort beschwert, der BRH einen Rückzieher macht"), die Beratung und Hilfestellung bei schwierigen Fragen sowie die Respektierung einer selbständigen Arbeitsweise (die "Vorprüfungsstelle braucht Selbständigkeit aus Imagegründen gegenüber dem Ressort"; würde sie nur auf Weisung arbeiten, schadete das ihrem Ansehen). Umgekehrt ist eine wichtige Vorbedingung, daß "der Prüfungsgebietsleiter über alle wesentlichen Dinge Bescheid weiß" und insbesondere die informelle Kommunikation funktioniert. Die hauptsächlichen Leistungen der Vorprüfungsstelle gegenüber dem BRH sind dann:

- die eigenständige Basiskontrolle der Einhaltung der BRH-Normen (im Sachprogramm und administrativen Handeln) einschließlich der erforderlichen Übersetzungs- und Anpassungsleistungen für die spezifischen Handlungsbedingungen im Ressort (Arbeitsentlastung und positive Filterleistung);
- dem BRH Informationen über die relevanten Sachverhalte (im Ressort) zu bieten und damit den Aufwand für seine eigene Informationssuche stark zu verringern.

Damit übernimmt die Vorprüfungsstelle für den BRH wichtige Teilfunktionen hinsichtlich der Normsicherung (Anpassung über die Zeit) und Normdurchsetzung, indem sie

---

285 Nach Einschätzung mehrerer Vorprüfungsstellenleiter ist "Vorprüfung weitgehender als interne Prüfung", denn die "Vorprüfungsstelle hat mehr Vollmachten" und ist unabhängiger.

fallweise oder paradigmatische Norminterpretationen liefert, die wegen ihrer Ressortnähe der dortigen Problemstruktur angemessener sind sowie wegen der engeren Anbindung an die Durchführung bzw. die einzelne Regel nicht so stark präjudizierend auf
eigene künftige Entscheidungen wirken. Zugleich hält sie den Ermessensspielraum der
Verwaltung formell offen, indem die Monita der Vorprüfer intern bleiben und/oder
ihre Beratung stärker informellen Charakter hat. Allerdings ist eine derartige positive
Beziehung zu beiden Seiten nur selten gegeben bzw. oft nur mühevoll zu erhalten. Daher gleicht die Vorprüfungsstellentätigkeit nach den Worten eines Leiters tendenziell
einem "Balanceakt, bei dem man sowohl dem BRH als auch der Verwaltung nicht zu
nahe und nicht zu fern sein sollte".

Ist die Kooperation mit beiden Seiten ungenügend und bleibt die interne und externe
Unterstützung aus, so entwickelt die Vorprüfungsstelle eine gleich große Distanz zum
BRH und zum Ressort mit einem zum Teil recht ausgeprägten resignativen Charakter.
Speziell jene Leistungen, die auf informelles Handeln angewiesen sind, werden nicht re-
alisiert. Dies betrifft einen großen Teil der doppelten Vermittlungs- und Filterfunktion.
Als Rückwirkung ist zudem eine Demotivierung der Vorprüfer kaum zu verhindern.

Haben· Vorprüfungsstellen eine "größere Nähe zum Ressort", so sind hierfür unterschiedliche Ursachen verantwortlich. Zum einen spielt eine gewachsene Bindung an das
Ressort als dem langjährigen Arbeitsfeld, dem man schon vor der Vorprüfungstätigkeit
angehörte, eine nicht zu unterschätzende Rolle. Sie impliziert ihrerseits die Gefahr von
Betriebsblindheit oder falsch verstandener Loyalität. Auch die weiterhin bestehende faktische Abhängigkeit, was das berufliche Fortkommen anbetrifft, und die daraus resultierenden Konflikte werden zum Teil in Richtung einer "größeren Ressortnähe" gelöst.
Zum anderen haben die vom Prüfungsgebiet/BRH ausgehenden Signale eine erhebliche
Bedeutung - sei es, daß sich aufgrund der geringeren Beziehungsdichte keine Loyalität
in diese Richtung entwickeln kann und Lernprozesse verhindert werden[286], sei es, daß
die mangelnde Wertschätzung von seiten des "Hofes" die Stellung der Vorprüfungsstelle
schwächt und sie letztlich an die Seite des Ressorts zwingt. Damit ist fast zwangsläufig
eine geringere Bedeutung der Vorprüfungsarbeit für die externe Finanzkontrolle verbunden, entweder, weil die Prüfungsleistung nicht dem BRH-Standard entspricht, oder
weil sogar Informationen über erhebliche Mängel nicht an den BRH weitergegeben
werden.

Zudem ist bei einer derartigen Beziehungskonstellation die Gefahr besonders groß,
daß die Vorprüfung von Ressortseite bzw. von der Verwaltung direkt in Richtung verwaltungsinterner Kontrolle instrumentalisiert wird, indem die Vorprüfungsstelle veranlaßt wird, unmittelbar mit internen Kontrolleuren zu kooperieren und deren Aufgaben
teilweise mit zu übernehmen, oder indem die Vorprüfung nachgeordneter Behörden
primär unter internen Gesichtspunkten gestaltet wird. Derartige Instrumentalisierungs-
tendenzen waren in der Vergangenheit wesentlich größer, sind aber aus der Sicht des
BRH noch immer ein Problem. Auf jeden Fall sind der Vorprüfungsstelle bei "größerer

---

286 "Die Vorprüfungsstellen müssen (erst) noch lernen, daß sie Teil der externen Kontrolle
     sind."

Ressortnähe" - ähnlich wie bei gleich großer Distanz - engere Handlungs- und Wirkungsgrenzen gesetzt als im Falle einer gleich kleinen Distanz (= guten Beziehung) zu beiden Seiten.

9. Kooperation zwischen dem BRH und den Landesrechnungshöfen

Zwar sind infolge des föderativen Staatsaufbaus (grundsätzlich) "Bund und Länder in ihrer Haushaltswirtschaft selbständig und voneinander unabhängig", jedoch existiert eine Reihe von Verknüpfungen, um den Erfordernissen eines gesamtwirtschaftlichen Gleichgewichts Rechnung zu tragen oder eine einheitliche Regelung haushaltsrechtlicher Grundsätze zu erwirken. Dieses Nebeneinander von Zentralgewalt (Bund) und weiteren autonomen Entscheidungseinheiten (Länder, Gemeinden u.a.), die für die Erfassung und Planung von öffentlichen Ausgaben und Einnahmen verantwortlich zeichnen, erschwert es, die Kompetenzbereiche von Bund und Ländern abzugrenzen[287]. "Die Vermischung von Verantwortlichkeiten und Zuständigkeiten im Bund-Länder-Bereich besonders auch auf finanzwirtschaftlichem Sektor hat ... zu einer Überlagerung und Verzahnung der Kontrollsphären geführt, der die §§ 45 HGrG, 93 BHO durch gemeinsame Prüfungsmodalitäten von BRH und Landesrechnungshöfen Rechnung zu tragen suchen."[288] Hiernach soll gemeinsam geprüft werden, wenn für die Kontrolle sowohl der BRH als auch ein Landesrechnungshof zuständig ist. Drei Formen einer gemeinsamen Prüfung sind möglich:
- die "echte" gemeinsame Prüfung durch BRH und Landesrechnungshöfe;
- die durch Vereinbarung übertragenen Prüfungsaufgaben des BRH auf die Landesrechnungshöfe;
- die durch Vereinbarung übernommenen Prüfungsaufgaben der Landesrechnungshöfe durch den BRH.

In der Praxis kommen alle drei Kooperationsformen vor. Die folgende Darstellung der Kooperationspraxis ist weitgehend auf die Sicht des BRH beschränkt.

9.1. Die institutionelle Sicherung der Kooperation

Die Notwendigkeit der Bund-Länder-Koordinierung schafft für die Finanzkontrolle nicht nur aktuelle und neuartige Problemstellungen im Hinblick auf die Prüfungsverfahren, sondern erzwingt eine höchst komplexe Kooperation. Diese kann nicht nur punktuell für die einzelnen gemeinsamen Prüfungen praktiziert werden, sondern erfordert übergreifende, dauerhafte Strukturen. Zu diesem Zweck wurde schon bald nach dem Neubeginn 1945 die "Arbeitsgemeinschaft der Rechnungshöfe" gebildet, die heute als

---

287   Die Probleme, die sich in einem föderativen Staat aus der Zuordnung von öffentlichen Aufgaben, Ausgaben und Einnahmen auf Gebietskörperschaften ergeben, können im Rahmen dieser Arbeit nicht erörtert werden. Es sind Fragen, die sich im Zusammenhang mit dem vertikalen Finanzausgleich stellen, der die Aufgaben, Ausgaben und Einnahmen zwischen Gebietskörperschaften unterschiedlicher Ebenen aufzuteilen hat und dem horizontalen Finanzausgleich, der erforderlich ist, weil die Ausgaben sich mit den verfügbaren Einnahmen nicht bei jeder Einheit gleich gut zur Deckung bringen lassen ("Einheitlichkeit der Lebensverhältnisse", Art. 72 Abs. 2 (3) und 106 Abs. 3 (2) GG). Vgl. Zimmermann/Henke, Einführung (Anm. 198), S. 87 ff.

288   Tiemann, *Staatsrechtliche Stellung* (Anm. 2), S. 258.

"Konferenz der Präsidenten der Rechnungshöfe" firmiert. Sie hatte von Anfang an nicht nur eine defensiv-absichernde Zielsetzung (also: Sicherung der Kooperation), sondern stand unter der Leitlinie, daß bei wichtigen Entscheidungen einem gemeinsamen Votum der Rechnungshöfe von Bund und Ländern ein weit größeres Gewicht zukäme als dem Votum eines einzelnen Rechnungshofs. Der Praktizierung dieser Maxime stand allerdings immer wieder die Mentalität der "48 (BRH)-Höfe", mehr aber noch der Dissens zwischen BRH und Landesrechnungshöfen über ihre Kompetenzen im Weg. BRH-intern drückt sich der Stellenwert dieser Kooperation darin aus, daß die Grundsatzabteilung des BRH neben den im Kapitel 3.2.3. bereits beschriebenen Aufgaben auch die Bund-Länder-Kooperation der Rechnungshöfe institutionell sicherstellen bzw. weiterentwickeln soll. Eine einheitliche Anwendung der Haushaltsgrundsätze bei Bund und Ländern, und zwar bei den Kontrolleuren wie bei den Kontrollierten - trotz grundgesetzlich garantierter Autonomie in eben dieser Anwendung -, soll schließlich ein umfassendes Koordinierungsgremium sicherstellen, dem der Bundesminister der Finanzen, der Bundesminister für Wirtschaft, das Statistische Bundesamt, die Länderfinanzminister, der BRH und die Landesrechnungshöfe angehören.

Um diese Koordinierungsprozesse vorzubereiten, stimmt das zuständige Grundsatzprüfungsgebiet eine "Hausmeinung" ab und vertritt sie nach "außen". Die im Rahmen des Koordinierungsverfahrens an das Grundsatzprüfungsgebiet von außen herangetragenen Empfehlungen, Hinweise und Vorschläge fließen als Informationen "ins Haus" zurück und führen unter Umständen zu einer Modifikation oder sogar Revidierung der "Hausmeinung". Hierdurch entstehen vor allem neue Anregungen für die Wahrung der Einheitlichkeit des Haushaltsrechts. Dem Grundsatzprüfungsgebiet I 2 kommt insofern besondere Bedeutung zu, als es für die Rückkoppelung von Informationen zwischen dem BRH und den Landesrechnungshöfen sowie anderen Institutionen verantwortlich ist und in diesem mehrfach rückgekoppelten Informations- und Interaktionsprozeß selbst eine wichtige Rolle spielt. Prüfungsvereinbarungen mit den Landesrechnungshöfen werden im Rahmen des internen Beteiligungsverfahrens zur Information an das Grundsatzprüfungsgebiet I 1 gegeben, während bei Prüfungsvereinbarungen, die sich auf mehrere Bereiche erstrecken, eine Mitzeichnung erforderlich ist (im Rahmen des Mitwirkungsverfahrens), wodurch die Koordinierung der Prüfungsaktivitäten sichergestellt wird.

Die hauptsächlichen Ebenen der übergreifenden Zusammenarbeit[289] der Rechnungshöfe in der "Präsidentenkonferenz" - also neben den bzw. unabhängig von gemeinsamen Prüfungen - sind:

1. der allgemeine Erfahrungsaustausch, in den die Prüfungsthemen und -erfahrungen auf bestimmten Gebieten einfließen;
2. die "Herbeiführung einer möglichst einheitlichen Meinungsbildung zu den vielfältigen Rechts- und Sachfragen bis hin zur Erstellung gemeinsamer "Mindest-

---

289 Vgl. hierzu u.a. Heinz-Günther Zavelberg, Fragen der Finanzkontrolle von Bund und Ländern, in: *Bulletin* 58, S. 495 f.

empfehlungen" o.ä., deren Adressaten die Verwaltungen des Bundes und der Länder sind[290].

Eine wichtige Rolle in dieser Kooperation spielen die Arbeitskreise als "Organe" der Präsidentenkonferenz - so für Haushaltsrecht und Grundsatzfragen der Rechnungsprüfung, für Steuern, EDV u.a.[291]. Daneben findet ein Erfahrungsaustausch im Sozialbereich sowie über Personalausgaben statt. In den Arbeitskreisen wird der BRH durch die zuständigen Leiter der Grundsatzprüfungsgebiete oder der Fach- bzw. Querschnittsprüfungsgebiete vertreten. Die Arbeitskreise arbeiten weitgehend unabhängig; ihre Ergebnisse ("Leitsätze") müssen aber von der Präsidentenkonferenz nochmals beraten und beschlossen werden. Die Berichte der Prüfungsgebietsleiter über die Sitzungen der Arbeitskreise dienen als Grundlage zur Vorbereitung eines Papiers für die nächste Präsidentenkonferenz. Drei Fragestellungen werden in ihnen aufgeworfen:
- Hat sich der Erfahrungsaustausch bewährt?
- Soll der Erfahrungsaustausch fortgesetzt werden?
- Welche Themen sind auf die nächste Tagesordnung zu setzen?

Die Beschlüsse der Präsidentenkonferenz sind allerdings für die BRH-Mitglieder nicht rechtlich bindend, können also nur per freiwilliger Konvention eine einheitliche Rechtsauslegung und Prüfungspraxis sichern.

9.2. Kooperation und Einnahmenkontrolle

Auch die prüfungsbezogene Kooperation zwischen dem BRH und den Landesrechnungshöfen findet nicht erst in einem konkreten Prüfungsverfahren statt, sondern setzt bereits im Vorfeld nach Aufstellung der Arbeitspläne ein. Durch den Austausch der von den zuständigen Prüfungsgebieten angefertigten Arbeitspläne wird eine Abstimmung der Prüfungsgegenstände ermöglicht. Nach Einsicht in die Arbeitspläne kann zum Beispiel der BRH den entsprechenden Landesrechnungshof informieren, an welchen Prüfungen er beabsichtigt, sich zu beteiligen.

Besonders stark ist die Kooperationsnotwendigkeit bei der Kontrolle im Steuerbereich ausgeprägt. Denn bei den Bundessteuern hat der Bund keine eigene Verwaltungskompetenz (Einnahmenverwaltung), weil die Finanzämter Länderbehörden sind (anders bei den Zolleinnahmen). Auch der BRH darf daher hier nur beschränkt prüfen. Zugleich gestaltet sich die Prüfungstätigkeit im Rahmen der Einnahmenkontrolle deshalb problematisch, weil die (wenigen) BRH-Prüfer bei der Auswahl und Durchführung der Prüfungsvorhaben auf die Zusammenarbeit mit dem jeweiligen Landesrechnungshof

---

290   Derartige Empfehlungen wurden z.B. in die BHO und das HGrG von 1969/70 übernommen.
291   Weitere Arbeitskreise betreffen: Beteiligungen, Rundfunk, Bau, Hochschule und Forschung.

angewiesen sind[292]. Verschärft werden die Kontrollschwierigkeiten noch dadurch, daß der Bundesminister der Finanzen sein Weisungsrecht an die Länder delegiert hat[293]. Dem BRH fehlt für seine Monita somit ein direkt (und allein) verantwortliches Bundesorgan.

Da die Landesrechnungshöfe keine einheitliche Prüfungsphilosophie vertreten, vielmehr höchst unterschiedliche Auffassungen darüber haben, wie externe Finanzkontrolle ausgerichtet sein sollte, ist die Herstellung kooperativer Beziehungen schwierig für den BRH - "es gibt z.B. Landesrechnungshöfe, die nur Querschnittsuntersuchungen machen, andere überprüfen dagegen Amt für Amt".

Dagegen besteht eine vorgegebene grundsätzliche Aufteilung des Prüfungsstoffs; der BRH darf nur die Ordnungsmäßigkeit und Wirtschaftlichkeit des Steueraufkommens einschließlich der Besteuerungsverfahren sowie die Gleichmäßigkeit und Vollständigkeit der Besteuerung prüfen, während Organisations- und Personalfragen in den Kompetenzbereich der Länder fallen und damit von dem jeweiligen Landesrechnungshof zu klären sind[294]. Aber auch bei der Prüfung des Handelns der Finanzämter ist der BRH eingeschränkt: Kontrolliert werden die Beachtung und Anwendung der für die Steuererhebungen relevanten Verfahrensregeln, Anordnungen, Richtlinien und Gesetze des Bundes - oder vereinfacht: der Erhebung von "Bundessteuern" - sowie die "Pflichterfüllung des BMF" (Wahrnehmung seiner Aufgaben und Rechte gegenüber den Ländern, die für ihn die Steuereinnahmen bewirken).

In diesem Prüfungsfeld existiert zwischen dem BRH und den Landesrechnungshöfen eine Vereinbarung, die es dem BRH erlaubt, direkt bei den Finanzämtern Einsicht in die Akten zu nehmen bzw. diese zu prüfen. In der Regel handelt es sich in diesen Fällen um eine gemeinsame oder zeitgleiche Prüfung. Nach Beendigung einer Prüfung werden alle wichtigen Prüfungsergebnisse mit dem jeweils zuständigen Landesrechnungshof ausgetauscht. Die Prüfungsfeststellungen werden auch der zuständigen Oberfinanzdirektion und dem Landesminister der Finanzen sowie dem Bundesfinanzminister (soweit es sich um Querschnittsthemen handelt) mitgeteilt. Der BRH erhält im Gegenzug alle für ihn relevanten Vorprüfungsniederschriften aus den Ländern sowie die "Bemerkungen" und einzelne Prüfungsmitteilungen (insbesondere wenn BRH und Landesrechnungshof zeitgleich geprüft haben) von den Landesrechnungshöfen.

Der übergreifende Erfahrungsaustausch zwischen den Rechnungshöfen findet im Arbeitskreis "Steuer" statt, in dem alle Landesrechnungshöfe und die BRH-Prüfungsgebiete "Steuern" vertreten sind. Hier werden steuerliche Probleme behandelt und die Haltung der Rechnungshöfe zu einer bestimmten Problematik abgestimmt. Es werden allerdings weder Verfahrensausarbeitungen durchgeführt noch sonstige methodische Fragen aufgeworfen.

---

292 In der "Trierer Empfehlung" haben der BRH und die Landesrechnungshöfe vereinbart, daß der BRH nur dort prüft, wo auch der jeweils zuständige Landesrechnungshof prüft.

293 Der BMF hat in einer Staatssekretärvereinbarung mit den Ländern auf die Ausübung seines Weisungsrechtes verzichtet (Weisungen des BMF nur nach vorheriger Absprache mit den Ländern).

294 So prüft der BRH die Umsatzsteuer, während der Landesrechnungshof seine Prüfung auf die Organisation, das Personal oder die Landessteuern konzentriert.

Aus BRH-Sicht ist die gegenwärtige Praxis der Betriebsprüfungen im Steuerbereich besonders mangelhaft[295]; sie bedürften dringend einer quantitativ und qualitativ verbesserten Kontrolle. Der BRH moniert insbesondere, daß er selbst keine Betriebsprüfungen vornehmen, sondern (nur) die Prüfungsberichte der vom Finanzamt delegierten Betriebsprüfer kontrollieren darf ("Überprüfung der verwaltungsmäßigen Vorgänge"), er sich insoweit also auf die korrekte Recherche der Betriebsprüfer verlassen muß[296]. Die Seriosität und Solidität dieser Betriebsprüfungen wird von ihm aber gerade bezweifelt. Seine Skepsis untermauert er mit dem Argument, daß die Finanzverwaltungen der Länder möglicherweise eher daran interessiert seien, "ihre Firmen" finanziell zu schonen als von ihnen einen ihrer Leistungsfähigkeit entsprechenden Obolus zu fordern.

9.3. Kooperation und Ausgabenkontrolle

Im Bereich der Ausgabenkontrolle ist die Kooperation zwischen den einzelnen Prüfungsgebieten im BRH und den Landesrechnungshöfen nach Art und Ausmaß unterschiedlich ausgeprägt. Einige Prüfungsgebiete haben nur sehr wenige oder keine Kontakte zu den Landesrechnungshöfen, andere dagegen arbeiten eng und intensiv mit ihnen zusammen. So unterhält beispielsweise das Prüfungsgebiet BMZ keine Beziehungen zu den Landesrechnungshöfen - außer im Bund-Länder-Ausschuß für Entwicklungshilfe -, während die gegenteilige Konstellation zum Beispiel für dasjenige Prüfungsgebiet besteht, das für die Bereiche "Wohnungswesen" und "Städtebau" (BMBau) sowie für das Bundesministerium für Jugend, Familie, Frauen und Gesundheit zuständig ist.

Die Kooperationsbeziehungen zwischen dem BRH und den Landesrechnungshöfen gestalten sich auch hier nicht immer ganz konfliktfrei, insbesondere dann, wenn es um Zuständigkeitsfragen geht. Konflikte lassen sich jedoch durch eine vorherige Abstimmung der Arbeitspläne[297] weitgehend vermeiden. Gegenstand politischer Auseinandersetzungen und wissenschaftlicher Diskussionen (die auch auf die Finanzkontrolle der Rechnungshöfe einwirken) ist die stets wiederkehrende Frage, ob bzw. unter welchen Bedingungen Finanzmittel, sobald sie in den Landeshaushalt eingestellt worden sind, den Charakter von Landesmitteln annehmen (und damit von den Landesrechnungshöfen zu prüfen sind)[298].

---

295 Der BRH fordert seit Jahren eine verstärkte Prüfung der Kreditinstitute in der Bankenmetropole Frankfurt a.M. Aufgrund der unzureichenden Personalausstattung der Finanzämter sind erhebliche Steuerausfälle durch die Verjährung der Ansprüche zu verzeichnen.

296 Der BRH kann sich indirekt an Betriebsprüfungen beteiligen, indem er z.B. die personelle Besetzung und Qualifikation des auf Landesebene bei Betriebsprüfungen mitwirkenden Bundesamtes für Finanzen, das Bundesinteressen wahrnimmt, untersucht.

297 Ähnlich wie bei der Einnahmenkontrolle ist auch bei der Ausgabenkontrolle die Abstimmung der Arbeitspläne durchaus erwünscht, denn BRH wie Landesrechnungshöfe sind daran interessiert zu erfahren, zu welchem Zeitpunkt welche Prüfungsgegenstände in welcher Verwaltung geprüft werden. Dadurch werden Doppelprüfungen vermieden.

298 Zum Beispiel würde beim Bundeserziehungsgeld, das der Bund 100prozentig trägt, kein Landesrechnungshof prüfen, selbst wenn das Geld in den Landeshaushalt eingestellt würde - dieser Fall ist unstrittig.

Zum Teil sind die Landesrechnungshöfe allerdings aufgrund ihrer Personalknappheit gern bereit, dem BRH Prüfungen zu überlassen, obwohl er andere Schwerpunkte setzt als die Landesrechnungshöfe. So prüft er vor allem nicht ausführungsbezogen (die Verwaltung), sondern programmbezogen (die Maßnahmen), da ihn die Präzision der Verwaltungsvorschriften oder die Durchgängigkeit von Fehlern interessieren, nicht aber Einzelfälle. Damit zielt er in erster Linie auf jene Zusammenhänge, die für den Bundesgesetzgeber wissenswert sind. Für den BRH können Verwaltung und Organisation nur in einem Fall bedeutsam werden: wenn die Stellen stark unterbesetzt sind, so daß der Verwaltungsablauf gefährdet erscheint und deshalb das entsprechende Gesetz nicht mehr ordnungsgemäß ausgeführt werden kann.

Eine Zusammenarbeit des BRH mit den Landesrechnungshöfen findet besonders auf dem Gebiet der Fördermaßnahmen sowie bei der Prüfung von Forschungseinrichtungen statt. Für den Zuwendungsbereich existiert eine Prüfungsvereinbarung, die die Kontrollarbeit aufteilt. Danach gilt, daß diejenige Ebene für die Prüfung zuständig ist, die den Verwendungsnachweis erhält. Länder, die in der Abwicklung und Gestaltung von Fördermaßnahmen eine starke Stellung haben, erhalten und kontrollieren in der Regel auch den Verwendungsnachweis, so daß der entsprechende Landesrechnungshof für die Prüfung zuständig ist. In manchen Bereichen sind die Kontrollrechte des BRH außerordentlich stark eingeschränkt. Finanzielle Mittel des Bundesministeriums für Wohnungswesen und Städtebau zum Beispiel werden nur als Finanzhilfen gegeben. Dem BRH steht hier lediglich die Prüfung der Abrechnungen zwischen Bund und Ländern zu. Für die Einzelmaßnahmen trägt das Empfängerland die volle Verantwortung, die inhaltliche Prüfung obliegt dem entsprechenden Landesrechnungshof[299]. Dennoch sind in vielen Bereichen Absprachen von Fall zu Fall unerläßlich.

Nach Beendigung einer (unechten) "gemeinsamen Prüfung", bei der entweder der BRH durch Vereinbarung Prüfungsaufgaben auf die Landesrechnungshöfe überträgt oder durch Vereinbarung Prüfungsaufgaben von den Landesrechnungshöfen übernimmt, erfolgt eine weitgehende gegenseitige Unterrichtung, wobei allerdings die den BRH-Prüfungsgebieten zugeleiteten Informationen einen sehr unterschiedlichen Umfang haben. Auch beim Erfahrungsaustausch durch Prüfungsmitteilungen werden nicht alle Mitteilungen zwischen BRH und den Landesrechnungshöfen ausgetauscht; es kann auch nicht die Einschränkung gemacht werden, daß nur die relevanten Mitteilungen (an den jeweils auch zuständigen Rechnungshof) weitergegeben werden. Die am Informationsaustausch indizierte Kooperation zwischen BRH und Landesrechnungshöfen ist bei der Ausgabenkontrolle insgesamt wesentlich vielgestaltiger und uneinheitlicher.

---

299 Sein eingeschränktes Prüfungsrecht in diesem Bereich zieht der BRH als Argument für den Abbau der Mischfinanzierung bzw. Finanzhilfen heran.

10. Die parlamentarische Finanzkontrolle und die Rolle des Bundesrechnungshofs

Im parlamentarischen Stadium der Beratung des von der Regierung aufgestellten Haushaltsentwurfs treffen fast alle wichtigen Akteure des gesamten Haushaltszyklus in einem komplizierten Beziehungsgeflecht mit ganz unterschiedlichen Interessenlagen und zum Teil widerstreitenden Loyalitätsverpflichtungen aufeinander. Während die Ressorts im Rahmen der vorhergehenden regierungsinternen Beratungen in vielen Einzelpositionen meist "Federn lassen" mußten und an Nachbesserung interessiert sind, ist der Bundesfinanzminister bemüht, den festgelegten Rahmen zu verteidigen. Während die Ministerien in "ihren" Fachausschüssen im Bundestag oft über die Fraktionen hinweg natürliche Verbündete für zusätzliche Haushaltswünsche finden, sucht das Finanzministerium sich zunutze zu machen, daß der Haushaltsausschuß von seiner Aufgabenstellung und seiner Position im Parlament her eher der Denksystematik des Finanzministers nahesteht als den einzelnen Fachressorts.

Auch der Bundesrechnungshof muß in Rechnung stellen, daß sein ständiger Gesprächspartner das jeweilige Ressort ist, er gleichzeitig aber an einer Bundesgenossenschaft mit dem BMF sowie an einer Berater- und Gutachterposition für das Parlament interessiert ist. In den Berichterstatter-Gesprächen und in den Beratungen des Haushaltsausschusses sitzen jeweils nicht nur zwei, sondern die Gesamtheit der Partner bzw. Kontrahenten zusammen und sind in einen Entscheidungsprozeß einbezogen, in dem die politischen Konflikte in den Vordergrund treten bzw. nur noch oberflächlich durch das Zahlenwerk verdeckt sind. Die verschiedenen Akteure müssen also versuchen, ein Gleichgewicht zwischen Bündnissen und Konkurrenzen herzustellen.

Die Parlamentarier selbst sind in der schwierigen Situation, eine strenge parlamentarische Kontrolle ausüben zu müssen, die aber nur bei voller Informiertheit möglich ist. Die umfassende Informierung, insbesondere bei komplexen und teilweise vertraulichen Vorgängen, kann wiederum die Konfliktfähigkeit so weit herabsetzen, daß die notwendigen Auseinandersetzungen nur noch in gedämpfter Form stattfinden. Der einzelne Parlamentarier weiß, daß er die Informationsfülle und das Detailwissen aus den Ministerien überhaupt nicht in seiner Person abbilden kann; er muß also ein Selektionsraster finden und Bundesgenossen, die ihm helfen, an die Schlüsselinformationen heranzukommen und sie in der geeigneten Weise zu verwerten.

Aus dieser Konstellation resultieren auch die mit der BHO 1970 formell eingeleiteten vielfältigen Versuche, den BRH über die traditionelle jährliche Berichterstattung hinaus via Beratung für das Parlament "nutzbar" zu machen. Viele dieser Initiativen sind direkt von Mitgliedern des Haushaltsausschusses ausgegangen. Sie belegen den Problemdruck - genauer: den informationellen Notstand - des Parlaments schärfer als manche abgehobene, in der Literatur ausgebreitete These - so über den "Funktionsverlust des Parlaments" - dies tun könnte. Diese Versuche, den BRH näher an das Parlament heranzuholen, sind keineswegs selbstverständlich. Denn die vor 1970 geltende formelle Beschränkung des BRH auf die Prüfung implizierte für die Mehrheit der Prüfungsgebiete auch faktisch eine sehr große Nähe zur Exekutive. Daher ist es desto bemerkenswerter, daß alle befragten Mitglieder des Haushaltsausschusses dem Bundesrechnungs-hof eine wichtige Rolle für die parlamentarische Finanzkontrolle zuschreiben. Die Lei-stungsfähigkeit des Bundesrechnungshofs wird hierbei durchaus differenziert gesehen, gelegentlich wird auf Grenzen verwiesen. Dennoch wird immer wieder betont, daß das Verhältnis zwischen Rechnungshof und Haushaltsausschuß gut sei. Dem Rechnungshof wird bescheinigt, daß er sich um ein gutes Verhältnis zum Bundestag bemühe, obwohl vor allem Angehörige der Regierungskoalition seine Äußerungen nicht immer schät-zen[300]. Dennoch bleibt es bei dem überwiegend positiven Urteil über die Rolle des Rechnungshofs bis hin zu einem Ausruf: "Der Bundesrechnungshof ist super." Die fakti-sche Qualität dieser Bindungen muß sich am massivsten in der Berichterstattertätigkeit erweisen. Auch die Struktur dieser Kooperations- und Unterstützungsbeziehung kann an ihr am besten herausgearbeitet werden.

10.1. *Das Berichterstatterwesen in der Haushaltsberatung und Haushaltsfeststellung*

Anders als die Fachausschüsse ist der Haushaltsausschuß des Bundestages in einen for-mal relativ gleichbleibenden Handlungs- und Terminzyklus eingespannt. Mit der Über-weisung des Entwurfs des Haushaltsgesetzes und seiner Anlage, dem eigentlichen Haus-haltsplan, an das Parlament tritt der Haushaltsausschuß in Aktion. Seine Mitglieder werden in den Monaten September bis Dezember vielfach intensiver als alle anderen Parlamentarier im parlamentarischen Beratungsprozeß beansprucht. Der Haushaltsaus-schuß hat als einziger ständiger Ausschuß die Dauergenehmigung, auch während der Plenarsitzungen zu tagen. So ist es in dieser Zeit üblich, daß er an zwei bis drei Tagen der Woche, d.h. auch während der Plenartage, von neun Uhr morgens bis in den abend hinein berät. Die meisten Ausschußmitglieder sind somit während der Sitzungswochen auch zeitlich fast ausschließlich mit Ausschußberatungen beschäftigt.

In der ersten Sitzungswoche nach den Parlamentsferien (September) findet zunächst die erste Lesung des Haushalts im Plenum des Bundestages statt. Der Einbringungsrede des Finanzministers stehen die Gegenrede der Opposition und die Stellungnahmen der Regierungsfraktionen gegenüber. Diese sehr rituelle Debatte wird teilweise von den "Haushältern" bestritten. Die Parteien nutzen sie oft als Möglichkeit, politische Grund-satzerklärungen zu allen Feldern der Regierungspolitik abzugeben. Doch schon ge-raume Zeit zuvor sind die Haushälter mit der Vorbereitung der Beratung befaßt. Ein zentraler Punkt ist die Verabredung für die Berichterstattergespräche.

Im Bundestag hat sich das System der Berichterstatter herausgebildet. Im Falle des Haushaltsausschusses bedeutet dies, daß ein Mitglied als Berichterstatter gemeinsam mit Mitberichterstattern der anderen Fraktionen jeweils für einen Teil des Haushaltsplans zuständig ist. Während in den kleinen Fraktionen die Abgeordneten in der Regel die

---

300 In mehreren Gesprächen wurde auf den Streitpunkt "Quellensteuer" hingewiesen. Der Bun-desrechnungshof hatte 1986 mit seiner Forderung, daß Zinserträge in die Besteuerung ein-zubeziehen seien und deshalb die Prüfung bei den Banken verstärkt werden müsse, Unmut bei den Koalitionsabgeordneten hervorgerufen.

Einzelpläne mehrerer Ressorts betreuen müssen, werden in den großen Fraktionen große Ressorts sogar aufgeteilt und nach verschiedenen Teilplänen oder fachlichen Feldern an mehrere Abgeordnete derselben Fraktion vergeben. Das Berichterstattersystem ist notwendig, weil das Plenum des Ausschusses niemals in der Lage wäre, den gesamten Haushalt titelgenau in der Zeit zwischen September und Ende November eingehend zu beraten. Dies muß deshalb in den Einzelberatungen der Berichterstatter und ihrer Mitberichterstatter, in den sogenannten Berichterstattergesprächen, geschehen.

Der Berichterstatter bereitet seine Gespräche sowohl durch das Studium der ihm vom Ressort übersandten Akten als auch durch informelle Gespräche mit den Haushaltsreferenten, eventuell dem Minister, dem parlamentarischen Staatssekretär oder hochrangigen Ministerialbeamten, vor. Allerdings muß er "sein" Ressort gut kennen, um gezielt Materialien, Ausarbeitungen und sonstige Informationen anfordern zu können. Denn hier gilt: "Der Berichterstatter bekommt die Informationen, die er braucht. Das Ressort gibt vielleicht nicht ungefragt die Informationen an den gesamten Ausschuß, aber der Berichterstatter erfährt schon alles, was er wissen will und wird auch vom Ressort gut bedient", allerdings nur dann, wenn er entsprechend nachfragt. Für die hierzu nötigen neutralen oder Gegen-Informationen ist das zuständige Prüfungsgebiet des BRH eine wichtige und zuverlässige Quelle. Vor allem die Möglichkeit, den Rechnungshof/BWV für Sonderberichterstattung und Gutachten in Anspruch zu nehmen, stellt ein scharfes Instrument dar, das den Haushaltsausschuß selbst stärkt. Zugleich sind sich die Abgeordneten darüber einig, daß dieses Instrument behutsam eingesetzt werden muß, um den BRH nicht zu überfordern. Daneben führt der Berichterstatter zahlreiche Vorgespräche mit Interessenten und Informanten aus dem "Hause" sowie mit den Spiegelreferaten im Bundesfinanzministerium. Daraus entwickelt er seine Beratungsstrategie.

Die Berichterstattergespräche (vgl. auch Kapitel 6.2.) finden in der Regel im jeweiligen Ministerium unter Vorsitz des Berichterstatters statt. In dieser Phase ist der Einfluß des Abgeordneten zweifellos am größten, denn er kennt inzwischen die Ausarbeitungen, Programme und Personalpläne zu den einzelnen Haushaltstiteln. An den Gesprächen nehmen "die Spitze des Hauses" - Minister, Staatssekretäre - und die leitenden Beamten, in der Regel Abteilungsleiter und Unterabteilungsleiter, zum Teil auch Referatsleiter, der Haushaltsreferent und die Leiter nachgeordneter Behörden teil. Daneben sind regelmäßig Vertreter des Spiegelreferats beim Bundesminister der Finanzen sowie der Prüfungsgebietsleiter und gegebenenfalls Prüfer aus dem Bundesrechnungshof anwesend, wobei die Vertreter der letztgenannten Institutionen eher auf Fragen antworten, als von sich aus initiativ zu werden. Allerdings bestehen hier große Unterschiede im Engagement der verschiedenen Prüfungsgebiete. Während die einen die "größere Nähe zum Parlament" mit einer offensiven Informationsstrategie sichern, verhalten sich die anderen eher defensiv - sei es aus Besorgnis, zu viele "Aufträge" zu bekommen, sei es, daß die Nähe zur Exekutive noch immer sehr groß ist.

Am Informationsgeflecht, in das die Haushälter hierdurch eingebunden sind, können paradigmatisch die Zusammenhänge von Information und Beeinflussung, von Informiertheit, Kompetenz und Macht demonstriert sowie die Probleme der Informationsüberfülle ("Plethora"), der Notwendigkeit von Strategien zur Informationsreduktion und -bewertung sowie der Delegation von Teilen der Informationsverarbeitung herausgearbeitet werden. In diesem Kontext erhält der BRH auch seine Funktion als "institutionalisiertes Mißtrauen des Parlaments".

Aus diesen Gründen birgt auch die intensive Beratungstätigkeit des Berichterstatters Gefahren in sich, vor allem dann, wenn er zu lange für ein bestimmtes Ressort zuständig ist, da der Informationsaustausch mit starken Steuerungsversuchen einhergeht. Denn die Ressorts wissen, daß ihnen der Berichterstatter in ihren Plänen erhebliche Schwierigkeiten bereiten kann, sie sind auf der anderen Seite in gewissen Fragen auf seine Mithilfe angewiesen, insbesondere dann, wenn es sich um nachgeschobene Veränderungswünsche oder um nochmals aufgegriffene Konflikte mit dem Finanzministerium handelt.

Der Haushaltsplanentwurf ist als Produkt intensiver Beratung innerhalb der Regierung nach der Verabschiedung durch das Bundeskabinett für die Ressorts und deren Beamte verbindlich, auch wenn die Ressorts "Federn lassen" müssen. Dennoch kommen diese Konflikte in der parlamentarischen Beratung häufig erneut zur Sprache; sie werden gelegentlich sogar durch informelle Informationen, die dem Abgeordneten zugespielt werden, bewußt induziert. Der Abgeordnete sieht sich stets mit der Erwartung der Ressorts konfrontiert, zusätzliche Wünsche aufzunehmen und sie möglicherweise im Haushaltsausschuß gegen den Finanzminister durchzusetzen.

Aber auch der BMF lanciert Informationen und unternimmt Beeinflussungsversuche. "Bei den Haushaltsberatungen/Berichterstatter-Gesprächen ist auch das BMF immer vertreten, kann Bedenken anmelden oder aber bestätigen, daß der Haushaltsansatz, wie er von dem Fachressort gewünscht wird, mit dem BMF abgestimmt worden ist. Das bedeutet in der Praxis meistens, daß der gewünschte Ansatz niedriger, als vom Ressort angestrebt, veranschlagt wird. ... Es gibt viele Fälle, wo das Bundesministerium der Finanzen mit dem Haushaltsausschuß oder einzelnen Mitgliedern in einem sehr engen Verhältnis Dinge, die es selbst nicht erfolgreich bekämpfen konnte, beseitigt hat", so ein Befragter.

Doch die Abgeordneten sind nicht nur Adressat bzw. Objekt von Beeinflussungsversuchen, sondern treten gern selbst an die Vertreter des Finanzministeriums und des Rechnungshofs heran und erbitten Stellungnahmen oder gutachterliche Äußerungen der beiden Institutionen. Damit übernehmen sie häufig die Aufgabe, Konflikte innerhalb der Ressorts oder zwischen Ressort und Bundesfinanzministerium, die durch den Kompromiß des Kabinettsbeschlusses überdeckt worden sind, wieder ans Tageslicht und den Entscheidungsprozeß erneut in Gang zu bringen. Der Berichterstatter tritt hier in die Rolle des Schiedsrichters, die er je nach Interessenlage und auch nach Machtkalkül nutzen kann. Ermöglicht wird ihm dies durch die divergierenden Interessen der verschiedenen Regierungsmitglieder. "Im Grunde genommen hätte das BMF bei der Verabschiedung des Haushalts durch das Kabinett sagen müssen, 'Da stehen wir jetzt als Regierung alle geschlossen davor.' Die Praxis hat gezeigt, daß es viele Kanäle, Strömungen usw. gibt, wo doch noch ein ungeliebtes Kind bestraft wurde" oder ein unerwünschtes Limit des BMF vom Ressort noch "gekippt" wurde, wie ein langjährig Beteiligter es formuliert.

Will der Haushälter nicht selbst zum Spielball der Interessen werden, muß er über die kritischen Punkte informiert sein und insbesondere Manipulationsversuche erkennen können. Viele Haushälter hegen daher ein latent stets vorhandenes Mißtrauen, vom Ressort auf Nebenschauplätzen beschäftigt zu werden, und dabei zentrale Konfliktpunkte und politisch gravierende Probleme zu übersehen. Denn normalerweise wird das Ressort es vermeiden, tiefgehende Konflikte mit dem Bundesminister der Finanzen direkt oder gar vollständig offenzulegen. Zugleich liegen in der Kenntnis der Vorgänge oftmals die für die kritische Arbeit im Ausschuß fruchtbaren Punkte. Dies ist für Regierungs- und Oppositionsfraktion gleichermaßen wichtig, wenn auch in anderer Ausprägung.

Aus dieser Konstellation heraus ist den Mitgliedern des Haushaltsausschusses schon nach kurzer Mitgliedschaft ein gemeinsames Bewußtsein als "Haushälter" eigen. Die Abgeordneten wissen, daß es ihre Rolle auch gegenüber der Öffentlichkeit ist, den Versuch zu machen, "der Verwaltung auf die Schliche zu kommen". Von daher ergibt sich die bereits erwähnte größere Affinität des Ausschusses als Ganzes zum Bundesminister der Finanzen und zum Bundesrechnungshof als zu den einzelnen Ressorts. Auf diese Rolle deuten auch die Bezeichnungen hin, die die anderen Parlamentskollegen für die Mitglieder des Haushaltsausschusses gefunden haben. Sie nennen sie "Kopekenscheichs" oder "Erbsenzähler", Klassifizierungen, wie sie ähnlich in den Ressorts gegenüber dem Rechnungshof verwendet werden.

Aus dieser besonderen Stellung entsteht ein Spannungsverhältnis zwischen dem Haushaltsausschuß und den Fachausschüssen, insbesondere auch zum Wirtschaftsausschuß. Die Position des Haushaltsausschusses ist ambivalent. Sie setzt ihn einerseits in die Lage, die Details des Haushaltswesens intensiv zur Kenntnis zu nehmen und zu beraten. Er gerät auf der anderen Seite insbesondere dadurch, daß er das Denken im Finanzsystem des Haushaltes nachvollzieht, in die Gefahr, die Absichten der jeweiligen Regierung zwar nicht im prinzipiellen, aber in der konkreten Ausformung zu unkritisch bzw. vermittelt über zu große Einfühlsamkeit zu akzeptieren. Es findet also in gewisser Hinsicht eine Art Entpolitisierung statt. "Es ist so, daß der Haushaltsausschuß die Absichten der jeweiligen Regierung [mangels realistischer Handlungsalternativen, die Verf.] durchweg akzeptiert. Der riesige Aufwand der wochenlangen Haushaltssitzungen und Beratungen führt doch - im Lichte betrachtet - zu der Erkenntnis, daß substantiell nicht viel geändert wurde. Regierung und dieser Teil des Parlaments arbeiten intensiv zusammen. Die Regierung spürt natürlich auch im Haushaltsausschuß, was dieser auf den verschiedenen Gebieten beabsichtigt und bei der Veranschlagung von Summen oder Projekten wird schon in gewisser Weise Rücksicht genommen. Es gibt insofern ein Zusammenwirken und damit auch ein gemeinsames Interesse, daß das, was von Regierung und Haushaltsausschuß beschlossen wird, auch so funktioniert."

Verstärkt wird die Affinität unter Umständen noch durch eine haushaltstechnische Spielregel des Beratungsrituals im Plenum des Haushaltsausschusses; die Berichterstatter müssen in der Regel bei Vorschlägen zur Aufstockung von Titeln Deckungsvorschläge einbringen. Es gehört zum "guten Ton", diese innerhalb des "eigenen" Ressorts zu suchen. Unter politischen Gesichtspunkten ist das eine fragwürdige Spielregel, weil sie häufig politisch motivierte Anträge von vornherein konterkariert. Eine Regierung, die beispielsweise die Sozialleistungen systematisch kürzt, kann von der Opposition oder auch von den eigenen Abgeordneten kaum korrigiert werden, weil Deckungsvorschläge aus Ressorts, die beschnitten werden, sehr schwer zu erbringen sind. Der Abgeordnete kann in solchen Fällen höchstens im Vorfeld der Beratungen versuchen, seiner Fraktionsarbeitsgruppe klar zu machen, daß es sich bei bestimmten Forderungen um programmatisch orientierte Anträge handelt, für die eine Deckung an anderer Stelle gesucht werden muß. Insgesamt wird also jeder Berichterstatter eine größere Anzahl von Umschichtungen erbringen, ohne daß der Haushaltsausschuß den Haushalt wesentlich ausweitet.

Eine große Ausnahme in diesem Procedere bilden die Personalanmeldungen, weil hier die Anzahl der neu einzurichtenden Stellen in der Regel diejenige der Einsparungen bei weitem übersteigt. Daher ist es üblich, daß die Personalfragen aus der Beratung der Einzelressorts herausgenommen und am Ende der Ausschußberatung in einer besonderen Sitzung behandelt werden. Hierzu legt in der Regel die regierende Koalition kurzfristig ein Papier vor, das mit dem Bundesfinanzminister, seinen Staatssekretären und Beamten in den Fraktionsarbeitsgruppen vorbereitet und dann im Ausschuß präsentiert wird. Die Regierungsparteien verfügen damit über ein starkes Gestaltungsmittel, wahrscheinlich eines der stärksten des Haushaltsausschusses überhaupt.

Die Ergebnisse der Berichterstattergespräche werden in einer "Berichterstatter-Vorlage" zusammengefaßt. Darin werden nur Haushaltstitel verzeichnet, für die Änderungen - Kürzungen oder Erhöhungen, Änderungen der Erläuterungen oder der Zweckbestimmung - vorgeschlagen werden. Außerdem ist es üblich, daß die Berichterstatter alle Punkte, über die sie in den Ausschußberatungen (und auch später im Plenum) zu diskutieren wünschen, in die Vorlage mit der Bemerkung "zur Besprechung im Ausschuß" aufnehmen. Divergierende Anträge werden gekennzeichnet. Zudem ist es üblich, daß die Ministerien ihre Nachschiebewünsche in der Vorlage mit unterbringen, so daß bei unproblematischen Einzelplänen häufig der größte Teil der Vorlage aus akzeptierten Änderungswünschen des zuständigen Ressorts besteht. In ihr sind schließlich auch die Personalwünsche enthalten. Sie werden allerdings, wie bereits beschrieben, erst in der "Bereinigungssitzung Personal" behandelt. Die Berichterstattervorlagen bestimmen weitgehend den Ablauf der Beratungen im Haushaltsausschuß, da dort bei der Behandlung des Einzelplans nicht mehr sämtliche Einzeltitel beraten werden, sondern nur noch die zur Beratung benannten. Dieses Verfahren gibt den jeweiligen Berichterstattern eine herausgehobene Stellung. Es sichert ihnen zugleich einen starken gestaltenden Einfluß auf die politische Debatte über das jeweilige Ressort im Plenum des Bundestages während der zweiten Lesung.

Der Bundesrechnungshof ist in diesem Haushaltsaufstellungs- und -feststellungsprozeß unter Informationsgesichtspunkten - wie die Darstellung des Haushaltszyklus in Kapitel 6.2. zeigte - in einer einmaligen Situation. Er weiß als Beteiligter am gesamten Beratungsprozeß genau, was die Haushälter wollen, er kann ihre Interessenlage sehr genau einschätzen. Sehr häufig haben intensive Gespräche zwischen Prüfungsgebiet und

Berichterstatter schon vor den Berichterstattergesprächen stattgefunden, die dann ergänzt wurden durch zunächst mehr oder weniger informelle Fragen nach zusätzlichen Recherchen, Berichten u.ä. Während der Ausschußsitzung wird - wiederum vorwiegend von Seiten der Berichterstatter - der Bundesrechnungshof offiziell um Stellungnahmen und Gutachten gebeten. Diese bilden aber nicht nur ein sehr wichtiges Informationsmittel für die Abgeordneten, sondern stellen ein Disziplinierungsinstrument dar, weil jedes Ressort bemüht ist, solche Aufträge aus dem Haushaltsausschuß an den Rechnungshof zu vermeiden. Zugleich setzen - umgekehrt - Abgeordnete sehr häufig gerade dieses Berichtsinstrument als Mittel für "Strafaktionen" ein, wenn sie mit Verhaltensweisen der Ressorts unzufrieden sind. Häufig wird ein solcher Auftrag an den Bundesrechnungshof vom Instrument der qualifizierten Sperre begleitet. Der Haushaltsausschuß behält sich damit die Freigabe der entsprechenden Titel (oder eines Teils davon) bis zu einem Zeitpunkt vor, zu dem die Ressorts ihnen aufgetragene Berichte zufriedenstellend erledigt haben oder zu denen Stellungnahmen oder Gutachten des Bundesrechnungshofs vorliegen.

Im ersten Durchlauf der Ausschußberatung wird in der Regel nicht abgestimmt, sondern alle nichtkonsensualen Punkte werden bis zur sogenannten Bereinigung am Ende der Ausschußberatung vertagt. Normalerweise wird dann nach kurzen Statements in schneller Folge abgestimmt. Allerdings besteht der wichtigere Teil der Beratungen aus zurückgestellten Tagesordnungspunkten, die die Regierung noch nicht ausreichend beantwortet hat oder zu denen der Rechnungshof um kurzfristige Stellungnahmen gebeten wurde. Dies sind häufig politisch brisante Sachverhalte, die scharfe Debatten hervorrufen. Die Regierungskoalition macht von dem Mittel des Wiederaufrufs in der Bereinigungssitzung auch Gebrauch, um Druck auf die Regierung auszuüben.

Nach übereinstimmender Einschätzung aller Beteiligten bestehen gerade in der Zeit zwischen dem ersten Aufruf und dem Aufruf in der "Bereinigung" intensive Einflußmöglichkeiten. Dagegen geht die Bedeutung "neutraler" Informationen stark zurück. Die Kommunikation wird eindeutig politisch. Die Ausschußfraktionen stehen zwar während des gesamten Beratungsprozesses in regem Austausch mit ihrer Gesamtfraktion und bringen an geeigneter Stelle - im Fraktionsvorstand, im Fraktionsplenum, in den Arbeitskreisen bzw. Ausschußgruppen - Konfliktpunkte zur Sprache. Umgekehrt versuchen speziell in dieser Zeit die übrigen Fraktionskollegen, verstärkt Einfluß auf die Kollegen im Haushaltsausschuß zu nehmen. Auch Interessengruppen und Interessenten aus den Ministerien oder aus dem parteilichen Bereich versuchen, über die Berichterstatter im Haushaltsausschuß Entscheidungen herbeizuführen, die ihrer Interessenlage entsprechen. Dabei handelt es sich meistens weniger um Grundsatzentscheidungen als um Detailentscheidungen über einzelne Haushaltspositionen, insbesondere dann, wenn es um Subventionierungen oder Förderungen von Verbänden oder Projekten geht. Ein großer Teil solcher Anliegen betrifft Punkte, wo die Interessenten in den Ressortberatungen nicht berücksichtigt worden sind, wo sie Kürzungen in der Planung hinnehmen mußten oder sie sich in inhaltlicher Weise nicht durchsetzen konnten. Dabei wird allerdings häufig nicht erkannt, daß zu einem so späten Zeitpunkt auch Detailentscheidungen nur noch schwer zu beeinflussen sind.

Mit der zweiten und dritten Lesung im Plenum des Bundestages wird der Haushaltsberatungsprozeß im Parlament abgeschlossen.

In der ersten Hälfte des folgenden Jahres verfolgt der Haushaltsausschuß die aktuelle Haushaltspolitik der Bundesregierung unter haushälterischen Aspekten außerordentlich intensiv. Zudem werden jetzt die meisten Punkte aufgerufen, die man in den Haushaltsberatungen unter inhaltlichen Gesichtspunkten zurückgestellt hatte oder zu denen mit qualifizierten Sperrvermerken Berichte und Stellungnahmen angefordert wurden.

Zwar empfinden die Haushälter während der gesamten Feststellungsphase ihre relative Ohnmacht gegenüber den Ressorts stets aufs neue, was sich vor allem in ihrem latenten Mißtrauen ausdrückt, richtig informiert zu werden. Einen fortschreitenden Funktionsverlust wollen die meisten jedoch nicht erkennen. Aber selbstkritische Stellungnahmen sind durchaus vorhanden. Gelegentlich wird der Zwang bedauert, der von den Rollen Regierungspartei - Oppositionsfraktion ausgehe und zur Schwarz-Weiß-Malerei von Regierung und Opposition führe. Allerdings wird immer wieder betont, daß langjährige Ausschußmitgliedschaft und der Stil der Auseinandersetzung im Haushaltsausschuß die Bereitschaft fördere, enge parteipolitische Grenzen zu überschreiten. Es ist interessant, daß in diesem Zusammenhang auch Abgeordnete der Regierungsparteien feststellen, daß der Rechnungshof von der Mentalität und der Aufgabenstellung her der Opposition näher stehe, dies aber an keiner Stelle zur Forderung nach Einschränkung der Tätigkeit führt, wenn auch immer wieder betont wird, daß der Rechnungshof seine Neutralität um jeden Preis wahren müsse, und es seine Aufgabe sei, das Neutralitätsimage aufrecht zu erhalten.

10.2.   Die Haushaltskontrolle durch den Rechnungsprüfungsausschuß

Das erste Halbjahr ist die intensive Arbeitsphase des Rechnungsprüfungsausschusses, deren Ergebnisse in den Haushaltsausschuß "eingespeist" werden. Zugleich wird der Haushaltsausschuß den Rechnungsprüfungsausschuß bitten, wichtige Fragen, die in den Rahmen der Rechnungsprüfung fallen, zu behandeln. In diesen Beratungen kommt der Bundesrechnungshof noch sehr viel häufiger direkt zu Wort als während der Feststellungsphase.

Die vom BMF "dem Bundestag zur Entlastung der Bundesregierung im Laufe des nächsten Rechnungsjahres (gelegte) Rechnung"[301] sowie der Bericht des Bundesrechnungshofs hierzu werden gemäß der Geschäftsordnung des Bundestages[302] an den Haushaltsausschuß überwiesen. Dieser überträgt seinem ständigen Unterausschuß, dem Rechnungsprüfungsausschuß, die Beratung der "Bemerkungen" und der ergänzenden Unterlagen. Die dreizehn Mitglieder des Rechnungsprüfungsausschusses teilen die Bearbeitung der "Bemerkungen" nach dem Berichterstattersystem unter sich auf, wobei

---

301   GG Art. 114, Abs. 1 und Abs. 2.
302   § 95 Haushaltsvorlagen und § 96 Finanzvorlagen.

die Berichterstattung derjenigen im Haushaltsausschuß entsprechen kann. Dies ist aber nicht die Regel. Das unmittelbare Ziel der Beratung ist die Entlastung der Bundesregierung sowie der Nachvollzug der Prüfungsfeststellungen, um Mängel abstellen zu können. Aus den Äußerungen fast aller befragten Abgeordneten geht jedoch hervor, daß die Beratungen darüber hinausgehend von den Mitgliedern des Haushaltsausschusses als wichtiger Ort der Informationsgewinnung gesehen werden.

Bei der Beratung sind die Vertreter der Ressorts anwesend, normalerweise angeführt durch einen politischen Beamten der Leitungsebene. Dies ist in der Regel - auf Wunsch des Vorsitzenden des Rechnungsprüfungsausschusses - ein parlamentarischer Staatssekretär. Ferner ist der Bundesrechnungshof durch die zuständigen Direktoren, Prüfungsgebietsleiter und Prüfer vertreten und der Bundesminister der Finanzen durch die entsprechenden Spiegelreferenten. Auch die Berichterstatter im Haushaltsausschuß nehmen an den Sitzungen des Rechnungsprüfungsausschusses teil, wenn die "Bemerkungen" über "ihr" Ressort aufgerufen werden (sofern sie nicht ohnehin Mitglied des Rechnungsprüfungsausschusses sind).

Die Abgeordneten bestätigen übereinstimmend, daß die Wirksamkeit des Rechnungsprüfungsausschusses weitgehend von der Qualität der Prüfung des Bundesrechnungshofs bzw. von der Qualität seiner "Bemerkungen" abhänge. Da der Rechnungsprüfungsausschuß entlang der "Bemerkungen" berät, prüft er normalerweise auch nur das, was vorher vom Bundesrechnungshof thematisiert wurde, es sei denn, es sind darüber hinausgehende Beanstandungen auf anderem Wege veröffentlicht oder an die Abgeordneten herangetragen worden.

Außer den "Bemerkungen" erhalten die Abgeordneten vom Bundesrechnungshof als weitere Unterlagen sogenannte Sprechzettel, in denen auch "Roß und Reiter" genannt werden. Der Prüfungsgebietsleiter "Grundsatzfragen Rechnungsprüfung" bereitet zudem die Gespräche im Rechnungsprüfungsausschuß gemeinsam mit dem Leiter von dessen Sekretariat und dem Ausschußvorsitzenden vor. Ferner ist in der Regel der direkte Kontakt der Berichterstatter mit den Prüfungsgebieten intensiv; diese versorgen die Abgeordneten in Vorgesprächen mit den notwendigen Details, so daß die Beratung "auf den Punkt geführt" werden kann. Auch die Schlußfolgerungen bzw. Empfehlungen des Bundesrechnungshofs werden vom Rechnungsprüfungsausschuß in der Regel übernommen; er bekräftigt sie zumeist sogar, nur in Ausnahmefällen übernimmt er sie nicht oder mildert sie ab. Dies geschieht insbesondere in der Abgrenzung zur politischen Entscheidungsebene. Oder wie es ein Abgeordneter sinngemäß ausdrückte: "Es ist nicht die Aufgabe des Rechnungsprüfungsausschusses, die Wirtschaftlichkeit einer politisch gewollten Maßnahme zu prüfen." Über die Abgrenzung kann selbstverständlich gestritten werden. Aber dies bleibt die Ausnahme.

Die Bedeutung dieser umfassenden informationellen Unterstützung des BRH für die parlamentarischen Rechnungsprüfer wird erst richtig deutlich, wenn man deren Arbeitssituation betrachtet. Sie müssen eine komplexe Materie in einem relativ kurzen Zeitraum bearbeiten und sich die einzelnen Sachverhalte kurzfristig aneignen, damit schnellstmöglich eine Entscheidung getroffen werden kann. Besonders die Einarbeitung in komplizierte Gebiete im technischen Bereich ist zeitaufwendig und schwierig. Aufgrund dieser Situation ist der BRH als neutrale und verläßliche Informationsquelle von den Abgeordneten vor allem gefragt. Das bedeutet jedoch nicht, daß der einzelne Berichterstatter die notwendigen Informationen ausschließlich vom BRH bezieht. Er spricht in der Regel auch mit der geprüften Behörde vor Ort, um sich über deren Standpunkt in der zur Diskussion stehenden Frage zu informieren. Allerdings wurde von verschiedenen Befragten der hohe Stellenwert der BRH-"Sprechzettel" beanstandet und eine Gleichbehandlung der Ressorts gefordert. Dieses Monitum basiert auf der Wahrnehmung der Beratung der "Bemerkungen" als "Strafprozeß", eine Sichtweise, die unter den potentiellen Betroffenen weit verbreitet ist und mit der "Erzieher"-Konzeption eines Teils der BRH-Mitglieder korrespondiert. Aus dieser Perspektive ist der BRH denn auch "Partei" und keineswegs neutraler Informant.

Auch die parlamentarischen Rechnungsprüfer gehen in der Einschätzung der Wirkungen ihrer Beratung der "Bemerkungen" von ähnlichen Vorstellungen aus. Sie vertreten weitgehend übereinstimmend ein Sanktions- und Wirkungskonzept mit folgenden Stufen: 1. Allein das Vorhandensein der "Bemerkungen" mit der drohenden Einzelberatung im Rechnungsprüfungsausschuß löst im betroffenen Ressort Aktivitäten aus. Bereits der Zwang, sich rechtfertigen zu müssen, ist für die meisten Ressorts wenig angenehm. Daher wird häufig bereits im Vorfeld ressortinterner Druck wegen der Beschlußfassung im Rechnungshof ausgeübt. 2. Neben der "Macht", ein Ressort vor ihren Ausschuß zu zitieren, haben die Parlamentarier die Möglichkeit, direkte Auflagen zu machen, z.B. in Form eines Ressortberichts. Die Ressorts wiederum wollen auf jeden Fall vermeiden, bei der Wiedervorlage von Beratungsergebnissen erneut vor den Rechnungsprüfungsausschuß gefordert zu werden und sind daher zu Änderungen bereit. 3. In der Regel wollen die Ministerien eine öffentliche Diskussion über Sachverhalte, die ihre Ressorts betreffen, vermeiden. Zugleich ist den Ressorts die Öffentlichkeitsfreudigkeit von Bundestagsabgeordneten bekannt. Daher versuchen sie, sich in ihrem Verhalten darauf einzustellen. 4. Die weitaus wirksamste, indirekte Sanktion ist allerdings die Auswirkung der "Bemerkungen" auf die Haushaltsberatungen der folgenden Jahre. Die Mehrheit der Abgeordneten bestätigt, daß Prüfungsergebnisse häufig in künftige Entscheidungen einfließen. Es sei sogar das Hauptinteresse der parlamentarischen Rechnungsprüfer, so schnell wie möglich Konsequenzen aus den Prüfungsbemerkungen für die Beratung des neuen Haushaltsplans zu ziehen. Diese müssen sich nicht unbedingt auf den konkreten Fall beziehen, sondern können Konsequenzen aus der Erfahrung mit anderen Einzelvorgängen sein.

Die Möglichkeit einer direkten Einwirkung der Informationen aus dem Rechnungsprüfungsausschuß auf die Haushaltsberatungen ist übrigens auch der Tatsache zuzuschreiben, daß die "Bemerkungen" seit der Amtsführung des früheren Präsidenten Wittrock möglichst schon im September an den Haushaltsausschuß gehen; dadurch kann der jeweilige Berichterstatter sie für seine Gespräche und seine Berichterstattung im Haushaltsausschuß auswerten, ohne daß bereits eine förmliche Beratung im RPA stattgefunden hat. Auf die Forderung nach Aktualität, auf Gegenwartsnähe, legen demgemäß alle Abgeordnete großen Wert.

Den Abgeordneten sind die eben skizzierten Wirkungsstrukturen deutlich bewußt.
Alle beteuern, daß es im Rechnungsprüfungsausschuß als Folge dieser Kontroll- und
Sanktionsmöglichkeiten kaum parteipolitische Differenzen und ein hohes gemeinsames
Bewußtsein gäbe, daß es um die möglichst sparsame Verwendung der Mittel gehe, die
der Steuerzahler zur Verfügung gestellt hat. Dieses informelle Machtpotential des
Rechnungsprüfungsausschusses kommt auch in den Formeln zum Ausdruck, die das
Verhältnis zwischen Abgeordneten und Ressorts beschreiben. So heißt es, daß der Auftritt vor dem Rechnungsprüfungsausschuß gefürchtet sei: "Minister oder parlamentarische Staatssekretäre müssen antanzen, wer im Rechnungsprüfungsausschuß zu erscheinen hat, dem ist meistens nicht sehr wohl." Die Forderung nach Regreß stellt demgegenüber eher die Ausnahme dar, wiewohl von allen Abgeordneten Beispiele dafür
angeführt wurden, daß Rechnungshofberichte nach der Beratung im Rechnungsprüfungsausschuß zu einem direkten Regreß insbesondere gegenüber leitenden
Beamten geführt haben.

Die Sanktionsmöglichkeiten des Parlaments werden von den Abgeordneten vor allem
deswegen als befriedigend empfunden, weil sie in dem Beratungsprozeß durch den Bundesrechnungshof mit Informationen versehen werden, die sie wenigstens punktuell
waffengleich mit den Ressorts machen, die über sehr große Apparate verfügen und deren Beamte sich auf Einzelpunkte ausgiebig und gründlich vorbereiten können[304]. Die
Abgeordneten sehen also sehr realistisch die Wirkung der "Bemerkungen" des Bundesrechnungshofs weniger in dem formellen Entlastungsvorgang.

Trotz einer größeren Anzahl von Beanstandungen und Sanktionsforderungen die
Entlastung zu verweigern, ist für die meisten Abgeordneten kaum denkbar, zumal die
Konsequenzen sehr schwer einzuschätzen sind. Keine Regierungsmehrheit wird daher
die eigene Regierung durch einen solchen Schritt öffentlich in politische Schwierigkeiten
bringen. Insofern wird dieses formal zur Verfügung stehende äußerste Mittel also gar
nicht ins Kalkül gezogen, vielmehr setzt das Parlament auf die indirekten bzw. informellen Sanktionswirkungen, nämlich die Drohung mit der Öffentlichkeit und insbesondere die Rückwirkung auf die Entscheidungen in den Haushaltsberatungen, in denen
der Haushaltsausschuß die Möglichkeit hat, mit scheinbar geringfügigen Entscheidungen
(Stellenstreichungen bzw. -sperrungen, Mittelkürzungen) die Finanzplanung der Ressorts empfindlich zu stören und sie dadurch in Einzelfällen zu Entscheidungsänderungen
oder anderen Verhaltensweisen zu bewegen. Der Bundesrechnungshof übt in diesem
Teil des Prozesses Zurückhaltung, ist aber stets sehr präsent und sich ganz offenkundig
der Tatsache bewußt, daß er die zentrale Informationsquelle darstellt, die die Abgeordneten in die Lage versetzt, handlungsfähig zu sein.

Diese Perspektive bietet auch eine plausible Erklärung, warum der Bundesrechnungshof selbst in der Öffentlichkeitsarbeit sehr selektiv vorgeht. Er hat erkannt,
daß es für Parlamentsabgeordnete, insbesondere für deren für das politische Überleben
notwendige Profilierung, wichtig ist, den Zeitpunkt der öffentlichen Verwendung von

---

304 Vgl. auch Bernhard Bußmann, Haushaltsausschuß Informationen über seine Arbeitsweise
     in: *Bundestag von A - Z*, Nr.7, hrsg. vom Deutschen Bundestag, Referat Öffentlich-
     keitsarbeit, 1987, S. 13.

Informationen selbst zu bestimmen. Der Rechnungshof gibt damit dem Rechnungsprüfungsausschuß bzw. den Abgeordneten ein, wenn auch begrenzt wirksames, so doch von den Ressorts als unangenehm empfundenes Sanktionsmittel an die Hand.

Diese Handlungspraxis des BRH korrespondiert in starkem Maße mit der Einschätzung der Abgeordneten. Sie sind sich darin einig, daß der Rechnungshof selbst möglichst wenig eine eigene Pressepolitik betreiben solle. Ein Abgeordneter stellte sogar die Frage, ob nicht bereits die Veröffentlichung der Prüfungsbemerkung vor der Behandlung im Parlament zu viel der Selbstdarstellung sei. Der Rechnungshof solle die Verarbeitung seiner Ergebnisse dem Parlament überlassen. Der Hof sei immer dann gut, wenn er unauffällig agiere, Teil des zu prüfenden Ganzen und nicht Fremdkörper sei. Die Öffentlichkeitsarbeit solle er getrost der politischen Seite, d.h. dem Parlament, überlassen.

Auch über die Öffentlichkeitsfrage hinaus stimmen die Einschätzungen der Parlamentarier über die Wirkungsstruktur des BRH insgesamt sowie deren BRH-eigene Wahrnehmung auffallend überein. Die Abgeordneten halten fast durchgängig die Sanktionsmöglichkeiten seitens des Parlaments für wirksamer als die direkte Veröffentlichung von Ergebnissen. Über das Parlament entfalte der Rechnungshof seine besondere Wirksamkeit. Dies sei durch das neue Gesetz eher noch akzentuiert worden. So werde der Haushaltsausschuß zum "Schreckgespenst der Exekutive". Auch die anderen Stufen im abgestuften Sanktionskatalog, der anhand der im BRH vorherrschenden Wirkungsvorstellungen konstruierbar ist, werden von den Abgeordneten bestätigt. Sie stellen mehrheitlich fest, daß die Wirkung des Rechnungshofs bereits aufgrund der Tatsache der Prüfung eintrete. Darüber hinaus erkennen die Betroffenen selbst deutlich die abgestuften Möglichkeiten von der Presseveröffentlichung über die Einwirkung via Ressortspitze bis hin zur Präsentation im Parlament. Der "abgestufte Sanktionskatalog" solle mit der Sanktionsdrohung vor allem erneute Fehler oder Mißbräuche verhindern. Die durch den Haushaltsausschuß erteilten "Lektionen" (Sperren, Kürzungen usw.) wirken nach Meinung mancher Abgeordneter nachhaltiger als die Drohung mit Sanktionen seitens des Rechnungshofs. Die meisten Abgeordneten halten das dem BRH zur Verfügung stehende Sanktionsinstrumentarium für ausreichend. Vorschläge, den Bundesrechnungshof etwa mit den Befugnissen eines Amtsanklägers zu versehen, lehnen sie ganz und gar ab. Der Bundestag handelt vielmehr in dem Bewußtsein, daß es seine orginäre Aufgabe ist, entsprechende Sanktionen zu veranlassen.

10.3. Der Funktionswandel des Bundesrechnungshofs aus der Sicht der Mitglieder des Haushaltsausschusses im Bundestag

Das Ausmaß des Funktionswandels im Bundesrechnungshof wird von den meisten befragten Abgeordneten als recht groß eingeschätzt und als wichtigster Aspekt die Hinwendung zum Parlament genannt, die sich weitgehend übereinstimmend mit den Bedürfnissen der Haushälter vollzogen habe. Interessant ist in diesem Zusammenhang, daß den Abgeordneten die spezifische Handlungs- und Wirkungsbasis des BRH präsent ist, während sie von formellen Vorgaben, wie zum Beispiel anhand der Differenz BRH - BWV dargestellt, häufig wenig Kenntnis haben. So wird mehrfach betont, daß die Prüfungstätigkeit stets Priorität vor jeglicher Beratung haben müsse, wenn auch die Beratung weiter auszubauen sei. Die Besonderheit des Rechnungshofs sei es, daß seine Beratung auf der Prüfung aufbaue und daher eine andere Qualität als die von externen Beratern/Gutachtern habe; durch die zunehmende Beratung könne der Rechnungshof zudem einen Einflußzuwachs registrieren.

Als ein wichtiger politischer Faktor wird im Zusammenhang mit dem Funktionswandel allgemein die "Aktualität" genannt. Die meisten der Befragten erkennen an, daß der Rechnungshof im Laufe der letzten Jahre mit der Vorlage der "Bemerkungen" zeitnäher geworden sei. Einige Abgeordnete möchten die Verkürzung der Vorlagezeiträume der Initiative des Parlaments zuschreiben. Das Parlament habe erreicht, daß der zeitliche Abstand zwischen Verursachen und Aufdecken von Mängeln auf ein Minimum reduziert worden sei; die Aktualität sei positiv. Die Größe der Änderung wird aber erst richtig deutlich, wenn man die Bewertung der früheren BRH-Praxis hinzunimmt: Der "Hof" habe jahrelang "Geschichtsschreibung" betrieben und "Dinge ausgegraben, mit denen man nichts mehr anfangen könne". Gegenwartsnähe sei dagegen genau das Erfordernis, das die Abgeordneten in den Stand setze, wirksam zu intervenieren.

Eine differenziertere Einschätzung des Funktionswandels, ergänzt um erwünschte zukünftige Perspektiven, erhält man, wenn man die Bewertung des neuen BRH Gesetzes (1985) durch Abgeordnete hinzunimmt. Obwohl zum Zeitpunkt unserer Gespräche die Novellierung des BRH-Gesetzes noch nicht weit zurücklag, wurde immer wieder auf seine positiven Wirkungen hingewiesen: Der Hof sei noch nie so nah am Parlament gewesen wie heute. Zwar wird je nach Zugehörigkeit zur Regierungs- oder Oppositionsfraktion unterschiedlich beurteilt, ob das Gesetz noch weitreichender hätte sein können. Während Vertreter der Regierungsparteien betonen, daß alle machbaren Änderungen in das Gesetz eingegangen seien, hätten Abgeordnete der Opposition gern das Maximalziel durchgesetzt, den Bundesrechnungshof als Beauftragten des Bundestages zu konstituieren. Als hauptsächliche Wirkungen wurden des weiteren genannt: Der Ausbau der Bonner Dependance und die Wahl des Rechnungshof-Präsidenten durch den Bundestag habe die Gewichtung in Richtung Parlament verschoben. Der Rechnungshof sei jetzt zum Parlament hin geöffnet, das erleichtere die Kontrollarbeit des Parlaments, der Rechnungshof sei offener geworden und könne jetzt auch mehr Sachverstand anbieten. Die engen Bindungen zwischen Haushaltsausschuß und Bundesrechnungshof seien noch verstärkt worden.

Nicht nur faktische, sondern auch symbolische Bedeutung wird insbesondere dem veränderten Wahlmodus für den BRH-Präsidenten zugeschrieben, der nunmehr auf Vorschlag des Bundesfinanzministers im Benehmen mit dem Haushaltsausschuß gewählt wird und der durch die Art der Wahl im Bundestag, die sinnvollerweise nicht gegen die Opposition erfolgen kann, mehr Unabhängigkeit erlangt. Früher habe die Verwaltung in die Personalhoheit des Bundesrechnungshofs hineingeredet, was sicherlich auch mit der Art der Ernennung des Rechnungshof-Präsidenten zusammenhing. Sogar auf protokollarische Veränderungen wird hingewiesen: Der gegenwärtige Präsident sei erstmalig durch den Bundestagspräsidenten unter Präsenz des Finanzministeriums und des Haushaltsausschusses in sein Amt eingeführt worden, was die größere Parlamentsnähe symbolisiere.

Insgesamt fällt das Urteil über das neue BRH-Gesetz somit ausgesprochen positiv aus, wenn auch vom Wortlaut her die Veränderungen im Gesetz eher marginal erscheinen mögen. Mehrere Abgeordnete beurteilen aufgrund der Wirkungen, die sie schon nach kurzer Zeit zu spüren glaubten, das Gesetz (an dem alle Befragten mitgewirkt haben) sogar sehr optimistisch. Zu den Änderungen, die man sich zusätzlich noch wünscht, gehört vor allem das Rederecht des Bundesrechnungshof-Präsidenten bei der Einbringung der Prüfungsbemerkungen ins Parlament, obwohl gerade hierzu auch unterschiedliche Auffassungen und Zweifel an der Wirksamkeit vorgetragen wurden.

Eine Änderung, die dagegen nicht durch die Gesetzgebung, sondern nur durch konkrete Personal- und Haushaltspolitik zu erreichen ist, ist der Wunsch mehrerer Abgeordneter nach einer Änderung der Qualifikationsstruktur des Rechnungshofs. Dieses Problem hat zwei Aspekte: Zum einen wird bemängelt, daß jetzt weniger als 30 Prozent der Beamten dem höheren Dienst angehörten. Dies führe dazu, daß nicht genügend dynamische und kreative Personen beschäftigt würden. Hier müsse das Parlament behutsam helfen. In diesem Zusammenhang wird auf das Beispiel Nordrhein-Westfalen verwiesen, wo der Rechnungshof bedeutend besser (insbesondere mit Stellen des höheren Dienstes) ausgestattet ist als im Bund. Zum zweiten wird das Fehlen einer genügend großen Anzahl technisch versierter Prüfer bemängelt. Zwar ziehe der Bundesrechnungshof externe Gutachter heran - und solle dies auch weiterhin verstärkt tun -, jedoch sei er selbst zu starr und beamtenmäßig organisiert und beschäftige zum Beispiel für den Baubereich, den EDV-Bereich, die Bahn und die Post zu wenig ingenieurmäßig ausgebildete Prüfer. Weiter wird vermerkt, daß sich zwar ein Prozeß der Veränderung vollziehe, dennoch habe sich die Qualifikationsstruktur seit "den Tagen des Reichsrechnungshofs kaum verändert". Dies sei das Ergebnis einer nicht mehr zeitgemäßen Personalanwerbung. Dabei wird durchaus gesehen, daß diese Frage auch mit der Besoldungsstruktur und dem Stellenkegel im Rechnungshof zu tun hat.

11. Finanzkontrolle und Massenmedien

Die empirische Untersuchung der Rolle der Massenmedien im Finanz-Kontrollgefüge und speziell ihre Bedeutung für die Erfüllung der BRH-Funktion mußte aus forschungsökonomischen Gründen auf einige wenige zentrale Sachverhalte beschränkt werden. Sie konzentrierte sich daher auf die Vorstellungen der BRH-Akteure über die Massenmedien als konstitutivem Teil der demokratischen Öffentlichkeit und speziell ihre Wahrnehmung der Medien in Bezug auf die Erfüllung ihrer Finanz-Kontrollfunktion; auf die Identifizierung derjenigen Elemente in den "Bemerkungen" - als dem materiellen Substrat des öffentlichen Tätigkeitssegments -, die auf Medienwirkung zielen oder den Medien geschuldet sind sowie auf die Reaktionen von Massenmedien auf die öffentliche Berichterstattung des BRH.

11.1. Die öffentliche Berichterstattung des Rechnungshofs

Die Betrachtung des öffentlichen Tätigkeitsegments des BRH und der ihm zugrunde liegenden Vorstellungen und Intentionen seiner Akteure ist auf zwei polare Aspekte zuspitzbar. Das ist zum einen die Frage nach einer Informationspflicht des BRH gegenüber der demokratischen Öffentlichkeit: "Ist das Volk, von dem alle Staatsgewalt abgeleitet und demgegenüber ihre Ausübung zu verantworten ist, letztlich der Adressat der Rechenschafts- und der Kontrollberichte, so sind die Kontrollakte auch dem Volk zur Beurteilung vorzulegen, d.h. aber: sie sind zu veröffentlichen."[305] Zum anderen wird den Massenmedien vielfach die Rolle einer "Vierten Gewalt" zugeschrieben: dem "politischen Machtzentrum gegenüber können unabhängige publizistische Institutionen ein unerläßliches demokratisches Gegengewicht bilden"[306]. Mit dieser Einschätzung ist die Erwartung verbunden, daß die Massenmedien als Kontrollinstanz fungieren, Mißstände aufspüren und sie in einer das Interesse des Publikums hervorrufenden Darstellung veröffentlichen. Eine so charakterisierte Medienöffentlichkeit muß für den Rechnungshof einen "natürlichen Verbündeten" darstellen, um seinen Erkenntnissen auf dem Weg über die Öffentlichkeit größtmögliche Geltung zu verschaffen. Von daher läge es im wohlverstandenen Interesse der unabhängigen Finanzkontrolle, die Öffentlichkeit, repräsentiert durch die Massenmedien, zur Unterstützung ihrer Funktion als "Wächter" einer ordnungsgemäßen und wirtschaftlichen Haushaltsführung heranzuziehen, zumal ihr keine direkten Sanktionsmittel zur Verfügung stehen.

Der Rechnungshof selbst stellt in seinen öffentlichen Selbstdarstellungen an erster Stelle die unterstützende Kraft der Massenmedien heraus. So betonte der damalige BRH-Präsident Schäfer: "Ein großer Teil unserer Wirkungen beruht darauf, daß sich die

---

305 Hans Herbert von Arnim, *Wirksame Finanzkontrolle bei Bund, Ländern und Gemeinden*, Wiesbaden 1978, S. 26.
306 Stefan Müller-Doohm, *Medienindustrie und Demokratie*, Frankfurt a.M. 1972, S. 65.

Öffentlichkeit, repräsentiert durch Presse, Funk und Fernsehen, mit unseren Feststellungen beschäftigt und sie in der Öffentlichkeit erörtert."[307] Eine Informationspflicht des Rechnungshofs gegenüber der Allgemeinheit wird dagegen zwar prinzipiell bejaht, aber zur Sicherung seiner Kontrollfunktion und vor allem aufgrund seiner Unabhängigkeit müsse der BRH allein Form, Inhalt und Zeitpunkt bestimmen. Am wenigsten hervorgehoben erscheint an dritter Stelle die Leistungspräsentation seiner Tätigkeit und damit die Bekräftigung seiner Existenzberechtigung[308].

Diese Aspekte gehen auch faktisch, wie Kapitel 5.2. zeigte, in die jährlich als "Bemerkungen" vorgelegten Rechenschaftsberichte des Rechnungshofs ein, die das öffentliche Tätigkeitssegment repräsentieren. Die Auswahl der "Bemerkungen" muß aber noch weit mehr Adressaten gerecht werden. Die "erste Adresse" ist der Bundestag, für den die Berichte die Grundlagen des parlamentarischen Entlastungsverfahren darstellen. Ein weiterer unmittelbarer Empfänger ist die Bundesregierung, der eine Auflistung über maßgebliche Mängel in der Verwaltung und Empfehlungen, wie sie abzustellen seien, gegeben werden. Dann erst folgt die Öffentlichkeit, der das Haushaltsgebaren der Regierung offengelegt werden soll. Die Analyse der "Vorläufigen Richtlinien", der "Bemerkungen" selbst und anderer Dokumente zeigte deutlich die Schwierigkeit des Rechnungshofs, die widersprüchlichen Anforderungen und Ziele der Berichterstattung - die unterschiedlichen internen Auswahlkriterien eingeschlossen - zu integrieren und zugleich den Medien griffige, gegenwartsnahe "Knüller" bzw. politisch brisante Monita zu präsentieren. Für das Haushaltsgebaren der Administration wichtiger und der selbstgewählten Zielsetzung des Rechnungshofs entsprechender sind dagegen Mängelfeststellungen in Programmen und Verfahren sowie Gestaltungsempfehlungen zur Verbesserung des Verwaltungshandelns.

Betrachtet man die als Bundestagsdrucksache veröffentlichten "Bemerkungen des Bundesrechnungshofes zur Haushalts- und Wirtschaftsführung", die der BRH-Präsident der Öffentlichkeit jährlich auf einer Pressekonferenz vorstellt, und die, abgesehen von den seltenen Sonderberichten, die einzigen veröffentlichten Ergebnisse der Prüfungs- und Beratungstätigkeit des Bundesrechnungshofs darstellen, so sind schon von der grundsätzlichen inhaltlichen Struktur her seit Beginn der achtziger Jahre erhebliche Änderungen zu erkennen. Der Rechenschaftsbericht beinhaltet 1986:

- Feststellungen zur Haushalts- und Vermögensrechnung des Bundes;
- Besondere Prüfungsergebnisse;
- Beratungstätigkeit des Bundesrechnungshofs;
- Beratungstätigkeit des Präsidenten des Bundesrechnungshofs als Bundesbeauftragter für Wirtschaftlichkeit in der Verwaltung;
- Bedeutsame Fälle, in denen die Verwaltung Empfehlungen des Bundesrechnungshofs gefolgt ist.

---

307 Der Präsident des Bundesrechnungshofs, Hans Schäfer, Der Bericht des Bundesrechnungshofes zur Haushaltsrechnung, in: Presse- und Informationsamt der Bundesregierung (Hrsg.), *Bulletin* Nr. 162, S. 1928 f.
308 "Damit bringt der Bundesrechnungshof viel mehr herein als er kostet." Der Bundesrechnungshof (Anm. 86), S. 13.

Erstmals nahm der BRH in den "Bemerkungen" zum Haushaltsjahr 1980 Bezug auf seine Beratungstätigkeit ("er hat von dieser Möglichkeit in weitem Umfang Gebrauch gemacht") und listete stichwortartig seine Beratungsschwerpunkte und die des BWV auf. Seit dem Haushaltsjahr 1982 erfolgt eine umfassendere und detailliertere Präsentation der Beratung in den oben genannten drei Rubriken. Somit läßt sich die Ausweitung der Beratungsaktivitäten unmittelbar an der Berichterstattung ablesen.

Diese Veränderung soll bewußt und gezielt die Verschiebung der Tätigkeitsstruktur widerspiegeln. Zum einen soll die "Modernisierung" der Finanzkontrolle öffentlich gemacht werden; zum anderen stehen teils rein pragmatische Überlegungen, teils spezifische Änderungen der Wirkungskonzepte dahinter. Schon die prüfungsergänzende Beratung stellt einen vermehrten Arbeitsaufwand dar, in Fällen der Vorab-Beratung können Mängel - und damit Monita - sogar gänzlich vermieden werden, was die Anzahl der "Bemerkungen" mindert. Daneben ist schon längerfristig eine Akzentverschiebung zu beobachten: In den "Bemerkungen" wird zunehmend festgehalten, ob mit der geprüften bzw. verantwortlichen Stelle Konsens erzielt wurde oder ob ein Dissens blieb. Auch hier wird der Beratungsaspekt stärker betont. Wie schon die Berichterstattung über die Prüfungen, so ist auch die Darstellung der Beratungsaktivitäten selektiv. Große Teile der BRH/BWV-Beratung sind nicht der Medien-Öffentlichkeit, wohl aber der Regierung und eventuell Parlamentsausschüssen, zugänglich. Vorschläge, Gutachten und Stellungnahmen des BWV dürfen Dritten nur im Einvernehmen mit dem betroffenen Ressort zugeleitet werden, während der BRH ein weitergehendes Informationsrecht hat. Auch die mit der Prüfung verknüpfte Beratung ist nur den an dem jeweiligen Vorgang beteiligten Institutionen bekannt.

11.2.   *Pressereaktionen auf die Berichterstattung des Bundesrechnungshofs*

Die Analyse der berichterstattenden Medien muß sich auf die Frage beschränken, wie sich die BRH-Aktivitäten in den Massenmedien widerspiegeln und wie die Befragten in Legislative, Exekutive und BRH die Wirkung der Massenmedien einschätzen. Sie konzentriert sich aus forschungsökonomischen Gründen weiter auf die Presse, genauer: auf eine Auswahl aus der Tagespresse. Kriterien waren Verbreitung, Erscheinungsort und Zeitungstyp.

Folgende sechs Tageszeitungen wurden ausgewählt: als überregionale Blätter die "Frankfurter Allgemeine Zeitung" und die "Frankfurter Rundschau", da sie am Sitz des Rechnungshofs erscheinen[309]. Dort stellte der BRH bis 1985 auch seine "Bemerkungen" der Presse vor. Als weitere Zeitung mit überregionaler Verbreitung wurde die "Süddeutsche Zeitung" berücksichtigt. "Bild" wurde als Boulevardzeitung mit bundesweiter Verbreitung in die Analyse einbezogen. Ferner wurde unter dem Aspekt der Nähe zum Re-

---

309   Bei der Entscheidung über die Wahl dieser beiden Zeitungen war die Verlegung der Pressekonferenz nach Bonn noch nicht abzusehen.

gierungssitz die "Kölnische Rundschau" herangezogen und schließlich als lokale Provinz-zeitung die "Passauer Neue Presse".

Die Presseauswertung wurde auf einen Zeitraum von drei Wochen um die Pressekon-ferenz beschränkt, da in diesem Zeitraum die meisten Zeitungsartikel erwartet werden durften. Bezugsdaten bzw. -dokumente waren die ebenfalls ausgewerteten vier Bemer-kungsjahrgänge[310] und die entsprechenden Ausführungen des jeweiligen BRH-Präsi-denten anläßlich der Pressekonferenz.

Die Analyse der Resonanz der Rechnungshof-Berichte in der Presse wurde unter fol-genden Gesichtspunkten vorgenommen:
- Auswahlkriterien, insbesondere Zusammenhänge zwischen der Präsentation auf der Pressekonferenz und der Berichterstattung in den Medien;
- Monitaschwerpunkte in den Presseberichten;
- Urteil der Presse über die Institution Rechnungshof und seine Aktivitäten.

Erstmals im Jahr 1986 wurden die "Bemerkungen" auf einer Pressekonferenz in Bonn Medienvertretern und interessiertem Fachpublikum vorgestellt. Von der Verlegung von Frankfurt nach Bonn versprach sich der Bundesrechnungshof mehr Resonanz. Er folgte damit zugleich einer Anregung aus dem Rechnungsprüfungsausschuß des Bundestages von 1981. Einen Zeitungskommentator veranlaßte dieser Vorgang zu dem Schluß, "daß es bislang an durchschlagender Resonanz mangelte"[311].

Den Journalisten wurden auf dieser Pressekonferenz folgende Unterlagen überge-ben: die "Bemerkungen" des BRH, die Kurzübersicht und die Mitteilung für die Presse (Ausführungen des Präsidenten des BRH zur Vorstellung der "Bemerkungen"). Der Schwerpunkt der "Bemerkungen" lag in den 74 "besonderen Prüfungsfeststellungen". BRH-Präsident Zavelberg erläuterte die Tätigkeit des Rechnungshofs näher. Zunächst hob er den hohen Stellenwert der Beratungsaufgabe hervor und nahm dann zu Einzel-monita Stellung. Tenor der Ausführung des Präsidenten: "Wiederum ist über allzu sorglosen Umgang mit öffentlichen Mitteln zu berichten."[312] Weiterhin stellte er die zu-nehmende Bedeutung der Erfolgskontrolle heraus, berichtete anschließend über "eine Behinderung des Prüfungsrechtes" und kam zum Schluß zu einer allgemeinen Beur-teilung der Verwaltung: "Bei allen Mängeln, die der BRH in jedem Jahr feststellt, wäre es ungerecht, die Prüfungserkenntnisse zu einem pauschal abwertenden Urteil über 'die' Verwaltung, 'die' Bürokratie oder 'die' Beamten zu verallgemeinern."[313]

In der Berichterstattung über den hier vorgestellten Rechenschaftsbericht des BRH wurden fast ausschließlich Beanstandungen aufgegriffen, die in der "Mitteilung für die Presse" herausgestellt worden waren. Eine Ausnahme bildete die seinerzeit heftig debat-tierte "Kabelpolitik" des Postministers. Allerdings waren die Öffentlichkeit und die Presse für dieses Thema schon sensibilisiert, denn die "Süddeutsche Zeitung" hatte es schon am 13./14. September 1986 aufgegriffen und aus dem noch unveröffentlichten Be-

---

310 Vgl. oben Kapitel 2.2. und 1.5.
311 Mit fremdem Geld ist gut einkaufen, in: *Süddeutsche Zeitung* v. 17.10.1986, S. 4.
312 Der Präsident des Bundesrechnungshofes, *Mitteilung für die Presse*, Frankfurt a.M. 1986.
313 Ebd.

richt des Rechnungshofs über den Posthaushalt zitiert. Dieser Sachverhalt wurde von dpa[314] und im Zusammenhang mit den nunmehr vorliegenden Prüfungsberichten von verschiedenen Zeitungen nochmals erörtert. Zwar recherchierte die Presse in einigen anderen Fällen noch einmal in den Kurzmitteilungen bzw. den "Bemerkungen", bevor sie die Ausführungen des BRH-Präsidenten übernahm, darüber hinausgehende Beispiele aber wurden nur im Ausnahmefall thematisiert. Einer dieser Fälle - der "Knüller" - beschäftigte sich mit einem mahagonigetäfelten Offiziersheim. De facto hat also der Präsident des Rechnungshofs mit seiner Selektion der Einzelbeispiele die Berichterstattung gesteuert. Bei den untersuchten früheren Jahrgängen lagen den Journalisten die "Bemerkungen" bereits vor der Pressekonferenz vor, so daß die Berichterstattung zwei Phasen umfaßte. Mit selbständig ausgewählten Beispielen wurde über die "Bemerkungen" und später über die Pressekonferenz berichtet, wobei der Inhalt der Ausführungen des Präsidenten - ebenso wie 1986 - die Berichterstattung dominierte. Teilweise wurden auf diesen Pressekonferenzen nur allgemeine Ausführungen zur Tätigkeit des Rechnungshofs gemacht, so daß die Presse alle publizierten Einzelbeispiele selbst auszuwählen hatte.

Zu den in der Presse regelmäßig wiederkehrenden Themen gehören die Sondervermögen Bahn und Post. In allen ausgewerteten Jahrgängen der Zeitungen waren Berichte über Monita aus diesen Bereichen zu finden, thematisiert wurden insbesondere Rationalisierungsmöglichkeiten und Personalüberhang. Dies mag mit der besonderen Prüfungsstruktur bei Bahn und Post zusammenhängen, die auch die "Bemerkungen" zu den Sondervermögen prägt. Die Monita sind hier in eine Gesamtdarstellung eingebettet. Ein zweiter Themenschwerpunkt war und ist das Verhalten des Verteidigungsministeriums, insbesondere seine Beschaffungspolitik. Präsident Zavelberg stellte auf der Pressekonferenz 1986 fest, daß in diesem riesigen Behördenapparat gewissermaßen die Rechte nicht wisse, was die Linke tue. "Bemerkungen" des BRH zu Mängeln in anderen Ressorts und deren nachgeordneten Behörden wurden von der Presse in unterschiedlichem Ausmaß registriert, so zum Beispiel 1982 ein Vorgang in der Bundesversicherungsanstalt für Angestellte, wo Behälterförderungsanlagen zunächst ein- und dann wieder abgebaut wurden oder eine Beanstandung im Verantwortungsbereich des Bundesverkehrsministeriums über Abstufungen von parallel zur Autobahn verlaufenden Bundesstraßen (1986).

Bevorzugt greifen die Zeitungen besonders publizitätsträchtige Einzelfälle auf wie das 1986 erfolgte Einstampfen von Sonderbriefmarken und Telefonbüchern. Bei seiner Präsentation der Tätigkeit des Rechnungshofs 1986 ging der Präsident auf einen solchen Einzelfall ein (es handelte sich um die Verwendung von falschen Mehrbereichsölen bei der Bundeswehr), obwohl er weit zurücklag und bereits 1983 abgeschlossen war. Trotz mangelnder Aktualität griff die Presse diesen Fall begierig auf. Aber auch stärker politische Fälle stoßen auf erhebliches Interesse. So wurde fast ausnahmslos ausführlich von der Behinderung des Prüfungsrechts des BRH durch die Bundesanstalt für Arbeit

---

314 Für 1986 konnte außer den genannten sechs Tageszeitungen auch noch das Material der
Nachrichtenagentur dpa ausgewertet werden.

berichtet. Die "Frankfurter Rundschau" etwa nannte die Weigerung des BfA-Präsiden-
ten, die Rechnungsprüfer ihrem gesetzlichen Auftrag nachkommen zu lassen, den
eigentlichen "Skandal". Die Kontroverse zwischen Franke und Zavelberg nahm breiten
Raum in der Berichterstattung ein. Analog hatte es 1972 eine breite Berichterstattung
über die seinerzeitige Auseinandersetzung des Bundesministers Strauß mit dem damaligen Präsidenten des Rechnungshofs, Schäfer, wegen einiger Monita des Bundesrechnungshofs zum Verantwortungsbereich des Bundesministers der Verteidigung
gegeben. Dagegen fanden die Ausführungen des Präsidenten zur Beratung und Erfolgskontrolle 1986 in der Presse so gut wie keine Beachtung. Lediglich dpa berichtete über
den Stellenwert und die Auswirkungen der Beratung als einer neuen Funktion des
Bundesrechnungshofs. In früheren Jahren wurde über das Bestreben des BRH, die
Verwaltung verstärkt zu beraten bzw. über Einsparungen durch Beratung, sporadisch in
der Presse berichtet.

Die Auswahl der über die Ausführungen des Präsidenten hinausgehenden Einzelbeispiele[315] und die Kommentierung der Tätigkeit des Bundesrechnungshofs ist nach Einschätzung von Journalisten durch Einzelinteressen und Zufälle bestimmt. Sie spiegelt
aber zugleich erkennbar die politische Grundhaltung der Zeitungen wider. Die FAZ
greift beispielsweise gern Monita auf, die ihres Erachtens das Unvermögen des Bundes
als Unternehmer offenlegen.

Das Image des Rechnungshofs als Hüter der öffentlichen Finanzen stellt sich in der
Presse durchaus kontrovers dar. Auf der einen Seite wird der Bundesrechnungshof als
eine "segensreiche" Einrichtung dargestellt, die penibel darüber wacht, daß das Geld des
Bürgers effektiv und sparsam verbraucht wird: "Die Aussagen des Rechnungshofs sind
um so bedeutsamer, als diese Prüfungsbehörde besser als die parlamentarische Opposition in jede öffentliche Verwaltung hineinleuchten und eine mögliche Mißwirtschaft
aufdecken kann."[316] In einem anderen Kommentar heißt es: "Die Presse ist von der
Wichtigkeit der Berichterstattung über den BRH voll überzeugt."[317]
Andererseits begegnet man in den Berichten und Kommentaren immer wieder einer
ausgeprägten Skepsis gegenüber der Wirksamkeit der Tätigkeit des Rechnungshofs, der
alle Jahre wieder die Verschwendung von Steuergeldern beklage. "Die so bloßgestellten
Sünder geloben zuweilen Besserung, die meisten aber machen sich klein und warten, bis
der öffentliche Mißmut verflogen ist. So war das bisher und so dürfte es auch nach dem
neuesten Bericht des Bundesrechnungshofs über das unheimliche Milliarden-Steuergrab
im Hause des Bundes bleiben."[318] Weiter beklagt dieser Kommentar der "Süddeutschen
Zeitung", daß die Prüfungsberichte einen Lernprozeß hätten in Gang setzen müssen,
doch von Besserung sei kaum etwas zu merken. Die Fehlleistungen, die alle zwölf Mo-
nate bekanntgegeben würden, kratzten nur an der Oberfläche, sie ließen aber strukturelle Verwerfungen unberücksichtigt. "Der Präsident des Bundesrechnungshofs, Zavel-

---

315 Obwohl der Rechnungshof keine Namen nennt, gelingt es Journalisten hin und wieder, die
    Monita zu personalisieren und damit besonders hervorzuheben.
316 Verschwendung, in: *Passauer Neue Presse* v. 15.10.1986, S. 1.
317 Publizitätslücken, in: *Süddeutsche Zeitung* v. 30.11.1972.
318 Mit fremdem Geld (Anm. 311), S. 4.

berg, spricht sich selber Mut zu, wenn er meint, schon die bloße Existenz seines Amtes setze dem Schlendrian Grenzen."[319] Auch die Feststellung des BRH-Präsidenten, die fast rituell in ähnlicher Form wiederkehrt, nämlich daß man bei allen Mängeln, die der BRH feststelle, kein Pauschalurteil über die Verwaltung fällen dürfe, wird in der Presse als beschwichtigend bewertet.

Neben der Klage über die mangelnde Sanktionsgewalt des Bundesrechnungshofs taucht immer wieder die Forderung auf, die Öffentlichkeitsarbeit des Rechnungshofs selber zu verbessern. In diesem Zusammenhang wird insbesondere die Nennung von "Roß und Reiter" gefordert. Die "Süddeutsche Zeitung" äußerte schon 1972, daß "Formulierungen wie: Eine Gesellschaft, deren Obergesellschaft dem Bund gehört"[320], nicht dazu angetan seien, den Leser "vom Stuhl zu reißen".

Oft wird im Zusammenhang mit "Bemerkungen" des Bundesrechnungshofs der Bund der Steuerzahler genannt. Dieser greift die Rügen des Rechnungshofs immer wieder auf - nicht nur zur Zeit der Vorlage der "Bemerkungen" - und ergänzt sie zum Teil durch eigene Ermittlungen. Insofern trägt er zur Verstetigung der Öffentlichkeitswirkung des Bundesrechnungshofs bei. Allerdings muß berücksichtigt werden, daß im Bund der Steuerzahler bestimmte Interessengruppen organisiert sind.

Selten nimmt die Presse im Zusammenhang mit der fehlenden Sanktionsgewalt des Rechnungshofs Bezug auf das Parlament. Daher ist der Kommentar in der "Passauer Neuen Presse" eher die Ausnahme: "Die Einzelfälle von Schlamperei und Leichtsinn von Behörden, die in dem Rechnungshofbericht erwähnt sind, werden bei den Beratungen im Parlament noch kritisch gewürdigt werden müssen."[321] 1972 riet die "Frankfurter Allgemeine" dem Bundesrechnungshof dazu, das Parlament und die Öffentlichkeit öfter und ausgiebiger dann zu unterrichten, wenn die Fälle noch akut seien; das würde die Wirksamkeit der "Kontrollwaffe" erhöhen.

11.3.   *Wirkungen der Medienöffentlichkeit*

Die Einschätzungen der Befragten aus dem Bundesrechnungshof zur Öffentlichkeit und Medienwirkung differieren erheblich[322]. Während einige Prüfungsgebietsleiter einen positiven Effekt der Medienöffentlichkeit überhaupt bezweifeln und auf die Informationspflicht dem Parlament gegenüber verweisen, sind andere überzeugt, daß die Veröffentlichung einen zusätzlichen Druck erzeuge. Diese unterschiedlichen Stellungnahmen hängen eng zusammen mit den verschiedenartigen Wirkungsstrategien der einzelnen Prüfungsgebiete. Daß der Rechnungshof der Öffentlichkeit gegenüber eine allgemeine Informationsfunktion habe, bejaht hingegen ein Großteil der Befragten: "Die Öffentlichkeit hat ja ein Interesse daran, zu erfahren, was sich in diesem Staate abspielt." Einige sehen den Rechnungshof sogar als Anwalt des Bürgers und seiner Interessen.

---

319   Ebd.
320   Publizitätslücken (Anm. 317).
321   Verschwendung (Anm. 316).
322   Siehe oben Kapitel 5.1.

Andere wiederum halten dies für "reine Ideologie", die vorgeschoben werde, das Dilemma der Position des Bundesrechnungshofs zwischen Exekutive und Legislative zu überdecken. Die Einschätzungen der Befragten aus den Ministerien, quasi "Angeklagte" der Berichterstattung des Rechnungshofs, sind ebenfalls uneinheitlich. Einige geben an, die Medienöffentlichkeit "nicht zu scheuen", andere äußern, es sei ihnen unangenehm, ihren Verantwortungsbereich in den Medien angeprangert zu sehen, schränken aber sogleich ein, "dies ist spätestens nach zwei Wochen vorbei".

Die Durchsicht der Presseberichterstattung bestätigt diese Beurteilung überwiegend. Zwei bis drei Tage nach der Pressekonferenz des Präsidenten des Bundesrechnungshofs sind - von Ausnahmen abgesehen - die Monita kein Thema mehr für die Presse. Ausnahmen von dieser generellen Beobachtung gibt es in Feldern, die politisch umstritten sind und für die die Öffentlichkeit bereits entsprechend sensibilisiert ist. So brachte die "Süddeutsche Zeitung" (in der bereits erwähnten Ausgabe vom 13. April 1986) aus dem unveröffentlichten Bericht des Rechnungshofs auf der ersten Seite der Leserschaft zur Kenntnis: "BRH wirft dem Postminister planloses Verlegen von Fernsehkabeln vor." Sie erreichte damit eine große Resonanz in der Öffentlichkeit, verstärkte die bereits vorhandene Kritik an den Kabelplänen der Post, indem sie das Votum des Rechnungshofs hinzuzog, der als "objektiver" Experte gilt. Weitere Beispiele betreffen den Einnahmebereich, der wesentlich stärker politisiert zu sein scheint. Mit den "Bemerkungen" zu den Jahreswagen, der Zinsversteuerung, der Besteuerung selbstgenutzter Zweifamilienhäuser usw. erreichte der Bundesrechnungshof auch unabhängig von der Pressekonferenz eine breite Öffentlichkeit. So berichtete die "Frankfurter Rundschau" am 12. November 1986 unter der Überschrift "Fiskus läßt sich Verluste bei Prachtbauten vorgaukeln" von den Monita des Rechnungshofs bei der Besteuerung von exklusiven Zweifamilienhäusern.

Von diesen Ausnahmen abgesehen, wird der Mobilisierung der Presse fast durchgängig eine nur minimale Wirkung zugeschrieben, dies auch deshalb, weil das Verfahren mit der Übergabe des Berichts an das Parlament bzw. die Öffentlichkeit noch nicht abgeschlossen ist. Wenn der Rechnungsprüfungsausschuß (wie in Kapitel 10. dargestellt) später die "Budgetleiche beseitigt", interessiert sich kein Presseorgan mehr dafür, welche Sanktionen er fordert, es sei denn, publizitätsfreudige Abgeordnete verstehen es, einen Fall pressegerecht zu aktualisieren. Ein Teil der Journalisten beklagt dementsprechend, daß die Öffentlichkeit nicht erfahre, welche Konsequenzen gezogen würden oder mutmaßt, daß offenbar keine gezogen würden. Auch Befragte aus dem Rechnungshof bemängeln, daß durch dieses Verfahren die Leser den Eindruck haben müßten, der Rechnungshof arbeite letztlich erfolglos. Diese Wahrnehmung in Medien und Öffentlichkeit wird auch dadurch erzeugt, daß zwischen der Vorlage der "Bemerkungen" und ihrer Erledigung im parlamentarischen Kontrollprozeß viel Zeit verstreicht und die abschließende Plenarberatung mit der Entlastung der Regierung, wie so viele Debatten im Plenum des Bundestages, praktisch unter Ausschluß der Öffentlichkeit stattfindet.

Zwar messen die Parlamentarier, die Rechnungsprüfer selbst, aber auch Befragte aus der Exekutive der Parlamentsöffentlichkeit ein weit größeres Gewicht bei als der allgemeinen Öffentlichkeit: "Die Parlamentarier sind die wichtigste Bezugsgröße (der Finanzkontrolle), letztendlich wichtiger als die Medien." Trotzdem wird die Präsentation des Bundesrechnungshofs in den Medien von manchem Praktiker[322] wie in der Literatur für verbesserungsbedürftig gehalten. "Ein wesentlicher Mangel besteht darin, daß sich die Kontrolle der öffentlichen Ausgaben durch die dazu berufenen Organe - die Rechnungshöfe bei Bund und Ländern - nahezu unter Ausschluß der Öffentlichkeit abspielt."[323] Diesen Quasi-Ausschluß beklagt nicht nur ein Teil der BRH-Angehörigen, auch die Presse fordert neben der Namensnennung eine verstärkte und kontinuierliche Berichterstattung des Rechnungshofs, um dem Bürger relevante Feststellungen der Finanzkontrolle laufend und nicht nur einmal pro Jahr nahezubringen. Die Verlegung der Pressekonferenz nach Bonn und die intensivere Information der Journalisten durch den BRH signalisieren, daß der Rechnungshof die Bedeutung einer "besseren Presse" erkannt hat.

322 Allerdings wird von Mitgliedern des Haushaltsausschusses des Bundestags auch die gegenläufige Auffassung vertreten; vgl. u.a. oben Kapitel 10.
323 H.C. Korff: Wege zur Verbesserung (Anm. 2), S. 400.

12. Funktionsstruktur, Wirkungsmechanismen und Funktionswandel des BRH

Nunmehr können die in den vorangegangenen Kapiteln dargestellten empirisch ermittelten Abläufe, Formen und Auswirkungen der Kontrollaktivitäten des Bundesrechnungshofs sowie die aufgezeigte Verknüpfung der externen Finanzkontrolle mit anderen Kontrollinstitutionen den Thesen, die dieser Untersuchung zugrunde liegen, gegenübergestellt und deren Relevanz und Stichhaltigkeit überprüft werden. Darüber hinaus wird versucht, weitergehende Zusammenhänge offenzulegen.

12.1. Funktionswandel

Aus den Darstellungen in unserer Untersuchung ergibt sich klar erkennbar, daß der BRH einem langfristigen Funktionswandel unterworfen ist. Ferner können nunmehr drei Aspekte dieses Funktionswandels unterschieden werden, die in ihrer Entwicklung und Ausgestaltung eng miteinander verschränkt sind:
1. die Modifikation der bestehenden Kontrollfunktion, genauer: die Änderung der Strategien der Funktionserfüllung;
2. die Erweiterung bzw. Ergänzung der traditionellen Kontrollfunktion;
3. der Ausbau der Einnahmenkontrolle zum zweiten Kontrollschwerpunkt.

Von Interesse ist daher, welche der beschriebenen Strukturmerkmale ihnen jeweils zuzurechnen sind, welche der Handlungsdeterminanten und -prozesse ihnen zugrunde liegen und in welchem Verhältnis sie zueinander stehen.

12.1.1. Modifikation der Kontrollfunktion

Die Veränderungen innerhalb der bestehenden Funktion der Finanzkontrolle haben ihren stärksten Ausdruck im Prüfungshandeln des BRH, insbesondere auf der Ebene der Strategien der Funktionserfüllung. Unter diesem Aspekt des Wandels sind daher all jene Entwicklungen zu subsumieren, die in der einschlägigen Literatur wie von Praktikern unter den Stichworten "vom Einzelfall zum exemplarischen Fall", "von der nachgängigen zur mitschreitenden Kontrolle", "von der erfahrungsgeleiteten Prüfung zur Programm- und Systemprüfung" sowie "von der vollständigen Kontrolle zur Kontrolle der Kontrolle" diskutiert werden.

Die zentralen Dimensionen dieses Funktionswandels werden gebildet durch:
- die externen Bedingungen des Prüfungshandelns (Handlungsbedingungen); hier stellen wiederum das starke Anwachsen des Prüfungsstoffs sowie die zunehmende Verrechtlichung des öffentlichen Handelns die direktesten und stärksten Indikatoren dar;
- den Zeitpunkt der Prüfung;

- die Arten und Verfahrensweisen der Prüfung (Handlungsstrategien); sie werden gleichermaßen durch die Art der Prüfungsplanung, die Fallstruktur der Prüfungsvorhaben wie durch die Prüfungsverfahren indiziert;
- den Geltungsanspruch der Prüfung einschließlich der damit verbundenen Ziele bzw. Erwartungen (Handlungsorientierung); diese sind nur vermittelt zugänglich, da sie weder im Kontrollprozeß noch bei der Darstellung der Kontrollergebnisse detailliert offengelegt, sondern höchstens schlagwortartig markiert werden. Daher muß hier neben dem "output" der Kontrolle die Prüfungsphilosophie - also letztlich das artikulierte Selbstverständnis der Kontrolleure - als Interpretationshilfe mit herangezogen werden.

Bei den externen Handlungsbedingungen sind eindeutige und erhebliche Änderungen zu konstatieren, die ihre Ursprünge in der Ausweitung und qualitativen Veränderung der Staatstätigkeit haben (Wandel von der Eingriffsverwaltung zur Leistungsverwaltung). Sie finden ihren unmittelbaren Ausdruck in der Einbeziehung immer neuer Sachbereiche in das staatliche Handeln, in der Veränderung des handlungsleitenden Gesetzestyps (Entwicklung vom Konditional- zum Finalgesetz) und darüber hinaus im Wandel der Regelwerke insgesamt sowie in der - schon angesprochenen - Tendenz zur Verrechtlichung allen Verwaltungshandelns.

Demgegenüber lassen die ermittelten empirischen Indikatoren für das Prüfungshandeln und die Prüfungsstruktur selbst keine so eindeutige oder gar lineare Entwicklung erkennen: Zum einen wirken hier gleichermaßen die externen wie die BRH-internen Bedingungen ein. Zum zweiten ist der Wandlungsprozeß noch voll im Gange, so daß die endgültigen Wirkungsrichtungen noch keineswegs voll ausgebildet sind. Dies zeigt sich deutlich bei der Analyse der Fallstruktur und Prüfungsarten im öffentlichen Tätigkeitssegment der jährlichen Berichterstattung: Hier ist lediglich die Abwendung vom Einzelfall und die Hinwendung zum Exemplarischen, Typischen, zur Betrachtung größerer Sachzusammenhänge sowie die Einbeziehung zugrunde liegender Regeln weitgehend vollzogen. Bei den längerfristig ebenfalls zu erwartenden tiefergreifenden Änderungen der Kontrollstrategien selbst - also der Prüfungsplanung und der Prüfungsverfahren - sowie bei der Methodenentwicklung ist dagegen der Wandel bisher weit weniger fortgeschritten und eindeutig. Die eingetretenen Veränderungen werden zum Teil nur vermittelt sichtbar. Sie stellen sich zudem großenteils nicht einfach als Reflex auf die Änderung der externen Bedingungen und damit des Prüfungsstoffs ein. Selbst für den Übergang zur "Problemorientierung" wurde von einigen Beteiligten konstatiert, daß dieser keineswegs von allen Akteuren bereits vollzogen sei, ja, daß man im nichtöffentlichen Tätigkeitssegment immer noch der "Prüferblick aufs Detail" antreffe.

In dieser Heterogenität zeigt ein Element durchgängig den Wandel an, nämlich der Übergang vom defensiven Handeln zu einer mehr offensiven Prüfungspraxis. So vertreten die Prüfungsgebiete auch dann, wenn sie erfahrungsgeleitet planen und prüfen, ihre Gestaltungsvorstellungen offensiv, weit über einzelne Mängelrügen hinaus. Auf der BRH-Ebene insgesamt demonstriert schon die funktionale Ausrichtung der Querschnittsprüfungsgebiete einen konzeptuellen Gestaltungsanspruch.

Am Spektrum der im BRH vertretenen Prüfungsphilosophien sind analog eher die Breite des Wandlungsprozesses (bzw. die unterschiedlichen Wandlungsstadien) sowie die unterschiedlichen Wirkungs- und Entwicklungsrichtungen des Wandels und die Widerstände dagegen zu ermessen als das endgültig zu erwartende Ergebnis. Zwar betonen fast alle Beteiligten einstimmig, daß die Expansion und die Veränderung des Prüfungsstoffs unabweisbar eine Rationalisierung des Prüfungshandelns erforderten. Zugleich werden aber selbst in den "Bemerkungen" die Umrisse einer solchen Rationalisierung und Programmierung kaum mehr als ansatzweise deutlich.

12.1.2. Erweiterung der Kontrollfunktion

Der zweite Aspekt des Funktionswandel, die Erweiterung bzw. Ergänzung der traditionellen Rechnungsprüfungs-Funktion, betrifft zum ersten die Ausweitung der Prüfungsmaßstäbe, indem neben die lange Zeit absolut dominierenden Ordnungsmäßigkeit und Sparsamkeit immer stärker Wirtschaftlichkeits- und Wirksamkeitskriterien treten, zum zweiten die Entfaltung eines differenzierten Komplexes von Beratungsaktivitäten, die teils eng mit dem Prüfungshandeln verbunden, teils weitgehend unabhängig davon erfolgen. In der Literaturdiskussion wird dieser Wandlungsaspekt vorwiegend unter den Stichworten "Wandel von der Rechnungsprüfung zur Finanzkontrolle", "Funktionsverlust des Parlaments" und "Bedeutungszuwachs des BRH"[324] oder "Expertokratie"[325], "BRH als Überregierung" und "politischer Rechnungshof"[326] thematisiert. Übergreifendes empirisches Charakteristikum ist der Übergang der Prüfungsorientierung von der (reinen) Mängelfeststellung zur (Mit-)Gestaltung.

Die zentralen Dimensionen dieses Funktionswandels umfassen:

- die Veränderung der Inhalte des Prüfungsstoffs, die ihrerseits wiederum neue Prüfungskriterien erfordert;
- die veränderten Anforderungen der Adressaten von Kontrollinformationen, die vor allem auf eine zukunftsorientierte Verwendung von Prüfungsinformationen abzielen; ihr eindeutigster Indikator ist die Umnutzung der jährlichen "Bemerkungen" - ehedem nur zur nachherigen Kontrolle der Regierungstätigkeit durch das Parlament (Entlastung) bestimmt - zur Haushaltsplanung;
- die Verschiebung des geprüften Zeitraums von der reinen Durchführungskontrolle hin zur Einbeziehung der Phase der Entscheidungsfindung;
- der Wechsel der Kontrollebene: von der Kontrolle der Regelerfüllung zur Beteiligung an ihrer Erstellung.

---

324 Vgl. Klippstein, *Probleme* (Anm. 4); Tomuschat, Haushalts- und Finanzkontrolle (Anm. 8); Welz, *Finanzkontrolle* (Anm. 8); Tiemann, *Staatsrechtliche Stellung* (Anm. 2) sowie Uwe Thaysen, *Parlamentarisches Regierungssystem in der Bundesrepublik Deutschland*, Hamburg 1975.
325 Vgl. Tomuschat, Haushalts- und Finanzkontrolle (Anm. 8).
326 Vgl. Sigg, *Die Stellung der Rechnungshöfe* (Anm. 6); Jekewitz, Bundesverfassungsgericht (Anm. 8); Grupp, *Stellung der Rechnungshöfe* (Anm. 6); Reding, *Effizienz* (Anm. 6); Hans Schäfer, Finanzkontrolle und parlamentarische Demokratie, in: *Bulletin* 1976, S. 1225-1223.

Hinsichtlich der angewandten Prüfungsmaßstäbe und ihrer inhaltlichen Ausfüllung sind
- ebenso wie bezüglich der Bewältigung des Prüfungsstoffs und der Orientierung des
Prüfungshandelns - keine einheitlichen und widerspruchsfreien Entwicklungstrends festzustellen. Ein besonderes Problem bei der Einschätzung der Wandlungsbewegungen
resultiert aus der Diskrepanz zwischen den propagierten Normen bzw. Werten und den
tatsächlich angelegten Prüfungsmaßstäben - jedenfalls so, wie sich die Situation im öffentlichen Tätigkeitssegment darstellt. Dies betrifft vor allem die vielbeschworene Wirtschaftlichkeit, insbesondere im Zusammenhang mit den in der BHO geforderten Kosten-Nutzen-Untersuchungen. Faktisch herrscht noch immer eine weitgehende Beschränkung auf die Sparsamkeit vor. Zum Teil wird die Wirtschaftlichkeit sogar auf eine
Rechtskategorie reduziert. Wurde also der Funktionswandel genau dort, wo er am meisten propagiert wurde, verfehlt, oder hat die Propagierung selbst eine eher schützende
oder abwehrende Funktion?

Zunächst muß geklärt werden, ob und inwieweit der BRH überhaupt die Rolle eines
Wirtschaftlichkeitsprüfers - zumal eines umfassenden - erfüllen könnte, oder ob dem
prinzipielle Gründe entgegenstehen: sei es, daß er die falsche Institution hierfür ist, sei
es, daß umfassende Wirtschaftlichkeitskontrollen der Art, wie sie in einem Teil der Lite-
raturdebatte sowie im Rahmen der Konzepte zur Verwaltungsreform implizit oder explizit gefordert werden, überhaupt nicht praktikabel sind[327]. Kaum ein Beteiligter kann
sich vorstellen, daß der BRH derzeit in der Lage ist, in größerem Umfang komplexe
Wirtschaftlichkeitsanalysen zu liefern. Hierzu reicht schon seine Kapazität nicht aus.
Auch gibt es gegen derartig umfassende Analysen eine bemerkenswert breite Front
grundsätzlicher Ablehnung, während "einfache" (betriebswirtschaftliche) Kostenanalysen
u.ä. akzeptiert und praktiziert werden. Analoges gilt für die ebenfalls im Kontext der
Verwaltungsreform geforderte Programmevaluation oder Wirksamkeitsprüfung, soweit
sie als komplexe Analysen weit über einfache Ist-Soll-Vergleiche oder Zweckmäßigkeitsprüfungen hinausgehen. Beide Prüfungsgrundsätze werfen zugleich die Problematik
des "politischen Rechnungshofs" auf, eine Thematik, die ebenfalls heftig in der Literatur
wie in der Kontrollpraxis diskutiert wurde und wird[328]. Mit dem Vorwurf, sie politisier-
ten, werden die Kontrollinstitutionen regelmäßig dann konfrontiert, wenn Politikern
ihre Mängelrügen oder Gutachten in der öffentlichen Debatte unbequem werden.

Ein näherliegender, möglicherweise negativer Aspekt der untersuchten Funktioner-
weiterung hingegen wird zwar des öfteren von den unmittelbar Betroffenen angesprochen, hat aber weit seltener explizit in der wissenschaftlichen Literatur seinen Niederschlag gefunden: Das ist die Einschränkung des Ermessensspielraums der Verwaltung,
wie sie traditionelle Prüfer schon beim Übergang von defensiven zu offensiven
Prüfungsstrategien befürchteten. Die Gefahr eines solchen Eingriffs in die Ermessens-
spielräume wird gegenwärtig sowohl durch ausgesprochen intensive Prüfungsformen und
die Verknüpfung der Mängelrügen mit Gestaltungsempfehlungen als auch durch den
Maßstab der Wirtschaftlichkeit wesentlich verstärkt. Denn dieser beinhaltet in weit stär-

---

327   Wegen der Bedeutung dieser Fragen werden sie gesondert in Kapitel 12.2. unten diskutiert.
328   Dieser Problemkomplex wird unten in Kapitel 12.3. weiter diskutiert.

kerem Maße Ermessensfragen als der Grundsatz der Ordnungsmäßigkeit. Werden die Vorgaben, um möglichst viele Fälle konkret abzudecken, zu detailliert und differenziert, so droht in der Tat eine Einschränkung der notwendigen Reagibilität (Einzelfall-Anpassung) und Flexibilität (Anpassung an unterschiedliche Umstände bzw. sinngemäße Übertragung) im Verwaltungshandeln. Allerdings müßte ein derartiger Effekt immer dann ausgeschlossen sein, wenn als weitere Spielregel die Beschränkung auf exemplarische oder typische Fälle gilt.

Schwerer in den Griff zu bekommen ist eine andere mögliche negative Folge der Funktionserweiterung, nämlich eine tendenzielle Innovationsfeindlichkeit. Da der BRH selbst kaum in der Lage ist (und auch künftig nicht sein wird), eigenständige Gestaltungskonzepte für das Verwaltungshandeln und die Verwaltungsorganisation zu entwickeln, orientiert er sich notwendigerweise an den entsprechenden Vorstellungen anderer (Organisatoren, Rationalisierer). Schon aus Gründen der Absicherung vertritt er eher Bewährtes und wirkt damit tendenziell retardierend, wenngleich auch dies nicht zwangsläufig eintreten muß.

Stärker noch als beim Wandel innerhalb der Kontrollfunktion wird bei ihrer Erweiterung durch die Beratung sichtbar, daß diese durch entsprechende Aktivitäten schon lange eingeleitet war, als die formale Zuweisung der Beratungsfunktion an den BRH erfolgte. Die hiermit verbundene langdauernde Informalität sowie das hierfür intensiv betriebene Rollenspiel zwischen dem BRH und dem Bundesbeauftragten für Wirtschaftlichkeit in der Verwaltung[329] erschweren es außerordentlich, die Ursprünge und anfänglichen Entwicklungslinien dieser Erweiterung des Handlungsbereichs des BRH im einzelnen nachzuzeichnen. Klar erkennbar ist dagegen ihr Hauptkennzeichen: die zukunftsorientierte Verwendung von Prüfungsinformationen. Nicht bestätigt werden kann allerdings die in diesem Zusammenhang geäußerte These der Entwertung jener Parlamentsfunktion[330] - gestützt auf die Berichterstattung des BRH -, die Regierung bezüglich des vollzogenen Haushalts zu entlasten. Für den hier implizierten höheren faktischen Stellenwert der Entlastungsfunktion in früheren Jahren werden im übrigen nirgends Belege präsentiert[331].

Eine weitere Schwierigkeit für die Analyse dieses Wandlungsaspekts resultiert daraus, daß der BRH teils schon vor, teils zugleich mit der Parlamentsberatung vielgestaltige Beratungsaktivitäten für die und in der Exekutive entfaltet hat. Beide Beratungsformen reichen inzwischen großenteils eindeutig über die ursprüngliche Kontrollfunktion hinaus. Die Erweiterung der Finanzkontrolle durch die Beratung hat sogar - vermittelt über die Beteiligung des BRH am gesamten Haushaltszyklus - ihrerseits weitere Wandlungsbewegungen erzeugt. In ihrem Verlauf wurde die Kontrollfunktion im engeren Sinne an die Beratungsaktivitäten angepaßt und wurden umgekehrt die Beratungslei-

---

329 Vgl. oben Kapitel 2.4.

330 Zum Entlastungsverfahren vgl. Tiemann, *Staatsrechtliche Stellung* (Anm. 2); Pelny, *Legislative Finanzkontrolle*, (Anm. 2) sowie Sigg, *Die Stellung der Rechnungshöfe* (Anm. 6).

331 Die folgende Bemerkung von Kurt Heinig (in: ders., *Das Budget*, Bd. I, Tübingen 1949, S. 11) indiziert eher ihren traditionell niedrigen Stellenwert seit Anbeginn der Bundesrepublik: "Parlament und öffentliche Meinung überlassen der Rechnungsprüfungsbehörde die Wegräumung der 'Budgetleiche'."

stungen aus den Prüfungsgegebenheiten (weiter-)entwickelt. Weitere Momente in diesem Wandlungsprozeß sind daher: die Stabilisierung der neu gewonnenen Aufgaben, der Abbau abträglich gewordener Handlungsformen sowie die Integration oder zumindest Ausbalancierung nicht auszuschaltender widersprüchlicher Handlungsbedingungen und Auswirkungen. In diesem Zusammenhang ist insbesondere auf interne Determinanten des Prüfungshandelns[332] - speziell die Unabhängigkeit - zu verweisen, die derartige Anpassungsprozesse erheblich erschweren oder verzögern können (aber nicht müssen!).

Um die einzelnen Dimensionen dieser Form des Funktionswandels bestimmen zu können, ist es erforderlich, am empirischen Material zu überprüfen, für welchen Zweck und für welche Adressaten die Leistungen des BRH erweitert wurden, um welche Art von Leistungen es sich exakt handelt und ob hier ein neu entstandener zusätzlicher Bedarf vorliegt oder lediglich eine Leistungsverschiebung stattfindet. Dabei zeigt sich sehr schnell, wie brüchig die gängige These ist, daß die (geforderte) Beratungstätigkeit des BRH für das Parlament einen Funktions- bzw. Machtverlust eben dieses Parlaments ausgleiche[333]. Nicht nur der Kompensationsaspekt ist äußerst fragwürdig, da gerade die BRH-Beratung einen Abbau der eigentlichen Kontrolleistung des Parlaments verhindert. Eine Verschiebung von Aktivitäten findet lediglich im Vorfeld statt, d.h. bei der Informationsgewinnung. Daher müßte eher von einer Funktionserhaltung oder -absicherung gesprochen werden. Die Frage nach der Art der erbrachten Leistung legt aber noch eine ganz andere Deutungsmöglichkeit nahe: Der neue (oder zumindest stark expandierte) Bedarf an Detailinformationen verweist auf ein gewandeltes Selbstverständnis der Parlamentarier und auf eine neue Kontrollstrategie: die exemplarische Kontrolle. Auch die weitreichenden Veränderungen in der Struktur des zu kontrollierenden staatlichen Handelns können einen neuartigen Informationsbedarf hervorrufen. Hiermit verbunden ist eine weitere Interpretationsmöglichkeit: Die zunehmende Komplexität sowie der wachsende Umfang der Haushalts- und Finanzangelegenheiten erfordern für die parlamentarische Kontrolle nicht nur vermehrte und detailliertere Informationen, sondern die Etablierung eines sekundären Kontroll-"Instruments". In diesem Sinne wäre der BRH zum "institutionalisierten Mißtrauen" des Parlaments geworden[334].

Wie bereits angedeutet, verändert die Erweiterung der Kontrollfunktion nicht nur das nach außen gerichtete Wirkungsgefüge, sondern hat gleichzeitig erhebliche Rückwirkungen auf das interne Handlungsgefüge und dessen Determinanten. Ihre wichtigsten Momente sind:

- Die Einrichtung des Bundesbeauftragten für Wirtschaftlichkeit in der Verwaltung hat beträchtlich an Bedeutung verloren, indem die Notwendigkeit eines Rollenspiels weitgehend entfiel. Zugleich wurden damit erhebliche interne Spannungen zwischen dem Beauftragten und dem "Hof" abgebaut, wenn auch nicht gänzlich aufgehoben.

332 Vgl. hierzu oben Kapitel 3.3.
333 Vgl. Tiemann, *Staatsrechtliche Stellung* (Anm. 2) sowie zur Beratungsfunktion auch Klippstein, *Probleme* (Anm. 4); Greifeld, *Rechnungshof* (Anm. 5).
334 Vgl. auch Niklas Luhmann, *Vertrauen. Ein Mechanismus der Reduktion sozialer Komplexität*, Stuttgart 1968.

- Der Prüfungsplanung und -durchführung wurden neue, zusätzliche Auswahlkriterien und Handlungsbedingungen aufgeladen, wie die Aktualität bzw. Zukunftsorientierung der Prüfungsinformationen, die Einbeziehung des Planungshandelns der Verwaltung u.a.
- Durch die Existenz zweier Adressaten bzw. Interessenten für Beratungsaktivitäten besteht die Gefahr konkurrierender Informationsinteressen und konfligierender Ziele für das Prüfungshandeln. Zugleich wird die Position des einzelnen Prüfungsgebiets nach außen insofern unabhängiger, als bei Konflikten mit dem einen Adressaten wegen "unbequemer" Prüfungsergebnisse bzw. Schlußfolgerungen tendenziell mit Unterstützung des anderen Adressaten gerechnet werden kann (den gerade kritische Informationen interessieren).
- Der innere Zusammenhalt des BRH kann dadurch gelockert werden, daß die einzelnen Akteure unterschiedliche Beziehungspräferenzen bzw. Loyalitäten entwickeln (Richtung "die Verwaltung" oder "das Parlament").

12.1.3. Ausbau der Einnahmenkontrolle zum zweiten Kontrollschwerpunkt

Der dritte Aspekt des Funktionswandels, nämlich die Bildung des Schwerpunkts Einnahmenkontrolle, reflektiert die wachsende Aufmerksamkeit, die diesem Problembereich im BRH entgegengebracht wird. Im Gegensatz zu den beiden bisher untersuchten Wandlungsaspekten hat die Einnahmenkontrolle in der wissenschaftlichen Diskussion bislang kaum Beachtung gefunden, obwohl die Einnahmen genauso zum Haushalt gehören wie die Ausgaben. Um es mit F. Neumark[335] zu sagen: "die BHO heißt nun einmal Bundeshaushaltsordnung und nicht Bundesausgabenordnung." Diese weitgehende Ausblendung der Einnahmenkontrolle ist um so erstaunlicher, als durch die Art der Staatseinnahmen eine zumindest genauso gravierende gesellschaftliche Umverteilung erfolgt wie durch die Struktur der Ausgaben. Wie brisant dieser Gegenstandsbereich ist, hat sich daran gezeigt, wie prompt und heftig Regierung und Parteien auf die intensiveren Aktivitäten des BRH im Einnahmenbereich reagierten[336].

Mit der Vergrößerung der Personalkapazität für die Einnahmenkontrolle hat der BRH zwar demonstriert, daß er einen erheblichen Handlungsbedarf erkannt und akzeptiert hat. Doch sind die Dimensionen und speziellen Probleme der Einnahmenkontrolle damit noch keineswegs auch nur annähernd in vollem Ausmaße erfaßt. Als eine zentrale Frage wird sich hierbei erweisen, inwieweit das Handeln von Verwaltungseinheiten überhaupt effektiv kontrolliert werden kann, wenn der Kontrollinstitution kein voll Verantwortlicher direkt und rechenschaftspflichtig bzw. via Parlament in die Pflicht nehmbar gegenübersteht. Diese Konstellation ist für den BRH dadurch gegeben, daß die zu

---

335 Vgl. Franz O. Gilles, Gerhard Otto, Rainer Weinert, *Vergangene und aktuelle Probleme der Budget- und Finanzkontrolle in Deutschland. Bericht über das Symposium "Kontinuität oder Neubeginn"*, Berlin 1987, S. 39.

336 Vgl. die Verweise auf die öffentliche Debatte über die "Jahreswagen" und die "Versteuerung von Einnahmen aus Kapitalerträgen" u.a. oben, Kapitel 2.2.1. und unten, Kapitel 12.3.3.

kontrollierenden Finanzämter Länderbehörden sind und daß der Bundesminister der Finanzen auf das ihm zustehende Weisungsrecht für Bundessteuern - und damit auf seine direkte Einfluß- bzw. Eingriffsmöglichkeiten - weitgehend verzichtet hat. Als weiteres gravierendes und konfliktgeladenes soziales Problem zeichnet sich die inhaltliche Füllung der hier anzuwendenden spezifischen Prüfungsmaßstäbe ab - insbesondere die Gleichmäßigkeit der Besteuerung. Zudem trifft die Einnahmenkontrolle insofern auf größere Sensibilität, als von ihr viel mehr Bürger direkt oder zumindest offenkundiger als von der Ausgabenkontrolle betroffen sind.

12.1.4. Der zeitliche Verlauf des Funktionswandels

Für eine umfassende und fundierte Analyse des Funktionswandels der externen Finanzkontrolle sind schließlich nicht nur die eben diskutierten unterschiedlichen Wandlungsaspekte bedeutsam, sondern auch die Verlaufsformen und die zeitliche Dimensionierung.

Die im Zusammenhang mit den diskutierten Momenten des Funktionswandels erlassenen Gesetze und Verordnungen indizieren als äußere Markierungen durchweg eher bereits im Gange befindliche Entwicklungen, als daß ihnen eine Initialfunktion zukäme. Dies gilt gleichermaßen für die BHO wie für das BRH-Gesetz, die BWV-Richtlinie und die Vorprüfungsordnung. Der Beginn des Übergangs von der Rechnungsprüfung zur umfassenderen Finanzkontrolle ist mindestens auf den Anfang der sechziger Jahre rückdatierbar. Man kann aber auch schon auf entsprechende Wurzeln oder Tendenzen beim Reichsrechnungshof und besonders bei seinem Präsidenten Sämisch verweisen. Analog sind die vom Parlament gewünschten Verbesserungen der Beratungsleistungen - soweit beim BRH durchsetzbar - großenteils schon vor Erlaß des neuen BRH-Gesetzes eingetreten oder zumindest initiiert worden. Gleiches gilt für BRH-interne Regelwerke.

In Folge der Ungleichzeitigkeit der inneren Wandlungsprozesse sind erhebliche Schwankungen in allen dargestellten Aspekten des Funktionswandels zu beobachten. Die entsprechenden Prozesse verlaufen nicht linear-sukzessiv, sondern teils in Schüben (mit Zeiten des Stillstandes dazwischen), teils sogar in Wellenbewegungen (mit Rückfällen hinter scheinbar bereits erreichte Positionen).

Gründe und Mechanismen derartiger Schwankungen sind gut anhand der "Bemerkungen" aufzeigbar. Zum einen bildete die Berichterstattung als öffentliches Tätigkeitssegment den Teilbereich, in dem der Übergang zu den neuen Prinzipien am frühesten vollzogen wurde. Er mußte daher nach dem Übergang zwangsweise eine größere Zeitspanne bewegungslos bleiben, bis die anderen Segmente nachgezogen hatten. Zum zweiten wurde und wird die grundlegende Wandlungsbewegung durch zusätzliche Handlungsbedingungen überformt. Dies gilt vor allem für die Imagepflege ("Sparkommissar" und "institutionalisiertes Mißtrauen"). Sie erfordert(e) weiterhin eine gewisse Bindung an den Einzelfall als dem publikumswirksamen, griffigen Fall. Hinzu kommt, daß gerade ein Teil der "progressiven" Prüfungsgebiete Konfliktfälle ungern veröffentlicht. Schließlich dürfen auch mit Rücksicht auf die beanspruchte Objektivität und Neutralität Ver änderungen in den Prüfverfahren und bei der Ausfüllung der Prüfungsmaßstäbe nicht zu massiv oder abrupt ins Rampenlicht der Öffentlichkeit treten.

Der Wandel der BRH-Kontrolle insgesamt wird im wesentlichen durch folgende Faktoren gebremst:

- die Qualifikationsstruktur, die schon vom Personalbestand her (Beamte) nur äußerst langsam und sukzessive zu ändern ist. Darüber hinaus wirkt das mögliche Rekrutierungsfeld (öffentliche Verwaltungen im Raum Frankfurt) als zusätzlicher retardierender Umstand, dessen Einfluß auch durch Fort- und Weiterbildungsmaßnahmen nur begrenzt ausgeglichen werden kann;

- die Organisationsprinzipien "Unabhängigkeit" und "Kollegialität", die prinzipiell sowohl retardierende als auch innovative Tendenzen erlauben;

- das generelle Beharrungsvermögen öffentlicher Organisationen einschließlich der bürokratischen Tendenzen: Sie erzeugen ihrerseits eine tendenzielle Innovations- und damit Wandlungsfeindlichkeit, die durch die fortschreitende Verrechtlichung öffentlichen Handelns verstärkt wird. Im Falle des BRH als Institution mit richterlicher Unabhängigkeit fehlt zudem die Möglichkeit, von außen direkten Druck in Richtung Wandel auszuüben. Andererseits sichert gerade die Unabhängigkeit Freiräume für Innovatoren. Von daher kommt der Personalpolitik sowie der Attraktivität des BRH als Arbeitsplatz eine nicht zu unterschätzende Bedeutung zu.

Der in diesen Dimensionen und unter diesen Bedingungen stattfindende Funktionswandel ist noch lange nicht abgeschlossen. Besonders deutlich wird dies, wenn man den Anteil der Parlamentsberatung an der gesamten Kontrolltätigkeit mit den entsprechenden Beratungsaktivitäten verschiedener ausländischer Rechnungshöfe vergleicht. Nach Einschätzung einiger Beteiligter könnte man leicht überspitzt formulieren, der BRH stehe hier erst am Anfang.

12.2. *Der Bundesrechnungshof als umfassender Wirtschaftlichkeitsprüfer*

Die in der Literatur dem BRH zugeschriebene oder von ihm geforderte Rolle als umfassender Wirtschaftlichkeitsprüfer[337] bildet ein zentrales Moment für den Wandel der Finanzkontrolle durch Funktionserweiterung. Die Betrachtung des Wirtschaftlichkeitsbegriffs und seiner Verwendung als Prüfungsmaßstab des BRH in Kapitel 2.3. ergab, daß für das wirtschaftliche Handeln drei Dimensionen bestimmend sind:

1. Welcher Bezugsrahmen bzw. welche Ebene gewählt wird: die Einzelwirtschaftlichkeit oder die Gesamtwirtschaftlichkeit. In diesen beiden Bezugsgrößen drücken sich zugleich die unterschiedlichen prinzipiellen Orientierungen der Finanzkontrolle aus, nämlich als Kontrolle des einzelnen finanzwirksamen Verwaltungsakts bzw. der einzelnen Behörde oder als Kontrolle der Haushalts- und Wirtschaftsführung der Regierung;

---

337 So vor allem Klippstein, *Probleme* (Anm. 4); s. auch Greifeld, *Rechnungshof* (Anm. 5).

2. Welche Variante des ökonomischen Prinzips gewählt und damit welche der beiden Grundgrößen Kosten oder Nutzen konstant gesetzt wird. Dies bedeutet nicht nur eine technokratische Entscheidung nach dem Muster: "das politische Programm ist vorgegeben, wie kann es am kostengünstigsten realisiert werden?", oder: "dieser Haushaltsansatz ist vorgegeben, welcher maximale Nutzen kann aus ihm für das politische Ziel herausgeholt werden?" Die Wahl einer Variante impliziert zugleich eine Entscheidung für ein bestimmtes Verhältnis von Haushaltsplanung und politischer Planung.

3. Welche Alternativen in die Wahl bzw. Überprüfung der Strategien einbezogen werden, mittels derer Wirtschaftlichkeit erreicht werden soll. Diese Dimension liegt zum Teil quer zu den beiden vorhergehenden. Zugleich verweist sie auf die Problematik, wo im öffentlichen Entscheidungs- und Handlungsprozeß die Analyse der Wirtschaftlichkeit primär zu verorten ist - in der Planung oder in der Kontrolle -, sowie darauf, ob die Verfahren zur Ermittlung der Wirtschaftlichkeit in beiden Phasen identisch oder verschieden sein können oder sogar müssen.

12.2.1. Kritik einer Ziel-Mittel-orientierten Finanzkontrolle

Zuvor ist jedoch ein noch grundsätzliches Problem zu erörtern. Die Wirtschaftlichkeit stellt - wie mehrfach ausgeführt - lediglich einen abstrakten Grundsatz dar; um sie als konkreten Prüfungsmaßstab nutzen zu können, muß das "ökonomische Rationalprinzip" erst weiter konzeptualisiert und inhaltlich gefüllt werden. Die entscheidende Frage ist nun, ob sich hinter den Kriterien, die zu dieser Operationalisierung herangezogen werden, (wertneutrale) handlungsleitende bzw. Verfahrensnormen oder soziale Werte verbergen. Pointierter formuliert: Ist der Prüfungsmaßstab der Wirtschaftlichkeit ein neutrales Instrument, um den finanziellen Aufwand zur Erreichung eines (vorgegebenen) politischen Ziels zu beurteilen, oder enthält er selbst eine Wertentscheidung? Von der Beantwortung dieser Frage hängt in starkem Maße ab, was die geforderte oder unterstellte umfassende Wirtschaftlichkeitsprüfung für die Praxis der externen Finanzkontrolle bedeutet und wie das Verhältnis des BRH zu dieser Rolle einzuschätzen ist.

Exemplarisch kann die Frage nach einem politischen Gehalt des Wirtschaftlichkeitsbegriffs am dezisionistischen Ziel-Mittel-Denken in den Wirtschaftswissenschaften deutlich gemacht werden, dem auch die Finanzkontrolle in Vergangenheit und Gegenwart weitgehend verhaftet war bzw. ist. Dem Ziel-Mittel-Ansatz liegt die Vorstellung einer strikten Arbeitsteilung zugrunde zwischen dem Politiker, der die Ziele bestimmt, und dem Wissenschaftler bzw. dem Ausführenden in der Verwaltung, der nach Alternativen der Zielrealisierung sucht. Die Bestimmung von Zielen oder allgemeiner der Handlungsnormen[338] gehört nicht in den Aufgabenbereich des Wissenschaftlers bzw. des Kontrolleurs, vielmehr hat dieser lediglich nach Handlungsmöglichkeiten bzw. Ausfüh-

---

338 Normen sind hier nicht im (engen) soziologischen Sinn zu verstehen. Normen, die in ein ökonomisches Modell eingehen, können institutionelle Bedingungen, Verhaltensweisen oder wirtschaftspolitische Ziele sein.

rungsmitteln bei vorgegebenen Zielen zu suchen. In Anlehnung an M. Webers Trennung zwischen bewertendem (politischen) Urteil und erklärenden wissenschaftlichen Aussagen, die werturteilsfrei seien, wird hier unterstellt, daß die Mittel - die wirtschaftspolitischen Maßnahmen - wertneutral seien.

Dieses Konzept ist - wie die wissenschaftliche Diskussion zeigt[339] - von zwei Seiten her in Frage zu stellen: Weder die strikte Arbeitsteilung noch das angeblich neutrale Verhältnis von Zielen und Mitteln entspricht der Realität[340]. Das hat nicht nur zur Folge, daß aus wirtschaftswissenschaftlicher Sicht untersucht werden muß, inwieweit der Wirtschaftlichkeitsbegriff "Szientifische Norm oder politische Legitimation"[341] bedeutet, sondern auch seine praktische Anwendung als Prüfungsmaßstab verliert den Charakter des Neutralen und Objektiven. Jede inhaltliche Füllung der "Wirtschaftlichkeit" impliziert demnach Wertentscheidungen, sei es, weil jede Wahl eines Wirtschaftlichkeitsmodells eine Zielinterpretation einschließt, sei es, weil jedes wählbare Modell selbst Wertungen - beispielsweise in Form von Prioritäten - enthält, die hinter den vermeintlich neutralen Mitteln stehen. Denn auch die Wertneutralität der Mittel bzw. der Handlungsinstrumente erweist sich als Fiktion, auch sie haben einen normativen Gehalt, der sich u.a. darin zeigt, daß sie bewertet werden können[342]. Die Fragwürdigkeit des Ziel-Mittel-Ansatzes wird besonders deutlich, wenn das verwendete Wirtschaftlichkeitsmodell nicht nur ein Ziel, sondern eine ganze Zielhierarchie (Oberziele, Zwischenziele, Unterziele) enthält. Die Nichtneutralität der Handlungsinstrumente wird bei Betrachtung der Zielpyramide sehr schnell offensichtlich, denn Ziele, die auf mittlerer Ebene angesiedelt sind, werden zu Handlungsalternativen, wenn sie zur Erreichung höherer Ziele dienen. Was auf der einen Ebene als Ziel angesetzt wird, wird auf der anderen Ebene zu einem Mittel, je nachdem, welche Ebene gerade analysiert wird. Aber auch darüber hinaus kann eine Zielsetzung niemals unabhängig von den zu ihrer Realisierung

---

339 Vgl. zur Problematik einer dezisionistischen Zielbestimmung und zur Behandlung dieser Ziele in der wirtschaftswissenschaftlichen Theorie vor allem Hajo Riese, *Wohlfahrt und Wirtschaftspolitik*, Hamburg 1975. Zur Anwendbarkeit des Wirtschaftlichkeitsbegriffs der liberalen Ökonomie auf staatliches Handeln vgl. die ausführliche Darstellung bei Hajo Riese/Hendrik Jeep, *Wirtschaftlichkeit in der Staatsadministration*, Berlin 1988.

340 So äußert etwa Rürup: "das traditionelle dezisionistische Planungsmodell, nach dem Ziele von der politischen Führung der 'neutralen' Verwaltung vorgegeben werden, die dann 'wertfrei', d.h. sachlich, technokratisch und unpolitisch nach Programmalternativen sucht und diese dann der politischen Führung zur Entscheidung vorlegt, um sie dann anschließend neutral zu vollziehen, (ist) obsolet geworden." Rürup: Perspektiven der Haushaltskontrolle (Anm. 69), S. 304.

341 Hendrik Jeep, Szientifische Norm oder politische Legitimation, in: Theo Pirker (Hrsg.), *Autonomie und Kontrolle*, Berlin 1989.

342 "So tritt die Theorie des freien Wettbewerbs nicht nur als eine Lehre auf, die den Verlauf wirtschaftlicher Zusammenhänge unter gewissen Voraussetzungen erklärt, sondern sie versucht zu beweisen, daß diese hypothetischen Bedingungen zu einem Maximum des Gesamteinkommens oder zu einer größtmöglichen Befriedigung der Bedürfnisse der Gesellschaft als einer Gesamtheit führen. 'Freier Wettbewerb' wird auf diese Weise mehr als eine Anzahl von abstrakten Annahmen, die als Instrument bei der theoretischen Analyse von kausalen Beziehungen von Tatsachen dienen: er wird zu einem *politischen Desiderat*." Myrdal, *Das politische Element* (Anm. 64), S. 4.

zur Verfügung stehenden Mitteln erfolgen, d.h. es ist unmöglich, eine eindeutige Trennung von Zielsetzung und Mittelauswahl vorzunehmen.

Der Rechnungshof als Wirtschaftlichkeitsprüfer kommt insofern zwangsläufig in Konflikt mit seinem Anspruch der Wertneutralität, als er mit jeder Operationalisierung seines Prüfungsmaßstabs implizit Wertentscheidungen trifft bzw. übernimmt. Direkt erkennbar wird diese Wertkomponente aber nur selten, da der Entscheidungsprozeß selbst nicht offengelegt wird und auch die Schlußfolgerungen bzw. Urteilsgründe nur selten ausführlich dargelegt werden, wie die Analyse der Prüfungsmaßstäbe in den "Bemerkungen" (in Kapitel 2.3.) zeigte. Aufgrund der weitgehenden theoretischen Abstinenz und den noch immer dominierenden erfahrungsgeleiteten Prüfungsstrategien wäre eine solche Offenlegung der Wertkomponente auch nur schwer zu leisten. Die Folgen dieser Praxis verweisen ihrerseits auf die Frage nach der politischen Gestaltungsfunktion des BRH.

12.2.2. Verflechtung und Kollision von betriebswirtschaftlichen (einzelwirtschaftlichen) und volkswirtschaftlichen Überlegungen

Daß der BRH in seinen Wirtschaftlichkeitsuntersuchungen die einzelwirtschaftliche Ebene präferiert, wurde bereits oben in Kapitel 2.3.2.3. beschrieben. Will er auch das Finanzgebaren insgesamt beurteilen und das Wirtschaftlichkeitsprinzip konsequent und umfassend anwenden, so darf er sich allerdings nicht auf den einzelwirtschaftlichen Bezugsrahmen beschränken, sondern muß auch gesamtwirtschaftliche Überlegungen ins Kalkül ziehen - was er hin und wieder auch tut. Damit sind zum ersten konkret die in das Wirtschaftlichkeitskalkül einzubeziehenden Nutzen und Kosten, Folgewirkungen und Nebeneffekte angesprochen[343] - ein äußerst komplexes und schillerndes Problem, wie die Betrachtung der Möglichkeiten und Schwierigkeiten des BRH, umfangreichere Kosten-Nutzen-Analysen durchzuführen, in Kapitel 2.3.2.5. belegte. Zum zweiten sind mit diesen beiden Bezugsgrößen unterschiedliche Gesellschaftsbilder bzw. soziale Wertungen oder Interessenkonstellationen verbunden, zum Teil ohne daß sich ihr Benutzer dessen bewußt ist.

Bezieht der BRH in seine Wirtschaftlichkeitsüberlegungen nur solche Folgewirkungen ein, die innerhalb eines begrenzten Zuständigkeitsbereichs - zum Beispiel einer Behörde - anfallen, so ist damit ein sehr enger Bezugsrahmen festgelegt, der in der Regel eine eindeutige Prioritätensetzung erlaubt oder sogar vorgibt. Denn alle Folgewirkungen, die außerhalb des Zuständigkeitsbereichs auftreten, jenseits der Institutionsgrenzen anfallen, werden als externe Effekte eingestuft und damit aus dem Beurteilungsspek-

---

343 Da Wirtschaftlichkeitskontrollen überhaupt nur bei präzisen Zielvorgaben durchgeführt werden können, soll hier die Frage zumindest angerissen werden, ob der Staat eigentlich Möglichkeiten einer Zielvorgabe hat, auf deren Grundlage sich dann Wirtschaftlichkeit objektivieren läßt. Die Diskussion über staatliche Zielfindung und Zielformulierung wird fälschlich üblicherweise allein unter dem Gesichtspunkt institutioneller Arrangements geführt. Die Zielsetzung wird dagegen weder als inhaltliches noch als methodisches Problem gesehen.

trum herausgenommen. Will der BRH hingegen die gesamte Haushalts- und Wirtschaftsführung des Bundes prüfen, genauer gesagt, hierzu Wirtschaftlichkeitsuntersuchungen durchführen, so muß er alle Folgewirkungen von Maßnahmen, Projekten
und/oder Programmen in sein Kalkül einbeziehen, unabhängig davon, ob die Effekte
innerhalb oder außerhalb bestimmter Institutionsgrenzen auftreten. Eine konsequente
Wirtschaftlichkeitsanalyse kann auch nicht auf ausführende Verwaltungsebenen (Ablauforganisation, Personaleinsatz, Beschaffung) beschränkt werden, sondern hat sämtliche finanzwirksamen Aktivitäten der öffentlichen Hand mit zu umfassen.

Die erstere Verfahrensweise besteht in voller Analogie zur betriebswirtschaftlichen
Handlungsweise eines Unternehmers: "in seine Wirtschaftlichkeitsüberlegungen
[werden] in der Regel nur solche Folgewirkungen eingehen, die seinen begrenzten Zuständigkeitsbereich betreffen. Ein Automobilproduzent berechnet seine wirtschaftlichen
Aktivitäten - jedenfalls unter dem Gewinnaspekt - nach ihm entstehenden Einnahmen
und Ausgaben aus der Autoherstellung; Straßenbau, Beseitigung von Unfallfolgen,
Umweltbelastung, aber auch die höhere Integration der Bevölkerung, die Anreize, welche vom Export auf die Inlandsproduktion ausgehen, stellen für ihn mehr oder weniger
externe Effekte dar."[344] In jedem Fall bilden sie keine ihn direkt belastende und durch
ihn als einzelnen Produzenten beeinflußbare Kostengröße. Institutionsgrenze und
Interessenabgrenzung fallen hier zusammen. Zwar kann auch für eine einzelne Behörde
der durch sie erzeugte externe Effekt irrelevant sein, sowohl in Bezug auf die eigene
Aufgabenerfüllung (Leistung) als auch auf die ihr entstehenden Kosten. Schlagen diese
Effekte aber bei einer anderen Behörde als Kosten zu Buche, dann ist die Regierung als
für beide verantwortliche Instanz gefordert - und der Rechnungshof als Wirtschaftlichkeitsprüfer muß dies insoweit beanstanden, als diese Konstellation nicht durch
eine explizite politische Zielsetzung abgedeckt ist. "Würde man die Wirtschaftlichkeit
der öffentlichen Verwaltung oder einer ihrer Behörden ebenfalls nur nach Folgewirkungen beurteilen, die innerhalb ihrer Institutionsgrenzen anfallen, dann müßte man
Post und Bahn schon wegen ihres jährlichen Defizits als unwirtschaftlich bezeichnen. ...
Wirtschaftlichkeitsanalysen ... müssen alle wesentlichen Folgewirkungen von Maßnahmen (aufgrund einer politischen Zielvorgabe bzw. öffentlichen Aufgabe; die Verf.)
unabhängig davon einbeziehen, ob sie innerhalb oder außerhalb nur durch die
organisatorische Gliederung gezogener Grenzlinien anfallen. Es wäre nicht logisch, aus
Gründen der gesellschaftlichen Wirtschaftlichkeit die private Unternehmertätigkeit
durch einzelbetriebliche Gewinne zu motivieren und dann deren notwendigerweise begrenzten Wirtschaftlichkeitsmaßstab auf die öffentliche Verwaltung zurückzuübertra-
gen."[345]

Daß der BRH sich bisher trotzdem auf die Prüfung der betriebswirtschaftlichen Wirt-
schaftlichkeit konzentriert hat, ohne in ausreichendem Maße die gesamtwirtschaftlichen
Effekte der Staatsausgaben zu berücksichtigen, liegt zum ersten daran, daß es für die
Prüfung der einzelwirtschaftlichen Wirtschaftlichkeit genügt, auf die durch jahr-

344 Reinermann, Wirtschaftlichkeitsanalysen (Anm. 13), S. 39.
345 Ebd.

zehntelange Kontrolltätigkeit gesammelten Erfahrungen[346] aufzubauen oder auf Erkenntnisse aus der Privatwirtschaft zurückzugreifen. Für komplexe Wirtschaftlichkeitsuntersuchungen dagegen reicht es in den weitaus meisten Fällen nicht aus, auf die Prüfungserkenntnisse und -erfahrungen vergangener Jahre abzustellen, d.h. nicht alle Prüfungen sind aus dem durchaus umfangreichen BRH-Erfahrungsschatz zu meistern. Der BRH befindet sich hier - wie in den Kapiteln 4.1. und 4.3. dargestellt - in einer Umbruchsituation. Die Erfahrungszuwächse sind zu gering, als daß mit ihnen allein die existenten Probleme im Bereich der Wirtschaftlichkeitsanalysen gelöst werden könnten. Die Entwicklung komplexerer Methoden und Instrumente steht aber erst am Anfang.

Ein zweiter Grund für die Beschränkung von Wirtschaftlichkeitsuntersuchungen auf die einzelwirtschaftliche Ebene liegt darin, daß hier die inhaltlichen Probleme im Zusammenhang mit der Operationalisierung nicht von solch einer Brisanz und Komplexität sind wie auf gesamtwirtschaftlicher Ebene (hier sei nur an die Problematik hierarchischer Ziel- bzw. Ziel-Mittel-Systeme erinnert). Insbesondere ist die mit jeder Wirtschaftlichkeitsanalyse verbundene politische Dimension im mikroökonomischen Bereich nicht so stark ausgeprägt oder zumindest nicht so offensichtlich. Die Rolle eines umfassenden Wirtschaftlichkeitsprüfers wird insofern sowohl wegen gravierender methodischer Probleme als auch wegen des (vermeintlich) höheren politischen Gehalts gemieden[347].

Doch auch die Präferierung der Mikroebene kann den BRH in ein Dilemma bringen. Denn die einzelwirtschaftliche Rationalität liegt häufig mehr oder weniger offensichtlich auf Kollisionskurs mit der gesamtwirtschaftlichen Rationalität. Was auf einzelwirtschaftlicher Ebene als sinnvoll erscheint, kann, aus volkswirtschaftlicher Perspektive betrachtet, unvernünftig sein, einzelwirtschaftliche Rationalität hat dann gesamtwirtschaftliche Irrationalität zur Folge. Wenn beispielsweise der BRH vorschlägt, eine Verwaltung oder einen Verwaltungteil einzusparen, dann mag diese Empfehlung eine durchaus sinnvolle betriebswirtschaftliche Vorgehensweise sein. Berücksichtigen nun aber die politisch Verantwortlichen auch gesamtwirtschaftliche Effekte, dann kann der Vorschlag mit einer entsprechenden Begründung - zum Beispiel dem immer wieder vorgebrachten Argument, in einer strukturschwachen Region müsse der Erhaltung der Arbeitsplätze Prio-

---

346   Vgl. die "Bemerkung" Nr. 35 von 1982: Aussagen über Wirtschaftlichkeit sind "nur mit Hilfe von Erfahrungs- und Vergleichswerten möglich".

347   Der politische Gehalt des Wirtschaftlichkeitsbegriffs wird immer dann besonders deutlich, wenn mehrere Forschungsinstitute mit der Durchführung von komplexeren Wirtschaftlichkeitsanalysen beauftragt werden und sie zu unterschiedlichen Aussagen bzw. Ergebnissen kommen. Der BRH hält sich in solchen Situationen selbst mit der Bewertung der einzelnen Studien sehr stark zurück. Sicherlich erschwert die qualitativ und quantitativ unzureichende Ausstattung des BRH das Hineinwachsen in immer "größere Maßstäbe", aber letztendlich kommt der BRH nicht um die Tatsache herum, "Farbe zu bekennen", d.h. für eine bestimmte Auffassung Position zu beziehen, will er einer Aufgabe als umfassender Wirtschaftlichkeitsprüfer gerecht werden. Denn Kosten-Nutzen-Analysen können dazu dienen, den Entscheidungsträger zu zwingen, eine ganze Reihe von quantifizierbaren oder nicht quantifizierbaren Aspekten mit in die Überlegungen einzubeziehen sowie aufzuzeigen, wie er diese einzelnen Elemente bewertet.

rität eingeräumt werden - abgelehnt werden. Derartige mit gesamtgesellschaftlichen Argumenten untermauerte Einwände des Bundestages oder der Bundesregierung widersprechen der BRH-Strategie eines Ausweichens auf die Mikroebene als der prinzipiell unpolitischeren Lösung.

Nimmt der BRH das Primat der politischen Zielsetzung ernst, so muß er sie in beiden Fällen als ihm vorgegebene zusätzliche Prämisse behandeln, als "eine Wertsetzung, die darüber entscheidet, welche Wirkungen politisch wünschenswert und welche Mittel zu ihrer Verwirklichung zulässig sind"[348], und daran seine Wahl der Bezugsebene orientieren. Insofern ist er als umfassender Wirtschaftlichkeitsprüfer gefordert und weiß dies auch - wie die entsprechenden Beispiele in Kapitel 2.3. belegen. Doch viele BRH-Mitglieder weichen vor dieser Konsequenz einer von ihnen prinzipiell anerkannten Logik noch immer zurück. So stand vor einigen Jahren bei der Bundesbahn und der Bundespost ganz konkret die Frage im Raum, ob es aufgrund der momentanen konjunkturellen Situation wirtschaftlich sei, kein Personal einzusparen. Dazu der Kommentar eines BRH-Akteurs: "und da haben wir uns auf den Standpunkt gestellt, einfach zwangsläufig, wir können diese gesamtwirtschaftlichen Dinge nicht in der Weise berücksichtigen, wie die Politiker sie berücksichtigen."

Der BRH befindet sich hier wahrlich in einem Dilemma. Er ist einerseits auf den Prüfungsmaßstab der Wirtschaftlichkeit verpflichtet - die Wahl der einzel- oder gesamtwirtschaftlichen Ebene heißt aber nur weniger oder mehr Politik -, andererseits will und soll er politisch neutral und ausschließlich sachbezogen arbeiten. Entscheidet sich der BRH für die Wirtschaftlichkeit, so muß er den politischen Gehalt dieses Begriffes eingestehen und akzeptieren; entscheidet er sich für die Neutralität, verstanden als Ausklammerung alles Politischen, so müßte er letztlich vom Prüfungsmaßstab der Wirtschaftlichkeit Abstand nehmen. Faktisch macht dies eine permanente Gratwanderung zwischen Neutralität und Wirtschaftlichkeit nötig, insbesondere bei komplexeren Wirtschaftlichkeitsanalysen. Dementsprechend wahren die BRH-Mitglieder gegenüber dem Anspruch des "umfassenden Wirtschaftlichkeitsprüfer" Zurückhaltung, ohne sich ihm ganz entziehen zu können oder zu wollen.

Doch selbst, wenn der prinzipielle politische Gehalt akzeptiert wird, entsteht sofort ein neuer Entscheidungsbedarf, nämlich wie weit der Bezugsrahmen für das Wirtschaftlichkeitsprinzip gesteckt werden soll. Diese Frage wird derzeit nur in einem kleinen Kreis von BRH-Mitarbeitern intensiver diskutiert. Hierbei ist noch kein Konsens gefunden worden, was konkret unter volkswirtschaftlicher Wirtschaftlichkeit zu verstehen ist bzw. welche Kriterien im Rahmen der Finanzkontrolle berücksichtigt werden müssen.

---

[348] Myrdal, *Das politische Element* (Anm. 64), S. 2.

12.2.3.   Das Denken in Alternativen

Neben dem eben diskutierten politischen Gehalt hat die empirische Analyse eine zweite grundsätzliche Problematik des Wirtschaftlichkeitsmaßstabs offengelegt: Ist eine umfassende Wirtschaftlichkeitsanalyse als eigenständige Kontroll-Leistung überhaupt erforderlich oder ist sie ineffizient? Erfordert es der Prüfungsmaßstab der Wirtschaftlichkeit insbesondere, alle zur Verfügung stehenden alternativen Mittel einer Überprüfung zu unterziehen?

Das Wirtschaftlichkeitsprinzip findet in der Praxis erst dann seine volle und korrekte Anwendung, wenn nach Alternativen gesucht wird und diese im nachfolgenden durchgespielt werden. Dieses Gebot ist durch die Veränderungen, denen das staatliche Handeln in den letzten Jahrzehnten unterworfen war, auch praktisch immer dringlicher geworden, wie die Ausführungen zu den externen Determinanten des Funktionswandels zeigen. Der Wohlfahrtsstaat ist u.a. dadurch gekennzeichnet, daß neben dem konditional orientierten Verwaltungshandeln - seit etwa Mitte der sechziger Jahre - zunehmend Gesetze als Finalprogramme etabliert wurden. Somit trat das Problem auf, in Alternativen denken zu müssen. Dabei verweist die Entscheidung, welche Möglichkeiten als "echte" Alternativen in die Analyse einbezogen werden müssen und welche nicht, wiederum auf die politische Dimension. Ein Beispiel möge die Fragestellung verdeutlichen: Wenn der BRH Entwicklungshilfemaßnahmen, -projekte oder -programme prüft, dann taucht die Frage auf, wird das Projekt A nur mit dem Projekt B und C verglichen oder wird auch die Alternative einbezogen, daß das betreffende Entwicklungsland ohne Entwicklungshilfe besser gestellt wäre.

Ein solches Aufzeigen von Alternativen wird vom BRH bisher nur in einem geringen Ausmaß wahrgenommen - wie Kapitel 2.3. zeigte. Mehrheitlich vertritt der BRH die Ansicht, daß er prinzipiell nicht zuständig und aufgrund seiner Kapazität auch nicht in der Lage sei, Handlungsalternativen detailliert zu entwickeln, um nachzuweisen, daß wirtschaftlichere Alternativen bestanden hätten.

In der Tat muß bzw. sollte zunächst einmal jedes Ressort diese Überlegungen anstellen, bevor der Prozeß der Entscheidungsfindung einsetzt. Die Verpflichtung zu Wirtschaftlichkeitsanalysen ist in Kapitel 6.3. genauer dargestellt worden und bildet einen wichtigen Bestandteil des Konzepts der Regierungs- und Verwaltungskontrolle. Speziell Alternativenmobilisierung, d.h. das Aufzeigen mindestens einer realistischen Alternative, findet auf der Ressortseite jedoch faktisch kaum statt, jedenfalls nicht mehr in dem Stadium, in dem die Parlamentarier die Regierungsvorlagen zur Entscheidung vorgelegt bekommen. Allenfalls wird innerhalb der Ressorts in der Planungsphase nach Alternativen gesucht. Damit wird ein wichtiges Element im Kontrollgefüge bzw. in der Wechselbeziehung von Selbstkontrolle und Fremdkontrolle nicht hinreichend realisiert. Unter diesem Aspekt ist auch die Position des BRH folgerichtig, daß eine erst ex post vorgenommene Alternativenmobilisierung unwirksam, es vielmehr Aufgabe einer umfassenden Wirtschaftlichkeitsplanung sei, Alternativen zu entwickeln, während er lediglich die Einhaltung dieser Regel zu kontrollieren habe. Soweit er diesen Ansatz bereits praktiziert, kann man ihn als umfassenden Prüfer der Wirtschaftlichkeitsentscheidung be zeichnen. Realiter kommt hinzu, daß der Rechnungshof als Berater aus dem Fundus früherer Prüfungen in erheblichem Ausmaß eigene Informationen über aktuelle Alternativen anbieten kann.

12.2.4. Die Vernachlässigung des Grundsatzes der Nutzenmaximierung

Wie in Kapitel 2.3.2.4. dargestellt, konzentriert sich der BRH bei seinen Wirtschaftlichkeitsanalysen auf den Kostenminimierungsgrundsatz. Wenn auch dem Prüfungsmaßstab der Sparsamkeit im administrativen Bereich - Verringerung des Verwaltungsaufwands - erhebliche Bedeutung zukommt, so verweist gleichwohl die Konzentration der Prüfungstätigkeit auf das Gebot der Kostenminimierung auf ein sehr traditionelles Verständnis von Haushaltsplanung und -führung. Mit diesem Ansatz jedenfalls ist die Praxis der "Besitzstandswahrung", d.h., einmal erreichte Haushaltsansätze möglichst nicht zu mindern, nur unzureichend abzustellen. Sowohl in der Verwaltung als auch vor allem im Bereich der Sachprogramme wäre es bei einem Gutteil der Aufgaben sinnvoller, danach zu fragen, wie diese in bestmöglichem Umfang erfüllt werden könnten, bzw. wie ein möglichst hoher Ertrag geschaffen werden könne. Würde der BRH stärker kontrollieren, ob das Ausmaß der staatlichen Aufgabenerfüllung maximal war, so könnte auch hierin eine Funktionserweiterung hin zum umfassenden Wirtschaftsprüfer liegen.

12.3. Der Bundesrechnungshof - Politikgestalter oder objektiver Kontrolleur der öffentlichen Finanzen

12.3.1. Das Dogma vom unpolitischen Rechnungshof

Die Antwort auf die Frage, ob eine politische Handlungsdimension in der Finanzkontrolle durch den Bundesrechnungshof existiert oder nicht, gehört zu den besonders umstrittenen Fragen der wissenschaftlichen Diskussion[349]. Von den wissenschaftlichen Vertretern des Dogmas vom unpolitischen Rechnungshof wird die Möglichkeit und Notwendigkeit politischer Enthaltsamkeit und streng sachbezogener Arbeit der Finanzkontrolleure hervorgehoben. Auch der Rechnungshof und seine Repräsentanten verteidigen die Grundsätze des apolitischen Handelns und der Objektivität des BRH vehement: "Politische Bewertungen und entsprechende Entscheidungen unterliegen nicht der Beurteilung durch den Bundesrechnungshof."[350] Die Umsetzung politischer Zielvorgaben dagegen könne objektiv beurteilt werden. Die Gegenposition, der Rechnungshof sei zwangsläufig eine politische Institution, zum Teil verbunden mit der Forderung nach

---

349 Exemplarisch hierfür ist die Kontroverse zwischen Battis und Tiemann, in: Battis, Rechnungshof und Politik (Anm. 6), S. 721 ff.; Susanne Tiemann, Nochmals: Rechnungshof und Politik, in: *DÖV*, 1977, S. 241 ff.

350 *Der Bundesrechnungshof* (Anm. 86), S. 15.

verstärkter Wahrnehmung seiner politischen Funktion im Rahmen der Haushaltskontrolle, vertritt - nicht weniger vehement - nur eine Minderheit[351].

Um diese Streitfrage differenziert zu klären, ist es zunächst notwendig, zwischen einer politisch gestaltenden Funktion und den politischen Auswirkungen der Kontrolltätigkeit zu unterscheiden. Hierbei besteht sowohl im BRH als auch in der Literatur weitgehende Einigkeit darüber, daß die Prüfungs- und Beratungsaktivitäten des Rechnungshofs politische Auswirkungen haben.

Das Dogma vom unpolitischen Rechnungshof fußt auf der funktionellen Trennung der Finanzkontrolle in Rechnungshofkontrolle und parlamentarisch-politische Bewertung[352] sowie auf der Trennung von Zielen und Mitteln[353]. Der Rechnungshof darf, so die herrschende Meinung, als objektives Organ der Finanzkontrolle, seinen Feststellungen keine politischen Maßstäbe zugrunde legen oder politische Wertungen einfließen lassen, vielmehr "strebt die Finanzkontrolle durch den BRH die Erstellung objektiver, ausschließlich sachlich, d.h. haushaltsrechtlich und technisch fundierter Prüfungsfeststellungen an, deren Wertung nicht durch allgemein politische oder sonstige heterogene Gesichtspunkte überlagert werden darf und äußert sich deshalb als eine Ausprägung von Kontrolle, die im Gegensatz zu politisch gestaltender Funktion steht."[354] Die politisch wertende Funktion ist allein Sache der parlamentarischen Finanzkontrolle: "Der Funktionszweck parlamentarischer Kontrolle ... liegt in der demokratischen Überwachung politischer Entscheidungen sowie deren Beurteilung unter politischen Gesichtspunkten begründet."[355] Der Finanzkontrolle durch den BRH wird lediglich eine Zuarbeits- bzw. Informierungs- und Objektivierungsfunktion für die parlamentarische Finanzkontrolle zugesprochen. Auf der einen Seite steht also die objektive Tatsachenfeststellung und objektive Wertung durch den Rechnungshof, auf der anderen Seite, streng getrennt, die politische Bewertung und Schlußfolgerung durch das Parlament und seine Organe. Der Rechnungshof ist dieser Auffassung zufolge in seiner Berichterstattung zu einer objektiven und sachlich fundierten Feststellung und Wertung in der Lage und erfüllt damit zugleich seine Funktion voll.[356]

---

351   Zu den unterschiedlichen Positionen siehe auch Battis, Rechnungshof und Politik (Anm. 6).
352   "Das neue Gesetz legt den Standort des Bundesrechnungshofes eindeutig fest, nämlich zwischen Parlament und Regierung. Er ist nicht Gegenspieler der Gewalten im Staat, er ist auch nicht in einer Gegenposition zur Verwaltung. Er fühlt sich beiden Gewalten gegenüber als unparteiischer Partner und Helfer." Heinz-Günther Zavelberg, Bedeutung und Verantwortung des BRH, in: Presse- und Informationsamt der Bundesregierung (Hrsg.), *Bulletin* 1986, S. 38. - "Es ist nicht statthaft, daß er [der BRH] Vorgänge politisch bewertet oder würdigt. Gerade dieses gehört aber zur Kompetenz des Parlaments als einer politischen Institution. Es ist für uns selbstverständlich, diese politischen Entscheidungen zu respektieren." Karl Wittrock, Beitrag zur Wahrung der Integrität der Staatsverwaltung, in: *Der Bundestag im Verfassungsgefüge der Bundesrepublik Deutschland*, Bonn 1980, S. 134. - "Die Prüfung des BRH bezieht sich nicht auf die politischen Zielsetzungen von Parlament und Regierung, sondern allein auf die Frage, wie unter Respektierung dieser Entscheidungen die bereitgestellten Mittel verwendet worden sind." Schäfer, *Steuergelder* (Anm. 83), S. 57.
353   Vgl. oben Kapitel 12.2.1.
354   Tiemann, *Staatsrechtliche Stellung* (Anm. 2), S. 209.
355   Ebd., S. 207.
356   Vgl. auch Büch, *Bestimmung der Grundsätze* (Anm. 10), S. 146 ff., Greifeld, *Rechnungshof* (Anm. 5).

Die Vertreter der Gegenmeinung berufen sich darauf, daß die Wirtschaftlichkeits- und Sparsamkeitsgrundsätze der Prüfungsbehörde letztlich eine materielle Kritik der gesamten Staatsverwaltung erlaubten: "Gefordert wird eine Lückenlosigkeit der Finanzkontrolle hinsichtlich ihrer Bewertungsaspekte. Das gelte auch für die jeweilige konkrete Zwecksetzung eines Verwaltungshandelns, auch wenn die Zwecksetzung im gegebenen Fall politisch sein sollte."[357]

Zwischen beiden Seiten kontrovers ist vor allem der Maßstab der Wirtschaftlichkeit, der neben der Ordnungsmäßigkeit Grundlage der Feststellungen und Wertungen des Rechnungshofs ist. Während die Vertreter des Grundsatzes vom apolitischen Rechnungshof entweder die Wirtschaftlichkeit als ein Bewertungskriterium rechtlicher Art[358] sehen oder einem strengen Ziel-Mittel-Denken[359] verhaftet sind, betonen die Gegner dieser Position gerade die Zwangsläufigkeit politischer Wertungen bei der Anwendung dieses Maßstabs.[360] Für die Diskussion der politischen Gestaltungsfunktion kann somit unmittelbar an die Ausführungen in Kapitel 12.2. angeknüpft werden.

12.3.2. Ansatzpunkte politischer Gestaltung im Kontrollhandeln

Die Vorstellung, daß die Ziele des Verwaltungshandelns vorab und inhaltlich abschließend politisch festgelegt werden, die Exekutive selbst die Ziele lediglich realisiert und hierfür politisch neutrale Mittel in Form finanzwirksamer Maßnahmen einsetzt, dem BRH somit lediglich die Prüfung der optimalen Mittelplanung und -verwendung obliegt, wird prinzipiell durch die Ausführungen zum Ziel-Mittel-Verhältnis in Kapitel 12.2.1. obsolet. Zwar mag es auf der unteren Vollzugsebene der Verwaltung, zum Beispiel bei einer Beschaffungsmaßnahme, angehen, den politischen Gehalt der Entscheidung wie der Überprüfung wegen seiner Geringfügigkeit zu vernachlässigen. Je mehr der Rechnungshof sich jedoch der Programmebene nähert, desto problematischer, ja unrealistischer wird dies. Denn die politischen Ziele und die Mittel, sie zu erfüllen, entziehen sich einer strengen Trennung. Ferner macht es die Vielzahl von Zielen und

---

357 Battis, Rechnungshof und Politik (Anm. 6), S. 723.

358 "Auch der Maßstab der Wirtschaftlichkeit, den die Verfassung als entscheidendes Prüfungskriterium nennt, rechtfertigt eine solche wertungsmäßige Ausdehnung der Finanzkontrolle des Rechnungshofs nicht. Gerade auch Wirtschaftlichkeitsgrundsätze lassen sich nach streng Nutzen-Kosten-orientierten Gesichtspunkten beurteilen und erfordern keinen Rückgriff auf interessenpluralistische geprägte politische Wertungen." Tiemann, Nochmals (Anm. 349), S. 242; vgl. auch Tomuschat, Haushalts- und Finanzkontrolle (Anm. 8).

359 Allerdings ist innerhalb der herrschenden Meinung ein Wandel zu beobachten, ohne daß das dezisionistische Modell selbst in Frage gestellt wird, aber bei bestimmten Unterfällen der Wirtschaftlichkeit, z.B. der Evaluation/Wirksamkeitsprüfung wird eine Einbeziehung der Ziele nicht ausgeschlossen, so z.B. Helmut Karehnke, Zur Abgrenzung der Begriffe Prüfung und Beratung, in: *DVBL* 4, 1976, S. 611 f.

360 "Der Begriff Wirtschaftlichkeit stellt weitgehend eine Leerformel dar, die durch eine politische - nicht rechtliche - Entscheidung zu füllen ist." Sigg, *Die Stellung der Rechnungshöfe* (Anm. 6), S. 75; vgl. weiter Büch, *Bestimmung der Grundsätze* (Anm. 10) sowie Grupp, Steuerung des Verwaltungshandelns (Anm. 10); Niklas Luhmann, Kann die Verwaltung wirtschaftlich handeln, in: *Verwaltungsarchiv*, 2/1960, S. 97-115.

Zielverflechtungen unmöglich, ein eindeutiges Zielsystem zu erkennen. Vielmehr existiert eine Reihe von teils sich ergänzenden, teils konfligierenden Zielen. Diese Vielzahl der öffentlichen Ziele zwingt den Rechnungshof, bewertend tätig zu werden.

Doch selbst unterstellt, die Ziele wären angegeben und befänden sich in einer eindeutigen Reihenfolge, so sind auch dann sinnvolle Wirtschaftlichkeitsprüfungen nur möglich, wenn alle Ziele exakt definiert sind. Wie in den Kapiteln 2.3.2.5. und 2.3.3. ausführlich dargestellt, rügt der Rechnungshof aber häufig gerade die Ungenauigkeit der Zielvorgabe, die nicht exakte Definition eines Ziels durch Parlament oder Regierung. Diese Praxis führt dazu, daß er selbst die Ziele "herausdestillieren" muß. Selbst wenn es also dem Rechnungshof prinzipiell möglich wäre, den optimalen Mitteleinsatz[361] wertfrei zu überprüfen, müßte er in solchen Fällen zuvörderst einen Zielfindungsprozeß einleiten, also suchend und bewertend tätig werden - und damit letztlich politisch handeln.

Doch nicht nur Parlament und Regierung treffen mit der Bestimmung der Programm- oder Maßnahmenziele politische Entscheidungen, auch im Handeln der Verwaltung sind im Rahmen des zugestandenen Ermessensspielraums politische Entscheidungs- und Bewertungselemente enthalten, wie angesichts der Ziel-Mittel-Problematik nicht anders zu erwarten. Die Überprüfung von Ermessensentscheidungen der Verwaltung durch den Rechnungshof bietet somit einen weiteren Indikator für eine politisch gestaltende Funktion des Rechnungshofs. In Kapitel 12.1. wurde als ein Grund für den Funktionswandel der Finanzkontrolle die Veränderung des handlungsleitenden Gesetzestyps ausgewiesen. Hierin sind zwei grundsätzliche Steuerungsformen des Verwaltungshandelns impliziert[362]: Konditionalprogramme und Zweckprogramme. Bei Konditionalprogrammen kann sich die Prüfung darauf beschränken, ob die vorgegebenen Entscheidungsregeln von der Verwaltung eingehalten werden bzw. ob sie praktikabel sind. "Ein Zweckprogramm legt dagegen bestimmte Handlungsziele und bei der Mittelauswahl zu beachtende Restriktionen fest, überläßt es aber im übrigen den Ausführenden, die unter den jeweiligen Umständen und innerhalb der vorgegebenen Grenzen zweckmäßigsten Maßnahmen dazu auszuwählen."[363] Die Verwaltungskontrolle umschließt also auch die jeweiligen Auswahlprozesse. Mit der festgestellten Zunahme von Zweck-/Finalprogrammen wird somit die gängige Differenzierung zwischen politischer Steuerung und ausführender Verwaltung immer fragwürdiger. Die planende und gestaltende, im Rahmen von Finalprogrammen auch Zielkonflikte entscheidende Verwaltung übernimmt vielmehr politische Funktionen bei der Programmgestaltung, wird also zunehmend politische Verwaltung. Damit werden zugleich "die Grenzen zwischen dem der Exekutive zustehenden Beurteilungsspielraum im Bereich des Politischen und dem legitimen Prüfungsbereich des Rechnungshofs fließend und (nur noch; d. Verf.) von Fall zu Fall zu ziehen."[364]

---

361 Eine Einschränkung läßt schon Wittrock anklingen: "Der Bundesrechnungshof kann seine Aufgaben nur sachgerecht erfüllen, wenn er den Prüfungsmaßstab der Ordnungsmäßigkeit und der Wirtschaftlichkeit so wertfrei wie möglich anwendet". Karl Wittrock, Haushaltsgestaltung durch Finanzkontrolle, in: *Die Verwaltung*, 1/1986, S. 4.

362 Vgl. auch Niklas Luhmann, *Politische Planung*, Opladen 1975.

363 Renate Mayntz, *Soziologie der öffentlichen Verwaltung*, Heidelberg 1978, S. 56.

364 Battis, Rechnungshof und Politik (Anm. 6), S. 725.

In dieser Situation wird dem Rechnungshof von unterschiedlichen Autoren "self restraint" empfohlen, und zwar desto stärker, je uneindeutiger die Zielvorgabe oder die konkret anzuwendenden Prüfungskriterien sind. Der Rechnungshof soll insbesondere finanzwirksame Maßnahmen nur dann als unwirtschaftlich beanstanden, wenn dieser Tatbestand evident ist. "Evidenz bedeutet, daß jeder vernünftige Mensch, also auch Bundestag und Bundesrat die Unsinnigkeit der Maßnahme einsehen müßte."[365] Begründet wird dieser Vorschlag, der den verfassungsrechtlichen Auftrag der Wirtschaftlichkeitsprüfung stark einschränkt, mit der fehlenden demokratischen Legitimation des Rechnungshofs. Diese These ist deshalb abwegig, weil es andere vergleichbare Institutionen gibt, die zulässigerweise sogar politikgestaltend tätig sind, insbesondere die Bundesbank. Vergleicht man Bundesbank mit Bundesrechnungshof, so zeigt sich, daß die verfassungsrechtliche Legitimation der Bundesbank schwächer, ihre politischen Konsequenzen aber gewichtiger sind als die des Bundesrechnungshofs."[366] Letztlich liefe die Verhinderung einer faktischen politischen Gestaltung durch den BRH auf eine Einengung der Finanzkontrolle hinaus, obwohl diese in vollem Umfang grundgesetzlich gewollt ist. Diese Einschränkung auf die offensichtlich unwirtschaftlichen Sachverhalte wäre außerordentlich schwerwiegend, denn sie würde bedeuten, daß dem Rechnungshof in einer Vielzahl von Fällen die Prüfung des Ermessensspielraums der Exekutive verwehrt würde. Gerade im Ermessensbereich aber sieht der Rechnungshof - wie mehrfach dargelegt - sein Betätigungsfeld und vor allem liegen dort die finanzwirtschaftlich besonders bedeutenden Fälle.

Die prinzipielle Zwangsläufigkeit, durch Prüfung des Ermessens politisch zu handeln, muß desto eher in Kauf genommen werden, als das Ermessen häufig als "Ausrede" für fehlerhaftes Handeln der Verwaltung dient bzw. im Ermessensbereich Entscheidungen gezielt politisch genannt werden, um sie für den Rechnungshof zu tabuieren. Mit einem Zurückweichen des BRH würde man nach Einschätzung von BRH-Mitgliedern "den Boden unter den Füßen verlieren", weil dann möglichst viele Entscheidungen als politische deklariert würden. Derartige Abwehrtendenzen entspringen übrigens keineswegs der individuellen Inspiration einiger besonders machtbewußter Ministerialen, sondern sind zwangsläufige Folge der kontinuierlichen Ausdehnungs- oder Usurpierungsbestrebungen aller bürokratischen Institutionen.

Die Kontrollaktivitäten des Rechnungshofs im Ermessensbereich der Verwaltung verweisen somit einerseits auf eine politikgestaltende Rolle des BRH, sind andererseits aber unabdingbarer Bestandteil seiner Kontrollaufgaben. Die herrschende Meinung von der Notwendigkeit oder Möglichkeit einer politischen Enthaltsamkeit des Rechnungshofs dagegen enthält stark ideologische Elemente und ist wenig von empirischen Befunden gestützt.

---

365 Sigg, *Die Stellung der Rechnungshöfe* (Anm. 6) S. 75.
366 v. Arnim, *Grundprobleme* (Anm. 31), S. 667.

12.3.3. Die Elemente der Politikgestaltung

Im folgenden werden alle empirisch ermittelten Dimensionen der Prüfungs- und Beratungsaktivität des Rechnungshofs - insbesondere insoweit sie für den Funktionswandel und damit letztlich für die Modernisierung der BRH-Kontrolle relevant sind - daraufhin überprüft, inwieweit sie politisch gestaltende Elemente enthalten.

Aktualität: Der Rechnungshof ist in seinen Feststellungen aktueller und gegenwartsnäher geworden. Je aktueller aber das Prüfungsthema, desto eher erregen - schon wegen des geringer zurückliegenden Zeitraums - der finanzielle Aufwand oder die sozialen Auswirkungen die öffentliche Diskussion und desto größer sind darüber zugleich die Einwirkungsmöglichkeiten des BRH durch Monita.

Wirtschaftlichkeitskontrolle: Ihr politisch-gestaltender Gehalt wurde schon in Kapitel 12.2. ausführlich dargestellt. Er wird noch stärker bei denjenigen Prüfungsgebieten, die sich vor der Wirtschaftlichkeitsprüfung einer Maßnahme oder eines Programms sogar mit der Frage beschäftigen, ob dies überhaupt eine staatliche Aufgabe ist[367]. Diese Fragestellung ist zwar rückführbar auf eine bestimmte Auslegung des Sparsamkeitsgrundsatzes, nämlich Sparsamkeit als Verpflichtung des Staates zur Enthaltsamkeit, enthält aber auch dann noch eine politische Bewertung[368].

Kontrolle auf Programmebene: Die Prüfung der Wirtschaftlichkeit eines Programms und die sich daran anschließende Kritik sind wesentlich politischer als ein Monitum zu einem Einzelfall. Der BRH bewegt sich tendenziell immer mehr in Richtung Programmprüfung - so zum Beispiel wenn er ein befristetes Subventionsprogramm überprüft und dies mit einem Vorschlag über Weiterführung oder Beendigung verbindet -, zum Teil kombiniert mit gegenwartsnaher (begleitender) Prüfung und dem Ausbau des querschnittsorientierten Sektors, was wiederum eher zu politischen Fragestellungen führt. Gleichzeitig sieht der Rechnungshof hier einen wesentlich stärkeren (politischen) Gegendruck auf sich zukommen, wie eines seiner Mitglieder formuliert: "Je näher der BRH der Programmebene kommt und die Interessen großer Interessenverbände tangiert, desto stärker sind dem BRH auch Grenzen gesetzt."

Erfolgs-/Wirksamkeitskontrolle: "Erfolgskontrollen haben ... in der Arbeit des Bundesrechnungshofs zunehmend Bedeutung erlangt."[369] Derartige Zielerreichungs- und

---

367 Siehe hierzu z.B. das "Gutachten über die Fachinformation".
368 Die Frage der Notwendigkeit staatlicher Aktivität bzw. der "Privatisierung öffentlicher Tätigkeit" führte nach einem Bericht des Landesrechnungshofs von Baden Württemberg im dortigen Landtag zu einer politischen Kontroverse: "Die Argumente des Rechnungshofes liefen ins Leere, weil es in der Frage der Privatisierung erhebliche grundsätzliche Meinungsverschiedenheiten zwischen den im Landtag vertretenen Parteien gibt. Die Befürchtung, daß wegen solcher Implikationen auch die anderen davon an sich unberührten Teile einer Prüfung beeinträchtigt werden, führt in der Praxis dazu, daß Prüfungsfelder auf einen eng begrenzten Bereich ohne jeden politischen Gehalt beschränkt werden." Otto Rundel, Von der Rechnungsprüfung zur Finanzkontrolle, in: *Finanzkontrolle in Baden-Württemberg*, Karlsruhe 1987.
369 Zavelberg, Mitteilung (Anm. 312), S. 4.

Wirksamkeitskontrollen[370] haben in doppelter Hinsicht ein politisches Element: Zum einen muß der BRH die Programmziele mit in seine Betrachtungen einbeziehen und ist daher gezwungen, "sich um den politischen Charakter des Verwaltungshandelns zu kümmern[371]. Zum zweiten "beziehen sich (diese Kontrollen; d. Verf.) auch auf die Auswirkungen von Gesetzen und sonstigen politischen Entscheidungen - bewegen sich also in einem Spannungsfeld zwischen Politik und Verwaltung."[372]   Noch deutlicher wird das politische Element im Handeln des Rechnungshofs, wenn er Gesetze auf ihre Wirksamkeit prüft und dem Gesetzgeber Vorschläge für eine Veränderung unterbreitet[373].

Überprüfung der informationellen Grundlagen: Der Rechnungshof betont ausdrücklich, daß er die politischen Entscheidungen des Parlaments und seiner Organe zu respektieren habe. Der Respekt vor den Beschlüssen der Legislative schließt allerdings nach seiner Einschätzung nicht aus, daß er prüft, ob die informationellen Grundlagen, auf Grund derer Parlament und Regierung ihre Entscheidung getroffen haben, stimmig sind, zum Zeitpunkt der Prüfung noch Gültigkeit haben oder ob die Auswirkungen der Entscheidung andere sind als vom Parlament/der Regierung vorgesehen. Damit ist alles unterhalb der Ebene der politischen Entscheidungen von Parlament und Regierung für den Rechnungshof Prüfungsobjekt, auch Entscheidungen der Minister als Behördenchefs. Letztere sind zudem Bestandteil der Haushalts- und Wirtschaftsführung des Bundes und unterliegen auch von daher der Kontrolle des Rechnungshofs - eine Auffassung, die durchaus nicht alle Ressorts teilen .

Schließlich hat auch die Verwaltungskontrolle zum Teil Politikgestaltung zum Gegenstand. Denn die Verwaltung handelt - wie mehrfach dargelegt - oft trotz fehlender exakter Grundlage (abstrakte Ziele ohne genauere Vorgaben) stillschweigend so, daß das vermeintlich politische Ziel erreicht wird (vorauseilender Gehorsam) oder offiziell proklamierte und reale Ziele fallen auseinander. Der Rechnungshof dringt in derartigen Fällen vor allem auf die Offenlegung des "politischen Moments".

Beratung der Exekutive: Die Gestaltungsmöglichkeiten im Handlungsbereich der Exekutive sind für den BRH vielfältig. Sie ergeben sich im Vorfeld von Prüfungen, bei der mit Prüfung verknüpften Beratung sowie bei der Erstellung von Regelwerken[374]. Auch bei den Prüfungen selbst werden via Prüfungsmitteilungen und "Bemerkungen" zunehmend Gestaltungsvorschläge gemacht[375].

---

370   In einem Querschnittsprüfungsgebiet wurde gerade eine umfangreiche Untersuchung über Erfolgskontrolle in den Ressorts fertiggestellt.

371   Herbert König, Thesen zur Finanzkontrolle, unveröff. Ms. 1987.

372   Zavelberg, Bedeutung und Verantwortung (Anm. 352), S. 39.

373   "Hinsichtlich seiner eigenen Praxis hat der Bundesrechnungshof in Frankfurt schon einige nachdenkenswerte Ansätze zu einer politischen Erfolgskontrolle aufzuweisen; dies gilt etwa für seine Bemerkung zur Durchführung des Forschungsprogrammes "Humanisierung des Arbeitslebens", aber auch zu Bafög wie zu den Modellvorhaben in der Bundesbildungsforschung." Herbert König: *Rahmenbedingungen wirksamer Finanzkontrolle*, Hamburg 1985.

374   Zum Problem der Mitverwaltung/Einbindung in das Verwaltungshandeln und der Möglichkeit, die der Rechnungshof mit dem Mittel der gutachterlichen Beratung hat, s. oben Kapitel 2.4.3. "Beratung der Exekutive".

375   Zu den Vorwirkungen, die nicht nur von der Existenz einer Institution, sondern auch von deren Handlungspraxis ausgeht, vgl. unten Kapitel 12.4.

Beratung des Parlaments: Die Beratung der Parlamentarier (hauptsächlich des Haushaltsausschusses) ist in den letzten Jahren erheblich ausgeweitet worden. Dadurch sind die Einflußmöglichkeiten des BRH auf die Politikgestaltung bedeutend umfangreicher geworden. Das Parlament verlangt in die Zukunft gerichtete Informationen; die Ermittlung, Auswahl und Gewichtung von Informationen ist aber ohne ein subjektives Bewertungssystem nicht möglich: "Insofern ist jede Beratung Mitwirkung an der Entscheidung, Mitentscheidung."[376] Der Rechnungshof gerät hier möglicherweise in das Dilemma, daß einerseits politische Beratung gewünscht wird, denn "wenn das Parlament Berater sucht, dann sucht es immer politische Berater", er aber andererseits eine "Schiedsrichterrolle" bei politisch kontroversen Themen vermeiden muß, will er seine politische Neutralität nicht gefährden.

Das den Prüfungsmaßstäben der Wirtschaftlichkeit und der Wirksamkeit inhärente Element des Politischen sowie die genannten Veränderungen von Zeit und Ebene haben zur Konsequenz, daß Prüfung und Beratung nicht nur Auswirkungen im politischen Raum haben, sondern daß der Rechnungshof eine politisch handelnde Institution ist und auch sein muß, wenn er seiner Funktion als Finanzkontrolleur im parlamentarischen System gerecht werden will. Je weiter sich der BRH in den politischen Bereich vorwagt, desto fundierter müssen allerdings seine Analysen sein; sonst wird ihm die Fachkompetenz abgesprochen, statt sich mit seiner inhaltlichen Kritik auseinanderzusetzen oder den politischen Gehalt seiner Äußerungen offenzulegen und gegebenenfalls zurückzuweisen. Der Bericht des BRH zu den Verkabelungsplänen der Post liefert hierfür ein gutes Beispiel: Obwohl auf einer "Bitte" des Haushaltsausschusses beruhend, wurde er nach Fertigstellung von Mitgliedern des Haushaltsausschusses mit der Begründung mangelnder Fachkompetenz in Zweifel gezogen.

Da keine eindeutige Trennung zwischen politischem Ziel und realisierenden Mitteln möglich ist, ist auch keine klare Grenze für gestaltende Aktivitäten des BRH festlegbar, sondern es existiert ein mehr oder weniger breiter strittiger Eingriffsbereich. Im Zweifelsfall muß die "Grenze" also in einem Diskurs oder Konflikt festgelegt werden - sie hat insofern den Charakter eines Kompromisses. Zugleich sind Grenzüberschreitungen fast zwangsläufig. Dies wurde bei der letzten Einkommenssteuerreform deutlich, zu deren Finanzierung der Bundesminister der Finanzen auf frühere Empfehlungen des BRH zurückgriff, obwohl er ein Jahr zuvor die Bemerkung "Besteuerung der Einkünfte aus Kapitalvermögen, die nicht dem Steuerabzug vom Kapitalertrag unterliegen"[377], vehement zurückgewiesen hatte. Auch Parlamentarier monierten damals, der Rechnungshof habe hier seine Grenze überschritten, dies sei ureigenste Angelegenheit des Parlaments, obgleich dieser "nur" die Befolgung von Gesetzesvorschriften angemahnt hatte. Desgleichen forderten Koalitionsabgeordnete noch in der Bundestagsdebatte über den Rechnungshof-Bericht 87 "den BRH- Präsidenten Heinz-Günther Zavelberg auf, 'sich und seinen Mannen in Zukunft mehr politische Abstinenz' zu verordnen. Mit seinen jüngsten "Bemerkungen" zur ungeklärten Finanzierung der Steuerreform habe der BRH

376   Sigg, *Die Stellung der Rechnungshöfe* (Anm. 6), S. 37.
377   In der Öffentlichkeit wurde dieser Sachverhalt unter dem Begriff "Quellensteuer" kontrovers diskutiert.

sein Terrain der Rechnungsprüfung verlassen und sich in den Raum der politischen Bewertung begeben"[378]. Bei derartigen dissenten politischen Themen erlegt sich der Rechnungshof im Regelfall erkennbar Zurückhaltung auf. Denn auch, wenn er politisch gestaltend tätig wird, will er seine von den Parlamentariern und den Ministerialen bisher anerkannte (partei-)politische Neutralität nicht gefährden.

Warum der Rechnungshof die politische Dimension seines Kontrollhandelns weitgehend verneint, dies schon zum traditionellen Selbstverständnis des Rechnungshofs gehört, wird klar, wenn man seine Möglichkeiten, sich durchzusetzen, betrachtet. Er hat keine rechtlich wirksamen Sanktionsmittel, ist auf Überzeugung durch Argumente angewiesen. Voraussetzung für seine Wirkung sind neben der fachlichen Kompetenz der Ruf der Objektivität und (partei-)politischen Neutralität. Ein Mitglied des BRH pointiert: "Die über Jahrzehnte gefestigte Objektivität ist der beste Schutz gegen politische Betrachtungen." Der Rechnungshof kann nur dann überzeugen, wenn er den Ruf reiner Sachbezogenheit[379] hat. Zweifel an seiner Objektivität werden mit dem Hinweis auf die Unabhängigkeit seiner Mitglieder zurückgewiesen, die die Objektivität der Tätigkeit des Rechnungshofs garantiere, sowie mit dem Verweis auf seine Verpflichtung der "Allgemeinheit" gegenüber, nicht aber auf bestimmte Interessengruppen. Zwischen Ruf und faktischen Verhaltensmöglichkeiten besteht ein paradoxes Verhältnis: Je mehr der Rechnungshof das Ansehen einer objektiven, parteipolitisch neutralen, fachlich kompetenten Institution hat, desto eher kann er sich in den politischen Raum hineinbewegen.

Zusammenfassend ist festzuhalten, daß - in Abhängigkeit von Aktualität und inhaltlicher Relevanz der Feststellungen - eine tendenzielle Zwangsläufigkeit zum politischen Gestalten im Handeln des Rechnungshofs besteht. Die Prüfung und Bewertung staatlicher Aktivitäten impliziert Mitgestalten im politischen Prozeß; mithin ist er eine politisch handelnde Institution. "Wenn die Rechnungshöfe ihrer Aufgabe auch als politische Institution - sie sind zwar nicht parteipolitisch determiniert, aber sie sind politische Institutionen - gerecht werden wollen, haben sie dazu beizutragen, daß Grundprinzipien der Verfassungsordnung realisiert werden."[380] Mit dieser politischen Dimension seines Handelns befindet sich der BRH in bester Gesellschaft, wie ein internationaler Vergleich über "The Auditor as Policymaker" von Ira Sharkansky zeigt. Sein zentrales Ergebnis ist, daß alle untersuchten unabhängigen Finanzkontrollinstitutionen politisch tätig wurden, unterschiedlich sind nur Ausmaß und Direktheit oder Subtilität dieser politischen Betätigung.

---

378 Verschwendung angeprangert, in: *Frankfurter Rundschau* v. 16.10.1987, S. 7.

379 Der Prüfer- und Gutachterfunktion wird eine gewisse Objektivität (Expertenautorität) zugeordnet; siehe z.B. Friedhelm Neidhardt, Kollegialität und Kontrolle - Am Beispiel der Gutachter der DFG, in: *KZfSS* 1/1986.

380 Hans Peter Witt, in: Franz O. Gilles/Gerhard Otto/Rainer Weinert (Hrsg.), *Vergangene und aktuelle Probleme der Budget- und Finanzkontrolle in Deutschland*, Berlin 1986.

12.4. Arkanum und Öffentlichkeit

Die Stellung des Rechnungshofs ist durch das Grundgesetz zwischen Legislative und Exekutive festgelegt. Sie allein sind seine formellen Berichtsadressaten und direkten Ansprechpartner. Faktisch wird jedoch durch die jährliche Berichterstattung regelmäßig die Medienöffentlichkeit einbezogen. Die darüber hinausgehende Nutzung von Öffentlichkeit und vor allem die Vorstellungen über ihren Stellenwert für die Finanzkontrolle sind im BRH dagegen - wie Kapitel 5.1. und 11. zeigen - ziemlich kontrovers. Eine wichtige Rolle spielt die (Medien-)Öffentlichkeit auch in der Literaturdiskussion[381] und zwar in zwei Hinsichten:

- die grundsätzliche Notwendigkeit der Herstellung von Öffentlichkeit (der Finanzkontrolle) als Moment demokratischer Kontrolle;
- die Öffentlichkeit als Wirkungsmechanismus oder Drohpotential, um den Monita und Empfehlungen des BRH bei Regierung und Verwaltung mehr Nachdruck zu verschaffen.

12.4.1. Der Rechnungshof als Sachwalter der demokratischen Öffentlichkeit

Der Rechnungshof wird sowohl in der Literatur als auch von BRH-Mitgliedern des öfteren als Sachwalter der Interessen der Allgemeinheit dargestellt: "Die Rechnungshöfe nehmen ihre Aufgaben mit Blick auf die politischen Kräftespiel ansonsten tendenziell zu kurz kommenden Interessen der Allgemeinheit wahr, deren Durchsetzungskraft sie stärken sollen."[382] Fraglich ist, ob die grundgesetzlich verankerte unabhängige Stellung des Rechnungshofs mit einer solchen Ausrichtung seiner Aufgabenerfüllung vereinbar ist, sieht man einmal davon ab, daß die "Interessen der Allgemeinheit" zunächst einmal genauer definiert werden müßten. Schon durch die Handlungsrestriktion, keine politischen Ziele überprüfen zu dürfen, sind dem Rechnungshof hier zumindest formell enge Grenzen gesetzt.

Aus dem Verständnis des Rechnungshofs als Interessenvertreter der Allgemeinheit ergäben sich darüber hinaus weitreichende Konsequenzen für die Veröffentlichung der Resultate seiner Arbeit. Zwar sind die "Bemerkungen", die der Rechnungshof Parlament und Regierung zuleitet, als Parlamentsdrucksache der Öffentlichkeit schon immer zugänglich gewesen. Jedoch, als Interessenvertreter der Allgemeinheit, müßte er ein "eigenständiges Zugangsrecht"[383] zu eben dieser Allgemeinheit haben: "Wichtig ist aber

---

381 Zur Gefahr einer Wiederkehr der Arkanpolitik vgl. z.B. Eckertz, Die Kompetenz des Bundesverfassungsgerichtes und die Eigenheit des Politischen, in: *Der Staat*, 2/1978, S. 183-203 sowie Gilles u.a., Die Funktion des Bundesrechnungshofes (Anm. 8),; siehe auch Ritzel, Die Rechnungsprüfung als Instrument der Demokratie, in: Bundesrechnungshof (Hrsg.), *250 Jahre Rechnungsprüfung*, Frankfurt a.M. 1964, S. 129-132; Helmut Karehnke, Der Rechnungshof als Teil der öffentlichen Kontrolle, in: Eckart Schiffer/Helmut Karehnke (Hrsg.), *Verfassung, Verwaltung, Finanzkontrolle*, Köln 1975, S. 233-257.
382 Hans Herbert v. Arnim, *Wirksame Finanzkontrolle* (Anm. 305), S. 25.
383 v. Arnim, *Grundprobleme* (Anm. 31), S. 674.

die Feststellung, daß die Veröffentlichung eine selbständige verfassungsrechtliche Befugnis des Rechnungshofs darstellt und die Veröffentlichung der Berichte deshalb nicht nur Folge der Parlamentsöffentlichkeit ist."[384] Zwar wählt der BRH in der Tat die zu veröffentlichenden Fälle allein aus und bestimmt allein über die Inhalte. Seine Veröffentlichungspraxis kann dennoch nicht als Beleg für das Argument vom BRH als Sachwalter der Allgemeinheit herangezogen werden, denn sie ist stark durch seine Berichtspflicht gegenüber Parlament und Regierung geprägt - wenn auch Gesichtspunkte des öffentlichen Ansehens und der Informierung der Öffentlichkeit eine gewisse Rolle bei der Erstellung der "Bemerkungen" spielen[385]. Aber diese stehen im Kontext eines umfassenderen Funktions- und Wirkungsverständnisses der BRH-Mitglieder, in ihm kommt die Vorstellung vom BRH als Sachwalter der Allgemeinheit nur in den Aspekten der Unabhängigkeit des BRH und seiner alleinigen Bindung an das Gesetz als Richtschnur seines Handelns vor. Eine weitergehende Verpflichtung des Rechnungshofs auf Interessen der Allgemeinheit wird dagegen durch dieses Selbstverständnis gerade ausgeschlossen - und erst recht eine weitergehende Informationspflicht gegenüber der Medienöffentlichkeit.

Des weiteren impliziert selbst die Konstruktion, die Finanzkontrolle habe dem parlamentarisch-demokratischen System zu dienen, keineswegs zwangsläufig die Notwendigkeit eines eigenständigen Informationsstrangs zwischen BRH und Medien. Denn "die Verfassung hat sich nicht für eine Staatsform mit kontinuierlicher und unmittelbarer Willensbildung des Volkes, sondern für eine Einschaltung von Zwischengliedern in den demokratischen Prozeß entschieden"[386]. Publizität sollte der Berichterstattung mittelbar über das Parlament zukommen, das in einer repräsentativ-parlamentarischen Demokratie den Transmissionsriemen zur Allgemeinheit darstellt. In der Praxis allerdings werden die Kontrollberichte kaum mehr durch Diskussion im Plenum des Parlaments öffentlich gemacht, vielmehr wird auf ihre Behandlung im Plenum weitgehend verzichtet. Daher präsentiert der Rechnungshof die "Prüfungsbemerkungen" zur Verstärkung ihrer Wirkungen selbständig der Öffentlichkeit. Hieraus kann aber kaum die Schlußfolgerung gezogen werden, dies stelle ein selbständiges verfassungsrechtliches Gebot im Sinne eines Zwangs dar. Im Gegenteil, Art und Ausmaß der Veröffentlichung sind gemäß dem Selbstverständnis des BRH in sein Ermessen gestellt.

Allerdings erscheint einer parlamentarischen Demokratie die Publizität der Kontrollakte und die Transparenz der öffentlichen Haushaltsführung eher angemessen, als ein genereller Ausschluß der Öffentlichkeit. Dies wird von BRH-Seite auch nicht bestritten. Die Legitimation zur Veröffentlichung erwächst dem Bundesrechnungshof in seinen Augen unmittelbar aus seinem Verfassungsauftrag der Kontrolle der öffentlichen Finanzen. Die Öffentlichkeit hat in diesem Kräftefeld aber in erster Linie eine Verstärkerfunktion; sie ist eher Instrument als Subjekt.

---

384 Ebd.
385 Vgl. im einzelnen die Darstellung in Kapitel 5.2. oben.
386 Tiemann, *Die staatsrechtliche Stellung* (Anm. 2), S.230.

12.4.2.   Demokratische Öffentlichkeit als Verstärker der Kontrollwirkung

Direkt bei den Massenmedien setzt die Überlegung an, eine unabhängige Öffentlichkeit
könne die Kontrollwirkung des Rechnungshofs stärken, könne seinen Monita und
Empfehlungen mehr Gewicht und darüber Geltung verschaffen als sein gegenwärtiges
Wirken im "Dunkeln". Hier wird dann entweder mehr oder weniger diffus auf den demokratischen Einfluß- und Gestaltungsprozeß verwiesen mit der gegenseitigen Stützung
von Parlament und Öffentlichkeit, in die auch der BRH einbezogen werden soll, oder es
wird auf den Skandalisierungseffekt[387] gesetzt, den eine Veröffentlichung negativer Fak-
ten für die Exekutive haben kann und den sie deshalb meiden wird. In letzterem Fall
würde die Medienöffentlichkeit zum funktionalen Äquivalent des "Ritters ohne Schwert"
- so wird der BRH gelegentlich in Parlamentsdebatten genannt - für fehlende eigene
Sanktionsgewalt werden. Damit ein solcher Wirkungsmechanismus überhaupt stattfinden kann, muß ein politischer Skandal allerdings drei Elemente aufweisen[388] (Skandal-
Triade):

- den Skandalierten: ein Akteur des politisch-administrativen Bereichs muß unmittelbar und auslösend in die geprüfte Angelegenheit verwickelt sein und einer Verfeh-
  lung von öffentlichem Interesse öffentlich bezichtigt werden;
- den Skandalierer: einer, der diese Verfehlungen öffentlich sichtbar macht - die Medien;
- (mehrere) Dritte: denen der Skandal berichtet wird, und die eine Reaktion zeigen -
  die interessierte Öffentlichkeit.

Weder die Öffentlichkeits-Berichterstattung des Rechnungshofs noch die Publizierungs-
praxis der Massenmedien erfüllen diese Bedingungen hinreichend[389]. Der politische
Skandal erfordert die Personifizierung des Skandalierten. Der Rechnungshof aber nennt
keine Namen, sondern nur den politisch Verantwortlichen. Darum ist der politische
Skandal nur dann Druckmittel für ihn, wenn der Minister bzw. die politische Spitze direkt betroffen ist. "Im politischen Skandal kommt die Denunziation einer Ungerechtig-
keit nie ohne die Denunziation einer Person aus."[390] So wurde die Starfighter-Beschaf-
fung zu einem Skandal, weil der damalige Verteidigungsminister Strauß sich darin per-
sönlich stark engagiert hatte. Der Bundesrechnungshof rügte in diesem Fall in unge-
wöhnlicher Schärfe die Verschleuderung von Steuergeldern.

Darüber hinaus sucht der BRH von sich aus nur sehr bedingt die Öffentlichkeit. Regelmäßig wendet er sich nur einmal jährlich anläßlich der Veröffentlichungen der "Bemerkungen" an sie. Analog publizieren die Massenmedien nur kurzzeitig und relativ un-
gezielt. Auch das Publikum reagiert nur mäßig interessiert. Übereinstimmend mit diesen

---

387   Zum politischen Skandal s. auch oben Kapitel 1 (Anm. 15).
388   Neckel, Das Stellhölzchen der Macht (Anm. 15), S. 581 ff.
389   Vgl. hierzu im einzelnen die Darstellung der Untersuchungsergebnisse oben in den Kapiteln
      5. und 11.
390   Neckel, Das Stellhölzchen der Macht (Anm. 15), S. 594.

Befunden, wird von Exekutive und Legislative sowie rechnungshofintern[391] die Wirkung der Publizität und des "Skandalschlagens" in der Öffentlichkeit eher gering eingeschätzt. Die These, der BRH könne durch "Skandalschlagen" seinen Vorstellungen in der Exekutive mehr Druck verleihen, kann somit pauschal nicht bestätigt werden.

Dies bedeutet aber nicht, daß der Rechnungshof keine öffentlichkeitswirksamen Berichte publiziert. Die Diskussionen im Zusammenhang mit der Versteuerung der Kapitalzinsen (Berichterstattung 1986) oder dem Jäger 90 (Berichterstattung 1988) belegen das Gegenteil. Allerdings sind die Rechnungshof-Berichte zum Teil schon vom Gegenstand her nicht geeignet, einen politischen Skandal hervorzurufen, weil sie nicht genügend personifizierbar sind oder weil sie eher unpolitische "Knüller" darstellen - ein Beispiel dafür ist der "Palisanderfall". Dagegen hat ein Bericht des Bundesrechnungshofs vor allem dann eine große politische Resonanz, wenn ein bestimmter Problemkomplex bereits in die öffentliche Diskussion eingegangen ist. Meist ist der "Skandal" also schon aufgedeckt, bevor der Rechnungshof hinzutritt.[392] Er liefert lediglich genauere Informationen.

Diese vermittelte Form der Skandalwirkung hängt offensichtlich mit dem Gegenstand und dem Verfahren der Finanzkontrolle zusammen. Dies wird noch deutlicher am parlamentarischen Finanzkontrolleur in Gestalt des Rechnungsprüfungsausschusses. Seine Schlußfolgerungen und seine Forderung nach Abstellung der Mängel sind der Öffentlichkeit zwar zugänglich, werden aber von den Massenmedien kaum wahrgenommen. Wenn in der Medienöffentlichkeit von Finanzkontrolle die Rede ist, dann bezieht sich das zumeist auf den Rechnungshof. Trotz dieses mangelnden öffentlichen Interesses ist aber gerade die Verhandlung im Rechnungsprüfungsausschuß gefürchtet; sie wird von manchen Beteiligten gar als "Tribunal"[393] empfunden[394]. Überspitzt gesagt, findet hier die Skandalisierung statt. Die Waffe des Rechnungshofs ist demgemäß weniger die Wirkung durch die Medienöffentlichkeit, sondern - wenn überhaupt Öffentlichkeit Wirkung zeigt - durch die Parlamentsöffentlichkeit.

12.4.3. Arkanum und Öffentlichkeit als Wirkungsmechanismen des Bundesrechnungshofs

Die volle Bedeutung der Öffentlichkeit als Wirkungsmechanismus des BRH kann erst dann entschlüsselt werden, wenn man das in der Untersuchung als Ko- bzw. Gegen-Mechanismus ausgewiesene Handeln unter Ausschluß der Öffentlichkeit (Arkanum) sowie die Differenzierung verschiedener Grade von Öffentlichkeit hinzunimmt. Dabei ist es

---

391   Allerdings legt der Rechnungshof nach außen Wert auf die Feststellung, daß die Massenmedien für ihn einen hohen Stellenwert haben.

392   Als Beispiele seien der bereits erwähnte Kabelbericht und die auf Anregung des Rechnungsprüfungsausschusses erfolgte Untersuchung des Geschäftsgebarens der Kieler HDA-Werft (sog. U-Boot-Skandal) genannt.

393   Hier soll nach Angaben von Parlamentariern schon manche Beamtenkarriere ihr Ende gefunden haben.

394   Siehe auch oben Kapitel 10. "Die Parlamentarische Finanzkontrolle".

von entscheidender Wichtigkeit zu beachten, daß jeweils nicht ein Faktor für sich wirkt -
also keine monokausale Beziehung besteht -, sondern die Wirkung erst im Kontext des
Gegenfaktors sowie zum Teil weiterer Faktoren zustandekommt.

Mit den verschiedenen Graden der Öffentlichkeit korrespondieren abgrenzbare empirische Tätigkeitssegmente mit je spezifischen Prüfungs- und/oder Beratungsformen,
Fallstrukturen und Adressatenkreisen. Mit jeder dieser Konstellationen ist ein spezifisches Wirkungsmuster verbunden. Darüber hinaus wirkt jede Öffentlichkeitsform in den
jeweils anderen Segmenten mit als Möglichkeit oder antizipierte Handlung. So stellen
die dem Parlament und der Medienöffentlichkeit jährlich präsentierten "Bemerkungen"
nur einen Bruchteil des gesamten Prüfungsfundus des Rechnungshofs von 400 bis 450
Prüfungsmitteilungen dar. Trotzdem prägen sie in der (Medien-)Öffentlichkeit das Bild
von der Tätigkeit des BRH. Zugleich dienen sie für das nichtöffentliche Segment als
Vergegenständlichung der Drohung mit Öffentlichkeit und erhalten so den Status eines
Wirkungsmechanismus.

Nach dem Grad der Öffentlichkeit ist die untersuchte Prüfungs- und Beratungstätigkeit des Rechnungshofs in folgende Segmente differenziert:

Das nicht öffentliche Segment/Arkanum:
Das Verfahren endet mit der Zustellung der letzten Prüfungsmitteilung an die geprüfte
und/oder vorgesetzte Stelle. Vorausgegangen ist ein bargaining-Prozeß zwischen Verwaltung und Prüfungsgebiet. Kenntnis von den Prüfungsergebnissen und den Empfehlungen des Rechnungshofs haben nur das Prüfungsgebiet des BRH und die betroffene
Verwaltungseinheit. Die direkte Wirkung geht nicht über die geprüfte Dienststelle bzw.
das Ressort hinaus, allerdings ist die indirekte Ausstrahlung (über die Wirkung qua Existenz) von schwer abschätzbarem Gewicht.

Teilöffentlichkeit/Regierungsöffentlichkeit:
Das Bundesfinanzministerium erhält Kenntnis von allen Prüfungsmitteilungen, die nach
Einschätzung des zuständigen Prüfungsgebiets von grundsätzlicher oder erheblicher finanzieller Bedeutung sind. Diese Informationen können sowohl in den nächsten Haushaltsverhandlungen als auch in Veränderungen des Regelwerks einfließen. Die Mitteilung an das Bundesministerium der Finanzen zielt primär auf Wirkung in gleich gelager-
ten Fällen in der gesamten Verwaltung, hat also eine Verallgemeinerungsfunktion. Damit wird die indirekte Wirkung - als analoge Anwendung, als Vorwirkung für die Behandlung künftiger gleichartiger Fälle oder als Präokkupation künftiger Entscheidungen
- weit bedeutsamer als die direkte (Fall-)Wirkung.

Parlamentsöffentlichkeit:
Die jährlichen "Bemerkungen" des BRH zur Haushalt- und Wirtschaftsführung bestimmen faktisch die Objekte und Maßstäbe der parlamentarischen Finanzkontrolle und
darüber deren Umfang wie deren Inhalte (allgemeine Wirkung). Zugleich liefern sie
einzelfallbezogene Informationen für die anstehende Haushaltsplanung (konkrete Wirkung). Über die Prüfungsfeststellungen hinaus erhält das Parlament umfangreiche

weitergehende Informationen, und zwar zum einen zu den "Bemerkungen" mit der Nennung von "Roß und Reiter" sowie den aktuellen Ermittlungsstand, wodurch das Verfahren im Rechnungsprüfungsausschuß einen Gutteil seines Druck- und Drohpotentials im Sinne der diskutierten Skandalisierung erhält, zum anderen Berichte und Stellungnahmen, die auf Anregung des Haushaltsausschusses/Rechnungsprüfungsausschusses vom BRH erarbeitet wurden, also eher die Aktivitäten der Parlamentarier reflektieren. Das Ausmaß der Sachkenntnis des Haushaltsausschusses und Rechnungsprüfungsausschusses hängt somit zu einem hohen Anteil von der Inanspruchnahme der formellen und informellen Beratungstätigkeit des Rechnungshofs ab. Er wird gleichzeitig durch diese Aktivitäten mitgestaltend im politischen Prozeß tätig. Entsprechend hoch wird in den beiden Ausschüssen auch der Stellenwert der BRH-Informationen eingeschätzt. Auch einige Fachausschüsse versichern sich des Sachverstandes des BRH. Umgekehrt schätzt der Rechnungshof die Parlamentsöffentlichkeit als wirkungsvollstes Sanktionsäquivalent. In der empirisch vorfindlichen Wirkungsstruktur sind zwei Mechanismen miteinander verflochten: die Parlamentsöffentlichkeit als Drohpotential für das bargaining im nichtöffentlichen Segment sowie der Haushaltsausschuß als Wirkungsvermittler, der mit der Autorität des Parlaments Konsequenzen fordert bzw. via Haushaltsfeststellung in den Gestaltungsprozeß eingreift. Dem entsprechen zwei konträre Selektionsprinzipien für die Auswahl der "bemerkungswürdigen Fälle" in den einzelnen Prüfungsgebieten: Von den einen werden die brisanten Fälle an die Öffentlichkeit gebracht, um durch die Publizität Druck zu erzeugen (Konfliktstrategie); von den anderen werden gerade die Konfliktfälle nicht publiziert, sondern eher die Fälle, von denen sie keine Minderung der Wirkung ihres bargainings im Arkanum befürchten (Konsensstrategie).

Medienöffentlichkeit:
Die "Bemerkungen" werden gleichzeitig mit der Zuleitung an Legislative und Regierung den Massenmedien präsentiert. Diese Öffentlichkeit soll die Wirkung des Rechnungshofs durch diffus-politischen Druck auf die Regierung verstärken. Insgesamt wird sie vom BRH eher als Drohpotential genutzt, weniger zum tatsächlichen "Skandalschlagen" (der Skandal ist nur solange ein Druckmittel, wie er nicht geschlagen wird). Von den Medien wahrgenommen und tatsächlich (weiter) publiziert wird allerdings lediglich ein kleiner Ausschnitt aus der Berichterstattung des BRH, selektiert durch die Pressekonferenz des Rechnungshofpräsidenten. Neben dem Druck im Einzelfall bewirkt die Publizität der Kontrollakte für den Rechnungshof eine Erweiterung seiner Legitimationsbasis als objektiver und unabhängiger Experte[395], was wiederum dazu beiträgt, seine Stellung in der Verwaltung zu stärken.
Der BRH bedient sich der abgestuften Öffentlichkeit bewußt und gezielt, um seine Vorstellungen von Ordnungsmäßigkeit, Sparsamkeit und Wirtschaftlichkeit durchzuset-

---

395 Dies wird beispielsweise in einem Bericht des "Spiegels" über eine Korruptionsaffäre im Bereich der Oberpostdirektion (OPD) München deutlich. "Seit Mitte August liegt der Staatsanwaltschaft ein 247 Seiten starker Untersuchungsbericht vor, den eine ... eingesetzte OPD-Arbeitsgruppe in Zusammenarbeit mit den Rechnungshof-Experten erstellt hat." *Der Spiegel*, Nr. 36, 31.8.1987, S. 44.

zen. Das Recht zur Nichtveröffentlichung ist hierbei handlungskonstituierend und hat
für die Bearbeitung eines wesentlichen Teils des Prüfungsstoffs eine direktere und
prägendere Bedeutung als eine wie auch immer geartete Form von Öffentlichkeit. Letztere erhält ihren hohen Stellenwert durch ihre Rolle als Potential, exemplarisch demonstriert an einer beschränkten Anzahl von Monita. Durch diese Verknüpfung von Arkanum - als Handlungs- und Wirkungsbedingung für das bargaining - und Öffentlichkeit -
als Drohpotential - kommt eine gewisse Widersprüchlichkeit in die Handlungssituation.
Zudem stellt das bargaining selbst einen Wirkungsmechanismus dar, indem an die Stelle
der Durchsetzung der Monita und Empfehlungen qua Sanktionsgewalt die Überzeugung
der Geprüften qua Argument und Expertentum des BRH tritt. Dieser Mechanismus
kann nur im Wechselspiel von Arkanum und Öffentlichkeit eingesetzt und wirksam werden.

Während die Wirksamkeit der Arkanpolitik stets von der entfernten Möglichkeit
einer Veröffentlichung (= Druckpotential) lebt, steht bei der zweiten Möglichkeit,
Öffentlichkeit als Wirkungsmechanismus zu benutzen, die Herstellung eben dieser Öffentlichkeit im Mittelpunkt: Wenn der BRH die parlamentarische Öffentlichkeit informiert, dann nutzt er sie als ein funktionales Äquivalent für nicht vorhandene eigene
formale Sanktionsgewalt oder um einen laufenden Verhandlungsprozeß mit der Verwaltung zu forcieren.

Beide Wirkungsmodi werden von den Prüfungsgebieten in unterschiedlichem Ausmaß eingesetzt. Die damit verknüpften Prüfungsphilosophien und Handlungsstrategien
bewirken entweder den strafprozeßartigen oder den bargaining Charakter der Prüfungstätigkeit. Richtet sich die Handlungsstrategie des Prüfungsgebiets eher auf das
"konstruktive Element" der Gestaltungsempfehlungen, so bedarf es größerer Konsensbereitschaft. In einem kooperativen Prozeß mit der Verwaltung wird ein Prüfungsergebnis erzielt, das Grundlage einer veränderten zukünftigen Tätigkeit der Verwaltung wird.
Voraussetzung für das Offenlegen problematischer Sachverhalte durch die Verwaltung
und für den folgenden kooperativen Prüfungs- und Beratungsprozeß ist allerdings die
Ausschaltung der Öffentlichkeit. Falls eine Bemerkung wegen der Bedeutung des Tatbestandes oder aus BRH-internen Gründen unumgänglich ist, so wird das mit einer Bemerkung verbundene Druckpotential schon im Vorfeld abgebaut, indem eine gemeinsame "Linie" abgesteckt wird. Anders die Prüfungsgebiete, die ihre Aufgabe eher als
"Erzieher" verstehen und die Prüfungstätigkeit als "Strafprozeß". Sie setzen darauf, über
das Parlament, so es den Erkenntnissen des Rechnungshofs zustimmt, die Verwaltung
auf den vom BRH für richtig gehaltenen Weg zu bringen.

Der Einsatz dieser beiden Handlungsstrategien zur Durchsetzung der Vorstellungen
des BRH ist aber nicht vom Rechnungshof beliebig allein bestimmbar. Das bargaining
muß auf die Bereitschaft der Verwaltung stoßen, ihre Informationen offenzulegen und
in quasi-Verhandlungen mit dem BRH einzutreten. Voraussetzung sind intensive informelle Kontakte (Vertrauen) und gute Sachkenntnis auf seiten des Rechnungshofs
(Kompetenz) sowie die Fähigkeit zu Kompromissen. Die Wahl der Handlungsstrategie
ist also nicht in das alleinige Ermessen des Prüfungsgebiets gestellt, die vorgefundene
Handlungssituation muß ebenso berücksichtigt werden wie der Stellenwert des Prü

fungsobjekts im Politikbereich. Damit werden auch die Grenzen der Nutzung dieser Wirkungsmechanismen deutlich. Dem Rechnungshof als Interpret der Normen steht die Exekutive mit ihrem prinzipiell zugestandenen Ermessensspielraum gegenüber. Dort, wo dem Rechnungshof, berechtigt oder nicht, Fachkompetenz abgesprochen, wenn auch eine gewisse Berechtigung seiner Feststellung anerkannt wird, werden die Gestaltungsvorschläge zurückgewiesen. Es bleibt ihm dann nur die Möglichkeit, zu versuchen, seinen Vorstellungen über das Parlament Geltung zu verschaffen.

Die Nutzung von Arkanum und Öffentlichkeit als Wirkungsmechanismen sowie die Differenzierung unterschiedlicher Tätigkeitssegmente mit je spezifischen Öffentlichkeitsgraden und Wirkungsmustern erweisen sich des weiteren als eng verflochten mit den verschiedenen Wirkungsformen, die in Kapitel 5.1. herausgearbeitet wurden und die den Charakter eines Stufenmodells haben. Hierbei steht vor allem die indirekte Wirkung des Arkanums, außerhalb der geprüften Stelle, für Wirkung qua Existenz, während seine direkte Wirkung auf die singuläre, gerade durchgeführte Prüfung beschränkt ist.

Im Zusammenhang mit der Arkanpolitik wird schließlich in der Literatur auf die Gefahr hingewiesen, daß eine unkontrollierbare Expertokratie entstehen könne[396]. Voraussetzung hierfür wären allerdings weitgehende Interessengleichklänge zwischen den Beteiligten. Im Verhältnis zwischen BRH und Exekutive sind hierfür so pauschal keine empirischen Belege zu finden. Partiell, für bestimmte Einheiten im Kontrollgefüge, sind Gleichklänge zu erkennen, beispielsweise zwischen dem "Hof" und dem jeweiligen Haushaltsreferat. Aber selbst zwischen BRH und BMF besteht keine durchgehende gleichgerichtete Interessenorientierung, obwohl - vermittelt über das grundsätzliche Interesse des Finanzministers an Einsparungen sowie über die gemeinsame Arbeit in verschiedenen Gremien - viele Berührungspunkte vorhanden sind.

Interessengleichklänge zwischen BRH und Legislative sind in ein komplexes Geflecht eingebettet, es ist ein gegenseitiges aufeinander angewiesensein - die Legislative auf die Informationen des BRH, der Rechnungshof auf die Sanktionsgewalt des Parlaments. Zugleich sind dem Bundesrechnungshof im Zusammenspiel zwischen Exekutive und Legislative Grenzen gesetzt für seine Aktivitäten der Norminterpretation bei der Anwendung der Prüfungsmaßstäbe und für seine Entwicklung eigener Handlungs- und Organisationskonzepte bei der Beratung.

12.5. Janusköpfigkeit

Die Beratungstätigkeit des BRH macht einen wesentlichen Teil seines Funktionswandels aus, und zwar in Richtung Erweiterung der Finanzkontrolle. Während sich die Tätigkeit des BRH bis in die sechziger Jahre auf die Rechnungsprüfung beschränkte, wird heute in nicht unerheblichem Ausmaß BRH-Arbeitskapazität für die beratenden Aktivitäten zur Verfügung gestellt. Daher ist es für die genauere Bestimmung dieses Wandlungs-

---

396 Vgl. auch Tomuschat, Haushalts- und Finanzkontrolle (Anm. 8) sowie Günter Mann, Unabhängige Kontrolleure, in: *ZParl*, 3/1981, S. 353-367.

aspekts von großer Wichtigkeit, in welchem Verhältnis die Beratung zur Prüfungstätigkeit steht, ob sie die Kontrollfunktion selbst erweitert und in ihrer Gestalt verändert hat, oder ob mit ihr eine mehr oder weniger eigenständige Funktion neben der herkömmlichen Kontrolle entstanden ist.

12.5.1. Abgrenzung von Prüfung und Beratung

Die Analyse der Strukturen der Prüfungs- und Beratungstätigkeit in den Kapiteln 2.2., 2.4. und 6. ergab, daß Prüfung und Beratung teils in unterschiedlichen Situationen, teils in enger Nachbarschaft oder sogar gleichzeitig stattfinden. Daher kann auch nicht überraschen, daß die meisten befragten BRH-Akteure darauf hinweisen, daß die beiden Handlungskomplexe nicht eindeutig, nicht vollständig und vor allem nicht mittels genereller Regeln voneinander abgrenzbar sind. Noch weniger besteht Konsens zwischen Kontrolleuren und Kontrollierten über die jeweilige Zuordnung. Welche Handlungen im einzelnen unter die "Beratung" subsumiert werden, wird besonders unterschiedlich eingeschätzt, wenn sie im Zusammenhang mit einem konkreten Prüfungsverfahren geschieht. Gibt beispielsweise der BRH Gestaltungsempfehlungen, dann ist strittig, ob diese Ratschläge noch Bestandteil der Prüfung selbst sind oder bereits unter die Beratung fallen. Die Übergänge zwischen Prüfung und Beratung sind hier fließend. Beratung liegt dagegen weitgehend unbestritten immer dann vor, wenn sie unabhängig von einem konkreten Prüfungsverfahren erfolgt.

Prüfung und Beratung bilden in beiden Fällen Teilfunktionen der Finanzkontrolle. Die Beratung stellt entweder nach einer Seite (der des BRH) die Komplementärfunktion der Rechnungsprüfung dar, nach der anderen Seite (der Adressaten/der Beratenen) hin eine selbständige Tätigkeit. Oder es handelt sich um einen Kreislauf, in dem sich die Finanzkontrolle befindet, wobei es vollkommen gleichgültig ist, an welcher Stelle im Kreislauf angesetzt wird. Auf jeden Fall wäre es falsch, den Beratungsaktivitäten des BRH eine reine Hilfs- oder Komplementärfunktion der Rechnungsprüfung zuzuschreiben. Vielmehr geht die Beratung nach übereinstimmender Einschätzung der meisten Beteiligten, über eine einfache Unterstützung und Ergänzung der Prüfung weit hinaus. Insbesondere für die Haushaltsplanung, aber auch für die Verbesserung oder Formulierung finanzwirksamer Regelwerke hat sie eine selbständige Bedeutung gewonnen und erhält so für die öffentliche Haushalts- und Wirtschaftsführung insgesamt einen wichtigen Eigenwert.

Um das Verhältnis von Prüfung und Beratung näher bestimmen zu können, muß in einem ersten Schritt festgestellt werden, ob beide im wesentlichen einer einheitlichen Handlungsorientierung unterliegen und gleiche Normen transportieren. Hierfür wurde die Frage geprüft, ob in den Bemerkungen und in der gutachterlichen Beratung eine einheitliche bzw. inhaltlich gleichgerichtete Argumentation zum Ausdruck kommt, ob insbesondere die Grundsätze der Ordnungsmäßigkeit, Sparsamkeit und Wirtschaftlichkeit in der Beratung einer anderen Hermeneutik unterliegen als in der Prüfung. Auf Grundlage des empirischen Materials ist festzustellen, daß der Maßstab der Wirtschaftlichkeit in der Prüfung mit gleichem Inhalt angewendet wird wie in der Beratung. Er wird in der Beratung genauso unterschiedlich verwendet wie in der Prüfung - nicht mehr und nicht weniger. Dies kann insofern nicht überraschen, als schon bei der Betrachtung der Prüfungsmaßstäbe des BRH (in Kapitel 2.4.) deutlich wurde, daß die Bewertung, ob eine Maßnahme, ein Projekt oder ein Programm wirtschaftlich ist, immer von Fall zu Fall vorgenommen wird. Am ehesten tritt eine einheitliche bzw. inhaltlich gleichgerichtete Argumentation in Bemerkungen und Gutachten innerhalb eines Prüfungsbiets dann auf, wenn beide Aktivitäten von einer Person wahrgenommen werden, denn das subjektive Element hat in Prüfung und Beratung das gleiche Gewicht.

12.5.2. Art und Ausmaß der funktionellen Verschränkung

Zwischen den Prüfungsgebieten schwanken der Anteil der Beratungstätigkeit an der Finanzkontrolle, ihre Nähe oder Ferne zur Prüfung und ihr Stellenwert für die Erfüllung der Kontrollfunktion erheblich. Es besteht offensichtlich eine starke Abhängigkeit von der jeweils vertretenen Prüfungsphilosophie. Somit wird der Kernbereich moderner Finanzkontrolle berührt. Daher muß noch differenzierter der Frage nachgegangen werden, ob und inwieweit Prüfung und Beratung als untrennbare, sich gegenseitig ergänzende oder als faktisch voneinander unabhängige Teilfunktionen anzusehen sind.

Prinzipiell sind drei Formen des Verhältnisses von Prüfung und Beratung denkbar:

1. die Interdependenz von Prüfung und Beratung, d. h. die Teilfunktion der Prüfung ist nicht realisierbar ohne die Teilfunktion der Beratung und umgekehrt; Prüfung und Beratung sind voneinander abhängig; sie sind positiv miteinander korreliert;

2. die Independenz von Prüfung und Beratung, d.h. die Prüfung vollzieht sich unabhängig von der Beratung und umgekehrt; Prüfung und Beratung sind selbständige Teilfunktionen der Finanzkontrolle;

3a. die Dependenz der Prüfung von der Beratung, d.h. eine Prüfung kann nur dann vollzogen werden, wenn vorher eine Beratung stattgefunden hat;

3b. die Dependenz der Beratung von der Prüfung, d.h. eine Beratung kann nicht ohne vorherige Prüfung durchgeführt werden.

Für die Untersuchung von Art und Ausmaß der faktischen Verschränkung von Prüfung und Beratung wurden zwei Ebenen unterschieden: die Informationsermittlung - also das Zustandekommen des Prüfungsergebnisses -, das Monitum und/oder die Gestaltungsempfehlung/das Gutachten sowie deren Wirkung. Wie in Kapitel 2.4. ausführlich dargestellt, ist die Beratung als Bestandteil oder Ergänzung der Prüfung vor allem dadurch gekennzeichnet, daß der BRH Ratschläge oder sonstige in die Zukunft gerichtete Hinweise und Anregungen gibt, Gestaltungsempfehlungen also, die weit über eine bloße Bemängelung und Beanstandung hinausgehen, sich aber auf die gleiche informelle Basis stützen und dem gleichen Entstehungszusammenhang (gleicher Analyseprozeß, gleiche Maßstäbe und Gestaltungskonzepte) entstammen. Eine solche mit der Prüfung verflochtene Beratungsaktivität wirkt daher viel eher in die Richtung einer ordnungsgemäßen

und wirtschaftlichen Haushalts- und Wirtschaftsführung als die in ihrem Charakter de-
struktive Mängelrüge. Der Prüfung wird gleichsam dadurch Nachdruck verliehen, daß
neben einer negativen Beurteilung einzelner Sachverhalte auch Gestaltungsempfehlungen geliefert werden, die aufzeigen, wie die Verwaltung arbeiten sollte. Allerdings
macht nur eine fundierte Mängelfeststellung die Empfehlung akzeptabel. Beide sind
auch in ihrer Wirkung stark voneinander abhängig.

Mit Beratungsaktivitäten, die losgelöst von einem konkreten Prüfungsverfahren erfolgen, versucht der BRH entweder bereits im "Vorfeld"[397] auf die Verwaltung einzuwirken, indem er frühere Prüfungserfahrungen auf neue Sachverhalte bzw. Objekte
überträgt und dadurch bereits in der Planungsphase - bei der Gestaltung von neuen
Maßnahmen, Projekten oder Programmen - aktiv wird oder indem er aus akkumulierten
Prüfungs- oder Beratungsinformationen auf höherer Ebene Folgerungen ableitet, zum
Beispiel bei der Änderung von Gesetzen Vorschriften und Richtlinien. Hier bestehen offensichtlich einseitige Abhängigkeiten. So baut einerseits die Beratung im Vorfeld und
bei Regelwerken auf früheren Prüfungserfahrungen auf, ohne daß die aktuelle Beratung
noch die Akzeptanz des früheren Monitums unterstützen oder direkt an dessen Wirkung
anknüpfen könnte. Andererseits kann gerade die Beratung im Vorfeld künftige Prüfungen stark beeinflussen. Da der BRH seine eigenen Beratungsvorschläge im nachhinein
möglicherweise zu kontrollieren hat, können - im Falle späterer Monita - erhebliche Ak-
zeptanzprobleme entstehen und kann auch der BRH selbst in seiner Prüfungsfähigkeit
beeinträchtigt werden. Zwar betonen die eine Verwaltung beratenden Prüfungsgebietsleiter gegenüber dieser ausdrücklich, daß die Beratung nicht künftige Prüfungen präju-
diziert und behalten sich zum Teil ausdrücklich die Möglichkeit einer späteren Prüfung
vor. Denn die "begrenzten Aufgaben des Beraters (Gutachters) erfordern natürlich, daß
der Rechnungshof etwaigen Versuchen der Verwaltung, ihn zur 'Absicherung' gegen
spätere Prüfungsbeanstandungen vorweg als Berater und/oder Zwischenprüfer einzuschalten (verbunden mit der Überlegung, er werde sich dann vielleicht später anderwei-
tiger Stellungnahmen enthalten), insoweit widersteht, als die Verantwortlichkeit der
Verwaltung, also letzten Endes die politische Verantwortlichkeit der Exekutive, geschmälert werden könnte"[398]. Doch faktisch können Blockierungen nicht ausgeschlossen
werden, wie das traditionelle defensive Prüfungskonzept (indirekt) nachhaltig deutlich
macht.

Wie weit sich ein Prüfungsgebiet vorwagt - letztlich auch in den politischen Raum
hinein -, wie "mutig" es auch auf eine komplexe Beratungsmaterie zugreift, wird maßgeblich von der jeweils vertretenen Prüfungsphilosophie bestimmt. Der informellen Beratung eröffnet sich hierbei ein sehr großer Handlungsspielraum, da sie weder den Geltungsanspruch eines Monitums hat, das als "Urteil" gut abgesichert sein muß, noch in
einem öffentlichen Diskurs "Angriffsflächen" bietet. Sobald dagegen die Beratung formellen Charakter erhält und damit auch nach außen getragen werden kann, muß sie un-
terschiedlichsten Betrachtungsweisen genügen. Deshalb bedürfen Gutachten, Stellung

---

397   Selbstverständlich kann auch die Verwaltung schon im "Vorfeld" Beratungswünsche an den
      BRH herantragen.
398   Karehnke, Zur Prüfung (Anm. 32), S. 46.

nahmen u.ä., sofern sie auf einen komplexen Untersuchungsgegenstand gerichtet sind, einer besonders sorgfältigen Fundierung, damit die Akzeptanz des BRH und sein Ansehen als Experte gewahrt bleiben.

In der Realität ist somit weder ein durchgängig gleichartiger und gleich intensiver Zusammenhang von Prüfung und Beratung noch eine einheitliche Beratungsfunktion vorzufinden. Vielmehr sind die Beratungsaktivitäten des BRH vielfältiger Natur und weisen ganz unterschiedliche Erscheinungsformen auf. Im Hinblick auf die Beratung der Exekutive[399] ist festzuhalten, daß ein Großteil der Prüfungs- und Beratungsaufgaben des BRH entweder stark miteinander verschmilzt, d.h. Prüfungs- und Beratungstätigkeit (relativ) untrennbare Teilfunktionen sind, oder die Beratung hat eine ergänzende Wirkung für die Prüfung und vice versa. Auch dann sind sie auf das engste miteinander verflochten, so daß eine klare Abgrenzung der Wirkungen kaum möglich ist. Daneben existiert eine Beratungsfunktion, die relativ losgelöst von der Prüfungsfunktion vollzogen wird, d.h., einen ganz eigenständigen Charakter aufweist.

Dagegen ist die Beratung der Legislative[400], primär des Haushaltsausschusses, vor allem in der Phase der Haushaltsfeststellung durch ihren relativ selbständigen Charakter gekennzeichnet; zwar existiert formell immer eine Abhängigkeit der beratenden von der prüfenden Tätigkeit des BRH, die Beratung selbst jedoch vollzieht sich unabhängig von der Prüfung.

Die These, Prüfung und Beratung seien untrennbare, sich gegenseitig ergänzende Teilfunktionen[401] des BRH, ist also ganz erheblich zu modifizieren. Insbesondere bei der Beratung des Haushaltsausschusses, nicht des Rechnungsprüfungsausschusses, ist der eigenständige Charakter dieser Funktion nicht zu übersehen.

12.6. Der Bundesrechnungshof im Spannungsverhältnis von instrumenteller und expressiver Funktion

Die Überprüfung der Ausgangsthesen zur Funktionsstruktur und Wirkungsweise des BRH anhand des erhobenen empirischen Materials ließ als grundlegendes Kennzeichen der Handlungssituation des BRH deutlich widersprüchliche Handlungsbedingungen und Wirkungsmechanismen hervortreten. Sie finden ihren Ausdruck am stärksten in den konträr ausgerichteten Wirkungsdimensionen von "Arkanum" und "Öffentlichkeit". Diese das Kontrollhandeln weithin prägenden Spannungs- und Konfliktverhältnisse sollen nun daraufhin überprüft werden, inwieweit sie dadurch erklärbar sind, daß den BRH-Aktivitäten zwei unterschiedliche Funktionsarten zugrunde liegen: nämlich der instrumentelle und der expressive Funktionstypus.

---

399 Siehe dazu oben Kapitel 2.4.3.
400 Zur Beratung der Legislative vgl. oben, Kapitel 2.4.2.
401 Vgl. Tiemann, *Staatsrechtliche Stellung* (Anm. 2), S. 150 ff.

Unter instrumentellem Gesichtspunkt gilt als Handlungsziel, die für die Haushalts-
und Wirtschaftsführung vorgegebenen Normen[402] konsequent durchzusetzen - was sei-
nerseits impliziert, ihre faktische Einhaltung im finanzwirksamen Handeln möglichst
vollständig zu kontrollieren. Unter expressivem Aspekt besteht hingegen das Handlungsziel darin, die "Gültigkeit" dieser Normen über die Zeit hin ("in Gegenwart und
Zukunft") in den unterschiedlichen Handlungsfeldern zu symbolisieren bzw. zu demonstrieren und darüber ihre Anerkennung in den öffentlichen Verwaltungen in allen Phasen des Haushaltszyklus zu gewährleisten. Hierfür muß vor allem die Gewißheit vermittelt werden, daß die Normen im gesamten Handlungsbereich und bei allen Mitakteuren
nicht nur formal gelten, sondern auch faktisch beachtet werden. Gegebenenfalls muß
eine weitergehende Motivation für die Normbefolgung geliefert werden[403]. Die Ge-
währleistung der Normgeltung über die Zeit und in unterschiedlichen gesellschaftlichen
Teilbereichen erfordert es, für eine angemessene Norminterpretation bei differierenden
Handlungsobjekten, oder allgemeiner, für ihre Anpassung an sich ändernde ökonomische und soziale Verhältnisse zu sorgen.

Diese Differenzierung nach Funktionsarten bzw. die Existenz divergierender Handlungsziele und -erwartungen setzt allerdings voraus, daß es sich bei der "Wirtschaftlichkeit", "Sparsamkeit" und "Ordnungsmäßigkeit" überhaupt um "soziale Normen" handelt
und nicht um "soziale Werte". Dies ist aber - wie bereits in Kapitel 1. angedeutet - für
die "Wirtschaftlichkeit" zu bezweifeln. Denn ihr fehlen die für Normen charakteristi-
schen ausdifferenzierten Handlungsregeln. Vielmehr bildet sie - insbesondere aus
wirtschaftswissenschaftlicher Perspektive - eher einen Handlungsrahmen, der nur fallweise auszufüllen ist. Gleiches gilt unter ökonomischen Gesichtspunkten für die
"Sparsamkeit", die jedoch zugleich sehr wohl den Charakter einer sozialen Norm haben
kann. Die "Ordnungsmäßigkeit" schließlich kann als Wert wie als Norm gefaßt werden.
Denn die vielen Rechtsvorschriften und Ausführungsrichtlinien in den öffentlichen
Verwaltungen stellen eindeutige Handlungsregeln dar. Zugleich verbleibt häufig ein
recht großer Interpretations- bzw. Ermessensspielraum.

Daher ist von Fall zu Fall zu überprüfen, inwieweit den angelegten Prüfungsmaßstäben jeweils eher der Charakter einer sozialen Norm oder der eines Wertes zukommt.
Trifft letzteres zu, so sind sie als bloße "Grundsätze" zum einen prinzipiell nicht durch
formale Sanktionsverfahren stabilisierbar, die gesamte Problematik des Sanktionsver-
zichts wird dadurch weitgehend reduziert. Zum anderen tritt der Deutungs- bzw.
Konkretisierungsaspekt in den Mittelpunkt der Aktivitäten. Letzteres wird durch die

---

402 "Norm" wird hier ausschließlich im Sinne von "soziale Normen" verwendet. Diese stellen
     ausdifferenzierte gesellschaftsweite oder gruppenspezifische Verhaltensregeln (Erwartun-
     gen) dar, die an bestimmte Situationen gebunden sind (Definition des Geltungsbereichs).
     Ihnen stehen als übergeordnete, traditionsgeladene, globale gesellschaftliche "Vorbilder" die
     "sozialen Werte" gegenüber. Diese umfassen selbst keine konkreten Handlungsregeln, son-
     dern werden häufig durch soziale Normen differenziert. Hiervon zu unterscheiden ist die
     "Norm" im wirtschaftswissenschaftlichen Sinne, die sowohl auf globale Grundsätze be-
     schränkt sein als auch detaillierte Handlungsregeln mit umschließen kann.
403 Teilweise ist die Motivation als unmittelbare Folge positiver oder negativer Sanktionen auch
     dem instrumentellen Aspekt der Normdurchsetzung zurechenbar.

vorliegenden Ergebnisse, wie sie in den vorangegangenen Kapiteln dargelegt und diskutiert wurden, immer wieder bestätigt. Unter diesem Gesichtspunkt bekommt auch der Übergang zur Gestaltungsempfehlung und zum Beratungshandeln selbst eine neue Bedeutung oder zumindest ein erheblich größeres Gewicht, indem an die Stelle der Interpretation mit negativer Schlußfolgerung - dem Monitum - eine Interpretation mit positiver Schlußfolgerung tritt.

Betrachtet man nun weiter - den Charakter als "soziale Normen" einmal unterstellt - das Verhältnis der angesprochenen beiden Soll-Leistungen im Kontext umfassender soziologischer Überlegungen und Forschungsergebnisse zum Verhältnis von sozialen Normen und sozialem Handeln sowie speziell zur Geltungsstruktur sozialer Normen, so ist ein prinzipiell konflikthaftes Verhältnis für die Erfüllung beider Funktionstypen festzustellen: Es gibt kaum Normen, gegen die nicht verstoßen würde. Bei vielen sozialen Normen ist das Ausmaß der faktischen Verstöße sogar so hoch, daß ihre vollständige Erfassung und Offenlegung sehr bald die "legitime Geltung" der betreffenden Norm selbst aushöhlen würde[404]. Es gilt also, im institutionellen Handeln der normdurchsetzenden bzw. -sichernden Einrichtungen eine Balance herzustellen zwischen dem Ausmaß der Aufdeckung von Verstößen - via Kontrolle als Durchsetzungsmittel - und der Beschränkung auf die demonstrative Normgeltung, dem "Prinzip Kontrolle", als Garantieleistung.

Fragt man weiter, mittels welcher Handlungsstrategien in der externen Finanzkontrolle ein möglichst günstiges Bild der Geltungsstruktur der "Ordnungsmäßigkeit" und "Wirtschaftlichkeit" gezeichnet werden kann, so bieten sich die in den vorausgehenden Kapiteln skizzierten Handlungsstrategien und Wirkungsmechanismen des BRH unmittelbar an. Am augenfälligsten ist dies bei den Handlungspolen "Arkanum" und "Öffentlichkeit". Die "Arkanpolitik" steht für eine möglichst weitgehende Normdurchsetzung bei gleichzeitiger oder sogar unter den Bedingungen von Diskretion. Die einzelnen Monita werden durch die jeweils betroffenen Verwaltungen bereinigt. Art und Ausmaß der Verstöße insgesamt bleiben öffentlich unbekannt, bekannt sind nur das Faktum der Kontrolle und die Fähigkeit der Kontrolleure, Fehler zu finden. Die Veröffentlichung dagegen zielt auf eine demonstrative Normbestätigung. Nur der exemplarische Charakter verleiht ihr Wirkung. So sichert gerade die Beschränkung der Anzahl der vor dem Rechnungsprüfungsausschuß "angeklagten" Normverletzer zusammen mit dem Zwang, sich vor dem Parlament oder den Medien zu rechtfertigen, die Gültigkeit der Normen.

Genau gesagt, wird mit der dreifachen Segmentierung des Kontrollhandelns nach unterschiedlichen Öffentlichkeitsgraden eine jeweils andere Kombination der beiden Aspekte der instrumentellen und der expressiven Funktion realisiert: Dabei ist im nichtöffentlichen Segment die Auffindung und Ausmerzung der Mängel primär. In der jährlichen Berichterstattung dagegen wird über eine hochselektive Auswahl von Fällen primär symbolische Normsicherung betrieben. Neben der Demonstration ihrer Gültigkeit bieten die "Bemerkungen" zugleich die Möglichkeit einer gezielten Norminterpreta-

---

[404] Heinrich Popitz diskutiert in diesem Zusammenhang ausdrücklich "Über die Präventivwirkung des Nichtwissens" (*Recht und Staat in Geschichte und Gegenwart*, Nr. 350), Tübingen 1968.

tion. Am stärksten wird dieser Aspekt jedoch auf der Ebene der Regierungsöffentlichkeit wirksam, indem hier am ehesten Gestaltungskonzepte oder -empfehlungen allgemeinverbindlich gemacht werden können.

Diese abgestuften Handlungskonstellationen bieten dem BRH somit einen breiten Entscheidungsspielraum, die Geltungsstruktur der von ihm als Prüfungsmaßstäbe angewendeten Normen nach eigenen Vorstellungen (und Handlungsmöglichkeiten) auszugestalten, zumal er nicht nur über die Veröffentlichung von Monita, sondern über die Gestaltung seiner gesamten Prüfungsaktivitäten (wann, welcher Sachverhalt mittels welcher Bewertungskriterien) allein entscheidet - verfassungsrechtlich abgesichert durch seine richterliche Unabhängigkeit. Hierdurch kann er Normverletzungen in erheblichem Ausmaß vollständig ignorieren. Selbst die rechtlichen bzw. formalen Grenzen, die ihm gesetzt sind, erscheinen noch geeignet, ihn bei der Erfüllung beider Funktionsarten zu unterstützen: Die "Pflicht zur Lückenlosigkeit" kann als institutionelle Garantie des Sicherstellungsaspekts gehandhabt werden. Die Möglichkeit, die einzelnen Prüfungsfälle und die Prüfungsschwerpunkte selbst zu bestimmen, kann ein probates Mittel sein, sich auf je aktuelle Problembereiche zu konzentrieren und damit das Maß der Nichteinhaltung zu minimieren.

Erheblich unterstützt oder gar erst ermöglicht wird die eben skizzierte Erfüllung beider Funktionsaspekte durch das Fehlen BRH-eigener direkter Sanktionsmittel und damit zugleich durch das Fehlen einer Sanktionspflicht. Erst dies erlaubt es, Verstöße zu ignorieren. Zugleich bieten aber funktionale Äquivalente dem BRH die Möglichkeit, bei Bedarf indirekte Sanktionen auszuüben. Dieser zweite zentrale Wirkungsmechanismus umfaßt primär die Drohung mit "Öffentlichkeit" - genauer: mit der Weitergabe von Informationen an interessierte und direkt sanktionsfähige Adressaten (primär: Finanzminister und Parlament) - bei nicht ausräumbaren Dissens. Hinzu kommt der öffentliche Skandal in den Medien als eher diffuses politisches Druckmoment.

Wie stark sich der BRH dieser Wirkungszusammenhänge und -mechanismen bewußt ist, zeigt sich daran, daß das Fehlen eigenständiger Sanktionsmittel sowie vor allem der Verzicht auf enge normierte Verfahrenszwänge von fast allen Befragten ohne Einschränkung als notwendige Voraussetzung der gegenwärtig erreichten Wirkungen sowie als die prinzipiell weit bessere Alternative beurteilt wird. Demgemäß werden die Wirkungsmechanismen durchaus sehr gezielt genutzt, indem zum Beispiel gegenüber bestimmten Adressaten konfliktträchtige Fälle weitgehend vermieden werden. So besteht eine ausgeprägte Tendenz, dem Parlament Monita zu präsentieren, die zwischen dem BRH und dem Rechnungsprüfungsausschuß Konsens versprechen. Vor allem aber werden Fälle vermieden, die parteipolitisch stark kontrovers sind. In bestimmten Fällen werden allerdings gezielt stark strittige Themen aufgegriffen. Desgleichen differiert das Ausmaß norminterpretierender Aktivitäten je nach Öffentlichkeitsgrad erheblich. Ob diese Aufspaltung eher einen Mangel darstellt oder als "Offenhaltung" von Normdeutungen eher ein Anpassungs-"Instrument" ist, sei dahingestellt.

Betrachtet man die Entwicklung der Finanzkontrolle in den letzten zwanzig Jahren, so muß angesichts der immer schärfer hervortretenden prinzipiellen Limitierung der Kontrollkapazität des BRH die Frage gestellt werden, inwieweit bzw. wie lange unter derart restriktiven Bedingungen noch davon die Rede sein kann, der "Hof" erfülle die instrumentelle Funktion der Normdurchsetzung, oder wann die Erreichung einer möglichst vollständigen Normerfüllung unter diesen Umständen als Fiktion offenbar wird. Soll die instrumentelle Funktion weiterhin erfüllt werden, muß die gedankliche Koppelung von faktischer Normdurchsetzung und möglichst vollständiger Aufdeckung von Normverstößen aufgegeben werden. Für die Modifikation der zugehörigen Handlungsziele bietet sich die moderne Variante der Prüfungsphilosophie des BRH an - speziell der Übergang von einer möglichst breitgestreuten Fehlersuche, die stark auf Details hin orientiert ist ("Einzelfallorientierung"), hin zur Konzentration auf typische oder exemplarische Mängel in der Haushalts- und Wirtschaftsführung als Ganzem - also mit dem Geltungsanspruch einer am einzelnen Fehler im Verwaltungshandeln kaum mehr interessierten "Problemorientierung"[405].

Daß aber auch unter diesen Bedingungen die Koppelung von expressivem Geltungsanspruch und instrumenteller Durchsetzung nicht ganz aufgegeben wird, zeigen die jährlichen Pressekonferenzen anläßlich der Veröffentlichung der je neuesten Bemerkungen: Bei der dort üblichen Präsentation einiger besonders "griffiger" Monita betont der jeweilige Präsident seit etlichen Jahren kontrapunktorisch, daß die Bundesverwaltung an sich gut funktioniere und weitgehend mängelfrei arbeite, die geltenden Normen also befolgt würden.

Noch ein zweites zentrales Element der Prüfungsphilosophie steht für eine Veränderung innerhalb der instrumentellen Funktion: nämlich die "Aktualität" oder die größere Gegenwartsnähe der Prüfungen. Die früher praktizierte dezidierte Nachgängigkeit aller Kontrollen wurde mehr und mehr als hemmendes Moment für eine wirksame Normdurchsetzung gewertet, da ihr Bezug zum aktuellen Verwaltungshandeln nur noch vermittelt war und eine große Beständigkeit der Verwaltungsvollzüge als Wirkungsbedingung vorausgesetzt wurde. Daher kann die größere Zeitnähe als Anpassung an die veränderten Wirkungsbedingungen zur Sicherung der Instrumentalfunktion in einer sich schnell wandelnden Gesellschaft betrachtet werden.

Demgegenüber impliziert ein drittes zentrales Element der Prüfungsphilosophien, nämlich der Wandel der Handlungsintention von der Fehlerkorrektur zur besseren Gestaltung des Handelns oder zur "Optimierung" der Handlungsregeln selbst, eine Verschiebung vom instrumentellen zum expressiven Gesichtspunkt. Nimmt man noch die Schwerpunktbildung sowie die Programm- und Systemprüfung hinzu, so deutet sich ein tiefgehender Wandel innerhalb der expressiven Funktionsweise an: von der Bestätigung einzelner Normen zur Verknüpfung und Bestätigung ganzer Normenbündel sowie von der Einzelinterpretation bzw. dem Angebot singulärer Handlungsmaximen hin zur Konzeptionierung ganzer Regelungskomplexe. Auch die Idee einer "Kontrolle der Kontrolle" zielt in diese Richtung.

Diese Zuordnung der verschiedenen Momente der Prüfungsphilosophie zeigt sehr deutlich, daß der Funktionswandel der externen öffentlichen Finanzkontrolle in das Ge-

---

405 Die exemplarische Vorgehensweise ist demgemäß als offizieller Perzeptionsverzicht interpretierbar. Darüber hinaus wird mit der neuen Prüfungsphilosophie auch die Begrenzung der Sanktionspflicht öffentlich dokumentiert.

füge von instrumenteller und expressiver Funktion eingegriffen, eine Verschiebung hin zur letzten bewirkt, mehr aber noch Veränderungen innerhalb eines jeden Aspekts hervorgerufen hat.

Das Deutungsschema vom instrumentellen und expressiven Funktionsaspekt wird allerdings durch mehrere zum Teil schon länger existente Momente eingeschränkt. Den gravierendsten Einwand bildet die mehrfach aufgeworfene Frage, inwieweit die "Wirtschaftlichkeit" und zum Teil auch die "Ordnungsmäßigkeit" soziale Normen darstellen oder eher Werte-Charakter haben. In der Tat tritt der BRH - das belegen die Ergebnisse - sowohl als Verkünder feststehender Normen auf als auch mit einem erheblichen eigenen definitorischen oder Deutungsanspruch für das, was "Wirtschaftlichkeit" sein könne oder solle. Er gerät dabei in Konkurrenz zu anderen Deutungsinstanzen - in der Exekutive wie in der Legislative -, die seinen Deutungsanspruch zum Teil vehement zurückweisen: sei es auf Ressortebene, indem die Kompetenz oder Zuständigkeit des "Hofes" bezweifelt wird, oder auf Regierungsebene, indem beispielsweise ein strittiger Sachverhalt zum "Politikum" erklärt wird. Oder vom BRH angebotene Informationen oder Gestaltungsvorschläge werden entweder ignoriert (von "beratungsunwilligen" Verwaltungen) oder nur unter der Bedingung der Nichtveröffentlichung akzeptiert (Arkanpolitik). Die Zurückweisung oder Abwehr seiner Definitionsversuche mindert zudem keineswegs immer das Funktionieren der Verwaltung, sondern kann auch positiv wirken, indem sie eine zu große Einengung des Ermessensspielraums der Verwaltung verhindert oder die "falsche" Stoßrichtung einer Interpretation abwehrt. Die Beratung als eingeschränkte oder relativierte Form der Deutung bekommt hierdurch erst ihren eigentlichen Stellenwert.

Durch die Differenzierung der beiden Funktionsaspekte kann die Widersprüchlichkeit der Handlungssituation der Kontrolleure zwar durchgängig erklärt und zum Teil auch faktisch - vermittelt über die Trennung unterschiedlicher Handlungsebenen mit entsprechenden Prioritäten - gemildert, aber keineswegs vollständig aufgelöst werden. Vielmehr verbleibt ein nicht zu unterschätzender Anteil prinzipiell widersprüchlicher Anforderungen an das Kontrollverhalten, der die BRH-Kontrolleure zwingt, stets aufs neue eine Balance zwischen den verschiedenen Aktivitätsanteilen bzw. -segmenten zu suchen. Eine solche Balance kann längerfristig nur gelingen, wenn gleich große Distanzen zu den verschiedenen Handlungspartnern im Kontrollgefüge eingehalten werden. Die "Äquidistanz"[406] wird damit eine wichtige Bedingung für den Erhalt einer möglichst großen Wirkung. Sie erfordert und stabilisiert zugleich die innere und äußere Unabhängigkeit der externen Finanzkontrolle und gelingt am besten, wenn der Rechnungshof als "moralische Institution" anerkannt wird.

---

406 Die Notwendigkeit der Äquidistanz wurde auch bei anderen Kontrollorganen im untersuchten Gefüge festgestellt - so vor allem bei den Vorprüfungsstellen, die organisatorisch zur Exekutive gehören, fachlich aber dem Rechnungshof zugeordnet sind und eine Art Schnittstelle zwischen beiden bilden: Sie leisten gleichzeitig interne Kontrollarbeit ("Selbstreinigung der Verwaltung"). Vgl. die ausführliche Darstellung oben in Kapitel 8.

Literaturverzeichnis

Neben den im folgenden angeführten Dokumenten wurden - wie im Kapitel 1.5. genauer dargestellt - diverse weitere Gutachten, Berichte und Stellungnahmen des Bundesrechnungshofs und
des Bundesbeauftragten für Wirtschaftlichkeit in der Verwaltung, Plenarprotokolle des Bundestags sowie Sitzungsprotokolle und Vorlagen des Haushaltsausschusses und des Rechnungsprüfungsausschusses durchgesehen und zum Teil statistisch erfaßt, die wegen ihrer großen Anzahl
hier nicht einzeln belegt werden. Sie entstammen ausnahmslos - wie Kapitel 1.5. zu entnehmen -
dem Archiv-Fundus der entsprechenden Organe und stellen dort jeweils abgegrenzte vollständige
Dokumentenblöcke dar.

Appel, Ernst J., *Möglichkeiten und Grenzen der Finanzkontrolle durch den Bundesrechnungshof*,
Nürnberg 1982

Arbeitshandbuch des Bundesrechnungshofes (Loseblattsammlung, Stand Nov. 1985), Frankfurt a.M.

Arbeitskreis "Vorprüfung" der Obersten Rechnungsprüfungsbehörden des Bundesgebiets, *Grundsätze der Vorprüfung* (Ms.), März 1951

Arnim, Hans Herbert v., *Wirksame Finanzkontrolle bei Bund, Ländern und Gemeinden*, Wiesbaden
1978

ders., *Die Öffentlichkeit kommunaler Finanzkontrollberichte als Verfassungsgebot*, Wiesbaden 1981

ders., Grundprobleme der Finanzkontrolle, in: *DVBl*, 1.7.1983, S. 664-675

ders., *Ein neues Organisationsstatut für den Bundesrechnungshof. Vorschläge für eine überfällige
Reform*, Wiesbaden 1984

ders., Verfassungsfragen der Finanzkontrolle in Hessen, in: *DÖV*, 15/1986, S. 629 ff.

Bachmann, Michael, *Der Bundesrechnungshof*, Frankfurt a.M. 1967

Battis, Ulrich, Rechnungshof und Politik, in: *DÖV*, 21/1976, S. 721-727

ders., Schlußwort, in: *DÖV*, 7/1977, S.243

*Bemerkungen des Bundesrechnungshofes zur Haushalts- und Wirtschaftsführung, für alle Haushalts-
jahre von 1970 bis 1985*

Benninghoff-Lühl, R., *Die Methode der Gutachten des Reichssparkommissars*, Köln 1956

Berger, Hartwig/Claus Offe, Das Rationalisierungsdilemma der Angestelltenarbeit, in: Jürgen
Kocka (Hrsg.), *Angestellte im europäischen Vergleich*, Göttingen 1981, S. 39-58

Birk, Dieter, Steuerung der Verwaltung durch Haushaltsrecht und Haushaltskontrolle, in: *DVBl.*,
17/1983, S. 865 ff.

Blau, Peter M., Die Dynamik bürokratischer Strukturen, in: Renate Mayntz (Hrsg.), *Bürokratische
Organisation*, Köln 1971, S. 310-323

Bracher, Karl Dietrich u.a. (Hrsg.), *Entwicklungslinien der Politikwissenschaft in der Bundesrepublik
Deutschland*, Melle 1982

Briese (Weinert), Rainer, *Aktuelle Rationalisierungsstrategien in der Steuerverwaltung*, Ms., Berlin
1978

Briese (Weinert), Rainer/Raja Nejedlo u.a., Humanisierungsstrategien in öffentlichen Verwaltungen, in: *Die Neue Gesellschaft*, 10/1981, S. 915-918

Brümmerhof, Dieter/H. Wolff, Aufgabe und Möglichkeit einer Erfolgskontrolle der staatlichen
Aktivität, in: *Zeitschrift für die gesamte Staatswissenschaft*, 3/1974, S.477-493

Brunner, G., Möglichkeiten und Grenzen der öffentlichen Finanzkontrolle, in: Eckart Schif-
fer/Helmut Karehnke (Hrsg.), *Verfassung, Verwaltung, Finanzkontrolle*, Köln 1975, S. 169-187

Buchbinder, Norbert, *Die Finanzkontrolle der Finanzverwaltung durch den Bundesrechnungshof*, Nürnberg 1985

Büch, Martin P., *Zur Bestimmung der Grundsätze der Wirtschaftlichkeit und der Sparsamkeit im öffentlichen Haushalt der Bundesrepublik Deutschland*, Köln 1975

Bundeshaushaltsordnung (BHO) vom 19.8.1969 (geändert: 23.12.1971), *BGBl.* I, S. 2133

Bundesminister der Finanzen, Richtlinien für die Tätigkeit des Bundesbeauftragten für Wirtschaftlichkeit in der Verwaltung (BWV) vom 28.8.1986, *MinBl.Fin.* 1986, S. 198 ff.

ders., Richtlinien für die Tätigkeit des Bundesbeauftragten für Wirtschaftlichkeit in der Verwaltung (BWV) vom 10.3.1963, *MinBl.Fin.* 1965, S.206

ders., Vorläufige Verwaltungsvorschriften zu § 7 BHO vom 3. 1. 1983 (Erläuterungen zur Durchführung von Kosten-Nutzen-Untersuchungen), MinBl.Fin. 1983,2

ders., Vorprüfungsordnung für die Bundesverwaltung (VPOB) vom 12.12.1979. *MinBl.Fin.*, 1979, S. 338 ff.

ders., *Haushaltsrecht des Bundes. Grundlagen einer einheitlichen Finanz- und Wirtschaftspolitik der öffentlichen Hand*, Bonn 1986

Bundesrechnungshof, *Bericht über den Einsatz von Schreibkräften bei Bundesbehörden*, August 1975

ders., *Bericht zur Wirtschaftlichkeit öffentlicher Breitbandverteilnetze*, Juni 1984

ders., *Geschäftsordnung für den Bundesrechnungshof (GO-BRH) vom 10.9.1951*

ders., *Geschäftsordnung des Bundesrechnungshofes (GO-BRH) vom 21. 12. 1987*

ders. (Hrsg.), *250 Jahre Rechnungsprüfung*, Frankfurt a.M. 1964

ders., *Stellung der Vorprüfungsstellen in der Bundesverwaltung*, Bericht Juli 1981

ders., *Stellung der Vorprüfungsstellen in der Bundesverwaltung. Zweiter Bericht*, Dezember 1983

Der Bundesrechnungshof, hrsg. v. Präsidenten des Bundesrechnungshofes, Frankfurt a.M. 1986

Bundesrechnungshofgesetz (BRHG) vom 11.7.1985, *BGBl.* I, S.1445

Bussmann, Bernhard, Haushaltsausschuß - Informationen über seine Arbeitsweise, in: *Bundestag von A-Z*, Nr. 7, hrsg. v. Deutschen Bundestag, Bonn 1987

Campbell, B.G., Reforms as Experiments, in: Carol Weiss (Hrsg.), *Evaluation Action Programs. Readings in Social Action and Education*, Boston 1972, S. 182-223

Chrubassik, Rainer, Prüfungsplanung im amerikanischen "Bundesrechnungshof" General Accounting Office, in: *Verwaltung und Fortbildung*, 4/1986, S. 175 ff.

Derlien, Hans-Ulrich, *Die Erfolgskontrolle staatlicher Planung*, Baden-Baden 1976

Deutsche Stiftung für internationale Entwicklung (DSE), *Zweites Interregionales UN-INTOSAI-Seminar über "Probleme der staatlichen Rechnungshofkontrolle"*, Berlin 1973

Deutscher Bundestag (Hrsg.), *Parlamentskontrolle der Finanzpolitik. Probleme und Lösungsmöglichkeiten (Materialien*, Nr. 65), Bonn 1981

Diederich, Nils, Interessengruppen im politischen Prozeß, in: *Neue Politische Literatur* 1971

ders., Das Berliner Planungssystem. Ein Beitrag zur Stadtentwicklungsplanung, in: *Recht und Politik*, 1/1973

ders., Grenzen der Planung auf Länderebene am Beispiel Berlin, in: *ZParl*, 4/1974

ders., Stand und Koordination der Planung im Bereich der Bundesländer, in: *Recht und Politik*, 4/1974

ders., Aufgabenplanung, interne Arbeitsprogramme der Regierung, Regierungserklärungen, in: Klaus König (Hrsg.), *Koordination und integrierte Planung in den Senatskanzleien (Schriftenreihe der Hochschule Speyer*, Bd. 60), Berlin 1976

ders., Politiker und Planer: Ziehen Sie an einem Strang?, in: *transfer 4, Planung in öffentlicher Hand*, Opladen 1977 ders., Allgemeine Probleme der Planungskoordination, dargestellt an der ressortübergreifenden Planung des Berliner Senats, in: Jörn Erdmann/H.W. Hetzler u.a. (Hrsg.), *Aktuelle Probleme der planenden Verwaltung*, Meisenheim am Glan 1978

ders., Sozialplanung als politisches Instrument - ein Erfahrungsbericht, in: Karl Dieter Keim/Laszo Vaskovics (Hrsg.), *Sozialplanung auf Probe. Erfahrungen und Ausblicke*, Opladen 1984

ders./Franz O. Gilles/Gerhard Otto/Gundolf Otto/Rainer Weinert, Die Institution Rechnungshof: Stiefkind der Sozialwissenschaften, in: *ZParl* 4/1984, S. 479-494

Dopatka, F.-W., Zwei Vorschläge zur Novellierung des Bundesverfassungsgerichtsgesetztes, in: *Frankfurter Hefte*, 8/1978, S.9-21

Dorn, Heinz, *Erfolgskontrolle durch den Bundesrechnungshof (BRH)*, Ms., Frankfurt a.M. 1979

ders., *The Control of Success by the Federal Auditors' Court (BRH)*, Ms., Frankfurt a.M. 1979

ders., Personalplanung in Rechnungshöfen, Teil 1 u. 2, in: *VOP*, 6/1983, S. 295-298, und *VOP*, 1/1984, S. 32-34

ders., Erfolgskontrolle durch den Bundesrechnungshof, in: Gerd-Michael Hellstern/Hellmut Wollmann (Hrsg.), *Handbuch zur Evaluierungsforschung*, Bd. 1, Opladen 1984, S. 463-469

Dreßler, Karl, Stellung und Aufgabe des Bundesrechnungshofes, in: Bundesrechnungshof (Hrsg.), *250 Jahre Rechnungsprüfung*, Frankfurt a.M. 1964, S. 157-182

Ebbighausen, Rolf, *Politische Soziologie*, Opladen 1981

ders./Sighard Neckel (Hrsg.), *Anatomie des politischen Skandals*, Frankfurt a. M. 1989

Eckertz, R., Die Kompetenz des Bundesverfassungsgerichtes und die Eigenheit des Politischen, in: *DER STAAT*, 2/1978, S. 183-203

Eggeling, Ulrich, *Finanzkontrolle im Bundesstaat*, Kiel 1986

Eichhorn, Peter/Gert v. Kortzfleisch (Hrsg.), *Erfolgskontrolle bei der Verausgabung öffentlicher Mittel*, Baden-Baden 1986

Eickenboom, Peter/Ernst Heuer, Das neue Bundesrechnungshofgesetz, in: *DÖV*, 23/1985, S. 997 ff.

Ellwein, Thomas, Kontrolle der Bürokratie oder Kontrolle durch die Bürokratie?, in: *PVS*, Sonderheft 2, 1970

ders., Formierte Verwaltung. Autoritäre Herrschaft in einer parlamentarischen Demokratie, in: Winfried Steffani, *Parlamentarismus ohne Transparenz*, Opladen 1971

Finanzkontrolle in Baden-Württemberg. Beiträge zur Geschichte, Aufgaben und Arbeit der Rechnungsprüfungsbehörden, hrsg. v. Rechnungshof Baden-Württemberg, Karlsruhe 1987

Fuchs, Artur, *Wesen und Wirken der Kontrolle*, Tübingen 1966

Gerster, Johannes, *Der Berichterstatter im parlamentarischen Haushaltsverfahren*, Regensburg 1984

Gilles, Franz O., *Die verkannte Macht. Determinanten der Nachkriegsgeschichte der Institution Rechnungshof*, Berlin 1986

ders., Der Reichsrechnungshof zwischen obrigkeitsstaatlicher Funktion und geforderter Demokratisierung, in: Theo Pirker, *Rechnungshöfe als Gegenstand zeitgeschichtlicher Forschung*, Berlin 1987, S. 27 ff.

ders./Gerhard Otto, Folgen und Grenzen der Rationalisierung im Bürobereich, in: *Bauwelt*, 31/1981, S. 1344-1346

dies., Irrationalisering of Humanisering, in: Boonen e.a., *Kantoorwerk Gewogen*, Amsterdam 1983

Gilles, Franz O./Gerhard Otto/Gundolf Otto/Rainer Weinert, Die Funktion des Bundesrechnungshofes zwischen Finanzrevision und Politikgestaltung, in: *Recht im Amt*, 11/1983, S. 207-212

Gilles, Franz O./Gerhard Otto/Theo Pirker/Rainer Weinert, *Ungebrochene Tradition nach dem Zusammenbruch. Die Rechnungshöfe nach 1945 (Schriftenreihe Informationen aus Lehre und Forschung FU Berlin)*, Berlin 1985

Gilles, Franz O./Gerhard Otto/Rainer Weinert, *Vergangene und aktuelle Probleme der Budget- u. Finanzkontrolle in Deutschland. Bericht über das Symposium "Kontinuität oder Neubeginn"*, Berlin 1986

dies., Öffentliche Finanzkontrolle zwischen Tradition und Innovation, in: *Fin. Arch.*, 3/1987, S. 463-499

Glaser-Gallion, Susanne, *Der Bundesrechnungshof als unabhängiges Kontrollorgan in der Bundesrepublik Deutschland*, Stuttgart 1980

Grauhahn, Rolf-Richard, *Lokale Politikforschung*, Bd. 1 u. 2, Frankfurt a.m./New York 1975

Greifeld, Andreas, *Der Rechnungshof als Wirtschaftlichkeitsprüfer*, München 1981

Grottian, Peter, *Strukturprobleme staatlicher Planung*, Hamburg 1974

ders., *Große Steuerreform. Fallstudie zu einem gescheiterten Reformversuch*, Ms., Berlin 1978

ders./Axel Murswieck (Hrsg.), *Handlungsspielräume der Staatsadministration*, Hamburg 1974

dies., Zur theoretischen und empirischen Bestimmung von politisch-administrativen Handlungsspielräumen, in: dies. (Hrsg.), *Handlungsspielräume der Staatsadministration*, Hamburg 1974

Gross, Johannes, Phänomenologie des Skandals, in: *Merkur*, 205/1965, S. 398-400

Grupp, Klaus, *Die Stellung der Rechnungshöfe in der Bundesrepublik Deutschland*, Berlin 1972

ders., Steuerung des Verwaltungshandelns durch Wirtschaftlichkeitskontrolle?, in: *DÖV*, 16/1983, S. 661-667

Haag, Ingeborg, *Arbeitskommunikation- Kommunikationsarbeit. Neukonzeption industriesoziologischer Arbeitsanalyse durch die systematische Einbeziehung arbeitsbezogener Kommunikation*, Berlin 1986

dies./Gerhard Otto/Gundolf Otto u.a., Subjektive und objektive Auswirkungen der Rationalisierungsstrategien "Entmischung und Zentralisierung" im Bürobereich, in: Michael Frese (Hrsg.), *Streß im Büro*, Bern 1981

Häußermann, Hartmut, *Die Politik der Bürokratie*, Frankfurt a.M. 1977

Haller, Heinz, Einige Überlegungen zur aktuellen und künftigen Bedeutung der Wirtschaftlichkeitsprüfung, in: Eckart Schiffer/Helmut Karehnke (Hrsg.), *Verfassung, Verwaltung, Finanzkontrolle*, Köln 1975

Haushaltsgrundsätzegesetz (HGrG) vom 19.8.1969 (geändert 21.12.74), *BGBl.* I, S. 3656

Heckel, M. von, *Das Budget*, Leipzig 1898

Heinig, Kurt, *Das Budget*, Bd. 1: *Die Budgetkontrolle*, Tübingen 1949

Hellstern, Gerd-Michael/Hellmut Wollmann, Wirkungsanalysen, Eine neue Variante wissenschaftlicher Politikberatung, in: *transfer 4, Planung in öffentlicher Hand*, Opladen 1977, S. 157-168

dies., Wirksamere Gesetzesevaluierung. Wo könnten praktikable Kontrollverfahren und Wirkungsanalysen bei Parlament und Rechnungshof ansetzen?, in: *ZParl* 4/1980, S. 547-567

dies., Methoden- und Nutzungsprobleme von empirischer Sozialforschung im Interessenfeld von Auftragsforschung - Ein Fallbericht, in: W. Schulte (Hrsg.), *Soziologie in der Gesellschaft*, Bremen 1981, S. 560-563

dies. (Hrsg.), *Handbuch zur Evaluierungsforschung*, Bd. 1, Opladen 1984

dies., Vorwort, in: Hellstern/Wollmann (Hrsg.), *Handbuch zur Evaluierungsforschung*, S. 9-14

dies., Evaluierung und Evaluierungsforschung - ein Entwicklungsbericht, in: Hellstern/Wollmann (Hrsg.), *Handbuch zur Evaluierungsforschung*, S. 17-93

Helm, Claus, Nutzen-Kosten-Untersuchungen im staatlichen Entscheidungsprozeß, in: Gerd-Michael Hellstern/Hellmut Wollmann (Hrsg.), *Handbuch zur Evaluierungsforschung*, Opladen 1984, S. 366-380

Henke, Klaus-Dirk, Bestimmung und Steigerung der Effizienz im öffentlichen Sektor. Ein Überblick, in: *WISU*, 12/1978, S. 601-605

Heuer, Ernst/ Herrmann Dommach (Hrsg.), *Handbuch der Finanzkontrolle. Kommentar zum Bundeshaushaltsrecht* (Loseblattsammlung - Stand Oktober 1986), Frankfurt a.M.

Hoffmann, Siegfried, *Die Kontrolle der Regierung durch parlamentarische Rechnungsprüfung im Deutschen Bundestag*, Göttingen 1970

Hüttl, Adolf, Das Wirtschaftlichkeitsprinzip in der öffentlichen Verwaltung, in: Bundesrechnungshof (Hrsg.), *250 Jahre Rechnungsprüfung*, Frankfurt a.M. 1964, S. 205-221

Jekewitz, Jürgen, Bundesverfassungsgericht und Gesetzgeber - zu den Vorwirkungen von Existenz und Rechtssprechung des Bundesverfassungsgerichtes in den Bereichen der Gesetzgebung, in: *DER STAAT*, 4/1980, S. 535-556

Jeep, Hendrik, Szientifische Norm oder politische Legitimation, in: Theo Pirker (Hrsg.), *Autonomie und Kontrolle*, Berlin 1989, S. 106 ff.

Jentzsch, Andreas, Systemanalyse im Regierungsbereich und Reorganisation von Regierung und Verwaltung, in: Helmut Krauch (Hrsg.), *Systemanalyse in Regierung und Verwaltung*, Freiburg 1972

Karehnke, Helmut, Zur Prüfung der staatlichen Haushalts- und Wirtschaftsführung nach der Haushaltsrechtsreform, in: *DÖH*, 1974, S. 29-70

ders., Einige Gedanken zur Organisation von und in Rechnungshöfen, in: *DÖH*, 1975, S. 238-254

ders., Zur Abgrenzung der Begriffe Prüfung und Beratung, in: *DVBl.*, 4/1976, S. 611 ff.

ders., Zur Fachkontrolle makroökonomischer Auswirkungen der staatlichen Haushalts- und Wirtschaftsführung, in: *DVBl*, 3/1979, S. 10 ff.

ders., Der Rechnungshof als Teil der öffentlichen Kontrolle, in: Eckart Schiffer/Helmut Karehnke (Hrsg.), *Verfassung, Verwaltung, Finanzkontrolle*, Köln 1975, S. 233-257

Kaufmann, Franz Xaver, *Sicherheit als soziologisches und sozialpolitisches Problem. Untersuchungen zu einer Wertidee hochdifferenzierter Gesellschaften*, Stuttgart 1973

ders., Zur Problematik der Effektivität und ihrer Erfassung im Bereich der sozialen Sicherung, in: B. Külp (Hrsg.), *Soziale Probleme der modernen Industriegesellschaft*, Berlin 1977, S. 489 ff.

ders./Alois Herlth/Klaus-Peter Strohmeier, *Sozialpolitik und familiale Sozialisation. Zur Wirkungsweise öffentlicher Sozialleistungen* (Schriftenreihe des BMJFG, Bd. 76), Stuttgart 1980

Kewenig, Wilhelm, *Staatsrechtliche Probleme parlamentarischer Mitregierung am Beispiel der Arbeit der Bundestagsausschüsse*, Bad Homburg 1970

Kisker, Gunter, Sicherung von "Wirtschaftlichkeit und Sparsamkeit" durch den Rechnungshof, in: *NJW*, 39/1983, S. 2167-2172

Klein, Friedrich, Die institutionelle Verfassungsgarantie der Rechnungsprüfung, in: Bundesrechnungshof (Hrsg.), *250 Jahre Rechnungsprüfung*, Frankfurt a.M., S. 133-156

Klippstein, Gerhard, *Ausgewählte Probleme der öffentlichen Finanzkontrolle*, Mannheim 1972

Koch, A., Die Modernisierung der Rechnungsprüfung im Rahmen der Haushaltsreform und ihre personellen Voraussetzungen, in: *Der Gemeindehaushalt*, 9/1969 u. 10/1969

Köckritz, Sieghardt v./Ermisch, Günter/Maatz, *Bundeshaushaltsordnung, Kommentar*, München 1979

König, Herbert, *Dynamische Verwaltung*, Stuttgart 1979

ders., *Rahmenbedingungen wirksamer Finanzkontrolle* (Beiträge zur Verwaltungswissenschaft, Nr. 4), Hamburg 1985

ders., *Thesen zur Finanzkontrolle*, Ms., 1987

Korff, Hans C., Wege zur Verbesserung der Finanzkontrolle, in: *ZParl*, 3/1981, S. 399-413

ders., *Haushaltspolitik*, Stuttgart 1979

Kostenkontrolle bei Behörden, Haushaltsführung per Computer, in: *VOP*, 1/1987, S. 24 ff

Krüger-Spitta, Wolfgang/Horst Bronk, *Einführung in das Haushaltsrecht und die Haushaltspolitik*, Darmstadt 1973

Lehmberg, Hans-Dietrich, *Die Gutachtertätigkeit des Präsidenten des Bundesrechnungshofes*, Münster 1968

Letzelter, Franz/Heinrich Reinermann, *Wissenschaft, Forschung und Rechnungshöfe*, Berlin 1981

Lindblom, Charles E., Inkrementalismus: Die Lehre vom Sich-Durchwursteln, in: Wolf-Dieter Narr/Claus Offe (Hrsg.), *Wohlfahrtsstaat und Massenloyalität*, Köln 1975

Lohmar, Ulrich, *Wo uns der Schuh drückt. Zwanzig Beiträge zur deutschen Politik*, München 1980

Luhmann, Niklas, Kann die Verwaltung wirtschaftlich handeln?, in: *Verwaltungsarchiv*, 2/1960, S. 97-115

ders., *Vertrauen. Ein Mechanismus der Reduktion sozialer Komplexität*, Stuttgart 1968

ders., *Rechtssoziologie*, 2 Bde., Reinbek 1972

ders., *Funktionen und Folgen formaler Organisation*, Berlin 1972

ders., *Zweckbegriff und Systemrationalität*, Frankfurt a.M. 1973

ders., *Grundrechte als Institution*, Berlin 1974

ders., *Legitimation durch Verfahren*, Neuwied 1975

ders., *Politische Planung*, Opladen 1975

Mann, Günter, Rechnungshof: Opposition mit anderen Mitteln?, in: *ZParl*, 1/1978, S. 7-17

ders., Unabhängige Kontrolleuere?, in: *ZParl*, 3/1981, S. 353-367

Maunz/Dürig/Herzog, *Kommentar zum Grundgesetz*, München 1970

Mayntz, Renate, *Soziologie der Organisation*, Reinbek 1963

dies. (Hrsg.), *Bürokratische Organisation*, Köln 1971

dies., Die Implementation politischer Programme: theoretische Überlegungen zu einem neuen Forschungsgebiet, in: *DV*, 1977, S. 51 ff.

dies., *Soziologie der öffentlichen Verwaltung*, Karlsruhe 1978

dies., Regulative Politik in der Krise, in: Joachim Matthes (Hrsg.), *Sozialer Wandel in Westeuropa*, Frankfurt a.M. 1979, S. 55-81

dies./Fritz W. Scharpf (Hrsg.), *Planungsorganisation*, München 1973

Merton, Robert K., Bürokratische Struktur und Persönlichkeit, in: Renate Mayntz (Hrsg.), *Bürokratische Organisation*, Köln 1971, S. 265-276

Moeser, Ekkehard, *Die Beteiligung des Bundestages an der staatlichen Haushaltsgewalt*, Berlin 1978

Morell, Paul, *Der Bundeshaushalt. Recht und Praxis. - Kommentar zur Bundeshaushaltsordnung*, Wiesbaden 1983

Müller, W., *Betriebswirtschaftliche Probleme der Verwaltung, aufgezeigt an Beispielen aus interdependenten Bereichen innerhalb des Bundesrechnungshofes, der Finanzgerichte und der Finanzverwaltung*, Saarbrücken 1970

Müller-Doohm, Stefan, *Medienindustrie und Demokratie*, Frankfurt a.M. 1972

Myrdal, Gunnar, *Das politische Element in der nationalökonomischen Doktrinbildung*, Stockholm 1932

Naschold, Frieder/Werner Väth (Hrsg.), *Politische Planungssysteme*, Opladen 1973

Neckel, Sieghard, Das Stellhölzchen der Macht. Zur Soziologie des politischen Skandals, in: *Leviathan*, 4/1986, S. 581 ff.

Neidhardt, Friedhelm, Kollegialität und Kontrolle, in: *Kölner Zeitschrift für Sozialforschung und Sozialpsychologie*, 1/1986, S. 3 ff.

Neumark, Fritz (Hrsg.), *Handbuch der Finanzwissenschaft*, Tübingen 1976

Oberste Rechnungsprüfungsbehörden des Bundesgebietes, *Protokoll der Frühjahrstagung vom 8.5.-10.5.1951 in Schwäbisch Hall*

Offe, Claus, Rationalitätskriterien und Funktionsprobleme politisch-administrativen Handelns, in: *Leviathan*, 1974, S. 333 ff.

ders., Die kritische Funktion der Sozialwissenschaften, in: Wissenschaftszentrum Berlin (Hrsg.), *Interaktion von Wissenschaft und Politik*, Frankfurt a.M. 1977

Ohlig, Hans, Stichprobenverfahren in der externen Finanzkontrolle, in: *VOP*, 1987, Teil I, Nr. 1, S. 14 ff., Teil II, Nr. 3, S. 101 ff.

Parsons, Talcott, *The Social System*, London 1964

ders./E. Shils, *Toward a General Theory of Action*, Cambridge, Mass. 1951

Pelny, Stefan, *Die legislative Finanzkontrolle in der Bundesrepublik Deutschland und in den Vereinigten Staaten von Amerika*, Berlin 1972

ders., Zur Reform des Bundesrechnungshofes, Die Legislative ließ ihre Kontrollmöglichkeiten ungenutzt, in: *ZParl*, 4/1972, S. 417 ff.

Peucker, Herbert, *Grundfragen neuzeitlicher Finanzkontrolle*, Göttingen 1952

Pfuhlstein, Friedrich v., Über die Institution des Bundesbeauftragten für Wirtschaftlichkeit in der Verwaltung, in: Eckart Schiffer/Helmut Karehnke (Hrsg.), *Verfassung, Verwaltung, Finanzkontrolle*, Köln 1975, S. 375-404

Piduch, Erwin Adolf, Grundfragen zur Finanzkontrolle, in: *DÖV*, 1973, S. 228 ff.

ders., Zur Problematik der parlamentarischen Rechnungsprüfung im Deutschen Bundestag, in: *Fin.Arch.*, 30/1971/72, S. 516 ff.

Pirker, Theo u.a., *Schreibdienste in obersten Bundesbehörden. Eine vergleichende Untersuchung*, Frankfurt a.M. 1981

ders./Franz O. Gilles/Ingeborg Haag/Gerhard Otto/Gundolf Otto/Rainer Weinert u.a., *Vergleichende Untersuchung der Schreibdienste in obersten Bundesbehörden. Interdisziplinäres Forschungsprojekt Soziologische Untersuchung*, Bd. 1 u. 2, Eggenstein-Leopoldshafen 1983

Pirker, Theo (Hrsg.), *Rechnungshöfe als Gegenstand zeitgeschichtlicher Forschung. Entwicklung und Bedeutung der Rechnungshöfe im 20. Jahrhundert*, Berlin 1987

ders. (Hrsg.), *Autonomie und Kontrolle*, Berlin 1989

Popitz, Heinrich, *Über die Präventivwirkung des Nichtwissens. Dunkelziffer, Norm und Strafe (Recht und Staat in Geschichte und Gegenwart*, Nr. 350), Tübingen 1968

Der Präsident des BRH als BWV, *Gutachten über die Fachinformation in der Bundesrepublik Deutschland*, April 1983

Präsident des Bundesrechnungshofes (Hrsg.), *Kurzübersicht. Bemerkungen des Bundesrechnungshofes 1986 zur Haushalts- und Wirtschaftsführung* 1986

ders., *Kurzübersicht. Bemerkungen des Bundesrechnungshofes 1985 u. früher*

ders., "Ausführungen" zum "Bericht des Bundesrechnungshofes zur Haushaltsrechnung" 1970 bis 1985, in: Bulletin, hrsg. vom Presse- und Informationsamt der Bundesregierung

ders., Zur Prüfungszuständigkeit des Rechnungshofes im sog. ministerialfreien Raum, in: *DÖV*, 1971, S. 50 ff.

Püttner, Günter, *Der Amtsankläger*, Tübingen 1981

Rechnungshof der Freien und Hansestadt Hamburg, *Vorprüfungsstellen und andere Kontrolleinrichtungen (Ergebnis der Prüfung)*, Hamburg 1985

Reding, Kurt, *Die Effizienz staatlicher Aktivitäten*, Baden-Baden 1981

Reinermann, Heinrich, Wirtschaftlichkeitsanalysen, in: *Handbuch der Verwaltung*, H. 4.6, S. 31 ff.

Riese, Hajo, *Wohlfahrt und Wirtschaftspolitik*, Hamburg 1975

ders./Henrik Jeep, *Wirtschaftlichkeit in der Staatsadministration*, Berlin 1989

Ritzel, Heinrich G., Die Rechnunsprüfung als Instrument der Demokratie, in: Bundesrechnungshof (Hrsg.), *250 Jahre Rechnungsprüfung*, Frankfurt a.M. 1964, S. 129-132

Roedig, Guido, *Zur Problematik der Mitwirkung des Bundesrechnungshofes bei der Planung und Durchführung von Verwaltungsaufgaben*, Köln 1966

Ronge, Volker/Günter Schmieg (Hrsg.), *Politische Planung in Theorie und Praxis*, München 1971 dies., *Restriktion politischer Planung*, Frankfurt a.M. 1973

Rossi, Peter H., Professionalisierung und Evaluierungsforschung? Beobachtungen zu Entwicklungstrends in den USA, in: Gerd-Michael Hellstern/Hellmut Wollmann (Hrsg.), *Handbuch der Evaluierungsforschung*, Opladen 1984, S. 654-673

Rürup, Bert, Perspektiven der Haushaltskontrolle, in: *Wirtschaftsdienst*, IV/1980, S. 299-306

ders./Karl-Heinrich Hansmeyer, *Staatswirtschaftliche Planungsinstrumente*, Düsseldorf ³1984

ders./Heiko Körner, *Finanzwissenschaft. Grundlagen der öffentlichen Finanzwirtschaft*, Düsseldorf 1985

ders./Hanns Seidler, Von der fiskalischen Haushaltskontrolle zur politischen Erfolgskontrolle, in: *DV*, 4/1981, S. 483 ff.

Rundel, Otto, Von der Rechnungsprüfung zur Finanzkontrolle, in: *Finanzkontrolle in Baden-Württemberg*, Karlsruhe 1987, S. 163-174

Sandl, Erich, *Die Notwendigkeit wirksamer integrierter Rechnungsprüfung in der Verwaltung und die Stellung der internen Rechnungsprüfung gegenüber den Obersten Rechnunskontrollbehörden (Ms.). Jahrestagung der Obersten Rechnungskontrollbehörden der EG-Mitgliedsstaaten*, Dublin 1979

Sauer, Herbert, Grenzen der vertraulichen Behandlung von Prüfungsfeststellungen durch die Rechnungshöfe, in: *DÖH*, 1967, S. 98-106

ders./Hans Blasius, Politik und Finanzkontrolle durch Rechnungshöfe, in: *DVBl.*, 10/1985, S. 548 ff.

Schäfer, Friedrich, Zur Stellung des Präsidenten des Bundesrechnungshofes, in: Eckart Schiffer/Helmut Karehnke (Hrsg.), *Verfassung, Verwaltung, Finanzkontrolle*, Köln 1975, S. 147-167

ders., *Der Bundestag*, Opladen 1977

Schäfer, Hans, Kontrolle der öffentlichen Finanzwirtschaft, in: Fritz Neumark (Hrsg.), *Handbuch der Finanzwissenschaft*, Tübingen 1976, Bd. 1, S. 519-550

ders., Finanzkontrolle und parlamentarische Demokratie, in: Presse- und Informationsamt der Bundesregierung, *Bulletin* 1976, S. 1225-1233

ders., *Wer kontrolliert unsere Steuergelder? Finanzprüfung durch den Bundesrechnungshof*, Stuttgart 1977

Schelsky, Helmut (Hrsg.), *Zur Theorie der Institution*, Düsseldorf 1970

Schiffer, Eckart/Helmut Karehnke (Hrsg.), *Verfassung, Verwaltung, Finanzkontrolle. Festschrift für Hans Schäfer*, Köln 1975

Schmid, Alfons, *Möglichkeiten und Probleme der fiskalpolitischen Effizienzkontrolle*, Berlin 1975

Schmid Günther/Hubert Treiber, *Bürokratie und Politik*, München 1975

Schmitz, Manfred, *Theorie und Praxis des politischen Skandals*, Frankfurt a.M. 1981

Schütze, Christian, *Die Kunst des Skandals. Über die Gesetzmäßigkeiten übler und nützlicher Ärgernisse*, München 1967

Schwab, Walter, Öffentlicher Haushalt: III Kontrolle, in: *Handwörterbuch der Wirtschaftswissenschaft*, 5/1980

Senf, P., Die Reform der öffentlichen Haushaltsgebarung zur Erhöhung der Transparenz, in: Heinz Haller (Hrsg.), *Probleme der Haushalts- und Finanzplanung*, Berlin 1969, S. 143-174

Sharkansky, Ira, *The Auditor as Policymaker: Israel's State Comptroller Departs from Tradition*, Ms., Jerusalem o. Datum

Siedentopf, Heinrich, *Wirtschaftlichkeit in der öffentlichen Verwaltung*, Baden-Baden 1969

Sigg, Wolfgang, *Die Stellung der Rechnungshöfe im politischen System der Bundesrepublik Deutschland*, Berlin 1983

Sollmann, Axel, *Die Maßnahme-, Berichts- und Mißbilligungsbeschlüsse des Parlaments im Entlastungsverfahren*, Frankfurt a.M./ Bern/ New York 1986

Spaeth, Walter, Im Dienst der parlamentarischen Haushaltskontrolle, in: *Das öffentliche Haushaltswesen in Österreich*, 28. Jg. 1987, H. 12, S. 40

Steffani, Winfried, *Parlamentarismus ohne Transparenz*, Opladen 1971

Stolle, R., Die Vorprüfung als Teil der Staatskontrolle, in: *Der Gemeindehaushalt*, 9/1953, S. 170 ff.

Thaysen, Uwe, *Parlamentarisches Regierungssystem in der Bundesrepublik Deutschland*, Hamburg 1975

Thomsen, Heiko, Zur Einordnung der Rechnungs-Vorprüfung, in: *DÖV*, 13/14, 1968, S. 479 ff.

Tiemann, Susanne, *Die staatsrechtliche Stellung der Finanzkontrolle des Bundes*, Berlin 1974

dies., Die Finanzkontrolle des Bundes oder: Was macht der Bundestag mit den Berichten des Bundesrechnungshofs?, in: *ZParl*, 1/1977, S. 93-112

dies., Nochmals Rechnungshof und Politik, in: *DÖV*, 7/1977, S. 240-243

Tomuschat, Christian, Die parlamentarische Haushalts- und Finanzkontrolle in der Bundesrepublik Deutschland, in: *DER STAAT*, 1/1980, S. 1-28

Voigt, Rüdiger, Zum XI. Konstanzer Verwaltungsseminar Haushaltsplanung - Haushaltsvollzug - Haushaltskontrolle, in: *DÖV*, 11/1987, S. 486 ff.

Volk, Klaus, *Welche typischen Fallgruppen fehlerhafter Mittelverwendung lassen sich aus den Berichten der Rechnungshöfe bilden? Reicht der Straftatbestand der Untreue aus, um strafwürdige Fälle zu erfassen? Welche Ansatzpunkte zu einer Reform gibt es? Gutachten, erstattet im Auftrage des Bundesministers der Justiz*, Ms., Konstanz 1978

Weber, Max, *Wirtschaft und Gesellschaft*, Köln/Bonn 1971

Weisser, G., Überrechnungshof?, in: *DÖH*, 1960, S. 65 ff.

Welz, Joachim, *Parlamentarische Finanzkontrolle in den Bundesländern dargestellt am Beispiel Baden-Württembergs*, Berlin 1982

Winkler, Hans-Joachim, Über die Bedeutung von Skandalen für die politische Bildung, in: *Hamburger Jahrbuch für Wirtschafts- und Gesellschaftspolitik 1968*, S. 225-243

Wittrock, Karl, Möglichkeiten und Grenzen der Finanzkontrolle. Das Verhältnis des Bundesrechnungshofes zum Bundestag, in: *ZParl*, 2/1982, S. 209-224

ders., Aufgaben der Vorprüfungsstellen bei der Finanzkontrolle, in: Presse- und Informationsamt der Bundesregierung, *Bulletin 1982*, S. 882-884

ders., Referat auf der Versammlung der Vereinigung ehemaliger Mitglieder des Deutschen Bundestages am 12.4.1983, in: Presse- u. Informationsamt der Bundesregierung, *Bulletin 1983*, S. 328 ff.

ders., Über Grundprobleme der Finanzkontrolle. Anmerkungen zu einem Aufsatz von Hans Herbert von Arnim zum gleichen Thema, in: *DVBl.*, 1983, S. 883-886

ders., Stärkt Evaluierung die Kontrollfunktion des Bundesrechnungshofs?, in: Gerd-Michael Hellstern/Hellmut Wollmann (Hrsg.), *Handbuch zur Evaluierungsforschung*, Bd. 1, S. 486-490

ders., Warum muß Finanzkontrolle unabhängig sein, in: *DVBl.*, 17/1984, S. 823-826

ders., Die Aufgabe der Finanzkontrolle im demokratischen Staat, in: Presse- u. Informationsamt der Bundesregierung, *Bulletin 1984*, S. 950 f.

ders., Bundestag und Bundesrechnungshof, in: Presse- und Informationsamt der Bundesregierung, *Bulletin 1984*, S. 613 ff.

ders., Anforderungen moderner Finanzkontrolle. in: *Verwaltung und Fortbildung*, 12. Jg. (1984), H. 3

ders., Auf dem Weg zu einem neuen BRH-Gesetz, in: *DÖV*, 1984, S.649 f.

ders., Tätigkeit und Wirksamkeit des Bundesrechnungshofes, in: Presse- und Informationsamt der Bundesregierung, *Bulletin 1985*, S. 189 ff.

ders., Beitrag zur Wahrung der Integrität der Staatverwaltung, in: *Der Bundestag im Verfassungsgefüge der Bundesrepublik Deutschland*, Bonn 1980 ders., Haushaltsgestaltung durch Finanzkontrolle, in: *DV*, 1/1986, S. 4 ff.

ders., Nachdenkenswertes über den Bundesrechnungshof, in: *ZParl*, 2/1985, S. 261 ff.

ders., Die Zusammenarbeit der Rechnungshöfe in der Bundesrepublik, in: *DV*, 3/1986, S.363

ders., Aus dem Innenleben des Bundesrechnungshofes. Betrachtungen über den Arbeitsablauf, in: *DV*, 1/1987, S. 41 ff.

ders., Parlament, Regierung und Rechnungshof. Zur Geschichte einer schwierigen Dreiecksbeziehung, in: *ZParl*, 3/1986, S. 414 ff.

Wollmann, Hellmut (Hrsg.), *Politik im Dickicht der Bürokratie. Beiträge zur Implementationsforschung*, Opladen 1980

ders., Implementationsforschung - eine Chance für kritische Verwaltungsforschung?, in: ders. (Hrsg.), *Politik im Dickicht der Bürokratie*, Opladen 1980, S. 9 ff.

ders./Gerd-Michael Hellstern, Sozialwissenschaftliche Untersuchungsregeln und Wirkungsforschung, in: Peter Haungs (Hrsg.), *Res Publica. Dolf Sternberger zum 70. Geburtstag*, München 1977

dies., *Sanierungsmaßnahmen. Städtebauliche und stadtstrukturelle Wirkungen (Methodische Vorstudie)* (*BMBau-Schriftenreihe 02.012*), Bonn-Bad Godesberg 1978

Zavelberg, Heinz-Günther, Fragen der Finanzkontrolle von Bund und Ländern, in: Presse- und Informationsamt der Bundesregierung, *Bulletin Nr. 58*, S. 495 ff.

ders., Staatliche Rechnungsprüfung und Erfolgskontrolle - Möglichkeiten und Grenzen, in: Peter Eichhorn/Gert v. Kortzfleisch (Hrsg.), *Erfolgskontrolle bei der Verausgabung öffentlicher Mittel*, Baden-Baden 1986, S. 103 ff.

ders., *Instrumente zur Sicherung und Kontrolle wirtschaftlicher Haushaltsführung*, Ms., 1986

ders., Bedeutung und Verantwortung des BRH (Festakt zum Wechsel im Amt des Präsidenten) in: Presse- und Informationsamt der Bundesregierung, *Bulletin 1986*, S. 38 f.

ders., *Mitteilung für die Presse*, Pressekonferenz des Präsidenten des Bundesrechnungshofes vom 14.10.1986 in Bonn

Zimmermann, Horst/Klaus Dirk Henke, *Einführung in die Finanzwissenschaft*, München 1982

Zumpfort, Wolf-Dieter, Zornesröte im Gesicht des Steuerzahlers. Wie der öffentlichen Verschwendung Einhalt geboten werden kann, in: *Die neue Bonner Depesche*, Bonn, 1/1982, S. 8-9

Zunker, A., *Finanzplanung und Bundeshaushalt. Zur Koordinierung und Kontrolle durch den Bundesfinanzminister*, Frankfurt a.M. 1972

Schriften des Zentralinstituts für sozialwissenschaftliche Forschung der FU Berlin

Thimopthy W. Mason
Arbeiterklasse und Volksgemeinschaft
1975. LXIV, 1230 S. Geb. DM 166,–

Gert-Joachim Glaeßner
Herrschaft durch Kader
1977. 384 S. Kart. DM 45,–

Gero Neugebauer
Partei und Staatsapparat in der DDR
1978. 236 S. Kart. DM 29,–

Gustav Schmidt
England in der Krise
1981. 691 S. Kart. DM 82,–

Gerd-Michael Hellstern und
Hellmut Wollmann (Hrsg.)
Handbuch zur Evaluierungsforschung
Band 1. 1984. 677 S. Kart. DM 84,–

Richard Stöss (Hrsg.)
Parteien-Handbuch
Die Parteien der Bundesrepublik Deutschland.
Bd. 1. AUD bis EFP.
1983. 1310 S. Geb. DM 156,–

Michael Fichter
Besatzungsmacht und Gewerkschaften
1982. 302 S. Kart. DM 40,–

Carola Sachse u.a.
Angst, Belohnung, Zucht und Ordnung
1982. 341 S. Kart. DM 46,–

Max Kaase und Hans-Dieter Klingemann (Hrsg.)
Wahlen und politisches System
1983. 651 S. Kart. DM 78,–

Rolf Ebbinghausen und Friedrich Tiemann (Hrsg.)
**Das Ende der Arbeiterbewegung
in Deutschland?**
1984. 665 S. Kart. DM 68,–

Heinrich Volkmann und Jürgen Bergmann (Hrsg.)
Sozialer Protest
1984. 354 S. Kart. DM 44,–

Traute Rafalski
**Italienischer Faschismus in der
Weltwirtschaftskrise (1925–1936)**
1984. 464 S. Kart. DM 59,–

Manfred Konukiewitz
Die Implementation räumlicher Politik
1985. 259 S. Kart. DM 34,–

Jürgen Bergmann u.a.
Arbeit, Mobilität, Partizipation, Protest
1986. 252 S. Kart. Dm 34,–

Hans-Dieter Klingemann und Max Kaase (Hrsg.)
Wahlen und politischer Prozeß
1986. 543 S. Kart. DM 68,–

Walter Völkel (Hrsg.)
**Systematische Bibliographie von Zeitungen,
Zeitschriften und Büchern zur politischen und
gesellschaftlichen Entwicklung der SBZ/DDR
seit 1945**
Band 1. 1986. XVIII, 983 S. Geb. DM 146,–
Band 2. 1987. XXX, 935 S. Geb. DM 146,–
Band 3. 1989. XXXI, 945 S. Geb. DM 146,–

Ute Schmidt
Zentrum oder CDU
1987. 410 S. Kart. DM 56,–

Klaus Sühl
**SPD und öffentlicher Dienst in der
Weimarer Republik**
1988. 259 S. Kart. DM 39,–

Dietrich Herzog und Bernhard Weßels (Hrsg.)
Konfliktparteien und Konsensstrategien
1989. 344 S. Kart. DM 46,–

Jürgen Bergmann u.a. (Hrsg.)
Regionen im historischen Vergleich
1989. 413 S. Kart. DM 56,–

Tilla Siegel
**Leistung und Lohn in der nationalistischen
„Ordnung der Arbeit"**
1989. 325 S. Kart. DM 46,–

Zóltan Jákli
Vom Marshallplan zum Kohlepfennig
1990. 336 S. Kart. DM 46,–

WESTDEUTSCHER
VERLAG
Postfach 58 29 · D-6200 Wiesbaden

Politik
und Politikwissenschaft

Frank R. Pfetsch

unter Mitarbeit von W. Breunig und W. Kringe

Ursprünge der Zweiten Republik

Prozesse der Verfassungsgebung in den Westzonen und in der Bundesrepublik.

1990. 552 S. Kart. DM 84,–

ISBN 3-531-11819-6.

Die Meinungen, Ansichten und Absichten der Politiker, der Gründungspolitiker, der Bundesrepublik, lassen sich vor allem den Diskussionen entnehmen, die im Zuge der Erarbeitung von insgesamt zwanzig Verfassungen nach 1945 sich ergeben haben. Die vorliegende Analyse dieser Diskussionen hat in einigen Bereichen zu einer Korrektur bisheriger Erkenntnisse geführt, so vor allem im Hinblick auf die parteipolitischen Orientierungen der ersten Nachkriegszeit, die Rolle der Alliierten in den Prozessen der Verfassungsgebung und schließlich im Hinblick auf die Neuerungen, die in das Grundgesetz bzw. die Länderverfassungen Eingang gefunden haben.

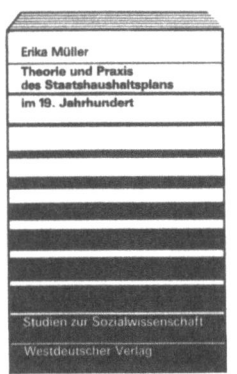

Erika Müller

Theorie und Praxis des Staatshaushaltsplans im 19. Jahrhundert

Am Beispiel von Preußen, Bayern, Sachsen und Württemberg.

1989. 640 S. (Studien zur Sozialwissenschaft, Bd. 84. Verwaltung in Deutschland. Historische und sozialwissenschaftliche Untersuchungen; hrsg. von Thomas Ellwein). Kart. DM 92,–

ISBN 3-531-12099-9

Die wachsenden Staatsausgaben sind in Wissenschaft und Politik ein Schlüsselthema. In der Diskussion wird unterstellt, daß die deutschen Staaten des 19. Jahrhunderts wesentlich weniger Ausgaben hatten als der heutige Sozialstaat. Ein empirischer Beweis dieser Behauptung fehlt bis heute. Hier leistet das Buch grundlegendes. Unter dem Blickwinkel der klassischen Haushaltsprinzipien werden die Budgets von Preußen, Bayern, Sachsen und Württemberg von 1800 bis 1914 einer theoretisch, rechtlich und empirisch vergleichenden Analyse unterzogen. Das Ergebnis ist überraschend: Die Staatsausgaben des letzten Jahrhunderts sind bisher erheblich unterschätzt worden.

Thomas Ellwein und Joachim Jens Hesse

Das Regierungssystem der Bundesrepublik Deutschland

6., neubearb. und erw. Aufl. 1987.

XIV, 829 S. Kart. DM 72,–

ISBN 3-531-11192-2

Das Standardwerk über das Regierungssystem der Bundesrepublik Deutschland erscheint in der 6. Auflage erstmals unter der gemeinsamen Autorenschaft von Thomas Ellwein und Joachim Jens Hesse. Umfassend überarbeitet und auf den neuesten Stand gebracht, vereinigt das allgemeinverständlich geschriebene Lehrbuch die Vorzüge einer kompakten Gesamtdarstellung mit denen eines Handbuches und Nachschlagewerkes. der Text wird dabei durch einen umfangreichen Quellenteil ergänzt.

WESTDEUTSCHER VERLAG

Postfach 58 29 · D-6200 Wiesbaden

MIX
Papier aus verantwortungsvollen Quellen
Paper from responsible sources
FSC® C105338

FSC
www.fsc.org

If you have any concerns about our products,
you can contact us on
ProductSafety@springernature.com

In case Publisher is established outside the EU,
the EU authorized representative is:
Springer Nature Customer Service Center GmbH
Europaplatz 3, 69115 Heidelberg, Germany

Printed by Libri Plureos GmbH
in Hamburg, Germany